해럴드 핀터의 정치성과 성정치성

해럴드 핀터의 정치성과 성정치성

펴낸곳 서울대학교출판문화원
펴낸이 이장무
지은이 정문영

초판 1쇄 인쇄 2010년 5월 15일
초판 1쇄 발행 2010년 5월 20일
출판등록 제15-3호

주소 서울 관악구 관악로 599 우편번호 151-742
대표전화 02-880-5252 **팩스** 02-888-4148
마케팅홍보부(주문상담) 02-889-4424, 02-880-7995
이메일 snubook@snu.ac.kr
홈페이지 www.snupress.com
영문홈페이지 eng.snupress.com

ISBN 978-89-521-1094-7 93840

본 연구는 2004년도 계명대학교 비사연구기금으로 이루어졌음.

해럴드 핀터의 정치성과 성정치성

정 문 영

서울대학교출판문화원

책머리에

핀터(Harold Pinter, 1930-2008)는 반세기에 걸쳐 극작을 하면서, 1980년대 중반과 2000년대 중반에 각각 극작중단을 선언했다. 두 번의 선언 모두 자신의 정치성을 명확하게 부각시키기 위한 그의 단호한 결단으로 볼 수 있다. 첫 번째는 정치극에 전념하기 위해 더 이상 정치성과 무관한 오이디푸스적 기억을 다루는 기억극을 쓰지 않겠다는 선언이었고, 두 번째는 시민으로서 정치적 활동에 전념하기 위해 더 이상 극작을 하지 않겠다는 선언이었다. 다시 말해, 전자가 억압된 성정치성을 기초로 정치성을 억압하는 오이디푸스적 극을 쓰지 않겠다는 오이디푸스의 탈영토화, 즉 탈주의 선언이라면, 후자는 극과 정치적 현실의 파국으로부터의 탈주의 선언으로 볼 수 있다. 따라서 핀터의 극작은 성정치성과 정치성의 구현을 위한 탈주, 새로운 되기의 글쓰기라고 말할 수 있다. 핀터의 정치성과 성정치성을 주제로 한 이 책은 이제 극작가이자 활발한 정치운동가 그리고 '은밀한 페미니스트'로 생을 마감한 핀터의 끝에서, 다시 끝에 이르러 새로운 되기를 지향하기 위한 일련의 극작품들에 대한 소급적 읽기라고 할 수 있다.

『해럴드 핀터의 정치성과 성정치성』은 하나의 총체로서의 통일성을 가지고 있지 않다. 이 책은 음악의 모음곡처럼, 같은 혹은 관련된 조로 쓰인 악장들, 즉 정치성과 성정치성 혹은 관련된 주제로 쓰인 별도의 글들을 장으로 배열하여 구성했기 때문에, 배열 순서에서 오는 통일성만을 지니고 있다. 그리고 이 책의 글들의 배열은 그것들이 다루고 있는 작품들이 쓰인 순서를 따르고 있지만, 글들이 쓰인 또는 다시 쓰기를 한 순서는 배열 순서와는 다르다. 핀터가 『배신』(*Betrayal*, 1978)에서 기존 극적 시간 속에 흐르고 있는 '거꾸로' 진행되는 시간의 흐름을 그리고 베케트가 거기에서 '그 모든 것이 빛 속에서 다 끝난 뒤, 어둠 속에서 그 첫 마지막 시선'을 발견했듯이, 필자 역시 그의 마지막 극과 그의 소진된 마지막 모습에서 '그 첫 마지막 시선'을 발견했다. 『축하파티』(*Celebration*, 2000)의 마지막 타블로에서 우리는 젊은 시절의 핀터의 '첫' 시선을 연상시키는 젊은 웨이터의 혼란스러운 시선과 마주친다. 그리고 노벨상 수상 '축하파티'를 대신한 그의 긴 독백의 연설을 담은 동영상물에서 『엔드게임』(*Endgame*, 1957)의 햄(Hamm)을 연상케 하는 소진된 모습으로 핀터는 극과 현실의 파국을 직면하여 거울 깨뜨리기를, 거울놀이의 끝내기를 역설하는 순수 강도의 열정을 담은 시선으로 우리를 바라보고 있다. 모든 것이 끝난 뒤, 어둠 속에 남아 여전히 우리를 보고 있는 젊은 웨이터와 그가 그리워하는 할아버지를 연상시키는 핀터의 '첫 마지막' 시선에 이끌려 마침내 필자는 그의 끝에서 다시 끝을 반복하는 과감한 '개입'을, 즉 소급적 읽기를 할 수 있고 또 끝낼 수 있는 용기를 낼 수 있었다. 그리고 일련의 혼란스러운 시간의 배신을 따라 전개한 읽기 끝에 마침내 도달한 핀터의 글쓰기의 '첫 장면'에서, 필자는 아직도 보이지 않는 것으로 취급되어온, 가슴 아픈 '그 첫 마지막 시선'을 다시 만나게 되었다.

거기까지 오는 동안 수많은 시선들을 마주쳤다. 그의 할아버지가 상징하는 '전통과 격조'에 대한 향수와 현실에의 개입을 아쉬워하는 젊은 웨이터(Waiter), 홀로코스트의 이야기를 통해 과감하게 끝을 반복하고자 하는 레베카(Rebecca), 달빛 아래 서서 가족들과 함께 파티에 가기를 기다리는 현존하는 죽은 브리짓(Bridget), 침묵을 지키고 있는 손가락이 잘린 소수민족의 늙은 여자(Elderly Woman), 전체주의 체제가 부과하는 상호배제적인 창녀 · 어머니 · 아내라는 역할의 부당한 짐을 담담하게 감당하는 가일라

(Gila), 결코 집으로 돌아오지 않는 아들, 탈주를 감행하는 택시기사(Driver)와 동참하는 관리자(Controller), 탈주를 감행했고 다시 돌아와 탈주를 유도하는 데보라(Deborah), 그 가슴 아픈 '첫 마지막 시선'을 던지고 있는 엠마(Emma), 창녀-되기를 적극 시도하는 루스(Ruth), 스탠리(Stanley)의 짐승-되기를 위한 생일파티의 '여주인공' 메그 등, 그 밖에도 수많은 사람들의 애틋하고도 강렬한 시선들, 그리고 마침내 이 모든 시선들은 우리를 소수-되기의 블록 속으로 끌어들여 핀터의 글쓰기의 첫 장면에서 그의 글쓰기를 위해 시선을 빼앗긴 인물들과의 '만남'의 '사건'을 만들게 된다. 따라서 필자는 핀터의 첫 극작품 『방』(*The Room*, 1957)의 갑자기 눈이 먼 로즈(Rose)와 그의 첫 소설 그리고 후일 극화된 『난쟁이들』(*The Dwarfs*, 1952-56, 1960)의 추방당해 사라진 버지니아(Virginia), 그들에게서 가슴 아픈 '그 첫 마지막 시선'을 다시 만날 수 있었다.

필자가 핀터의 글쓰기의 첫 장면에서 발견한 가슴 아픈 사실은 그가 로즈와 버지니아의 시선을 숨겨져 있어야 할 억압된 성정치성의 기표, 즉 '도난당한 편지'처럼 숨기고 있었다는 것이다. 다시 말해, 그의 글쓰기를 유도한 로즈와 버지니아는 그의 오이디푸스적 글쓰기를 위해 사라져 주도록 강요받고 있었다는 것이다. 눈이 멀게 되는 로즈 그리고 남자들 사이의 오이디푸스적 관계를 위해 창녀로 전락하고 마침내 추방당하는 버지니아를 통해서 알 수 있듯이, 오이디푸스화를 위해 그의 여성들과 성정치성은 이미 그의 첫 글쓰기에서 도난, 즉 억압되기 시작했다. 그리고 등단과 함께 비정치적인 부조리극작가로 분류당했던 핀터는 '도난당한 편지'처럼 취급되는 그의 정치성을 숨기기 위해, 그의 억압된 성정치성을 또다시 여성혐오주의 기표로 대체하는 전략을 사용했다는 것 역시 알 수 있었다. 즉 그의 성정치성은 이중으로 도난당했던 것이다. 사실, 그의 글쓰기를 유도했던 것은 그의 성정치성이었으며, 따라서 처음부터 있었던 그의 성정치성은 핀터가 후일 오이디푸스의 '방' 안에서 몽유상태에 빠졌었다고 말한 그의 정치성보다 더 먼저 마술에 걸린 '잠자는 미녀'처럼 몽유상태에 빠지게 되었던 것이다. 즉 로즈와 버지니아를 통해 보여준 그의 억압된 성정치성은 다시 『생일파티』(*The Birthday Party*, 1957)의 메그와 같은 보기 흉한 여성혐오주의의 기표로 대체되었다. 정신분석의 패러다임에서 왕비의 역할을 로즈와 버지니아와 같은 여성 등장인물들에게 전가한 핀터는 다른 편지와 슬쩍 바꿔치기하는 방식으로 왕비의 편지를 훔치는 장관처럼, 그의 억압된 성정치성을 보기 흉한 여성혐오주의의 기표로 대체한 것이다. 이와 같이 눈먼 로즈 또는 추방되는 버지니아처럼 그의 억압된 성정치성은 지젝(Slavoj Žižek)이 말하는 '사라지는 중재자' 역할을 하고 사라지도록, 즉 '잠자는 미녀'가 되어 몽유상태에 빠지게 되었다. 다시 말해, 핀터의 억압된 성정치성, 그것을 담지한 핀터의 여성들은 오이디푸스적 연극의 기초를 마련해준 뒤, 즉 남성들의 오이디푸스적 관계 맺기의 중재 역할을 수행한 뒤, 사라지기로 되어있었다. 그러나 소급해 돌아온 그의 첫 글쓰기 장면에서, 필자는 그들에게 희생을 강요한 오이디푸스적 구조를 위협하는 '잉여'로 어둠 속에 여전히 남아있는 그들의 슬픈 '첫 마지막 시선들'을 만날 수 있었다.

그러나 핀터의 억압된 성정치성을 담지한 여성들의 위협적인 시선은 필자로 하여금 억압을 통해 더욱 강해진 전복성을 감지할 수 있게 했다. 즉 핀터가 그의 글쓰기의 시작에서 시도했던 성정치성의 이중적 도난은 오히려 그의 성정치성의 전복성을 깨우는 결과를 초래한 것이다. 핀터의 억압된 성정치성은 '잠자는 미녀'처럼 수동적인 수면 상태에서 마술을 풀어줄 왕자를 기다리지 않았다. 『일종의 알래스카』의 데보라가 수면 상태에서 '타지'로의 탈주를 시도하듯이, 핀터의 억압된 성정치성은 이중의 억압과 도난으로 더욱 강해진 전복성을 통해 오이디푸스의 탈영토화를 시도하고 있었다. 그리고 이러한 탈영토화의 시도를 통해 먼저 깨어난 핀터의 성정치성, '잠자는 미녀'가 몽유상태에 있던 그의 정치성, '잠자는 왕자'를 깨웠다는 사실을 발견할 수 있었다. 필자의 이러한 발견들은 핀터의 극이 처음부터 성정치성과 정치성에 대한 관심 그리고 이들 사이의 긴밀한 상호관계성에 의해 짜여졌다는 사실을 입증해주었다. 이 책의 일련의 핀터 극들에 대한 소급적 읽기들은 바로 이러한 사실을 전제로 하고 있다.

『해럴드 핀터의 정치성과 성정치성』은 6부, 10장으로 구성되어 있다. 새로 쓴 제2장, 3장, 그리고 9장의 『달빛』 읽기를 제외하고, 다시 쓰기를 한 글들의 출처는 다음과 같다. 다시 쓰기를 한 글들 역시 원전을 '핀터의 정치성과 성정치성'의 논의 전개를 위해 거의 새로 쓰기를 한 것임을 밝힌다.

1장. 「현대 영국 드라마 연구: 해롤드 핀터를 중심으로」. 『안과밖』 14(2003): 175-91.

4장. 「핀터의 도난당한 정치성과 성정치성」. 『현대영미드라마』 22.2 (2009): 71-100.

5장. 「연극의 경제구조에서의 여성의 역할: 핀터의 여성 주체」. 『영어영문학』 44.1(1998): 189-210.

6장. 「핀터의 『배신』: 메타영화적 메타연극」. 『현대영미드라마』 11 (1999): 215-38.

7장. 「핀터의 『타지들』: 타지들의 (탈)영역화」. 『영어영문학』 46.1 (2000): 201-21.

8장. 「핀터의 『떠나기 전 한잔』과 『산악 언어』: 페미니즘과 들뢰즈」. 『영미문학페미니즘』 13.1(2005): 163-86.

9장. 「핀터의 정치극과 성의 정치성」. 『영미문학페미니즘』 12.1 (2004): 177-203.

10장. 「극과 현실의 파국: 핀터의 '축하파티'」. 『현대영미드라마』 20.1 (2007): 145-75.

1부의 1장 「새로운 현대 영국 드라마와 핀터 연구를 지향하며」는 핀터 연구를 중심으로 기존의 현대 드라마 연구 동향을 돌아보면서 21세기의 새로운 연구 방향을 전망한다. 핀터의 주장에 따르면, 파국의 시대를 맞고 있는 21세기 극작가의 임무는 기존 연극의 틀을, 즉 거울을 깨뜨리고 그 이면의 진실을 직면함으로써 관객으로 하여금 '다수'의 정치적 언어가 만들어낸 '거짓의 태피스트리'로부터 벗어나 그 밖에 있는 정치적 현실을 직면하도록 유도하는 것이다. 다시 말해, 21세기 극작가는 한계에 도달한 기존 극과 세계를 벗어날 수 있는 새로운 극 형식과 세계를 지향하는 미래의 정치성을 구현해야 한다는 것이다. 그리고 이러한 정치성을 구현하기 위해 극작가가 인식해야 할 가장 중요한 사실은 정치성의 문제가 정치성의 본질적이자 동시에 차별적인 문제로서 성정치성의 문제, 즉 여성이 한 시민으로서 어떻게 자유의지를 가지고 인간답게 더불어 살 수 있는가에 대해 고민하고 성찰하는 것과 결코 무관하지 않다는 것이다. 핀터의 극작은 이러한 정치성과 성정치성의 긴밀한 관계에 기초하고 있다. 따라서 21세기 현대 드라마와 핀터 연구 역시 정치성과 성정치성의 상호관계성에 중점을 둔 읽기를 통해 극과 세계의 새로운 '잠재태'들을 현실화하는 작업, 즉 새로운 '되기'를 지향해야 한다는 것이 1장의 중심 논지이다.

2부는 핀터의 정치성과 성정치성에 대한 전반적인 논의를 전개한다. 2장 「'사이'의 정치성과 성정치성」에서는 우선 이 책에서 사용하는 정치성과 성정치성이라는 용어의 의미에 대해 아리스토텔레스(Aristotle)와 밀렛(K. Millett)의 용어를 전용하여 설명한다. 그리고 핀터의 정치성이 공존불가능한 모더니스트 정치성과 포스트모더니스트 정치성의 '사이'에서 그리고 그의 성정치성 역시 공존불가능한 여성혐오주의적 성정치성과 페미니스트 성정치성, 즉 전복적인 성정치성의 '사이'에서 새롭게 생성되는 '핀터특유의' 정치성과 성정치성임을 설명한다. 또한 기존비평에서 핀터 극의 구조적 문제로 지적되는 그의 정치성과 성정치성의 간극 역시 극복돼야 할 핀터의 한계가 아니라, 새로운 되기, 즉 핀터특유의 정치극이 생성되는 '사이'임을 주장한다. 그리고 핀터의 정치성이 비인간적인 현실을 비관적이며 신랄하게 분석하는 것 이상을 구현하지 못한다고 평가되지만, 그의 전복적인 성정치성의 개입을 통해 그의 정치성 역시 전복성을 띠게 된다는 주장도 2장의 주요 내용이다. 3장 「'도난'과 전복의 정치성과 성정치성」은 핀터의 이분법적인 냉전시대 미학의 경계 허물기, 즉 이분화된 예술과 정치의 경계 허물기를 통한 그의 정치성 구현과 억압의 전략으로서 그의 '도난' 또는 '도난'의 공모를 다룬다. 핀터는 그의 정치성을 가리기 위해, 즉 위장하기 위해 그의 성정치성을 이중으로 도난하고 있다는 것, 그러나 결국 억압된 성정치성의 전복성으로 그는 정치성의 억압에 대한 공모에서 벗어나게 된다는 것, 그의 억압된 성정치성은 억압을 통해 더욱 강력해진 전복성으로 오이디푸스의 탈영토화, 탈주를 시도하고 있음을 주장한다. 그리고 이 장에서는 핀터의 정치성과 성정치성을 읽어내기 위해 사용하는 방법론들로 정신분석과 페미니즘의 상호작용, 들뢰즈(Gilles Deleuze)와 페미니즘의 상호작용을 전용한 방법론들을 설명한다. 이와 같은 방법론들을 적용해, 이 책은 『생일파티』에서부터 『축하파티』에 이르기까지 11개 작품들에 대한 소급적 읽기를 통해, 핀터의 정치성과 성정치성의 상호관계성, 이들의 '도난'과 전복, 그 '사이'에서의 새로운 되기 등을 주요 논지로 다룬다.

3부는 핀터의 초기 작품들, 『생일파티』, 『귀향』(*The Homecoming*, 1965), 『배신』에서 그의 '도난당한' 정치성과 성정치성을 다룬다. 4장은 홀로코스트를 다루고 있는 『생일파티』를 여성혐오주의의 극화로 읽음으로써 핀터의 정치성을 도난하기 위한 성정치성의 명확한 도난을 드러내 보인다. 대부분의 기존 『생일파티』 읽기는 메그와 루루를 핀터의 여성혐오주의 자체의 기표로만 본다. 그러나 이 장은 핀터가 그의 정치성을 감춰두기 위해 도난한 억압된 성정치성을 대체한 여성혐오주의의 기표인 메그와 루루에게서 여성-되기, 소수-되기를 유도할 수 있는 전복적인 성정치성의 동인이 잠재되어 있다고 주장한다. 5장은 『귀향』을 루스의 '귀향'으로, 즉 그녀의 오이디푸스로의 '귀향'으로 읽는다. 그러나 기존의 비평이 그녀의 귀향을 재오이디푸스화로 보지만, 이 장은 그녀가 '귀향'을 통해 오이디푸스의 탈영토화를 시도하고 있다고 주장한다. 루스가 자신을 남성적 '욕망의 수동적인 대상', 창녀로 규정하는 오이디푸스 속으로 '귀향'하여 능동적인 창녀 역할의 '가면무도회'를 수행함으로써, 창녀-되기, 여성-되기의 탈주를 통해 오이디푸스의 탈영토화를 시도하고 있다는 것이다. 6장은 『배신』을 연극이라는 매체 자체와 성정치성과의 관계를 중점적으로 다루고 있는 작품으로 읽는다. 다시 말해, 이 작품에서 핀터는 남성들의 오이디푸스적 욕망에 기초한 연극 매체의 메커니즘 작동과 이에 대한 심문과 전복의 시도를 다루기 위해 '사라지는 중재자' 역할을 거부하는 엠마의 가면무도회, 즉 그녀의 도난당한 성정치성의 전복성을 전용하고 있다고 주장한다.

4부는 핀터가 본격적인 정치극을 쓰기에 앞서 쓴 그의 전환기적인 작품들을 모은 『타지들』(*Other Places*, 1982)의 『일종의 알래스카』(*A Kind of Alaska*, 1982), 『빅토리아 역』(*Victoria Station*, 1982), 『가족의 목소리들』(*Family Voices*, 1981)과 그의 본격적인 '명백한' 정치극들인 『마지막 한 잔』(*One for the Road*, 1986)과 『산악 언어』(*Mountain Language*, 1988)를 통해 그의 "'명백한' 정치성과 성정치성"을 다룬다. 7장은 『타지들』의 『일종의 알래스카』, 『빅토리아 역』, 『가족의 목소리들』을 '소수'들, 즉 오이디푸스화를 거부하는 노마드적 주체들의 탈영토화, 즉 탈주를 다루는 작품으로 읽는다. 『일종의 알래스카』에서 자폐증적인 수면병 상태에 빠져있던 데보라, 『빅토리아 역』에서 가야 할 장소에 가지 않고 떠도는 택시기사와 그와 합류하는 관리자, 그리고 『가족의 목소리들』에서 어머니의 간절한 기다림과 아버지의 위협에도 불구하고 귀가를 거부하고 낯선 곳으로 떠나와 돌아가지 않는 아들, 이들은 모두 노마드적 주체들로서 오이디푸스로부터의 탈영토화를 시도하고 있다는 것이다. 이 장은 특히 『일종의 알래스카』에서 핀터의 성정치성의 깨어남이 오이디푸스적 공간에서 몽유상태에 있던 그의 정치성의 깨어남을 유도했다고 주장한다. 8장은 핀터의 명백한 정치극, 『마지막 한 잔』과 『산악 언어』를 그가 더 이상 쓰지 않겠다고 선언한 오이디푸스적 극에서 그동안 끊임없이 극화해온 여성혐오주의적 성정치성에 대해 스스로 문제를 제기하고 있는 극들로 읽는다. 다시 말해, 그의 정치성을 구현하는 명백한 정치극들이 성정치성 자체의 문제를 극화하고 있다는 것이다. 이러한 읽기를 통해 핀터의 정치성과 성정치성의 긴밀한 상호관계성을 확인하며, 그의 정치극은 바로 이러한 상호관계성에 기초하고 있음을 주장한다. 예컨대, 무력하게 저항하는 고문당하는 남자들과는 달리, 『마지막 한 잔』의 가일라와 『산악 언어』의 사라(Sarah)는 여성-되기, 소수-되기, 창녀-되기의 능동적인 수행성을 통해 전체주의 체제가 부과하는 부당한 짐을 기꺼이 수행함으로써, 그 체제의 한계를 드러내 보이고, 그것을 넘어서는 혁명적-되기의 정치성을 구현할 수 있다는 것이다. 그리고 죄수의 어머니, 늙은 여자의 침묵의 언어로의 저항 역시 적극적인 소수화, 소수-되기의 수행성으로 전복적인 정치성을 구현한다고 볼 수 있다. 따라서 이러한 읽기는 전복적인 성정치성의 개입으로 핀터의 혁명적인 정치성이 구현될 수 있음을 주장한다.

5부는 핀터의 후기극 『달빛』(*Moonlight*, 1993)과 『재에서 재로』(*Ashes to Ashes*, 1996)를 '핀터특유의' 정치성과 성정치성의 구현 그리고 그 사이에서 생성된 '핀터특유의' 정치극으로 읽는다. 9장은 핀터의 후기극들을 명백한 정치극을 거쳐 창조하게 된 핀터특유의 정치극으로, 그리고 이 작품들에서 발견되는 정치성과 성정치성 사이의 구조적 간극을 극복돼야 할 그의 한계가 아니라 '핀터특유'의 정치극이 생성되는 공간으로 본다. 따라서 이 장에서는 핀터가 그러한 정치극을 구조화하기 위해 루스를 비롯한 그의 일련의 강한 여성들 중 가장 강한 여성들이라 할 수 있는 브리짓과 레베카를 등장시켜 그들의 전복적인 성정치성을 전용하고 있다고 주장한다. 다시 말해, 핀터는 『달빛』의 현존하는 죽은 사람, 즉 자유로운 유령으로 돌아온 극의 핵심적인 인물 브리짓과 『재에서 재로』의 역사를 소수화하여 사건을 만드는 레베카를 통해 일종의 '보편적-되기'의 새로운 의식을 고양할 수 있는 혁명적인 힘을 발휘하는 정치극을 창조하고 있다는 것이다. 이러한 핀터의 후기극들에 대한 읽기는 그가 성정치성에 기초하여 정치성을 구현하고 있음을 입증해주는 것이다.

80년대 중반 오이디푸스적 극을 쓰지 않겠다고 선언한 이후, 핀터는 정치극 극작에 주력했다. 그의 정치극 쓰기는, 억압된 성정치성 자체의 문제를 극화한 일련의 '명백한' 정치극들을 거쳐, 정치성과 성정치성의 상호관계 그리고 그 사이가 만들어낸 동인에 의해 구조화한 『달빛』, 그리고 그의 초기 위협희극 『생일파티』에서 다루었던 홀로코스트를 다시 다룬 『재에서 재로』에서 '핀터특유의' 정치극의 생성에 이르게 되었다고 볼 수 있다. 이러한 정치성과 성정치성의 밀접한 상호관계성과 그 '사이'에 주목한 핀터의 일련의 정치극 쓰기는 그를 소수문학작가로, 그리고 정치극작가보다는 다른 무언가, 쿠르드족, 소수민족 여자, 즉 타자, 소수-되기로 유도했다. 그 결과, 핀터는 예술가보다 한 시민으로서의 자신에 대해 더 관심을 갖게 되었다고 고백하기에 이르렀던 것이다.

6부는 파국의 시대를 맞아 핀터의 "'파국'의 정치성과 성정치성"에 대한 논의를 그의 마지막 극작품 『축하파티』를 통해 전개한다. 10장은 더 이상 극작을 하지 않겠다는 핀터의 극과 현실의 파국 선언과 이에 대한 파국적 전략의 관점에서 『축하파티』를 소급해 읽는다. 이러한 읽기를 통해 이 장은 모든 가능성이 다 소진된 파국의 폐허 속에서 극과 현실의 새로운 잠재성을 현실화시킬 수 있는 핀터의 '미래의 정치성'으로 '파국'의 정치성과 성정치성을 제시한다. 『축하파티』는 파티가 모두 끝난 뒤, 어둠 속에 남아 있는 젊은 웨이터의 '그 첫 마지막 시선'으로 끝난다. 젊은 웨이터의 그 혼란스러운 시선은 바로 핀터의 '첫 마지막 시선'인 것이다. 이제 한 예술가로서 '거울을 깨뜨릴' 때가, 한 시민으로서 '거짓의 태피스트리'를 벗어나 진실을 직면할 때가 되었음을 담담하게 선언하며, 순수 강도의 열정 어린 시선으로 우리를 바라보던 소진된 핀터는 떠났다. 이제 혼란스러운 우리가 다시 그의 끝에서 그를 기억하며, 미래의 정치성을 구현할 수 있는 탈주의 선을 찾을 차례가 된 것이다.

> 레베카: 아, 우리는 끝냈어. 다시 그리고 다시 그리고 다시. 그리고 우리는 다시 끝낼 수 있어. 그리고 다시 그리고 다시. 그리고 다시.

이 책은 필자의 선행연구서 『현대 비평이론과 연극』(2005)과 함께 또는 곧이어 나오기로 되어 있었다. 그러나 4년이라는 긴 '사이'를 끌고 말았다. 그 사이에 핀터는 극작중단을 선언하면서 더 이상 극작품을 쓰지 않았고 그리고 2008년 크리스마스이브에 그의 생을 마감했다. 마치 필자가 핀터의 엔드게임이 끝나기를 기다린 것처럼 되어버린 그 연체기간은 '핀터특유'의 불안과 위협의 '사이'였으며, 오지 않는 고도를 기다리는 지리한 시간이었다. 사실, 핀터의 끝내기가 필자의 끝내기를 유도한 사건임은 분명하다. 그 결과, 핀터의 '선한 유령'으로의 탄생을 축하하는 '생일파티'의 작은 선물로 이 책을 드디어 완성할 수 있게 되었다.

핀터를 추모한다는 것은 그의 삶과 그의 극 세계에 대한 우리의 기억을 통해 그 속에 보관된 잠재적 이미지들을 현실화함으로써 그의 새로운 미래를 여는 것, 즉 그의 새로운 되기의 파티를 여는 것을 의미한다. 우리 또한 새로운 되기의 파티에 동참한다는 것을 의미한다. 그리고 그의 끝에서, 그가 남기고 간 과제를, 즉 파국을 맞은 극과 우리 세계의 출구를 찾는 작업을 우리가 다시 반복한다는 것을 의미한다.

새로운 되기의 파티에 필자와 기꺼이 함께 해주신 선생님들, 동료들, 학생들, 친구들, 그리고 가족들에게 진심으로 감사의 마음을 전한다. 딸로서 그리고 엄마로서 부족하기 짝이 없는 필자에게 넘치는 사랑을 베푸시는 어머니와 늘 기쁨을 주는 딸 승진에게 사랑과 감사의 마음을 전한다. 그리고 한 예술가와 시민으로서 '핀터특유의' 극 세계와 삶을 이루어내신 해럴드 핀터의 영전에 이 책을 바친다.

2010년 5월

낙호당에서 정문영

차 례

책머리에 _____ iv

1 부 핀터와 현대 영국 드라마

제 1 장 새로운 현대 영국 드라마와 핀터 연구를 지향하며 _____ 3

2 부 핀터의 정치성과 성정치성

제 2 장 '사이'의 정치성과 성정치성 _____ 29

제 3 장 '도난'과 전복의 정치성과 성정치성 _____ 47

3 부 '도난당한' 정치성과 성정치성

제 4 장 『생일파티』 _____ 73

제 5 장 『귀향』 _____ 95

제 6 장 『배신』 _____ 123

4 부 '명백한' 정치성과 성정치성

제 7 장 『타지들』—『일종의 알래스카』, 『빅토리아 역』, 『가족의 목소리들』 ____ 151

제 8 장 『마지막 한 잔』, 『산악 언어』 ____ 181

5 부 '핀터특유의' 정치성과 성정치성

제 9 장 『달빛』, 『재에서 재로』 ____ 215

6 부 '파국'의 정치성과 성정치성

제 10 장 『축하파티』 ____ 251

통합참고문헌 ____ 283

찾아보기 ____ 295

영문초록 ____ 305

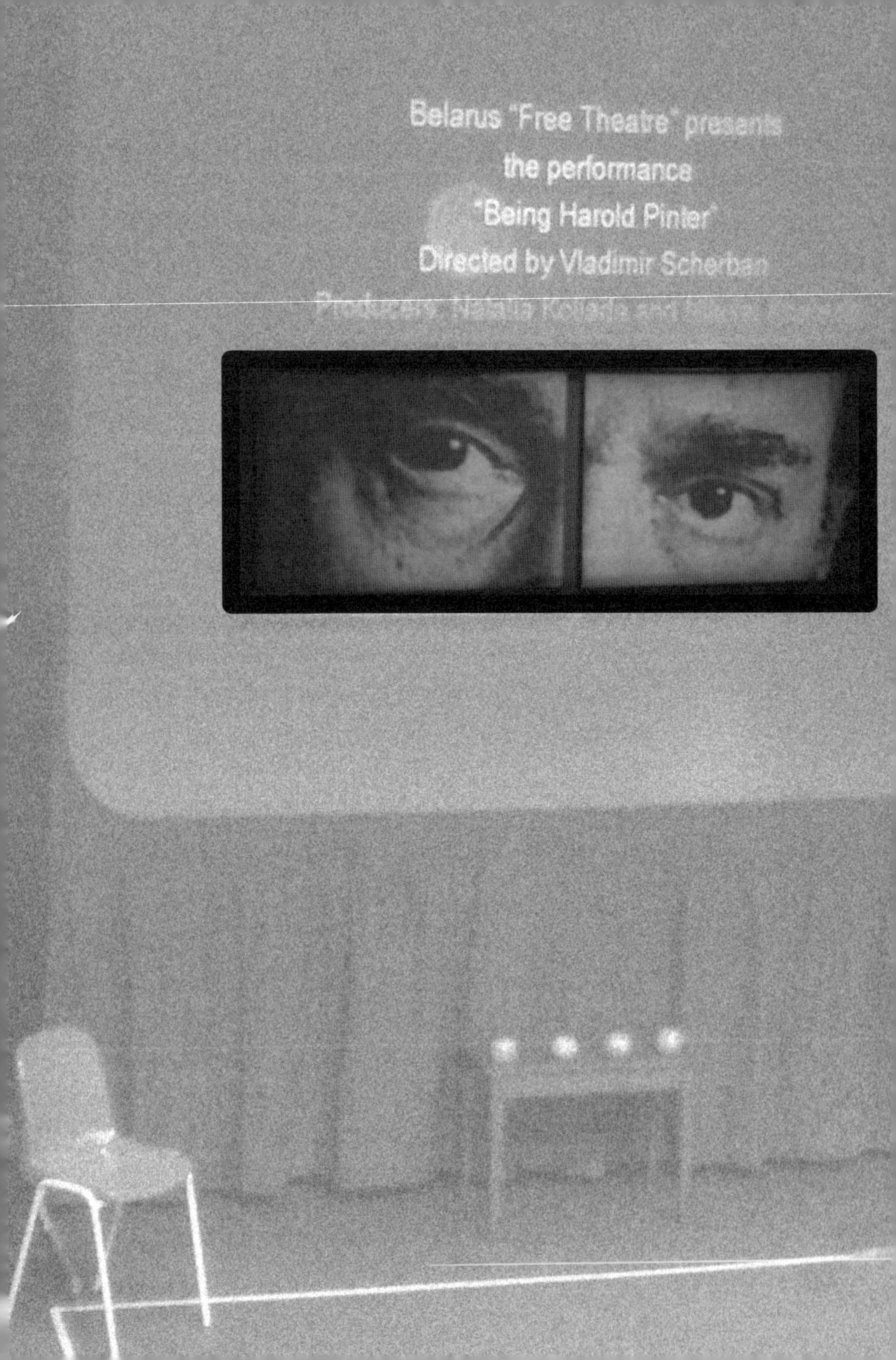
Belarus "Free Theatre" presents
the performance
"Being Harold Pinter"
Directed by Vladimir Scherban

제 1 부

핀터와 현대 영국 드라마

핀터의 주장에 따르면, 파국의 시대를 맞고 있는 21세기 극작가의 임무는
기존 연극의 틀을, 즉 거울을 깨뜨리고 그 이면의 진실을 직면함으로써
관객으로 하여금 '다수'의 정치적 언어가 만들어낸 '거짓의 태피스트리'로부터
벗어나 그 밖에 있는 정치적 현실을 직면하도록 유도하는 것이다.
다시 말해, 21세기 극작가는 한계에 도달한 기존 극과 세계를 벗어날 수 있는
새로운 극 형식과 세계를 지향하는 미래의 정치성을 구현해야 한다는 것이다.
그리고 이러한 정치성을 구현하기 위해 극작가가 인식해야 할 가장 중요한 사실은
정치성의 문제가 정치성의 본질적이자 동시에 차별적인 문제로서 성정치성의 문제,
즉 여성이 한 시민으로서 어떻게 자유의지를 가지고 인간답게 더불어 살 수
있는가에 대해 고민하고 성찰하는 것과 결코 무관하지 않다는 것이다.
핀터의 극작은 이러한 정치성과 성정치성의 긴밀한 관계에 기초하고 있다.
따라서 21세기 현대 드라마와 핀터 연구 역시 정치성과 성정치성의
상호관계성에 중점을 둔 읽기를 통해 극과 세계의 새로운 '잠재태'들을
현실화하는 작업, 즉 새로운 '되기'를 지향해야 함을 1부에서 밝히고 있다.

2005년 암 투병중이던 해럴드 핀터는 노벨문학상 수상자로서 직접 시상식에 참석하지 못하고 「예술, 진실 그리고 정치성」("Art, Truth & Politics")이라는 45분의 연설을 담은 영상물을 대신 보내왔다. 여기에서 그는 예술을 통해 실재를 탐구하는 예술가보다는 도덕적 · 정치적으로 헌신하는 한 시민으로서의 삶에 더욱 충실하기 위해 '거울을 깨뜨려야' 할 때가 되었음을 주장했다.

제1장

새로운 현대 영국 드라마와 핀터 연구를 지향하며

1

현대 영국 드라마는 제2차 세계대전 이후 제2의 르네상스라고 불릴 정도로 새로운 전성기를 맞이하게 된다. 1950년대 이후 현대 영국 드라마의 생성과 발전의 세 주역들을 꼽는다면, 베케트(Samuel Beckett), 핀터(Harold Pinter), 스토파드(Tom Stoppard)를 들 수 있을 것이다. 이 세 작가들은, 공교롭게도 리비스(F. R. Leavis)가 영국소설의 '위대한 전통'을 이루는 주요 작가들로 선정한 엘리엇(G. Eliot), 제임스(H. James)와 콘래드(J. Conrad)처럼 영국의 주류 계층 출신 작가들은 아니다. 사실 베케트는 아일랜드 출신이고, 핀터는 폴란드계 유태인 이민자 후손이며, 스토파드는 체코 유태계 이민자이다. 따라서 비록 그 선정이 포괄적이지는 않지만, 현대 영국 드라마의 위대한 전통은, 소설의 경우와 마찬가지로, 주변인적인 입지에서 그 전통의 안과 밖을 넘나들 수 있는 작가들에 의하여 만들어졌다고 말할 수 있다. 다시 말해, 현대 영국 드라마의 전통은 '소수'(minor)의 입지에서 '다수'(major)의 전통의 안과 밖을 넘나들며, 그것을 소수화하는 '소수문학'(minor literature) 작가들에 의해 생성되고 있다는 것이다.

선정된 세 작가 중, 특히 살아있는 고전으로 인정받았으며, 이제 막 생을 마친 핀터(1930-2008)가 현대 드라마의 전통과 연구동향 분석, 그리고 새로운 연구 방향 모색의 논의에서 가장 적절한 대상이 될 수 있다. 왜냐하면, 그는 우리 시대의 다양한 경험과 관심사들을 윌리엄즈(Raymond Williams)가 말하는 '감정의 구조'로 응축하여 이를 담기에 적절한 극 형식과 다양한 매체들을 탐구함으로써 끊임없이 변형 중인 현대 영국 드라마의 생성을 주도해온 작가이기 때문이다. 사실 현대 영국 드라마의 전통을 탐색하기 위하여 여전히 생성 중인 현대 영국 드라마의 거대한 구조물로 들어가고자 하는 시도 자체가 하나의 '리좀'(rhizome)이며 '굴파기'(burrow)(Deleuze and Gattari 3)이다. 일단 진입의 시작으로 선정된 핀터는 여러 개의 입구 가운데 하나일 뿐이다. 그러나 과거와 미래 '사이'에 있는 우리의 '여기', '지금'을 자각하면서 과거를 기억하고 미래를 상상하며 새로운 생성으로 나아가도록 유도하기에는 이제 막 유령이 된 핀터가 가장 적절할 것이다. 다시 말해, 『고도를 기다리며』(*Waiting for Godot*, 1952)라는 촉매로 현대 영국 드라마의 시작을 열었던 베케트, 그리고 아직도 활발하게 '변형 중인' 스토파드보다는, 부단히 진행되는 연속적 흐름의 시간 가운데 방금 과거로 사라져, 생생한 간극으로서의 '사이'를 만들어낸 핀터가 지금 우리를 가장 강하게 끌어들이는 입구가 된다는 것이다.

칼슨(Marvin Carlson)을 비롯한 대부분의 비평가들은 현대 드라마의 흐름을 아르토(Antonin Artaud)의 잔혹극(the theatre of cruelty) 이론이 일조한 부조리극(the theatre of the absurd) 전통, 그리고 브레히트(Bertolt Brecht)의 서사극(epic theatre) 이론에 기초한 정치극 전통으로 크게 양분하여 파악하고 있다. 그러나 이러한 이분법적 구분은 50년대 말 냉전시대의 미학, 즉 예술과 정치를 분리하는 미학의 정치성을 반영한 분류이다. 임의적인 이분법적인 시각에 따른 냉전시대의 미학에 의하면, 극작가는 당대의 관심사를 다루거나 아니면 무의미하고 적대적인 인간과 우주와의 직면이라는 초

시간적인 관심사를 다루어야지, 양자 모두를 다룰 수는 없다. 냉전시대의 미학은 부조리극과 정치극의 경계가 허물어지는 '사이'를 읽어낼 수 없기 때문에 일단 부조리극작가로 분류되었던 베케트, 핀터, 스토파드 등의 작가들은 당연히 정치적 관심이 없는 작가들로 간주된다. 그러나 이들은 모두 이분법적인 냉전시대 미학의 경계가 흐려지는 '사이'에서 고민하고 갈등하는 가운데 극작품들을 생성해낸 극작가들이다. 사실 이들 모두 초기에 정치적 관심을 부정했던 것은 정치성 자체가 아니라 이러한 '사이'를 읽어낼 수 없었던 냉전시대 미학의 정치성을 부정한 것이라고 말할 수 있다. 그리고 이들이 자신들의 독특한 극작품을 생성할 수 있었던 것은 바로 이러한 '사이'를 그 생성의 장소로 택했기 때문이다.

2

킹(Kimball King)은 1963년부터 1999년까지의 『MLA 국제 출판 목록』(*MLA International Bibliography*)을 이용한 통계를 통해 20세기 핀터 연구 동향에 대한 유용한 연구내용을 발표했다. 그의 분석에 따르면, 기존 핀터 연구들이 빈번하게 다룬 작품은 『귀향』(*The Homecoming*, 1965), 『관리인』(*The Caretaker*, 1960), 『생일파티』(*The Birthday Party*, 1957), 『옛 시절』(*Old Times*, 1971), 『배신』(*Betrayal*, 1978) 등의 순서로 열거된다(33). 그리고 가장 자주 다루어진 연구 주제들로는 언어, 침묵, 영향, 형식, 위협, 잔혹, 폭력, 정치성, 여성, 정체성, 기억/시간, 부조리성, 심리적 주제, 사실주의, 아이러니, 영화 등이 거론되고 있다(33). 그의 분석이 보여주듯이, 핀터 연구에서 가장 빈번하게 다루어지는 작품들이 대부분 80년대 이전 작품들이라는 사실은 학자들이 새 작품들보다는 소위 핀터의 '정전적인' 작품들을 연구 대상으로 더 선호하는 일종의 비평적 시차를 반영하고 있다. 그리고 그러한 시차가 있다는 것은 이제 핀터가 현대 드라마 작가로서 비교적 안정적인 연구대상이 되었음을 시사한다고 볼 수 있다.

킹의 연대별(60, 70, 80, 90년대) 통계 자료를 참조하면, 60, 70년대보다 80, 90년대에 더 빈번하게 다루어진 연구 주제들로는 언어, 정치성, 여성, 기억/시간, 영화 등을 들 수 있다. 반면에 60, 70년대에는 많이 다루어졌지만, 더 이상 관심을 끌지 못하게 된 주제들로는 형식, 부조리성, 사실주의, 아이러니 등이 있다. 그리고 또 하나 특기할 점은 핀터 인물들의 심리분석 주제가 80년대에 절정에 이르렀다가 90년대에 현저하게 격감한 경향을 들 수 있다. 이 주제는 고든(Lois Gordon)의 『적나라함을 드러내는 전략들』(*Stratagems to Uncover Nakedness*, 1969)에서 다루어진 이래로, 80년대까지 이와 비슷한 주제들을 다룬 연구들이 양산되었지만, 이제는 더 이상 다루어지지 않는 소진된 주제가 되어 버렸다. 70년대 말부터 문학이론에 대한 점증된 관심이 90년대에 이르러 그 정점에 이르게 된 학계의 동향이 핀터의 연구에도 반영되고 있다. 예컨대, 비트겐슈타인(Ludwig Wittgenstein), 라캉(Jacques Lacan), 제임슨(Fredric Jameson), 푸코(Michel Foucault), 크리스테바(Julia Kristèva) 등의 이론을 추종하는 학자들이 핀터 연구에서도 그 이론들을 적용하거나 그것들이 핀터에게 미친 영향을 탐색하는 작업에 주력하는 추세를 보인다. 그리고 여성과 젠더에 대한 연구도 끊임없이 점증하고 있음을 킹의 통계자료는 보여준다.

이러한 핀터 연구 동향에 대한 킹의 분석결과는 전반적인 현대 영국 드라마 연구의 동향 파악에도 중요한 실마리들을 제공해줄 수 있다. 따라서 몇몇 핀터 연구주제들 중, 60년대에 절정을 이루었던 부조리성, 그리고 점차 증가 추세인 젠더, 정치성, 그리고 영화 등의 주제들을 다룬 핀터 연구 동향에 대한 논의를 중심으로 전반적인 현대 영국 드라마의 연구 동향을 살펴보기로 한다.

3

『부조리극』(*The Theatre of the Absurd*, 1961)에서 에슬린(Martin Esslin)은 베케트, 주네(Jean Genet), 아다모프(Arthur Adamov), 이오네스코(Eugène Ionesco), 올비(Edward Albee) 등을 비롯하여 핀터를 부조리극작가로 분류했다. 그 이후 이 작가들에 대한 대부분의 연구는 에슬린의 부조리극작가의 분류를 당연한 것으로 인정하든지, 아니면 그 분류에 끊임없이 도전하든지, 어떤 경우도 그 분류의 영향력을 벗어나기가 쉽지 않다. 따라서 에슬린에 의하여 부조리극의 대가로 인정받은 베케트는 물론, 베케트와 이오네스코의 뒤를 이은 부조리극작가로 자리매김된 핀터에 대한 연구 역시 에슬린의 비평산업[1]의 위력을 의식하지 않을 수가 없다. 그 뿌리를 부조리극에서 찾을 수 있는 것으로 평가되는 스토파드에 대한 연구에서도 여전히 그 분류의 위력은 감지될 수 있다. 에슬린은 도덕적 · 정치적 교훈을 전달하고자 하는 브레히트의 정치극 전통과 구별하여, 부조리극을 '작가의 내적 세계 밖에 존재하는 인물들의 운명이나 문제를 제시하거나 정보를 전달하는 데는 관심이 없는', 즉 정치적 관심이 전혀 없는 극으로 규정하고 있다(393). 이러한 에슬린의 권위적인 이분법적 분류는 일단 부조리극작가로 분류되는 작가들의 작품 세계 속에 내재되어 있는 정치성을 억압하는 부조리극 비평 전통을 현대 드라마 비평의 정전으로 확립시키는

---

1 에슬린은 『부조리극』(1961)에 실은 「해럴드 핀터」("Harold Pinter")라는 글로 시작하여, 『사람이 사는 상처』(*The Peopled Wound*, 1970)라는 최초의 핀터 연구 단행본에 이어, 『핀터: 그의 희곡들에 대한 연구』(*Pinter: A Study of His Plays*, 1973)라는 제목으로 개정판과 제3판(1976)을, 그리고 『핀터: 극작가』(*Pinter: The Playwright*, 1982)라는 제목의 4판과 개정판(1984) 등을 출판했다. 이후에도, 『60의 핀터』(*Pinter at Sixty*, 1993), 『70의 핀터』(*Pinter at 70*, 2001) 등 주요 핀터 비평선집에는 어김없이 그의 글들을 실었다. 이러한 활발한 핀터 비평을 통해 핀터 비평산업을 이끌어온 에슬린은 부조리극 전통을 핀터뿐 아니라 현대 영국 드라마의 주요 전통으로 확립하는 방향으로 현대 드라마 비평산업을 주도해왔다.

결과를 가져왔다.

60, 70년대에 출판된 핀터 연구들은 대부분 핀터 극의 모호한 언어와 그가 의미하고자 하는 바가 무엇인지를 읽어내려는 작업의 결과물들로 볼 수 있다. 에슬린을 비롯한 권위적인 비평가들은 핀터 극의 알 수 없는 의미를 고정시켜 그의 세계를 체계화하고자 하는 욕망으로 끊임없이 서로 상충하는 다양한 의미들을 부여하고자 했다면, 핀터는 이러한 의미 부여들을 끊임없이 회피하거나 거부하였다. 비평가들과 신진 극작가 핀터의 이러한 관계는 마치 『생일파티』의 골드버그(Goldberg)와 맥칸(McCann)과 스탠리(Stanley)의 그것에 비교될 수 있다. 이러한 대립 관계 속에서 비평가들은 다양한 '비평적 전략들'을 사용하여 불명확하고 포착할 수 없는 핀터 극을 해석하는 작업을 계속함으로써 핀터 연구를 활성화시켜 왔다. 이러한 핀터 비평 작업들이 어떻게 전개되어 왔는가를 메리트(Susan Hollis Merritt)는 『작업 중에 있는 핀터: 비평적 전략과 해럴드 핀터의 희곡 작품들』(*Pinter in Play: Critical Strategies and the Plays of Harold Pinter*, 1990)에서 자세하게 다루고 있다.

킹의 통계 자료에서 볼 수 있듯이, 핀터의 연구 주제들 중, 끊임없이 가장 많이 다루어진 주제는 언어 문제이다. 이 주제에 관한 초기의 대표적인 연구는 퀴글리(Austin Quigley)의 『핀터 문제』(*The Pinter Problem*, 1975)이다. 그는 '핀터 문제'를 '언어 문제'로 제기하면서, 에슬린의 권위에 대한 일종의 도전을 시도했다. 그리고 에슬린과 퀴글리 그리고 이들 사이의 논의에 개입하는 다른 비평가들이 전개하는 논의 패턴은 핀터 비평산업을 끌어가고 있는 오이디푸스적 패턴의 전개 양상을 극명하게 드러내 보인다. 그러나 퀴글리의 '핀터 문제' 제기를 본격적으로 진행시켜 에슬린의 이분법적인 사고에 대한 전면적인 도전을 감행한 것은, 메리트도 지적하듯이, 여성 비평가들의 핀터 언어 연구라고 말할 수 있다. 예컨대, 케인(Leslie Kane)은 남성 언어를 거부한 여성이 택한 무기로서의 대체 언어에 대한 연구인 『침묵의 언어: 현대 드라마의 말하지 않은 것과 말할 수 없는 것』(*The Language of Silence: On the Unspoken and the Unspeakable in Modern Drama*, 1984)에서 핀터의 언어 문제를 새로운 시각에서 다시 검토하였다.

이러한 맥락에서 볼 때, 기존 부조리극 비평 전통의 권위에 위협적인 도전을 시도할 수 있는 비평은 오이디푸스적 구조의 비평산업을 해체시킬 수 있는 젠더 중심의 비평적 시각임을 알 수 있다. 그러나 전반적인 핀터 연구 동향 파악에서 이러한 위협적인 시각에 대한 평가는 의식적으로 또는 무의식적으로 배제되는 경향이 있다. 예컨대, 킹 역시 핀터의 젠더 문제에 대한 관심이 점증하고 있음을 지적하면서도, 여전히 그 관심이 언어라는 '추상적인' 주제의 3분의 1 정도도 안 되는 소규모임을 강조하는 양적 비교 분석을 덧붙이고 있다(36). 따라서 킹의 이러한 양적 통계분석은, 케인의 연구처럼 여성, 젠더라는 색인으로 검색이 가능한 연구 제목은 아니지만, 젠더 관점에서 추상적으로가 아니라 '구체적으로' 핀터의 언어 문제를 다루고 있는 연구를 간과하는 결과를 초래한다고 볼 수 있다.

4

베케트, 핀터 그리고 스토파드는 모두 여성혐오주의자라는 혐의를 받고 있는 작가들이다. 그러나 흥미로운 사실은 이러한 혐의가 젠더 관점에서 이 작가들을 다루는 연구자들보다는 오히려 대부분 권위적인 남성 비평가들에 의해서 부과되었다는 것이다. 최근 들어, 여성 비평가들이 이들의 혐의를 벗겨주는 작업들을 하고 있다. 예컨대, 베케트의 경우, 벤-즈비(Linda Ben-Zvi)와 브라이든(Mary Bryden)이 그의 여성혐오주의자로서의 혐의를 벗겨주고자 했다. 벤-즈비는 베케트의 여성 등장인물을 '가장 인상적이며,

강력한 여자들—특히 남성 작가가 그린 것으로는—'로 평가한다(xii). 또한 브라이든은 그의 여성들을 특히 모녀관계에 초점을 두고 분석하여, '철저한 젠더의 양극성'에서 벗어나 '모호한 심적 어머니중심주의'로 나아가는 베케트의 성정치적 경향을 밝힌다(2). 그러나 두 여성 비평가들 모두, '남성 작가'로서 또는 '모호한'이라는 한정어를 덧붙여 그의 젠더 문제에 대하여 유보적인 평가를 내리고 있다. 스토파드는 젠더 관점에서의 연구대상으로서 인기가 없는 작가이다. 그러나 감성보다 지성에 경도된 작가로 평가되던 스토파드가 90년대에 들어와 『아르카디아』(*Arcadia*, 1993)와 『사랑의 발명』(*The Invention of Love*, 1997)을 통해서 에로틱한 사랑을 다루고, 노먼(Marc Norman)과 같이 쓴 영화 『사랑에 빠진 셰익스피어』(*Shakespeare in Love*, 1999)에서 비올라(Viola)를 통해 당대의 연극적 관습과 사회적 관습에 도전하는 여자의 모습을 구현하고 있다. 이러한 변화를 보이는 스토파드를 자이프만(Hersh Zeifman)은 '사랑에 빠진 스토파드'로 다루고 있다.

젠더 관점에서 세 작가들 중 가장 많은 관심을 끈 작가는 핀터이다. 특히 최근에는 핀터의 젠더 문제가 그의 정치성 문제와 서로 긴밀하게 맞물려 있음이 지적되면서, 보다 복합적인 문화정치학적인 시각에서 젠더 연구가 진행되고 있다. 메리트가 핀터의 정치와 젠더 문제를 문화정치학적인 관점에서 함께 다루고 있는 대표적인 핀터비평가이다. 또한 최근에 밀느(Drew Milne)는 핀터의 작품 전반에 내재된 '정치성과 성정치성 사이의 구조적 간격'을 지적하면서, 양자의 맞물린 관계와 더불어 그 구조적 차이를 다루고 있다(209). 핀터의 젠더 문제는 언어 문제와 마찬가지로 불명확하고 모호한 그의 태도 때문에 비평가들의 끊임없는 관심사가 되고 있다. 메리트가 지적하듯이, 비평가들 역시 자신의 젠더, 성적, 종교적 성향 등을 투사하면서 핀터의 모호성을 더욱 부각시키는 해석을 하고 있다. 예컨대, 남성 비평가 힌치리프(Arnold Hinchliffe)는 핀터의 여자들을, '어머니,

아내, 정부 그리고 창녀의 역할을 채우는 여자들'로, 즉 오이디푸스적 구조 내의 역할로서만 그들을 이해한다. 반면에 애들러(Thomas P. Adler)는 이러한 이해를 비판하면서, 『귀향』의 테디(Teddy)처럼 여성의 자아 성취를 위하여 기꺼이 자신의 위치를 포기하는 남성의 '결정적인' 노력을 높이 평가한다. 이러한 힌치리프와 애들러의 비평은 서로 다른 입장을 보이는 듯하지만, 두 비평가 모두 남성 비평가로서 핀터의 젠더 문제에 대해 시각의 한계성을 보여준다는 지적을 받을 수 있다.

물론, 여성 비평가라고 해서 자신의 개인적인 성향이 젠더 문제를 다루는 시각에 투사되지 않는 것은 아니다. 버크만(Katherine Burkman)은 여성 핀터 비평가들 중 가장 '정전적인' 비평가로 인정받고 있다. 그녀는 부조리극 비평과 연대하여 핀터 극을 신화적 의식과 관련하여 해석하는 작업을[2] 통해 핀터 연구의 튼튼한 토대를 마련했다. 이후 버크만은 다른 여성 비평가들처럼 페미니스트 정신분석의 방법론을 전용하여 핀터의 젠더 문제를 읽어내는 작업에 개입한다. 핀터 극을 '귀향(homecoming)의 드라마'로 일관되게 읽어내고 있는 버크만은 핀터의 여주인공, 예컨대 『일종의 알래스카』(*A Kind of Alaska*, 1982)의 데보라(Deborah)의 오이디푸스적 공간으로부터의 탈출 시도를 부각시킨다. 그러나 버크만은 그러한 시도가 결국은 그녀의 신화적 비평이 근거하고 있는 오이디푸스적 시나리오의 패턴 속으로 재방향화된다는 사실을 주장하기에 이른다. 메리트는 버크만의 이러한 해석 패턴을 "가정에 대한 그녀의 낙관주의와 그녀 자신의 개인적인 철학이 핀터 극에 투사"된 것으로 설명한다(105). 어쨌든 이러한 버크만의 해석 패턴은 핀터의 젠더 문제를, 즉 그의 성정치성을 초기에 그녀가 확립한 신화적 비평의 틀이 근거하고 있는 오이디푸스적 공간 속에 여전히 가두고 있음을 보여준다.

---

2 버크만의 『핀터의 극적 세계: 그 제의적 기초』(*The Dramatic World of Harold Pinter: Its Basis in Ritual,* 1971)를 참고할 것.

80년대 후반과 90년대 초반에 접어들면서 여성 비평가들은 본격적인 페미니스트 전략을 사용하여 핀터의 젠더 문제를 다루기 시작했다. 예컨대, 핀터 여성들의 초상을 다루는 사켈라리두(Elizabeth Sakellaridou)는 신화적인 인물들이 아니라 '복합적인' 실체성을 지닌 여성 등장인물들을 그리는 핀터의 노력을 추적하면서, 초기의 남성중심적 또는 여성혐오적인 관점에서 양성주의적인 관점으로 그의 시각이 점차 발전된 것으로 그의 젠더 문제를 파악한다. 양성주의의 개념을 위해 울프(Virginia Woolf)와 초도로우(Nancy Chodorow)를 전용한 사켈라리두와는 달리, 홀(Ann C. Hall)은 라캉, 이리거라이(Luce Irigaray), 드 로레티스(Teresa de Lauretis) 등, 정신분석과 페미니즘 이론을 전용하여, 핀터의 『일종의 알래스카』를 '가부장적 구조 내의 여성의 대상화된 자리매김'을 묘사하기 위한 핀터의 '여성성의 정치성의 은유'로 읽으며 핀터의 전반적인 젠더 문제를 다루고 있다(15). 홀에 의하면, 핀터 극은 오이디푸스적인 공간인 '일종의 알래스카' 어딘가에 그곳으로부터 벗어날 수 있는 '벌어진 틈들'(cracks)이 존재하고 있음을 보여주고 있다. 물론 이러한 여성 비평가들의 해석들도 여성으로서의 그들의 경험을 투사한 핀터 다시 쓰기로 지적될 수 있다. 그러나 이들의 젠더 문제 읽기는 오이디푸스적 공간에 갇힌 핀터 비평을 탈영토화할 수 있는 실마리를 제공해준다. 따라서 이들의 읽기는 21세기에 접어들면서 본격화된 핀터의 성정치성 읽기를 예견할 수 있는 선두적인 역할을 하고 있다.

5

영국의 정치극은 60년대 말 반전운동을 중심으로 한 유럽학생운동이 실패로 끝난 정치적 상황 속에서 여전히 유토피아를 꿈꾸는 좌파 극작가들인 아든(John Arden), 다시(Margaretta D'Arcy), 본드(Edward Bond), 브랜튼

(Howard Brenton), 헤어(David Hare), 에드거(David Edgar), 그리피스(Trevor Griffiths) 등의 활동으로 형성되었다. 베케트, 핀터, 스토파드는 이러한 정치극 계열 작가들과 구별되는 작가들임은 분명하다. 특히 정치적・사회적 공간으로부터 벗어나 어떤 규정도 가능하지 않은 공간, 즉 들뢰즈(Gilles Deleuze)의 '어떤-공간'(any-space-whatever) 속에서 의미가 부여될 수 있는 어떤 행동도 거부한 채, '보기'를 고집하는 베케트는 정치적 참여의식이 전혀 없는 극작가로 보인다(*Cinema 2* 126). 그러나 들뢰즈와 가타리(Félix Guattari)에 의하면, 베케트는 정치성을 가장 두드러진 특성으로 하는 소수문학작가로 분류된다. 물론 베케트의 정치성은 기존 정치극작가들의 정치성과는 구별된다. 이 두 가지 정치성들 사이에는 다양한 차이점들이 있겠지만, 기존 정치극들이 정치적 상황에 처한 등장인물들의 행위에 중점을 둔다면, 베케트의 극은 등장인물들을 행위자보다는 '보는 자'(seers)로서 그들의 보기를 드러내 보이는 데 주력한다는 것이 가장 눈에 띄게 다른 점이다. 다시 말해, 정치적 메시지의 전달 또는 정치적 행위의 중요성을 강조하기보다 베케트는 우리가 공모하고 있는 그러나 직면하고 싶지 않은 현실을 자각, 즉 보도록 유도함으로써 그 억압적 현실로부터의 탈주의 실마리를 찾을 수 있음을 시사한다. 그리고 바로 이러한 차별성에서 베케트는 기존의 정치극의 정치성과는 '차이'가 있는 정치성을 구현하고 있다고 말할 수 있다. 베케트는 탈주의 실마리를 찾을 수 있는 '보는 자'의 관점을 갖기 위해 의도적으로 소수, 이주민의 언어로, 즉 탈영토화된 언어로서의 소수화된 영어와 불어로 글쓰기를 한 것이다. 그리고 유태인 이민자로서 '핀터특유의'(Pinteresque) 영어 그리고 체코계 유태인의 영어로 글쓰기를 해온 핀터와 스토파드의 정치성도 베케트의 정치성과 같은 맥락에서 이해될 수 있다.

불(John Bull)은 「톰 스토파드와 정치성」("Tom Stoppard and Politics", 2001)에서, 정치적 참여의식이 부족하다는 평을 들어온 스토파드도 『희작』

(*Travesties*, 1974)을 통해 정치극으로 입문했다고 지적한다(Bull 140). 빌링턴(Michael Billington)도 스토파드가 비정치적이며 회피적인 태도에서 벗어나 떠나온 조국 체코슬로바키아와 극작가 하벨(Vaclav Havel)과의 관계를 통해 새롭게 인식하게 된 정치적 당면 문제들에 대하여 보다 적극적인 관심을 보여주고 있다고 지적하면서, 그의 정치성을 새롭게 평가한다(179). 사실, 스토파드는 영국적인 문학적 · 사회적 관습들을 습득하여 영국의 주류 사회와 정전적 문학 전통 속에 통합되려는 그의 보수주의적인 욕구와 체코계 유태인 이민자로서의 그의 소수문학적인 욕구와의 '사이'에서 상충되는 욕망의 정치성에 의한 글쓰기를 실천하는 작가임에 틀림없다.

일관되게 정치적 무관심을 표명하던 핀터 역시, 대처(Margaret Thatcher)의 우익 보수파 정부의 집권과 더불어 정치극운동이 끝나가는 80년대에 정치적 관심을 공언하기에 이르렀다. 그는 『마지막 한 잔』(*One for the Road*, 1986), 『바로 그대로』(*Precisely*, 1985), 『산악 언어』(*Mountain Language*, 1988) 등의 정치극들을 통해 정치적인 관심을 명확히 드러내 보이기 시작했다. 그러나 그는 이러한 관심이 새로운 관심이 아니라, 사회적 권위의 힘들과 불안스럽게 직면하고 있는 개인들을 보여주고 있는 그의 초기 위협희극(comedy of menace)에까지 거슬러 올라간다고 밝혔다. 그러나 상당히 많은 비평가들이 핀터의 정치적 관심 표명에 대해 여전히 유보적인 태도를 보였다. 따라서 이들은 90년대 『달빛』(*Moonlight*, 1993)이 발표되자, 유보했던 평가를 통해 핀터의 정치성 논의에 대하여 결론을 내리고 있다. 예컨대, 피콕(D. Keith Peacock)은 핀터가 『달빛』으로 그에게 명성을 가져다준 70년대 기억극(memory play)으로 복귀하여 명백한 정치성 대신에 '비정치적 모호성과 불확실성'을 다시 드러내 보이고 있다고 평가한다(146). 90년대에 들어와 스토파드의 정치성에 대한 평가 역시 이와 비슷한 결론에 이르고 있는 추세를 보인다. 예컨대, 불도 스토파드가 『아르카디아』로 결국 보수주의로 복귀했다는 결론에 이른다.

사실, 90년대에 이르러 팽배해진 파국 이론, 역사의 종말 이론 그리고 탈정치성의 포스트모더니스트들의 주장이 핀터와 스토파드의 정치성에 대한 보수주의적 해석과 결론을 유도했다고 볼 수 있다. 그러나 핀터는 글쓰기와 정치성에 대한 1996년의 한 인터뷰에서, "현재는 그 어느 때보다도 정치극이 더 중요하다. [...] 정치성이 모두 사라졌다는 가설 때문에 바로 지금 우리는 끔찍한 하강 상태, 일종의 심연에 빠져 있다. [...] 나는 정치성, 우리의 정치적 의식과 우리의 정치적 지성이 모두 끝난 것은 아니라고 믿는다. [...] 대부분의 정치적 제도권들은 모호한 언어로 말하고 있다. 그래서 언어의 그러한 사용에 대해 비판적인 심사숙고의 행위를 행사하는 것이 바로 다양한 국가들의 시민들로서 우리의 책임과 의무이다."(*Various Voices* 74)라고 주장한다. 핀터뿐 아니라 스토파드가 구현하고자 하는 정치성은 끝에서 그것을 다시 시작해야 한다는 작가로서의 글쓰기에 대한 욕망, 그리고 시민으로서의 책임과 의무를, 즉 베케트의 "너는 계속 가야 한다, 나는 계속 갈 수 없다, 나는 계속 갈 것이다."(414)라는 말을 실천하는 것이다. 그러므로, 핀터의 주장이 시사하듯이, 그의 정치성을 비롯하여 현대 드라마의 정치성은 21세기를 맞는 파국의 현실에서 소진된 연구 주제가 아니라 새롭게 논의를 다시 전개해야 할 중요한 주제임이 틀림없다.

6

베케트, 핀터 그리고 스토파드는 영화매체에 깊은 관심을 가지고 영화작업에 참가한 극작가들이다. 베케트는 여러 편의 라디오와 텔레비전 드라마작품들 그리고 그의 유일한 영화대본인 『영화』(*Film*, 1963)를 썼으며, 핀터와 스토파드는 70년대 중반 이후 상당한 그들의 창조적 에너지를 영화작업에 쏟아 왔다. 세 작가들의 영화작업의 공통점은 매체 자체와 그 매체의 메커니즘에 그들이 관심을 두고 있다는 것이다. 벤-즈비는 베케트의 『영화』를 매체 자체의 기본적인 원리와 속성 등을 다루는, '영화에 대한 영화'로 부른다(31). 그리고 쿠르센(H. R. Coursen)은 스토파드의 영화 『로즌크랜츠와 길든스턴은 죽었다』(*Rosencrantz and Guildenstern Are Dead*, 1990)가 영화매체를 연극의 '심문' 수단으로 사용하고 있는 사례로 간주될 수 있다고 본다(183). 이 두 작가들보다도 더 많은 영화작업을 해온 핀터는, 루프(Judith Roof)가 지적하듯이, 매체의 메커니즘에 대한 의식과 문제점들뿐 아니라 매체와 젠더 문제를 연관시켜 그 관계를 다루고(79), 또한 정치성의 문제 역시 영화매체와의 연관 속에서 심화시킬 수 있었다고 볼 수 있다.

90년대 말에 핀터는 이미 20여 편이 넘는 영화대본을 썼다. 에슬린을 비롯하여 많은 핀터 비평가들은 핀터가 영화에 심취한 기간을 일종의 '휴식기'로 보고, 그의 영화작업을 단순히 부수적인 작업으로 취급하려는 경향을 보인다(*Pinter* 218). 그러나 최근 들어 그의 영화 작업 자체에 대한 평가가 본격적으로 시도되고 있다. 그 대표적인 예로, 소설을 영화로 각색한 영화 대본들에 대한 클라인(Joanne Klein)의 연구와 게일(Steven H. Gale)의 연구를 들 수 있다. 그러나 아직도 핀터의 전반적인 작품 세계와의 관련 속에서 영화 작업을 평가하는 작업은 이루어지지 않았다. 따라서 핀터의 영화 작업뿐 아니라 현대 극작가들의 영화 작업에 대한 연구 역시 21세기 현대 드라마의 중요한 연구 주제가 될 것이다. 이러한 맥락에서, 최근 출판된 핀터의 영화작업 과정에 대한 연구인 게일의 『예리한 컷』(*Sharp Cut: Harold Pinter's Screenplays and the Artistic Process*, 2003)은 전반적인 핀터의 영화 작업에 대한 연구의 기초를 제공한다고 볼 수 있다.

핀터의 영화 작업에서 가장 주지할 점은 젠더, 나아가 성정치성과 정치성에 대한 그의 관심과 영화에 대한 관심이 서로 맞물려 있다는 사실이다.

아직 젠더중심적인 또는 성정치적인 시각에서 그의 영화작업을 본격적으로 다룬 연구는 없지만, 그의 영화작업이 여성의 재현에 있어서 상당한 변화를 가져다주었다는 점에서 그 성과를 인정하는 시각들은 있어왔다. 예컨대, 사켈라리두는 핀터의 프루스트 영화대본작업과 『프랑스 중위의 여자』(*The French Lieutenant's Woman*, 1981)를 비롯하여 여러 영화대본작업이 마침내 핀터의 여성을 '독립적, 자주적인 실체'로 등장시키는 데 큰 역할을 했다고 인정한다(12). 이러한 여성의 등장은 마침내 핀터의 억압된 성정치성의 깨어남을 유도하게 되고 또한 '휴지' 상태에 있던 그의 정치성의 표면화를 유발시키는 데 공헌하게 된다. 놀즈(Ronald Knowles)도 지적하듯이, 핀터는 영화작업을 통해, 그의 오이디푸스적인 공간인 '방'이 외부공간과 연결되어 있다는 사실, 그리고 카프카(Franz Kafka)의 『심판』(*The Trial*, 1937)의 K처럼 자신의 능력을 넘어서는 견딜 수 없는 외부의 무엇인가에 대처하지 않을 수 없다는 사실을 발견하게 된 것이다(25). 따라서 암스트롱(Raymond Armstrong)은 핀터가 카프카의 『심판』을 영화화하는 작업(1991)에서 그의 '영화와 정치성에 대한 공통적 관심'을 드러내 보이고 있다고 지적한다(117).

90년대 핀터의 정치성에 대한 논의가 보수주의적인 성향을 보이듯이, 핀터의 영화와 정치성에 대한 공통적 관심에 대해서도 오이디푸스적이며 보수주의적인 관점에서 논의되는 추세를 보인다. 암스트롱은 카프카와 핀터의 글쓰기는 아버지와 아들 사이의 오이디푸스적 갈등을 공통 주제로 하고 있다고 본다. 그에 의하면, 카프카가 『심판』의 글쓰기를 통해 오이디푸스적 갈등을 극복했듯이, 핀터도 영화 작업을 통해 그러한 갈등을 극복하고 다시 연극으로 돌아와 그동안 그가 해온 부권에 대한 일련의 불경스러운 도전의 '마지막 불경'이라고 할 수 있는 『달빛』을 씀으로써 마침내 '최종적인 귀향', 즉 오이디푸스적 구조로의 복귀에 이를 수 있게 되었다는 것이다(36). 그러나 핀터에게 영향을 준 소수문학작가로서의 카프카의 정치성을 다루는 들뢰즈와 가타리는 카프카의 『심판』 글쓰기를 정반대로 설명한다. 그들은 오이디푸스적 공간인 방에만 갇혀 있는 작가, 고독의 작가, 죄의식의 작가가 아니라 새로운 표현 양식을 통해 스스로를 해방시킬 수 있는 흐름을 발견했기 때문에 카프카를 정치적 작가로 부르며, 이러한 맥락에서 그의 정치성을 설명한다(41). 이러한 들뢰즈와 가타리의 설명을 핀터에게 적용하면, 그 역시 영화라는 매체의 경험을 통해서 그가 연극에서 봉착한 '오이디푸스적 난국'(15)을 벗어날 수 있는 탈주선을 찾았다고 볼 수 있으며, 이러한 관점에서 그의 정치성을 이해할 수 있다. 이러한 맥락에서 볼 때, 아직 본격화되지 않은 핀터의 영화작업 연구는 핀터의 성정치성과 정치성과의 공통된 관심에 대한 새로운 이해를 통해 전개되어야 할 필요성을 발견하게 된다.

7

지금까지 핀터 연구를 중심으로 살펴본 50년대에서 90년대까지, 즉 20세기 현대 영국 드라마의 연구 동향을 들뢰즈의 용어를 빌려 요약한다면, 50년대 예술과 정치의 분리라는 냉전시대 미학에 따른 부조리극과 정치극의 이분법적인 시각에 입각한 권위적인 비평산업의 구축을 통한 영토화(territorialization), 즉 오이디푸스화(Oedipalization), 그리고 이에 도전하는 젠더와 성정치성의 전복성을 통한 탈영토화(deterritorialization), 앙띠-오이디푸스화(Anti-Oedipalization)로 나눌 수 있을 것이다. 그러나 이러한 요약이 시사하듯이, 현대 드라마의 연구 동향, 즉 현대 드라마를 보는 시각은 여전히 이분법의 한계를 벗어나지 못하고 있다. 사실, 20세기 후반의 현대 드라마의 생성을 유도해온 핀터의 작품은 영토화와 탈영토화 즉 오이디푸스[3]와 앙띠-오이디푸스의 '사이'에서 생성된 것이다. 50년대 냉전시대 미학의 정치성을 거부했던 핀터는 그의 성정치성과 정치성을 억압하고 오이디푸스적 공간인 방에 스스로를 감금하고 일종의 몽유상태에 있었다면, 일종의 오이디푸스적 난국에 봉착한 핀터는 70년대 이래 새로운 매체 경험과 80년대 정치적 경험을 통해 그의 억압된 성정치성과 정치성의 깨어남을 경험하게 되었다고 볼 수 있다. 그리고 그의 깨어난 성정치성과 정치성은 전복성을 발휘하여 오이디푸스와 앙띠-오이디푸스의 경계를 흐림으로써 그 사이를 '되기'(becoming)로서의 새로운 극의 생성 장소로 만들게 되었다는 설명으로 90년대 말까지의 핀터 극 세계를 간단히 조망할 수 있다.

이제 21세기를 맞아 핀터는 29번째 작품 『축하파티』(*Celebration*, 2000)를 끝으로 무대에서 긴 침묵을 지켜오다가 2005년 노벨상 수상에 앞서 극작 중단을 선언하기에 이르렀다. 그리고 노벨상 수상연설, 「예술, 진실 그리고 정치성」("Art, Truth and Politics", 2005)에서 이제 그는 예술을 통해 실재를 탐구하는 예술가보다는 도덕적 그리고 정치적으로 헌신하는 한 시민으로서의 삶에 더욱 충실하기 위해 '거울을 깨뜨려야'(442) 할 때가 되었음을 주장하고 있다. 그리고 그는 2008년 12월 24일, 우리를 '거짓의 거대한 태피스트리'(433) 속에 남겨두고 떠났다. 우리는 '새로운 세계적 질서'(the new world order)에 의한 '영토화'(territorialization)를 시도하는 '다수'(major)의 정치적 전략이 구축한 거짓의 거대한 태피스트리에 비유되는 현실 세계에 사는 관객들이다. 아마도 대부분의 관객들은 자신의 사회적 양심을 과시하기 위해 저항적 예술을 지지하는 제스처를 하는 똑똑한 순응주의자들일 것이다. 사실 이들은 '다수'의 정치적 기획에 가담해

---

3 여기서 오이디푸스(Oedipus)는 들뢰즈와 가타리가 사용하는 용어이다. 그들은 오이디푸스라는 용어로 그리스신화의 오이디푸스와 정신분석에서 사용되는 오이디푸스 콤플렉스뿐 아니라 오이디푸스적 메커니즘, 과정, 그리고 구조를 모두 가리킨다. 그러나 정신분석의 오이디푸스 콤플렉스를 의미할 때는 그들은 오이디푸스보다는 오이디푸스 콤플렉스(Oedipus complex)로 표기한다.

온 공모자들이다.

핀터의 마지막 두 작품들, 『재에서 재로』(*Ashes to Ashes*, 1996)와 『축하파티』는 관객들에게 그들의 지배적 권력과의 공모 사실을 직시하게 만드는 것을 목적으로 한 그의 후기 정치극들로 볼 수 있다. 다시 말해, 이 작품들은 관객들에게 그들의 이름으로 행해지고 있는 정치적 폭력을 폭로하여 충격을 주어 그들이 처한 파국의 현실을 직면하도록, 즉 태피스트리 밖에 있는 진실을 보도록 유도하고 있다. 그러나 이러한 핀터의 정치극 읽기에서 가장 주지할 사실은 핀터의 여성 등장인물들 중 가장 강한 『재에서 재로』의 레베카(Rebecca)가 끝에 도달하기를 두려워하는 데블린(Devlin)으로 하여금 끝을 직면하게 하고, '사이'로, '소수-되기', '여성-되기'로 유도하듯이, 핀터의 강력한 전복적인 정치성은 그의 성정치성의 유도에 의하여 구현되고 있다는 것이다.

8

뉴밀레니엄을 연 2000년대의 핀터, 그리고 그를 통해 현대 드라마에 진입할 수 있는 가장 적절한 시점은 바로 핀터가 떠난 시점, 즉 그가 출구를 찾은 시점이다. 우리는 그의 출구를 입구로 하여 다시 끝에 이르는 작업을 용감하게 반복함으로써 끊임없이 되기를 반복하는 새로운 핀터와 현대 드라마의 생성의 장에 진입할 수 있을 것이다. 사실 드라마란 본다는 것 자체를 철저하게 의식하게 만드는 장르이며, 흔히 거울비추기 놀이에 비유된다. 핀터가 말하듯이, 거울을 들여다보면서 우리가 보는 이미지가 진실이라고 믿지만, 우리가 단 1밀리미터만 움직여도 그 이미지는 변한다. 따라서 우리는 끊임없이 변화하는 일련의 이미지들을 보고 있는 것이며, 드라마에서 진실은 우리를 끊임없이 피하고 있다. 그렇기 때문에 그 거울

놀이에 가담한 우리는 오히려 진실을 찾지 않고는 견딜 수가 없으며, 그것을 우리의 의무로 삼게 된다. 그러므로 관객으로 하여금 끊임없이 진실을 추구하고자 하는 희망을 버리지 않게 하는 것이 바로 드라마의 생명인 것이다. 그러나 연극무대에 비교되는 우리 세계는, 특히 21세기를 맞아 '새로운 세계 질서'를 구축한 '다수'의 정치적 전략에 의하여 만들어진 거대한 거짓의 태피스트리 속에 갇히게 되었다. 이제 우리는 그 태피스트리 밖에 있는 진실을 발견하기 위해 거울 자체를 깨뜨려야 할 때가 되었다는 것이 핀터의 주장인 것이다.

우리는 여기, 지금이라는 지점에서 과거와 미래를 보고 있다. 바로 그 지점은 과거와 미래의 사이이며, 끝없는 갈등과 투쟁의 장이다. 그러나 영토화된 거짓의 태피스트리에 매달려 사는 현대인들은 우리의 여기와 지금을 직면하려고 하지 않는다는 것이 더 큰 문제이며, 더 큰 파국이라는 것이 핀터의 주장이다. 따라서 말년의 핀터는 21세기 현대 드라마 작가의 임무가 바로 이러한 현대인들로 하여금 그 태피스트리 밖으로, 과거와 현재를 볼 수 있고 미래를 전망할 수 있는 '사이'로, 갈등과 투쟁의 장으로 나오도록 만드는 것임을 강력하게 강조한다. 이제 거짓의 태피스트리 속에서 역사의 종말과 파국의 시대를 맞고 있다고 하는 지금, 여기에서, 용감하게 거울을 깨뜨리고 그 '사이'로 나와 '우리 자신과 우리 세계를 보는 새로운 방법'(Williams 11)을 탐색할 수 있는 새로운 무대를 생성할 때가 되었다는 것이 끝에 이른 핀터의 통찰인 것이다.

이제 우리가 핀터의 끝을 과감하게 다시 반복해야 할 때를 맞이하게 되었다. 21세기 현대 드라마와 극작가의 임무는 기존 연극의 틀인 거울을 깨뜨리는 것이며, 이로써 진실을 끊임없이 추구할 수 있는 새로운 무대를 생성하는 것이다. 그리고 이러한 무대를 통해 관객으로 하여금 거짓의 태피스트리를 벗어나 모든 인간이 시민으로서 '함께하는'(*koinonia*) '정치적 공동체'(*koinonia politike*)로서의 세계를, 즉 '정치성'(politics)이 진정으로 구현되는 그러한 세계를 생성하는 것이 바로 21세기를 사는 현대 시민의 임무임을 인식하도록 유도하는 것이다. 다시 말해, 21세기 극작가는 한계에 도달한 기존 극과 세계를 벗어날 수 있는 새로운 극 형식과 세계를 지향하는 미래의 정치성을 구현해야 한다는 것이다. 그리고 이러한 정치성을 구현하기 위해 극작가가 인식해야 할 가장 중요한 사실은 정치성의 문제가 정치성의 본질적이면서도 차별적인 문제로서 '성정치성'(sexual politics), 즉 여성이 한 시민으로서 어떻게 자유의지를 가지고 인간답게 살 수 있는가에 대해 고민하고 성찰하는 것과 결코 무관하지 않다는 것이다. 사실 현대 드라마를 대표하는 극작가 핀터의 극작은 바로 이러한 성정치성의 인식에서 시작되었고, 그의 잠재된 정치성의 깨어남을 유도한 것도 바로 그의 성정치성이었다. 21세기 현대 드라마와 핀터 연구 역시 이러한 맥락에서 정치성과 성정치성을 읽어내는 작업을 통해 극과 세계의 새로운 잠재태들을 현실화하는 미래를 지향해야 할 것이다.

참고문헌

Adler, Thomas P. "Notes toward the Archetypal Pinter Woman." *Theatre Journal* 33 (1981): 377-85.

Armstrong, Raymond. *Kafka and Pinter Shadow-Boxing: The Struggle between Father and Son*. New York: St. Martin's Press, 1999.

Ben-Zvi, Linda. *Women in Beckett: Performance and Critical Perspectives*. Urbana and Chicago: U of Ilinois P, 1990.

_______. "Samuel Beckett's Media Plays," *Modern Drama* 28.1 (March 1985): 22-37.

Beckett, Samuel. *Three Novels by Samuel Beckett: Molloy, Malone Dies, The Unnamable*. New York: Grove P, 1955.

Billington, Michael. *Stoppard the Playwright*. London and New York: Methuen, 1987.

Bryden, Mary. *Women in Samuel Beckett's Prose and Drama: Her Own Other*. Basingstoke: Macmillan, 1993.

Bull, John. "Tom Stoppard and Politics." Kelly. 136-53.

Burkman, Katherine H. "Deborah's Homecoming in *A Kind of Alaska*: An Afterword." Burkman and Kundert-Gibbs. 193-200.

_______. *The Dramatic World of Harold Pinter: Its Basis in Ritual*, Columbus: The Ohio State UP, 1971.

_______. "Displacement in Time and Space: Harold Pinter's *Other Places*." *Harold Pinter: A Casebook*. Ed. Lois Gordon. New York: Garland, 1990, 109-18.

Burkman, Katherine H., and John L. Kundert-Gibbs, eds. *Pinter at Sixty*. Bloomington and Minneapolis: Indiana UP, 1993.

Carlson, Marvin. *Theories of the Theatre: A Historical and Critical Survey, from the Greeks to the Present*. Ithaca and London: Cornell UP, 1984.

Coursen, H. R. "Stoppard's *Rosencrantz and Guildenstern are Dead*: The Film." *Shakespeare: Text and Theater*. Eds. Lois Potter and Arthur F. Kinney. Newark: U of Delaware P, 1991. 183-93.

Deleuze, Gilles. *Cinema 2: The Time-Image*. Trans. Hugh Tomlinson and

Robert Galeta. London: The Athlone Press, 1989.

Deleuze, Gilles, and Félix Guattari. *Kafka: Toward a Minor Literature.* Trans. D. Polan. Minneapolis: U of Minnesota P, 1986.

Esslin, Martin. *Pinter, the Playwright.* London: Methuen Drama, 1992.

_______. *The Theatre of the Absurd.* New York: boubleday, 1961.

Gabbard, Lucina Paquet. *The Dream Structure of Pinter's Plays: A Psychoanalytic Approach.* Cranbury & London: Associated UP, 1976.

Gale, Steven H., ed. *The Films of Harold Pinter.* Albany: State U of New York P, 2001.

_______. *Sharp Cut: Harold Pinter's Screenplays and the Artistic Process.* Lexington: The UP of Kentucky, 2003.

Gordon, Lois, ed. *Pinter at 70: A Casebook.* New York and London: Routledge, 2001.

_______. *Stratagems to Uncover Nakedness: The Dramas of Harold Pinter.* Columbia: U of Missouri P, 1969.

Hall, Ann C. *"A Kind of Alaska": Women in the Plays of O'Neill, Pinter, and Shepard.* Carbondale: Southern Illinois UP, 1993.

Hotchkiss, Lia M. "The Cinematic Appropriation of Theater: Introjection and Incorporation in *Rosencrantz and Guildenstern Are Dead.*" *Quarterly Review of Film & Video.* Vol. 17(2) (2000): 161-86.

Kane, Leslie. *The Language of Silence: On the Unspoken and the Unspeakable in Modern Drama.* Rutherford: Fairleigh Dickinson UP, 1984.

Kelly, Katherine E., ed. *The Cambridge Companion to Tom Stoppard.* Cambridge: Cambridge UP, 2001.

King, Kimball. "Harold Pinter's Achievement and Modern Drama." *The Pinter Review: Collected Essays* (1999 and 2000): 31-40.

Klein, Joanne. *Making Pictures: The Pinter Screenplays.* Columbus: Ohio State UP, 1985.

Knowles, Ronald. "Harold Pinter, Citizen." *The Pinter Review* 3 (1989): 24-33.

Merritt, Susan Hollis. *Pinter in Play: Critical Strategies and the Plays of Harold Pinter.* Durham and London: Duke UP, 1990.

Milne, Drew. "Pinter's Sexual Politics." Raby. 195-211.

Peacock, D. Keith. *Harold Pinter and the New British Theatre.* London: Greenwood, 1997.

Pinter, Harold. *Various Voices: Prose, Poetry, Politics 1948-1998*. London: Faber and Faber, 1998.

_______. "Art, Truth & Politics: The Nobel Lecture." *Harold Pinter*. Michael Billington. London: Faber and Faber, 2007. 431-42.

Quigley, Austin E. *The Pinter Problem.* Princeton: Princeton UP, 1975.

Raby, Peter, ed. *The Cambridge Companion to Harold Pinter.* Cambridge: Cambridge UP, 2001.

Roof, Judith. "The Betrayal of Facts: Pinter and Duras beyond Adaptation." Burkman and Kundert-Gibbs. 79-89.

Sakellaridou, Elizabeth. *Pinter's Female Portraits: A Study of Female Characters in the Plays of Harold Pinter.* London: Macmillan, 1988.

Williams, Raymond. *Drama from Ibsen to Brecht*. Harmonsworth and New York: Penguin Books, 1968.

Zeifman, Hersh. "The Comedy of Eros: Stoppard in Love." Kelly. 185-202.

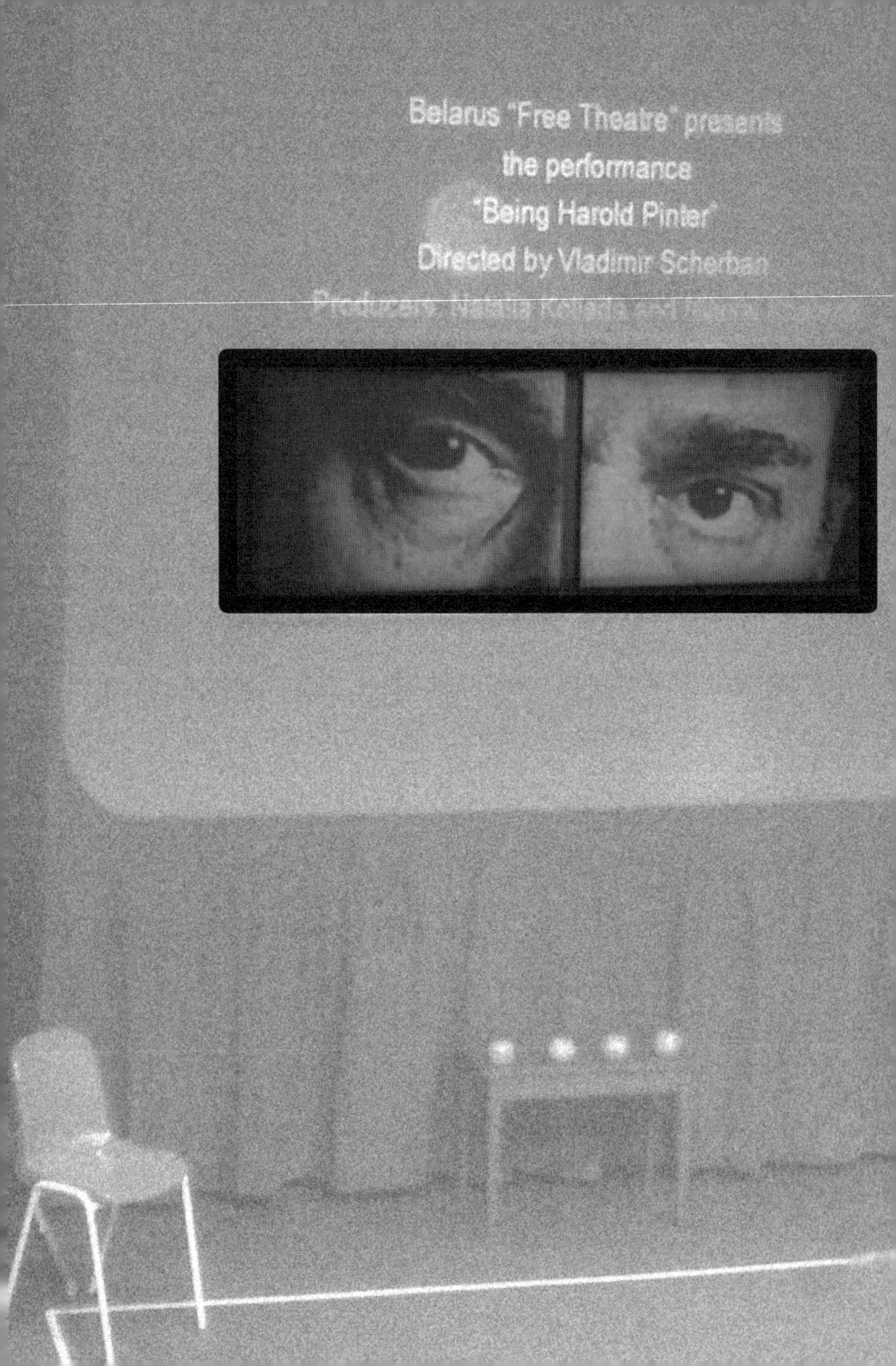
Belarus "Free Theatre" presents
the performance
"Being Harold Pinter"
Directed by Vladimir Scherban

제 2 부

핀터의 정치성과 성정치성

제2부에서는 '핀터의 정치성과 성정치성'에 대한 전반적인 논의를 전개하고 있다. 핀터의 정치성이 공존불가능한 모더니스트 정치성과 포스트모더니스트 정치성의 '사이'에서 그리고 그의 성정치성 역시 공존불가능한 여성혐오주의적 성정치성과 페미니스트 성정치성, 즉 전복적인 성정치성의 '사이'에서 새롭게 생성되는 '핀터특유의' 것임을 설명하고 있다. 그리고 핀터의 정치성과 성정치성을 읽어내기 위해 사용하는 방법론을 설명하고 있다. 주요 방법론들로 정신분석과 페미니즘의 상호작용 그리고 들뢰즈(Gilles Deleuze)와 페미니즘의 상호작용을 전용한 방법론들을 설명한다. 이와 같은 방법론들을 적용하여, 『생일파티』에서부터 『축하파티』에 이르기까지 11개 작품들에 대한 소급적 읽기들을 통해, 핀터의 정치성과 성정치성의 상호관계성, 이들의 '도난'과 전복, 그 '사이'에서의 새로운 되기 등을 주요한 논지들로 다루고 있다.

제2장

'사이'의 정치성과 성정치성

1

핀터는 1950년대 말 등단과 함께 에슬린에 의하여 정치성과 성정치성에 전혀 관심이 없는 여성혐오주의적이며 비정치적인 부조리극작가로 분류되었다. 그러나 그가 지난 2008년 12월 24일 생을 마감했을 때, 그는 극작가이자 활발한 정치운동가 그리고 '은밀한 페미니스트'(cryptic feminist)[1]로 추모되었다. 지난 반세기 동안 이러한 핀터의 변모된 또는 상반된 모습과 평가는 끊임없는 그의 '되기'의 과정을 반영한다고 볼 수 있다. 그러나 살아있는 고전으로, 그리고 노벨상 수상작가로, 웨스트엔드의 유명인사로 잘 알려진 핀터는 끊임없는 일련의 '소수-되기'를 시도해온 소수문학작가보다는 권위적인 대가의 면모가 더 부각되어온 것이 사실이다.

1 핀터의 죽음을 맞아 핀터의 전기작가 빌링턴(Michael Billington)이 『가디언』(*The Guardian*)에 쓴 기사 "Harold Pinter"(December 25, 2008)를 참조할 것. 빌링턴은 핀터의 성정치성에 대한 평가들에 대한 종합을 '여성의 성욕을 물신적으로 착취'(a fetishistic exploitation of female sexuality)해온 남성중심적 작가 그리고 '여성의 힘과 탄력성을 찬양하는 은밀한 페미니스트'(a cryptic feminist who celebrated women's strength and resilience)라는 상반되는 평가들로 요약한다.

지난 50여 년 동안, 시와 소설을 비롯하여 29편의 극작품, 25편의 영화 대본, TV와 라디오 그리고 다양한 매체들을 위한 다수의 작품들을 써오면서, 그는 자신의 글쓰기에 대하여 두 번의 공식적 선언을 했다. 첫 번째 선언은 80년대 중반에 더 이상 오이디푸스적 기억에 관한 극들을 쓰지 않고 정치극에 전념하겠다는 정치적 관심에 대한 선언이었고, 두 번째는 2005년 극작활동을 중단하고 시를 쓰면서 새로운 세계 질서의 억압구조에 저항하는 정치적 활동에 전념하겠다는 선언이었다. 이러한 공언들을 통해 핀터는 자신의 정치성을 명확하게 부각시켰음에도 불구하고, 오히려 이러한 선언은 그의 정치성에 대한 다양한 견해들을 불러일으키는 계기가 되었다. 최근 이러한 다양한 관점들의 논의는 핀터의 극이 그 나름대로의 방식으로는 늘 정치적이었다는 결론으로 수렴되고 있다(Gussow 81). 그러나 그의 정치성 자체에 대한 논의에서 비평가들은 여전히 다양하고 상반되는 관점들을—모더니스트에서 포스트모더니스트 정치성, 탈정치성, 그리고 비정치성에 이르기까지—주장하고 있다.

핀터의 정치성에 대한 논의뿐 아니라, 핀터 극 자체가 어떤 단정적인 해석도 거부하는 동시에 상반되는 해석을 유도하고 있다. 들뢰즈(Gilles Deleuze)와 가타리(Félix Guattari)의 용어를 빌려 표현한다면, 이러한 핀터 극은 '공존불가능한 것'들의 공존이 초래하는 '사이'에서 일어나는 되기의 '연속적인 변주'로 요약될 수 있다. 이러한 요약은 핀터의 초기작품들, 즉 『방』(*The Room*, 1957), 『생일파티』(*The Birthday Party*, 1957), 『벙어리 웨이터』(*The Dumb Waiter*, 1957), 『관리인』(*The Caretaker*, 1959) 등 부조리성과 정치성이라는 공존불가능한 것들의 공존이 초래하는 사이에서 생성된 일련의 부조리극의 변주들인 '위협희극'에까지 거슬러 올라가 적용될 수 있다. 다시 말해, 그의 초기작품들은 제2차 세계대전 후 설명할 수 없는 세계의 부조리성 그리고 지배와 복종의 게임이 지배하는 현실 세계의 정치성 사이에서 생성된 '연속적인 변주'들로 볼 수 있다. 그의 초기극이 기존의 부조리극 또는 정치극과는 달리 코믹성과 쾌활성을 주요 특징으로 할 수 있었던 것은 부조리성과 정치성 '사이'에서 생성된 연속적 변주로써 오이디푸스적인 '슬픔과 향수, 거부와 죄의식'의 강요(Derrida 292)와 명확한 정치적 메시지의 전달에 대한 관객의 거부감에서 벗어날 수 있었기 때문이다. 따라서 이러한 초기극부터 핀터 극의 세계는 부조리성과 정치성, 추상성과 구체성, 비극성과 희극성, 판타지 또는 악몽과 일상적 현실 등, 공존불가능한 것들 사이에서의 일련의 새로운 되기들로 구성되어 왔던 것이다.

핀터라는 인물 역시 공존불가능한 것들이 공존하고 있는 인물이다. 그는 런던의 이스트엔드 출신의 폴란드계 유태인 후손인 동시에 웨스트엔드에서 귀족 부인과 함께 (기사 작위는 거부했지만) 사는 성공한 작가이고, 파티를 즐기며 말로만 떠드는 '샴페인 사회주의자'라는 비난을 받는 동시에 과격한 정치운동가이다. 이처럼 핀터는 그의 불확실하고도 모호한 등장인물들을 연극무대에서뿐 아니라 그의 인생의 무대에서도 멋지게 연기할 수 있는 숙련된 배우였다. 평생을 『생일파티』의 피티가 한 말, "스탠, 이들이 자네에게 명령하도록 해서는 안 돼."를 실천하고자 노력해왔다고 말한 핀터는 새로운 모습의 스탠리가 되어 75세 생일선물로 노벨상을 받기도 했다. 그리고 그는 끝까지 어느 누구의 명령도 어떤 위협에도 굴하지 않는 스탠리의 역할을 잘 해내고 무대에서 퇴장했다. 이렇게 퇴장한 핀터의 모습에서, 우리는 그의 일련의 소수-되기의 시도를 소급해볼 수 있다. 사실 핀터는 이제 당대의 고전으로서의 지위를 확고하게 차지한 대가가 되었지만, 그는 끊임없이 그러한 '몰적'(molar) 존재를 탈영토화하는 탈주선을 찾아 소수-되기를 시도해왔으며, 그의 글쓰기는 바로 탈주선 찾기이자 되기의 시도였던 것이다. 바로 이러한 맥락에서 그의 작품 세계는 다시 새롭게 조망되어야 하고, 그의 정치성과 성정치성 역시 새롭게 이해되어야 할 것이다.

핀터가 80년대 중반에 본격적으로 의식하게 된 예술과 정치 '사이'에 내재된 모순과 갈등은 그의 초기극부터 시작하여 그의 전 작품들뿐 아니라 전반적인 현대 드라마를 생성해온 주된 원동력이라고 말할 수 있다. 예술과 정치의 분리는 냉전시대 미학의 무력한 유산(Milne 199)이자 모더니스트 미학의 유산으로 볼 수 있다. 사실, 핀터가 극작을 통해 처음부터 끊임없이 문제를 제기하고 비판한 것이 바로 이러한 냉전시대 미학의 유산이며, 오랫동안 그가 부정해온 정치성 역시 바로 이러한 미학의 정치성인 것이다. 당대의 이분법적인 미학에 따라, 그는 초기에 정치성을 부정하고 예술성을 택한 것처럼 보인다. 그러나 사실 그는 이분법적인 미학의 한계를 드러내는 방식으로 냉전시대 미학의 정치성을 거부하고 있었던 것이다. 즉 그는 예술성과 정치성의 경계를 주목하여 그것이 흐려지는 '사이'를 발견하고, 그것을 드러내 보임으로써 이분법적인 미학의 정치성에 저항했다고 볼 수 있다. 그리고 바로 그 '사이'에서 핀터의 극이 생성하게 된 것이다.

그러나 핀터는 두 번째 정치적 공언으로 2005년 극작중단을 선언하고, 마침내 노벨상 수상 연설, 「예술, 진실 그리고 정치성」("Art, Truth and Politics", 2005)에서 드라마의 메커니즘을 의미하는 '거울을 깨뜨릴' 때가 되었음을 주장한다. 다시 말해, 그는 이제 지금까지 진실 추구의 거울놀이를 그만두고, 그 거울을 깨뜨리고 그 이면에 있는 진실을 직면할 때가 되었다는 것을 주장하기에 이르렀다. 그의 주장에 따르면, 이제 극작가는 다수의 정치적 전략에 의해 '거짓의 거대한 태피스트리'(433) 속에 갇히게 된 우리의 현실의 정치성을 기존의 극 형식으로는 더 이상 구현할 수 없다는 것이다. 따라서 그의 이러한 정치적 주장은 바로 들뢰즈와 가타리의 소수문학(minor literature)으로서의 극의 정치성을 의미한다고 볼 수 있다. 이제 예술성과 정치성의 '사이'는 예술적 극 형식의 전복을 통해 보다 더 분명하게 가시화되었다. 그리고 여기서 우리는 본격적으로 탈주의 선을 찾아야 할 때가 되었음을 핀터는 주장하고 있는 것이다.

마침내 핀터는 거짓의 거대한 태피스트리에 갇혀 출구를 찾지 못해 당황하고 있는 우리를 남겨두고 떠났다. 이제 우리는 출구를 찾고자 고뇌했던 젊은 핀터의 모습을 상기시키는 『축하파티』(*Celebration*, 2000)의 웨이터처럼 여전히 혼란스럽지만, 핀터와 그의 작품들에 대한 기억을 통해 우리의 현실을 다시 직면함으로써 우리의 출구를 찾아야 할 때가 된 것이다. 막 침묵의 '사장된 땅'에 들어간 핀터는 다시 생기를 얻게 하는 우리의 시선을 반기며, '선한 유령'(*Plays: Four* 137)으로의 새로운 되기를 시도하고 있다.[2] 떠난 핀터를 추모한다는 것은 그의 선한 유령 되기, 즉 그의 새로운 탄생을 축하하는 것이다. 그리고 그가 우리에게 남긴 과제를, 즉 파국을 맞은 극과 우리 세계의 출구를 찾는 작업을, 그의 끝을 다시 시작한다는 것을 의미한다. 따라서 우리에게 핀터의 죽음은 현대 드라마사에 한 획을 긋는 역사적 사건이라기보다는 들뢰즈가 말하는 소수화된 역사의 '사건'(event)으로서 더 의미를 갖는다. 다시 말해, 그의 죽음은 우리를 죽음과 삶, 과거와 현재의 '사이'로 유도하여 그의 선한 유령 되기뿐 아니라 파국에 이른 우리 세계와 현대 드라마의 새로운 되기의 '생일파티'를 여는 사건이 된다는 것이다.

---

2 무신론자인 핀터는 직접 기획한 짧은 15분의 장례식에 기도 대신 『사장된 땅』(*No Man's Land*, 1975)의 허스트(Hirst) 역을 연기한 배우이자 오랜 친구인 갬본경(Sir Michael Gambon)에게 허스트의 대사 일부와 그가 좋아하는 크리켓에 관한 시를, 19세기 영국시인이자 금욕주의자인 톰슨(Francis Thompson)의 시, "At Lord's"를 그의 크리켓 친구인 버튼(Matthew Harry Burton)에게 읽어달라고 부탁했다. 갬본이 읽은 대사는 과거의 기억에 사로잡힌 늙은 시인 허스트의 대사였다. "자네는 거기에서[내 사진첩에서] 자네 자신의 얼굴을, 한때 자네의 모습을 기억하게 해주는 한 얼굴도 볼 수 있을 걸세... 그리고 그것들로부터 다른 사람들도 기억해낼 수 있을 걸세. 자네가 한때 알았던 사람들 말일세. 그리고 만약 자네가 선한 유령을 대면할 수 있다면, 오래전에 죽었다고 생각했지만 여전히 자네에게 곁눈질을 보내는 사람들을 기억할 수 있을 걸세"(*Plays: Four* 137).

2

핀터는 처음부터 극 형식과 내용에서 다양한 실험과 개발을 시도했다. 그는 『생일파티』, 『벙어리 웨이터』 등의 작품들로 위협희극이라는 새로운 극 형식을 개발했고, 『관리인』, 『귀향』과 『옛 시절』 등에서는 기억과 언어의 탐구 그리고 권력과 젠더 문제를 다루었고, 『배신』에서는 극적 시간에 대한 독특한 실험을 하기도 했다. 따라서 그는 그 자신만의 특유한 혁신들을 요약하여 표현하는 '핀터특유의'라는 용어를 만들 정도로, 그의 작품 세계를 설명하려면 다양한 라벨들과 개념들이 필요한 작가이다. 그러나 그는 이 모든 라벨들과 개념들을 거부했으며, 그가 유일하게 허용한 것은 정치극작가라는 라벨이다. 그리고 페미니스트 핀터 비평가들이 그에게 여성혐오주의자라는 라벨 대신 붙여준 '은밀한 페미니스트'라는 라벨 역시 그는 결코 싫어하지 않았다. 따라서 활발한 정치운동가 그리고 '은밀한 페미니스트'로 생을 마감한 핀터의 작품세계에 대한 새로운 소급적 읽기의 가장 적절한 주제는 그의 '정치성'(politics)과 '성정치성'(sexual politics)이 될 수 있겠다.

핀터의 정치성과 성정치성을 읽어낸다는 것은 핀터 극에 대한 새로운 접근으로 보이지만, 사실은 그의 고전적인 주제로 간주되어온 권력과 섹스, 젠더와 권력, 젠더와 계급의 주제를 보다 심화 확대해 읽는 것을 의미한다. 그러나 비교적 최근에 이르기까지 핀터의 전반적인 작품세계를 일관해온 그 고전적인 주제가 정치성과 성정치성의 논의 단계로 본격화되지는 못했다. 그 이유는 바로 핀터의 정치성과 성정치성이 의식적으로 또는 무의식적으로, 자의적으로 또는 타의적으로 억압돼 왔기 때문이다. 바로 이러한 억압과 이로 인한 정치성과 성정치성의 관계가 만들어낸 '사이'가 핀터 극, 특히 그의 정치극의 구조적 동인이 생성되는 간극인 것이다. 이와 같이 핀터의 정치성과 성정치성에 대한 논의는 그의 전반적인 극의 구조화와 밀접한 관계가 있을 정도로 중요하지만, 아직 그 논의가 본격화되지 않았다. 따라서 이 책에서 전개되고 있는 전반적인 핀터의 정치성과 성정치성에 대한 논의의 흐름의 이해를 돕기 위해, 우선 어떤 맥락과 의미에서 정치성과 성정치성이라는 용어가 사용되고 있는지를 간단히 설명할 필요가 있다.

'정치성'은 주로 정치 또는 정치학 등으로 번역되는 'politics'를 번역한 용어이다. 굳이 정치와 정치학 대신 '정치성'이란 용어를 사용한 이유는, 무엇보다도 핀터가 말하는 시민의 '비판적 그리고 도덕적인 심사숙고'("A Play and Its Politics" 9), 즉 시민의 비판적, 도덕적 자각으로서의 정치성을 강조하기 위해서다. 그리고 또 다른 이유는 'politics'의 어원에 내재되어 있는 공동선과 정의를 실현하는 '정치적 공동체'(*koinonia politike*)로서의 '국가'(polis), 시민사회, 그리고 그 구성원인 시민의 도덕성(Aristotle 1-4)을 통해 정치적 공동체를 구현하고자 하는 시민의 행위성을 부각하기 위해서다. "인간은 본성상 정치적 동물이다"라고 아리스토텔레스는 규정한다(2). 이때 그가 의미하는 '정치적 동물'(*zoon politikon*)로서 인간은 국가(폴리스) 안에서 살아가야 하는 존재이며, 동시에 언어를 통해 선과 악, 정의와 불의를 고민하는 존재이다(김석수 75 재인용). 따라서 인간에게 정치성이란 그의 도덕적이자 실존적 문제인 것이다. 이러한 맥락에서, 핀터의 정치성의 특성과 그 어원에 충실한 번역으로 정치성이라는 용어를 사용한다.

사실, 고대에서뿐 아니라 오늘날에 이르기까지 역사적으로 정치성이 제대로 구현되었던 적은 없었다. 다시 말해, 모든 인간이 시민으로서 '함께 한다'라는 *koinonia*를 어원으로 하는 정치적 공동체 속에서 어떻게 자유의지를 가지고 인간답게 살 수 있는가를 고민하는 문제를 다루는 정치가 제대로 이뤄진 적이 없다는 것이다. 각 시대별로 고대, 중세, 그리고 근대 시민사회의 주체들은 지주, 상인 그리고 부르주아지들로 대체되어 왔다.

그리고 각 시대마다 정치는 가지지 못한 자들, 농노들 그리고 프롤레타리아들의 희생을 담보로 지주와 부르주아지들에 의해 이루어져 왔다고 볼 수 있다(김석수 79). 따라서 어느 시대도 정치성의 생명인 '함께함'을 구현하지는 못했다. 고대의 아리스토텔레스는 폴리스 안에 존재하는 모든 인간에게 선과 정의를 고민하는 정치적인 공적 논의에 참여하는 권한을 부여하지 않았다. 그는 의식주를 해결하는 활동, 즉 경제 활동에 참여하는 자들을 '가정'(*oikos*)이라는 사적 영역에 한정시켰으며, 경제활동을 할 필요가 없는 남성시민만 공적 영역인 정치적 공동체에 참여할 수 있다고 말했다(김석수 75). 따라서 재생산을 담당하는 여성들은 공적 영역에 참여하지 못하고 사적 영역에 제한되었다. 즉 그들은 고대부터 아리스토텔레스에 의해 '어떤 특질들이 결핍'된 존재로, 토마스 아퀴나스에 의해 '불완전한 남자'로 규정되어(Selden 121), 정치라는 공적 무대에서 배제된 사적 공간에 갇혀 있었던 것이다. 이처럼 근대 이전의 시민사회 정치는 사적 욕구의 장으로부터 독립한 공동선과 정의를 도모하는 공적 영역과 사적 영역을 엄격히 구별했다. 그러나 근대 이후 시민사회는 공동선과 정의보다는 시민의 사적 욕구를 합리적으로 도모하는 정치를 실천함으로써, 이 두 영역 사이의 경계가 흐려지게 된다. 핀터의 정치극은 바로 이러한 경계의 혼란 자체를 극화함으로써 정치성과 성정치성을 구현하고 있는 것이다.

'성정치성'은 물론 70년대 급진적 페미니즘의 이론적 준거를 제공한 밀렛(Kate Millett)의 『성정치성』(*Sexual Politics*, 1970)이 유행시킨 용어를[3] 빌려

3 성에 대한 사회구성론적인 입장을 지지하는 이 책은 성과 젠더를 엄격하게 구분하는 것을 무의미한 것으로 본다. 따라서 'sexual politics'와 'gender politics'의 구별 역시 엄격하게 하지 않지만, 성정치성의 영문 표기는 'sexual politics'로 한다. 그 이유는 'gender politics'는 80년대 이후 젠더에 기초한 정체성의 정치성(identity politics)을 추구해온 페미니스트들에 의해 본격적으로 사용된 용어로, 이 책에서 다루고자 하는 성정치성보다는 정체성의 정치성으로 의미가 축소될 수 있기 때문이다. 그리고 본서는 'sexual politics'의 번역어로

온 것이다. 일단 성정치성이라는 개념은 시민사회의 전체주의화가 시작되는 1920년대와 30년대 파시즘의 등장과 긴밀한 관계에서 만들어졌다. 밀렛의 성혁명의 역사 조망에 의하면, 1830년대부터 100년에 걸쳐 제1기의 성혁명이 일어났고, 1920년대와 1930년대 파시즘이 등장하면서 반동기에 이르게 되었고, 이제 격동의 60년대에 이르러 제2의 성혁명을 맞이하게 되었다고 볼 수 있다. 이러한 역사 속에서 파시즘이 등장한 반동기를 맞아, 성적 억압과 계급적 지배를 연관시키려는 의도에서 빌헬름 라이히(Wilhelm Reich) 등에 의해 정신분석과 마르크스주의를 통합하여 성정치성이라는 개념이 만들어졌던 것이다(『성 해방과 성 정치』 12). 따라서 원래 성정치성이라는 개념은 정치적 반동기를 맞아 '모든 여자는 파시스트를 숭배한다'[4]를 주장하는 성과 잔인성, 권력을 동격화하는 성적 환상과 남성적 적대감의 매개를 위해 만들어진 것이다. 모더니스트 문학의 여성혐오주의는 바로 이러한 성정치성의 개념이 전용된 이데올로기로 볼 수 있다. 이러한 맥락에서 밀렛은 이러한 반동기의 남성 작가들, 밀러(Henry Miller), 메일러(Norman Mailer), 그리고 로런스(D. H. Lawrence)가 억압적 성문화를 개방시키는 데 기여했다는 기존의 평가와는 달리, 성을 여성지배의 수단과 여성종속의 근거로 삼고 있음을 지적한다. 반면에, 그녀는 이들과는 미묘한 차이의 성정치성을 드러내는 주네(Jean Genet)를 성역할에 함축된 권

기존의 다른 용어들과는 달리 '성정치성'을 사용한다. 국내에서 주로 사용되는 번역어로는 밀렛의 책이 처음 번역되었을 때, 붙여진 제목 『성의 정치학』(현대사상사, 1976)에서처럼, '성의 정치학', 그 외에도 '성정치학', '성의 정치', '성 정치', '성정치' 등이 있으며, 최근 2009년 출판된 번역판 『성性 정치학』의 제목처럼 '성 정치학'도 있다.

4 플라스(Sylvia Plath, 1932-1963)의 「대디」("Daddy")의 한 구절이다. 이 시를 통해 알 수 있듯이, 플라스는 파시즘(Fascism)과 유태인대학살(Holocaust)이라는 정치적・사회적 현실과 가부장적 사회 속에서의 그녀의 개인적인 비극적 파국을 연결시키고 있다. 이처럼 개인적인 고통을 시대적 정치적 맥락과 접목을 시도한 플라스는 60년대 초반 자살이라는 극단적인 저항에 이르는 열정적인 글쓰기를 통해 그녀의 성정치성의 인식과 실천을 행위로 옮겼던 페미니스트 시인으로 평가받을 수 있다.

력관계를 자각할 뿐 아니라 이에 저항하는 제2의 성혁명을 예견하고 있는 작가로 높이 평가하고 있다. 밀렛의 이러한 모더니스트 남성 작가들의 성정치성의 전용에 대한 읽기는 핀터가 초기 작품에서 시도하고 있는 정치성의 억압과 이를 위한 성정치성의 전용을 분석하는 데 유용한 실마리를 제공한다. 이러한 맥락에서 이 책은 처음부터 이미 파시즘의 전체주의의 문제를 위해 전용된 성정치성의 개념이 아니라, 밀렛이 모더니스트 남성 작가들의 성정치성의 전용에 문제를 제기함으로써 제2의 성혁명을 주도할 수 있는 페미니즘의 이론적 준거로 새롭게 논의하는 페미니스트 성정치성, 즉 전복적인 성정치성의 개념에서 성정치성을 사용하고 있다.

밀렛은 성이 단순히 사적이며 주관적인 영역이 아니라 권력과 지배 개념이 관철되고 있는, 사회적이고 정치적이고 객관적인 영역이라는 것을 그녀의 성정치성 논의에서 증명한다. 달리 말해, 그녀는 '사적인 것이 정치적인 것이다'(personal is political)라는 페미니스트 명제를 입증하고 있는 것이다. 밀렛은 가부장제의 근거를 파헤쳐 그것을 해체하기 위하여, 이 가부장제가 인간의 가장 사적이고 내밀한 영역, 곧 성에 뿌리박고 있음을 포착하여, 남녀의 성관계가 지배 · 종속의 권력관계, 다시 말해 정치적 관계임을 드러내 보이고 있다. 퀴글리(Austin Quigley)에 의하면, 핀터의 정치극은 밀렛이 입증한 페미니스트 슬로건의 역(逆)을 극화하고 있다고 말할 수 있다(10). 즉 핀터 극은 '정치적인 것은 사적인 것이다'를 극화하고 있다. 물론 퀴글리도 지적했듯이, 이러한 논지 전개에서 유념해야 할 것은 정치적인 것과 사적인 것이 서로 뒤얽혀 있다는 것이지 단순히 등가적인 것이 아니라는 사실이다. 이러한 사실을 감안해볼 때, 핀터는 다른 모더니스트 남성 작가들이 성정치성을 전용하는 것과는 달리, 페미니스트 정치성, 즉 전복적인 성정치성을 전용하여, 페미니스트 슬로건의 역을 극화함으로써 정치성과 성정치성의 관계와 그 '사이'를 드러내 보이고 있는 것이다.

3

핀터는 60년대까지는 '일종의 정치적 작가'로서 정치적 은유라고 할 수 있는 극작품을 썼으나, 그 이후 20여 년은 가장 활발했던 극작 시기로 평가되지만, 정치적 작가로서는 '몽유' 상태에 빠진 시기였다고 스스로 평가한다. 이 시기는 극작에서 오이디푸스적 시나리오의 구조를 벗어날 수 없었던, 그래서 초기에 그가 지녔던 활력을 상실할 것 같은 두려움을 느꼈던 시기였다고 그는 회상한다. 80년대 중반에 이르러 마침내 그는 오이디푸스라는 환상의 꿈에서 깨어나, 자신이 갇혀 있는 오이디푸스적 '방'이 외부세계와 근접해 있다는 사실 그리고 스스로는 감당하기가 벅찬 그 무엇과 직면해야만 한다는 사실을 깨닫게 되었다고 고백한다(Knowles 25). 이와 같이, 핀터는 그의 정치성이 일종의 몽유 상태에 빠져 있다가 다시 깨어나게 되었지만, 그의 초기 '위협희극'(comedy of menace)에서부터 시작하여 그의 작품 세계에 일관하고 있는 주요 특성임을 강조하고 있다. 그의 성정치적 관심에 대해서는 그가 스스로 고백한 적은 없지만 그의 성정치성 역시 그의 첫 극작품이자 첫 위협희극으로 여성 등장인물 로즈(Rose)를 주인공으로 한 『방』(*The Room*, 1956)에까지, 그리고 더 나아가 그의 첫 소설이지만 1990년까지 출판되지 않았던, 버지니아(Virginia)가 등장하는 『난쟁이들』(*The Dwarfs*, 1950-56)에까지 거슬러 올라간다고 볼 수 있다. 다시 말해, 그의 글쓰기의 시작에 이미 그의 성정치성에 대한 무의식적 또는 의식적인 인식이 있었다는 것이다. 그러나 처음부터 있었던 그의 성정치성은 정치성보다 먼저, 거의 그의 글쓰기가 시작되면서부터, 보기 흉한 여성혐오주의의 기표로 대체되어 마술에 걸린 '잠자는 미녀'처럼 일종의 몽유 상태에 빠졌던 것이다. 그리고 80년대에 접어들면서 몽유의 상태에 빠졌던 성정치성이 정치성보다 먼저 깨어나 정치성의 깨어남을 유도했음을 알 수 있다. 이러한 주장이 핀터의 정치성과 성정치성, 그리고 그 관계와 사이를 논하는 이 책의 기본 전제가 된다. 그러나 그의 정치성과 마찬가지로 그의 성정치성 역시 공존불가능한 여성혐오주의적 성정치성과 페미니스트 성정치성, 즉 전복적인 성정치성이 공존하는 '사이'에서 구현되고 있는 것임을 염두에 두어야 한다. 사실 그의 성정치성 역시 정치성과의 상호작용을 통해 전복성을 발휘하게 된다. 따라서 가장 중요한 전제는 핀터의 정치성과 성정치성은 '사이'에서 상호작용을 통해 구현될 수 있다는 사실이다.

80년대 핀터는 정치적 관심에 대한 공언과 함께 『마지막 한 잔』(*One for the Road*, 1984)을 비롯하여 일련의 정치극들을 쓰기에 앞서 『일종의 알래스카』(*A Kind of Alaska*, 1982)를 썼다. 자신만의 공간 속에서 오랜 세월 잠들어 있던 데보라의 깨어남과 그동안 데보라를 지켜봐온 혼비가 그것을 목격하는 것을 보여주는 『일종의 알래스카』에서 우리는 데보라의 깨어남을 통해 마침내 몽유 상태에서 깨어나고 있는 핀터의 모습을 예견할 수 있다. 데보라의 깨어남, 즉 그녀의 성정치성의 주장에 혼란스러워 하는 혼비의 모습에서 오이디푸스라는 환상의 꿈에서 깨어나 외부세계를 직면하는 핀터의 모습을 볼 수 있다는 것이다. 이러한 맥락에서 우리는 왜 핀터의 본격적인 정치극들이 그가 그동안 끊임없이 극화해온 여성혐오주의적 성정치성 자체를 문제 삼고 있는가를 이해할 수 있을 것이다(Milne 200). 그리고 핀터의 정치성과 성정치성이 얼마나 긴밀한 관계를 맺고 있는가를, 그리고 깨어남의 시차가 시사하듯이, 그 간극이 만들어내는 '사이'가 핀터특유의 정치극 생성의 주요 동인이 된다는 사실도 깨달을 수 있다.

핀터가 정치적 관심을 공언한 80년대는 대처의 우익 보수파 정권이 집권한 시기로 이미 기존의 영국정치극운동이 끝나가고 있을 때였다. 즉 기존 정치극작가들이 이제 체제적인 변화는 불가능하다는 '이단적인' 깨달음에 이르게 된 때에, 핀터는 정치극의 중요성을 새삼 인식하게 된 것이다. 특히 90년대에 이르러 우파의 역사종말 이론과 후기자본주의 체제에 대한 이해와 변화는 불가능하다고 본 포스트모더니스트 분석이 팽배한 가운데, 핀터는 여전히 정치성의 중요성을 강조했다. 그는 "우리의 정치성이 모두 끝난 것이면, 우리는 정말로 끝장난 것"이라고 할 정도로(Aragay and Simo 92), 그리고 자신은 극작가로서보다는 이제 한 시민으로서 정치성에 더 관심이 있다고 할 정도로(Gussow 71), 정치성의 중요성을 주장하기에 이르렀다. 따라서 포스트모더니스트 분석과는 달리, 핀터 극은 여전히 체제적인 권력의 부당한 행사에 저항하는 정치적 의식과 지성을 갖춘 한 시민의 도덕적 · 정치적 행위의 실천으로서의 정치성을 구현하고 있다. 이러한 맥락에서 볼 때, 핀터의 정치성은 모더니스트 정치성으로 해석될 수 있다. 그러나 또 한편으로는, 명확한 정치적 의도와 메시지의 전달을 중요시하는 기존의 정치극과는 달리, 핀터의 정치성은 모호성, 편재성, 미시성을 주요한 특성으로 하는 포스트모더니스트 정치성으로 간주될 수 있다. 사실, 포스트모던 시대의 정치성은 계급이나 국가와 같이 광범위하게 하나로 통제되는 집합체의 거시정치적 개념으로보다는 사회의 모든 지점에 편재하고 있는 권력관계의 네트워크나 미시정치적 개념으로 더 잘 파악될 수 있다(Aragay 248). 그러나 권력의 탈중심화 또는 편재성은 정치적 힘을 약화 또는 거의 소멸시키는 현상까지도 초래할 수 있다. 따라서 이러한 포스트모던 시대의 포스트모더니스트 정치성은 탈정치성을 의미한다고도 볼 수 있다. 이러한 탈정치성으로서의 핀터의 정치성에 대한 이해는 핀터의 후기극 『달빛』을 정치극이 아니라 탈정치적인 부조리극으로의 그의 복귀로 읽을 수 있는 근거를 제시해줄 수도 있다. 이와 같이, 핀터의 정치성이 모더니스트 정치성과 포스트모더니스트 정치성으로 동시에 읽힐 수 있다는 것은, 기존 정치극의 정치성에 대한 논의에서 볼 때, 그의 정치성의 딜레마를 보여준다고 볼 수 있다. 그러나 이러한 딜레마는 핀터의 정치성이 기존의 논의와는 다른 차원에서 전개되어야 한다는 것을 반증하고 있다.

최근에 핀터의 정치성에 대한 연구서 『해럴드 핀터의 정치성』(*Harold Pinter's Politics*, 2005)을 출판한 그라임즈(Charles Grimes)는 기존의 논의와는 다른 맥락에서 핀터의 정치성을 다루고 있다. 그에 의하면, 핀터의 정치성은 정치적 저항이 아니라 정치적 저항의 부정을 극화하고 있으며, 이러한 극화를 통해 핀터는 역설적으로 정치적 문제를 제기하고 정치적 저항을 시도하고 있다는 것이다. 다시 말해, 핀터의 정치성은 사적 욕구를 추구하는 이기적 부르주아지의 지배구조로서의 시민사회의 부정성과 이러한 부정적인 시민사회에 대한 저항의 부정성을 극화하고 있다는 것이다. 예컨대 그라임즈에 따르면, 핀터의 정치성이 권력 관계를 비판하고는 있지만, 그의 극 자체는 그러한 비판이 불가능한 것은 아닐지라도 전적으로 무력하다는 것을 위험스럽게 시사하고 있다는 것이다(31). 그라임즈는 이러한 무력함을 고백하는 핀터의 정치극의 역설을 새로운 발전 단계의 정치극인 '핀터특유의' 정치극으로 평가하지만, 결국 핀터의 정치성은 침묵적인 또는 순종적인 저항의 형태를 제공할 뿐이라는 결론을 내린다(31).

그러나 그라임즈는 핀터의 극단적 비관주의가 정치적 행동의 필요성과 현 상황에 고착되어 있는 권력 사이의 '역설'을 강조하기 위한 '핀터특유의' 방식으로 볼 수도 있다고 부언하고 있다(48). 그러나 스탠리와 같은 반항적인 개인이 침묵하게 된다는 사실은 저항의 무력성을 보여주는 것이고, 이를 통해 결국 핀터는 저항의 무용성을 주장하는 포스트모더니스트 정치성을 시사하고 있다는 것이다. 그러나 그라임즈의 주장은 핀터가 모더니즘의 계몽주의 프로젝트가 실패한 포스트모던 시대에 근대적 신념인 진보 또는 발전된 문명의 성취에 대하여 회의적인 것은 사실이지만, 여전히 모더니즘의 연장선상에서 우리 시대를 보고 있다는 것이다. 따라서 그는 핀터의 정치성을 포스트모더니스트 정치성으로 규정하는 대신, 모더니스트와 포스트모더니스트 정치성의 양면을 모두 가진 것으로 본다. 그러므로 그는 모든 핀터의 정치극들의 결말을 이루는 침묵의 상징성을 이중적 의미로, 즉 포스트모던 사회의 고착 상태에 대한 물화된 표상인 동시에 저항의 모더니스트 이상에 대한 최후의 증언으로 읽어낼 수 있다고 본다(33). 그러나 그는 이러한 이중적인 의미로 해석되는 양면성을 핀터의 정치성의 딜레마로 간주한다.

핀터의 정치성에 대한 그라임즈의 읽기가 모더니스트 또는 포스트모더니스트 정치성으로 규명하고자 하는 다른 읽기들과는 달리 양면성을 읽어내고 있지만, 그 양면성을 핀터의 정치성의 딜레마로 본다는 것은 그의 정치성이 더 이상 저항도 변화도 가능하지 않은 현실을 보여주는 데 머물고 만다는 것을 의미한다. 그러나 핀터의 정치성과 성정치성을 같이 읽어내는 이 책은 그라임즈가 지적하는 핀터의 정치성의 딜레마를 오히려 핀터특유의 정치성의 특성으로 주장한다. 다시 말해, 핀터의 모더니스트 정치성과 포스트모더니스트 정치성이 만들어내는 간극으로서의 '사이'는 핀터의 정치성의 딜레마가 아니라 바로 핀터특유의 정치성이 생성되는 공간이 될 수 있다는 것이다. 아마도 바로 이 공간이, 홀(Ann C. Hall)이 그라임즈의 책에 대한 서평에서 언급했듯이, '핀터의 가장 성공적인 혁명가'인 『귀향』의 루스의 침묵이, '모든 것을 말해주는 메아리 너머의 침묵'(237)이 개입할 수 있는 곳, 즉 전복적인 성정치성이 개입할 수 있는 곳이 될 것이다.

그라임즈뿐 아니라 많은 비평가들이 핀터의 극이 '권력의 남용에 대한 비관적인 분석 이상으로 나아가는 것을 뚜렷하게 거부'(Milne 199-200)하고 있다고 지적한다. 즉 핀터 극은 비인간적인 현실에 대한 신랄하고 비관적인 분석을 보여줌으로써 역설적으로 '인간성의 중요성'(200)을 시사하는 것에 그치고 만다는 것이다. 그러나 밀느(Drew Milne)는, 만약에 핀터 극이 그 이상을 의미한다면, 그것은 그녀가 읽어낸 핀터의 정치성의 특성인 '미시정치성'(micro-politics)을 통해서 가능함을 주장한다(200). 그러나 그녀는 성정치성에 대한 논의를 위해서, 미시정치성을 넘어서 '사적인 것의 정치성'(200)으로 넘어가려면, 인본주의에 내재된 젠더중립성의 정치적 일반화에 혼란을 초래하게 된다는 것이 문제라고 지적한다. 다시 말해, 그녀는 정치성에서 성정치성으로의 진행의 문제점을 '은유와 환유의 사이'(199)로 표현하고 있다. 이러한 관점에서 그녀는 핀터 극 속에 내재된 '정치성과 성정치성의 구조적 간극'(209)을 확인하며, 핀터 극은 여전히 권력이 재생산되는 성적 차이의 여성혐오주의적 구조와 공모하고 있다고 결론 내린다.

그러나 이 책은 밀느가 핀터 극에서 확인한 간극, '사이'에서 오히려 비인간적 현실에 대한 비관적인 인식을 넘어설 수 있는 새로운 핀터 극의 구조적 동인을 발견할 수 있다고 본다. 다시 말해, 그 간극은 극복되어야 할 핀터의 한계가 아니라, 들뢰즈의 표현을 빌리자면, 새로운 생성을 초래하는 균열인 '사이'로 간주될 수 있는 것이다. 사실, 핀터 극은 처음부터 그 간극을 극복하려고 하는 대신, 그 간극 자체를 명백하게 드러내 보이고 있었다고 주장할 수 있다. 그리고 나아가 이 책은 밀느를 비롯하여 대부분의 비평가들이 진행시키고 있는 핀터의 정치성에서 성정치성으로의 논지 전개를 역전시킴으로써, 오히려 핀터 극의 정치성이 비관적인 분석을 넘어서서 그 이상을 의미할 수 있게 된다는 것을 주장한다. 다시 말해, 핀터의 정치성의 전복성을 드러내기 위해, 정치성에서 성정치성으로가 아니라 성정치성에서 정치성으로 논지 전개의 방향을 설정해야 한다. 사실, 핀터 극에는 그의 성정치성이 정치성보다 먼저, 처음부터, 거기에, 이미 있었고, 핀터의 정치성을 위해 먼저 몽유 상태에 빠졌지만, 먼저 깨어나, 정치성의 깨어남을 유도했다. 따라서 핀터의 정치성이 전복성을 띠려면 성정치성의 개입이 먼저 있어야 한다는 것이다.

참고문헌

김석수. 「'사회'의 의미와 위상에 대한 반성적 고찰: 시민사회를 중심으로」. 『현대 문화와 철학의 새지평』. 서울: 철학과현실사, 2005. 71-106.

조은, 조주현, 김은실. 『성 해방과 성 정치』. 서울: 서울대학교출판부, 2002.

Aragay, Mireia. "Pinter, Politics and Postmodernism (2)." Raby. 246-59.

Aragay, Mireia, and Ramon Simo. "Writing, Politics and *Ashes to Ashes*." *Pinter in the Theatre*. Com. and Intro. Ian Smith. London: Nick Hern Books, 2005. 90-106.

Aristotle. *Politica I*. Ed. J. A. Smith and W. D. Ross. *The Works of Aristotle,* Vol. X, Oxford: Clarendon Press, 1966.

Billington, Michael. "Obituary: Harold Pinter." *The Guardian*. December 27, 2008〈http://www.guardian.co.uk/culture/2008/dec/27/harold-pinter-obituary-playwright-politics〉.

Deleuze, Gilles and Félix Guattari. *Kafka: Toward a Minor Literature*. Trans. D. Polan. Minneapolis: U of Minnesota P, 1986.

Derrida, Jacques. "Structure, Sign, and Play in the Discourse of the Human Sciences." *Writing and Difference*. Chicago: U of Chicago P, 1978. 278-94.

Grimes, Charles. *Harold Pinter's Politics: A Silence beyond Echo*. Teaneck: Fairleigh Dickinson UP, 2005.

Gussow, Mel. *Conversations with Pinter*. New York: Grove P, 1994.

Hall, Ann C. "Book Review: *Harold Pinter's Politics: A Silence Beyond Echo*." *The Pinter Review: Nobel Prize/Europe Theatre Prize Volume: 2005-2008* (2009): 236-37.

Knowles, Ronald. "Harold Pinter, Citizen." *The Pinter Review* 3 (1989): 24-33.

Millett, Kate. *Sexual Politics*. New York: Doubleday, 1970.

Milne, Drew. "Pinter's Sexual Politics." Raby. 195-211.

Pinter, Harold. *Plays: Four*. New York: London: Methuen, 1984.

_______. "Art, Truth & Politics: The Nobel Lecture." *Harold Pinter*. Michael Billington. London: Faber and Faber, 2007. 431-42.

_______. "A Politics and Its Politics: A Conversation between Harold Pinter and Nicholas Hern." *One for the Road*. New York: Grove P, 1986, 5-23.

______. *Celebration & The Room*. London: Faber and Faber, 2000.

Quigley, Austin E. "Pinter, Politics and Postmodernism (1)." Raby. 7-27.

Raby, Peter, ed. *The Cambridge Companion to Harold Pinter*. Cambridge: Cambridge UP, 2001.

Sakellaridou, Elizabeth. *Pinter's Female Portraits: A Study of Female Characters in the Plays of Harold Pinter*. London: Macmillan, 1988.

Selden, Raman, et al. *A Reader's Guide to Contemporary Literary Theory*. 4th ed. London: Prentice Hall, 1997.

제3장

'도난'과 전복의 정치성과 성정치성

1

핀터가 초기에 정치성을 부정한 것은 '사이'를 읽어낼 수 없는 1950년대 말과 60년대의 냉전시대 미학, 즉 예술과 정치, 부조리극과 정치극을 분리하는 미학의 정치성에 대한 부정을 의미한다. 그 당시 미학은 부조리극과 정치극 사이의 임의적인 대립에 따라, 극작가는 당대의 관심사를 다루든지 또는 인간의 무의미하고 적대적인 우주와의 직면이라는 초시간적인 관심사를 다루든지 해야지, 양쪽을 모두 다룰 수는 없다는 것을 전제로 한다. 따라서 부조리극작가로 분류되었던 핀터는 당연히 정치적 관심이 없는 작가로 간주되었다. 그러나 이러한 이분법적인 냉전시대 미학에 내재된 정치성을 부정한 핀터는 처음부터 그러한 이분법적인 경계 짓기가 흐려지는 '사이'에서 고민과 갈등을 겪는 가운데, '핀터특유의' 정치성을 발견하고, 이를 극화하게 된 것이다. 당대의 정치성에 무관심한 부조리극작가로 정치성을 극화하기 위해 그가 선택한 방식이 바로 그의 정치성을 전용하는 방식, 즉 '도난'하여,[1] 마치 '도난당한 편지'[2]를 숨겨두는 방식이었다. 그리고 후일 핀터는 그의 정치성이 새로운 것이 아니라 사회적 권위의 힘들과 불안스럽게 직면하고 있는 개인들을 그린 그의 초기 '위협희극'(comedy of menace)에까지 거슬러 올라간다고 밝히면서, 숨겨놓은 편지를 스스로 보여주는 방식으로 정치성을 드러내 보인다. 그리고 본격적으로 '핀터특유의' 정치성을 구현하는 정치극을 쓰기에 이른다.

핀터는 그의 성정치성을 직접적으로 언급한 적은 없지만, 그의 첫 소설 『난쟁이들』(*The Dwarfs*, 1952-56)과 첫 극작품 『방』(*The Room*, 1957)이 말해주듯이, 그의 글쓰기는 그의 성정치성에 대한 의식에서 시작했다고 볼 수 있다. 다시 말해, 정치성에 앞서 성정치성이 먼저 그의 텍스트를 구조화하고 있었다. 그러나 핀터의 초기 글쓰기부터 성정치성의 환유는 오이디푸스적 권력 게임의 은유로 대체되기 시작했던 것이다. 핀터는 한 인터뷰에서 전적으로 여성에 대한 극을 쓰고 싶었다고 밝혔지만(Sakellaridou 12 재인용),[3] 그의 의도와는 달리 전적으로 남성에 대한 극을 썼다. 그의 첫 작품 『난쟁이들』에서는 남성적 신화와 편견을 거부하고 자신의 관점에서 자기를 확립하려고 노력하는 단호하고 명료한 정신을 소유한 독립적인 여자 버지니아가 등장한다. 그리고 『방』에서는 핀터의 성정치성에 대한 관심을 시사하는 로즈(Rose)가 주인공으로 등장한다. 그러나 이미 그의 첫 글

---

1 '도난'하다(purloin)라는 말은 '훔치다'라는 의미로만이 아니라 다의적인 의미를 가진 말로 사용된다. 즉 연기하다(put off), 연장하다(pro-long), 제쳐놓다(set aside), 무력하게 만들다(render ineffective), 자신의 용도를 위해 그릇되게 유용하다(appropriate), 그리고 도둑질하다(steal)의 의미 등 복합적인 의미를 내포한 말로 사용된다.

2 포(E. A. Poe)의 「도난당한 편지」("The Purloined Letter", 1844)에서 왕비가 왕의 눈에 띄지 않게 편지를 숨기기 위해 그냥 거기에 놓아두는 방식 그리고 그 편지를 다른 편지와 바꿔치기하는 방법으로 훔쳐서 왕비가 택한 방식처럼 숨겨두는 장관의 방식을 의미한다.

3 그러나 『생일파티』 이후 강력한 남성적인 막간극(interlude)들인 『관리인』(1959)을 포함하여 남성들만 등장하는 6개 작품들 『벙어리 웨이터』(*The Dumb Waiter*, 1957), 『난쟁이들』(*The Dwarfs*, 1960, 소설에 등장했던 버지니아는 극작품에서는 사라짐), 『독백』(*Monologue*, 1972), 『사장된 땅』(*No Man's Land*, 1974), 『빅토리아 역』(*Victoria Station*, 1982, 등장하지는 않지만 택시 뒷좌석에 타고 있던 여자의 존재가 중요한 역할을 하고 있음) 등으로 이어졌다.

쓰기에서부터 그의 성정치성은 전용, 즉 도난당하여, 여성혐오주의적 성정치성으로 대체되기 시작했음을 보여준다. 그리고 그의 '도난당한' 성정치성은 '도난당한' 정치성을 위한 매개물로 전용되기 위해 또다시 도난당하는 신세가 된다. 그의 성정치성은 이중으로 전용되고, 즉 도난당하고 있는 것이다. 핀터의 정치성과 성정치성에 대한 일련의 이러한 도난은 그의 출세작 『생일파티』(*The Birthday Party*, 1957)와 더불어 비정치적인 부조리극작가로 분류됨에 따라 보다 본격화되었다. 따라서 핀터의 정치성과 성정치성은 오이디푸스적인 남성적 권력 게임과 여성혐오주의로 대체되고 말았다. 이러한 관점에서, 핀터 극은 남성적 특권과 쇼비니즘의 재확립을 지향하는 반동기의 여성혐오주의적 모더니스트 문학 전통에 편입될 수 있었던 것이다.

핀터의 성정치성의 도난은 이미 그의 첫 작품 『난쟁이들』에서 시작되고 있다. 버지니아는 세 명의 다른 남성들과 동등한 관계를 가졌던 지적인 여성으로 등장했지만 결말에 이르면 그녀는 남성들의 성적 쾌락의 대상으로 전락하고, 남성들만의 관계를 위해 결국 추방되고 만다. 1960년에 극작품으로 개작된 『난쟁이들』에서는 세 남자들 사이의 관계만을 전적으로 다루기 위해 버지니아는 아예 제거되어서 등장하지도 않는다. 게일(Steven Gale)이 적절하게 표현했듯이, 『방』은 '로즈의 인격 해체'(Sakellaridou 29 재인용)를 극화함으로써 가부장적인 도덕적 · 사회적 질서 속에 자리매김된 여성의 비인간적 상황을 드러내 보이는 작품이다. 이와 같이, 첫 작품에서 완전히 인격이 해체된 로즈의 등장에 이어, 핀터의 여성들은 결코 완전한 인격체가 아닌 주변적이며 이차적인 인물들, 항상 남자들과의 관계 속에서만 기능하는 어머니-창녀로 규정되어 다루어지고 있다고 지적된다. 『방』의 시작에서 로즈는 그녀의 방이 상징하는 안전하고 아늑한, 그러나 끔찍하게 제한된 사적인 공간 속에 스스로 자신을 자리매김한 것으로 보인다. 아버지의 법을 거부하고 집을 떠나온 로즈는 피난처가 되는 그 사적인 영역에서 새롭게 자신의 삶을 시작하지만, 여전히 소외되어 고뇌하고 갈등한다. 그리고 그녀는 아버지의 법을 대변하지만 약자인 흑인 라일리(Riley)를 이긴 그녀의 남편 버트(Bert)의 개입으로 결국 엄격한 가부장적 질서의 회복과 강화를 위해 눈이 머는, 즉 시각을 빼앗기는 신세가 된다. 그리고 그 공간은 이제 버트가 압도하는 오이디푸스적 공간으로 변하게 된다는 것으로 이 극은 결말을 맺는다. 이와 같이 『방』은 젠더와 인종의 문제 등을 통해 핀터의 성정치성과 정치성을 보여주지만, 결국 오이디푸스적 권력 관계가 부각되는 결말에 이르고 있다는 것을 알 수 있다. 따라서 이러한 핀터의 초기 작품에서 우리는 성정치성을 감지하자마자 그것이 도난당하고, 또다시 도난당한 정치성, 즉 남성들의 오이디푸스적 권력게임으로 대체된 그의 정치성을 위해 도난당하게 된다는 것을 읽어낼 수 있다. 다시 말해, 도난당한 핀터의 정치성은 남성들의 오이디푸스적 권력게임으로 대체되고, 이를 위해 그의 도난당한 성정치성은 또다시 도난당한다는 것이다. 이렇게 도난당한 핀터의 정치성과 성정치성은 사적 영역이면서 오이디푸스적 공간이 된 '방'에 한동안 잠들어 있게 된다.

2

비록 핀터가 80년대 중반에 그의 정치성을 명확하게 드러내 보여 우리의 관심을 집중시켰지만, 그의 정치성은 갑작스러운 전향은 아니었다고 본인도 주장할뿐더러 대부분의 비평가들이 동의하는 사실이다. 런던의 이스트엔드의 유태인 이민자 가정에서 태어난 그는 제2차 세계대전 당시 피난을, 그리고 대공습기간 중 런던에서 전시의 불안과 공포, 좌절감을 생생하게 경험해야만 했다. 이러한 경험을 통해 이미 '반대자'(dissenter)로서의 기질을 충분히 갖춘 그는 12세에 어떤 체제도 지지하지 않겠다고 선언하며 유태교를 거부했고, 18세에 양심적 병역거부를 선언했다. 핀터 자신도 밝혔듯이, 그의 극작의 일관된 동인은 제2차 세계대전 이후 그를 끊임없이 사로잡고 있는 바로 인간에 대한 인간의 비인간성의 이미지들과 공포에 대한 인식, 즉 그의 정치적 의식인 것이다. 그러나 1958년에 쓴 '성난 드라마'인 『핫하우스』(*The Hothouse*)의 출판과 공연을 1980년까지 금지시킨 것에서 알 수 있듯이, 오랫동안 그는 자신의 명백한 정치성이 드러나는 것을 유보했다. 그러나 그는 왜 『핫하우스』보다 먼저 쓰인 『생일파티』의 정치성을 부정하는 거짓말을 했는가에 대한 질문에 이미 작품이 말하고 있는 것을 대단한 주장인 양 말하고 싶지 않았기 때문이라고 대답함으로써 일부러 정치성을 감출 의도는 없었다고 밝힌다(Billington 356). 그러나 어쨌든 초기에 핀터는 그의 정치성이 가시화되는 것을 막기 위하여 정치성의 '도난'을 시도하거나 적극적으로 공모한 것은 분명하다.

핀터의 여성들을 분석한 사켈라리두는 핀터의 성정치성이 처음부터 이미 거기에 있었다는 사실을 입증한다. 핀터 자신은 부정했지만, 그에게는 세 명의 중요한 의미를 갖는 여성들, 즉 그의 유태인 어머니, 1956년 결혼한 여배우 비비안(Vivien Merchant)과 1980년 재혼한 귀족출신 전기작가 안토니아(Antonia Fraser)가 있다. 그의 초기 작품들에 등장하는 거의 모든 부인들은 유태인 가정에서 매우 특별한 위치를 갖는 유태인 어머니를 연상시킨다고 사켈라리두는 지적한다(8-10). 예컨대, 로즈, 메그(Meg), 무대에 등장하지 않는 골드버그(Goldberg)의 이상화된 어머니 그리고 유태인 맥스(Max)의 죽은 아내 제시(Jessie)와 새로운 여가장(matriarch)으로 등극하는 루스(Ruth)에 이르기까지 그가 창조한 모든 부인들은 유태인 어머니와 연관성이 있다는 것이다. 그러나 자신의 유태인 어머니를 비롯하여 혼란스러운 성정치성을 대변하는 루스를 가장 잘 연기한 여배우 비비안과 80년대 그의 정치성의 표명에 큰 영향을 준 안토니아 등, 두 명의 아내가 그의 여성인물들의 창조에 영감을 주었다는 것을 그는 한번도 인정한 적이 없다. 사실, 핀터가 그의 실제 여성들이 그의 여성 등장인물들에게 준 영향을 인정하지 않을 뿐 아니라 성정치성을 도난하여 여성혐오주의적 성정치성으로 전용한 것은 당대 남성 극작가들이 보여준 여성혐오주의 경향을 공유한 것이라고 볼 수 있다. 다시 말해 50, 60년대 성난 젊은 극작가들은 그들의 반체제적 충동을 억압 또는 투사하는 수단으로서 여성혐오주의적 성정치성을 전용했으며, 핀터 역시 이러한 전용에 가담했다는 것이다. 따라서 핀터는 당대 작가들의 경향을 공유하여, 그의 억압된 정치성을 여성혐오주의적 성정치성으로 투사함으로써 그의 정치성의 도난에 공모했다고 볼 수 있다.

핀터는 성정치성에 대한 그의 입장을 구체적으로 밝힌 적이 없지만, 『재에서 재로』(*Ashes to Ashes*, 1996)의 정치성을 논하는 대담에서, 지금까지 그의 작품들이 남자가 여자보다 더 잔인하다는 것을 그리고 남성적 관점을 표현해 왔다는 것을 인정함으로써, 말년에 이르러서야 간접적으로 그의 성정치성에 대한 입장을 밝히고 있다. 제2차 세계대전 이후 그를 끊임없이 사로잡고 있는 문제가 인간의 인간에 대한 비인간성이라고 말했을 때, 그는 물론 인간적 상황이 남성적인 것이라고 주장하지는 않았지만, 여전히 젠더와 계급의 혼란을 드러내 보이고 있는 것은 사실이다. 그러나 그 스스로 자신이 작품에 구현한 인간적 상황이 남성적 관점에서의 상황임을 인정한다는 것은 자신의 관점의 객관성에 스스로 문제를 제기한다는 것과 그의 시선의 맹점을 인정한다는 것을 의미한다. 그리고 주지할 점은 핀터가 초기부터 그의 성정치성을 의식하고 있었고 정치성의 억압을 위해 그것을 도난하는 데 공모한 것을 인정하고 있다는 사실이다. 그러나 그의 바로 이러한 성정치성의 도난과 억압이 오히려 그것의 존재와 그것의 전복성을 드러내 보이고, 그의 억압된 정치성까지 깨우는 결과를 초래하게 된 것이다. 다시 말해, 역설적이지만, 그의 정치성과 성정치성의 도난 자체가 그의 오이디푸스적 극의 구조화와 탈구조화, 그리고 이를 통한 새로운 극의 구조화의 동인을 발생하는 결과를 가져오게 했던 것이다.

3

포(E. A. Poe)의 「도난당한 편지」("The Purloined Letter", 1844)를 라캉이 '도난'하여 구축한 정신분석의 패러다임[4]은 초기극에서 보여준 핀터의 정치성과 성정치성의 도난과 이를 통한 극의 구조화를 읽어내는 데 상당히 적절한 시각을 제공한다. 프로이트(S. Freud)는 페미니스트들로부터 그의 여자 히스테리 환자들과의 만남에서 시작된 정신분석 이론의 구조화 과정에서 여성성을 '도난'했다는 비난을 받아왔다. 그리고 이러한 프로이트의 뒤를 이어 라캉 역시 현대언어학과의 결합을 통해 현대정신분석을 구축하

4 라캉은 그의 포 세미나에서 포의 「도난당한 편지」를 한 편의 정신분석의 드라마로 읽어 그 단편 소설을 상호주관적인 삼각구조로 파악되는 정신분석적 장면－실재계(the Real)/상상계(the Imaginary)/상징계(the Symbolic)－의 틀에 넣을 수 있는 두 개의 극적인 장면들로 재단하여 재구성한다. 그 두 장면은, 제1의 장면(the primal scene)인 왕비의 내실에서 일어난 왕/왕비/장관 사이의 장면과 그 패턴을 반복하는 제2의 장면(the secondary scene)인 장관의 방에서 왕비(경찰국장)/장관/듀팽 사이에 일어난 장면이다. 라캉은 각각 세 위치에 처한 사람들 사이의 관계를 '시선'(look)의 관점에서 설명하고 있다. 제1의 영역(the Real)에 위치한 시선은 편지를 볼 수가 없고, 제2의 영역(the Imaginary)의 시선은 편지를 볼 수는 있으나 제1의 시선이 그 편지를 보지 못하니까 자신이 숨겨놓은 것이 드러나지 않으리라고 스스로를 기만하는 시선으로 그 편지를 보고 있는 그 자신의 보기행위가 제3의 시선에 의해서 보여진다는 것은 볼 수가 없다. 반면에 제3의 영역(the Symbolic)인 특권적인 위치의 시선은 이 두 시선(제1과 제2의 위치의 시선)의 관계를 간파할 수 있으며 이 특권을 이용하여 편지를 손에 넣을 수 있다고 한다. 그 특권적인 위치인 제3의 영역에 라캉은 정신분석가를 자리 매김하고 있다. 즉 라캉의 우화는 제1의 장면의 패턴을 간파한 분석가가 '진리의 배달부'로서 도난당한 편지를 찾아서 적합한 소지자인 왕비에게 되돌려 줄 수 있으며, 이로써 히스테리 증세를 보인 왕비를 치료할 수 있게 되며, 깨어진 '의미화 고리'인 부서진 삼각구조를 다시 종결할 수 있게 된다는 것을 시사하고 있다. 이러한 정신분석의 패러다임에 대한 이해는 의미화 고리는 '결합하고 방향을 부여하는' 상징계에 의하여 언제나 다시 종결된다는 '의미화 고리의 집요성'(the insistence of signifying chain)이라는 라캉 이론의 중심개념의 강조를 내포하고 있다.

면서 더욱 고도의 수법으로 여성성을 도난했다는 지적을 받고 있다. 따라서 라캉이 「도난당한 편지에 대한 세미나」("Seminar on 'The Purloined Letter'", 1956)에서 구조화한 정신분석의 패러다임은 여성성의 억압, 나아가 성정치성의 억압을 기초로 구축된 오이디푸스적 구조의 연극 메커니즘을 분석하는 데 가장 적절한 도구가 될 수 있다. 따라서 필자는 선행연구서 『현대 비평이론과 연극』(2005)에서 라캉이 포를 '도난'하여 만든 정신분석의 패러다임을 전통 연극의 패러다임으로, 그리고 이 패러다임을 다시 '도난'하는 방법으로 '새로운 연극'과 그 더블인 페미니즘 연극의 패러다임을 구축하는 작업을 시도하였다.[5] 이와 같은 정신분석과 페미니즘의 상호작

5 라캉의 정신분석의 우화로부터 펠만(Shoshana Felman)과 뮬러(John Muller)는 라캉의 헤겔적인 삼각형 도표를 그려내 정신분석의 패러다임의 이해를 돕고 있다. 펠만과 뮬러는 이 두 개의 삼각구조들이 서로 따로 떨어진 도형들로서 서로를 거울같이 비추고 있다고 생각한다. 즉 이 두 삼각형을 서로 대응해보면 사실 하나의 삼각형(왕/장관/듀팽) 구조가 되고 이러한 과정에서 왕비는 '사라지는 중재자'로 사라지게 된다. 이러한 삼각구조의 정신분석의 패러다임은 바로 오이디푸스적 구조의 전통 연극의 패러다임이 될 수 있다. 필자는 이러한 정신분석의 패러다임이자 전통 연극의 패러다임을 변형, 즉 도난하여 새로운 현대연극의 패러다임을 구조화하는 작업을 시도했다. 일단 이 두 삼각형들을 제4의 위치의 왕비의 위협적인 존재를 자리매김하고자 하는 페미니즘적인 욕망에 과감히 연결시켜 보았다. 두 개의 삼각형의 제1과 제2의 위치를 바꾸고, 즉 왕과 왕비, 왕비와 장관의 위치를 서로 바꾸고, 두 개의 삼각형들의 면들 중 서로 공통면이 되는 왕비와 장관이 이루는 면을 서로 붙이기 위해 제2의 삼각형을 거꾸로 뒤집어 연결해 보았다. 이러한 자리바꿈과 구조의 뒤집음은 라캉의 오이디푸스적 구조의 변용, 즉 일종의 '도난'이라고 할 수 있는 행위이다. 즉 라캉의 패러다임을 '그 궤도에서 일탈시켜', 서로 대응하는 구조들을 연결시켜 '연장'(pro-long)했다는 의미에서 '도난'(purloin)이다. 이 도난의 결과로 만들어진 도형은 라캉이 억제하고자 한 오이디푸스적 구조에 포함될 수 없는 제4의 위치에 속하는 여성의 위치를 확보해주며 억제된 편지의 발신인(라캉이 역시 관심을 두지 않은 인물)의 존재를 불러들여 제1의 삼각구조를 깨뜨리는 또 하나의 삼각구조를 만들어낸다. 또한 연결된 제2의 삼각형은 라캉이 의도적으로 배제했다고 데리다(Jacques Derrida)가 주장하는 '불안을 낳는 더블'인 「도난당한 편지」의 화자가 '나머지'로 되돌아와 또 제3의 삼각구조를 형성하게 됨으로써 깨지게 된다. 이러한 패턴으로 만들어진 삼각구조 역시 그 속에 포함될 수 없는 '나머지'에 의해 다시 열리게 됨을 보여준다. 이처럼 이 변형된 패러다임은 예기치 않은 큰 전복적인 힘을 발휘하게 되며 또한 무한한 욕망의 환유적 고리를 이루게 된다. 이러한 패러다임을 변형시키는 동인은 바로 무대에서 퇴장하기를 강요당한 여성이 억압을 통해 오히려 강력한 힘을 행사하게 된 '억압된 자의 돌아옴'(the return of the repressed)에 기인

용을 통한 전통 연극과 새로운 연극의 패러다임 구축 과정에서 핀터 극의 이중적 구조화, 즉 오이디푸스적 극과 앙띠-오이디푸스적 극을 함께 읽어낼 수 있는 방법을 발견할 수 있다. 다시 말해, 그 패러다임의 구조화가 핀터의 오이디푸스적 극의 구조화를 위해 억압된, 즉 드러나 보이지 않기로 된 성정치성의 전복적인 '귀향'과 이를 통한 정치성의 깨어남을 볼 수 있는 보기의 방법을 제공해줄 수 있다는 것이다.

50년대 말 신진 작가 핀터는 등단과 함께 현대극비평의 정전 역할을 했던 에슬린에 의하여 부조리극작가로 자리매김되었기 때문에, 처음부터 그의 성정치성은 물론 정치성은 억압되어야 할 것으로 취급된다. 이러한 입지의 신진 작가 핀터에 대한 비평은 바로 정신분석과 전통 연극의 패러다임과 같은 패러다임을 구성한다. 즉 핀터 비평의 패러다임의 제1장면은 정신분석의 패러다임을 구축하는 세 개의 시선들, 에슬린과 같은 정전비평가, 신진 작가 핀터, 핀터 비평가의 시선은 제1의 장면의 각각 제1, 제2, 제3의 시선인 왕, 왕비, 장관의 시선에 비유될 수 있고, 핀터의 성정치성과 정치성은 왕과 왕비의 관계 성립을 위해 감춰져야 할 편지에 해당한다고 볼 수 있다. 따라서 부조리극작가로서의 분류에 저항하는 핀터는 편지를 도난당한 왕비처럼 불안과 공포의 증세를 보이는 히스테리 환자의 위치에 자리매김된다. 정전비평과 핀터 사이를 잘 간파할 수 있는 핀터 비평가는 '숨겨져 있어야 할 것인데 드러난 것'(*The Purloined Poe* 32)인 그의 정치성을 발견하고 도난하여 숨긴 장관에 해당한다. 그리고 제2의 장면은 왕비, 장관, 듀팽의 시선에 해당하는 제1, 제2, 제3의 시선인 핀터, 핀터의 정전비평가, 새로운 핀터 비평가의 시선으로 구성된다고 볼 수 있다. 지금까지 정전비평의 영향력 속에서 이루어진 핀터 비평산업은 제2의 장면에

하는 것이다. 이것이 바로 페미니즘적인 시각에서 전통 연극의 패러다임을 도난하여 해체 변형한 현대연극, 아르토의 '새로운 연극', 식수스(Hélène Cixous)의 '페미니스트 연극'의 패러다임이 된다(『현대 비평이론과 연극』 47-68).

서의 장관과 듀팽과 같은 핀터 비평가들의 오이디푸스적 경쟁에 의하여 구축되어온 것으로 설명될 수 있다. 다시 말해, 제1의 장면의 세 가지 시선들의 관계를 잘 읽어냄으로써, 기존 정전비평가의 수법을 그대로 사용하여, 그의 정치성을 다시 도난하여 핀터에게 돌려주어 그것을 다시 숨기도록 개입하는 특권적인 분석가의 위치에 있는 유력한 핀터 비평가들 사이의 오이디푸스적 경쟁에 의해 핀터 비평산업이 구축된 것이다.

기존 핀터 비평산업의 패러다임에 의하면, 분석가로서 비평가의 비평행위는 '남근화의 재확립'(*The Purloined Poe* 237) 과정으로 설명될 수 있다. 이 패러다임은 핀터의 정치성을 그의 글쓰기의 시작부터 있었지만 기꺼이 그가 감추고자 한 성정치성처럼 감추어야 할 것으로 취급한다. 타자의 시선을 피하면서 무엇인가를 감추는 효과적인 방법은, 왕비가 왕의 시선으로부터 편지를 감추기 위해 그랬던 것처럼, 그것을 눈에 띄지 않게 감추는 대신 아무것도 아닌 것처럼 그냥 거기에 두는 방법을 들 수 있다. 그리고 그것을 도난해서 감추는 효과적인 방법은, 그 숨겨진 편지의 존재를 볼 수 있었던 장관처럼, 그것을 슬쩍 다른 것으로 바꿔치기해서 훔치고, 왕비가 그랬던 것처럼, 아무것도 아닌 것처럼 그것을 취급하는 방식으로 감추는 것이다. 핀터 역시 이들의 방식을 택했다고 볼 수 있다. 그는 그의 성정치성처럼 감추도록 되어 있는 그의 정치성을 감추기 위해 다른 것으로 대체하여 그냥 거기에 아무것도 아닌 것처럼 숨겨두는 전략을 사용했던 것이다. 다시 말해, 그는 그의 정치성을 거기에 그대로 숨겨두는 전략을 택했다. 그리고 이를 위해, 그는 숨겨둔 그의 성정치성을 다시 도난하여, 즉 그것의 '물신적 착취'를 통해 여성혐오주의적 성정치성으로 대체하여 거기에 두는 방식을 취했다. 다시 말해, 그는 여성혐오주의라는 기표로 그의 성정치성을 대체하여 그 라벨을 붙임으로써 그의 정치성을 안전하게 숨겼던 것이다. 이러한 전략을 통해 핀터는 결합하고 방향을 부여하는 상징계를 상징하는 정전비평에 의해 늘 언제나 다시 종결되는 '의미화 고리의 집요성'(*The Purloined Poe* 28)을 견제하는 일종의 간접적이고도 무력한 저항을 한동안 시도했던 것이다. 그러나 핀터가 의도적으로 억압했던 성정치성은 이중적 억압을 통해 오히려 더 강해진 전복성을 가지고 돌아와 그의 무력한 저항을 보다 강력한 저항으로 유도하는 결과를 초래하게 된다.

마침내 80년대 중반 핀터는 편지의 소지자로 남아있는, 즉 정전비평을 수호하는 왕비 역할을 거부하고, 그 편지의 내용을, 그의 정치성을 과감하게 드러내 보인다. 이와 같은 핀터의 왕에 대한 왕비로서의 배신은 바로 그가 억압했던 성정치성이 '통제할 수 없는 불안을 낳는 더블'(*The Purloined Poe* 274)로 돌아와 전복적인 힘을 행사한 결과로 볼 수 있다. 다시 말해, 억압된 성정치성의 전복성으로 그의 오이디푸스적 욕망을 좌절시키는 앙띠-오이디푸스적 욕망이 더욱 강해져 핀터는 정치성의 억압에 대한 공모에서 벗어나게 된 것이다. 핀터의 성정치성이 오이디푸스적 구조의 닫힌 체계를 여는 환유적인 정치성의 잠재력을 발휘하게 된 것이다. 그리고 여기서 주지해야 할 것은 그의 극작의 시작부터 억압되었던 성정치성은 결코 사라진 적이 없었다는 사실이다. 그의 억압된 성정치성은 그의 오이디푸스적 극의 이면에서 '억압된 자의 돌아옴'(*The Purloined Poe* 47)이 초래하는 강력한 전복성으로 앙띠-오이디푸스적 구조의 극을 동시에 전개시키고 있었던 것이다.

4

핀터의 정치성과 성정치성을 읽어내는 이 책에서 사용하는 방법론의 하나가 앞서 설명한 정신분석과 페미니즘의 상호작용을 전용한 보기 방법이다. 필자의 선행 연구서 『현대 비평이론과 연극』이 보여주듯이, 이 보기 방법은 현대 드라마 읽기에 상당히 유용한 도구적 틀을 제공해 줄 수 있다.[6] 그러나 이러한 유용성에도 불구하고, 정신분석과 페미니즘의 상호작용에 의한 보기는 오이디푸스적 구조 속으로 재통합되는, 즉 재오이디푸스화를 초래하게 되는 위험을 무릅쓴다는 지적을 받는다. 갤롭(Jane Gallop)도 지적하듯이, 흔히 정신분석과 페미니즘의 상호관계는 오이디푸스적 구조의 부녀관계에 비유된다. 이러한 부녀관계를 기초로 갤롭은 정신분석의 아버지 라캉으로부터의 인정을 중요시하는 '충실한' 딸들과 무례하고 도전적인 '불충한' 딸들로 페미니스트들을 구별하여, 불충한 딸들의 전복적인 페미니스트 전략을 강조하고 있다. 그러나 갤롭이 제시한 페미니스트 전략을 사용할 때도, 오이디푸스적 죄의식을 전가받거나, 재오이디푸스화를 초래할 위험의 소지는 여전히 수반된다. 예컨대, 정신분석과 페미니즘의 상호작용을 통해 핀터의 『일종의 알래스카』(*A Kind of Alaska*, 1982)를 그의 성정치성의 깨어남을 보여주는 작품으로 읽는 대부분의 시도가 결국은 데보라(Deborah)의 '귀향'을 오이디푸스적 가족으로의 복귀로 해석함으로써 재오이디푸스화를 초래하는 결론에 이르게 되는 것을 볼 수 있다.

들뢰즈(Gilles Deleuze)와 가타리(Félix Guattari)가 지적하듯이, 정신분석은 가족주의(familialism)를, 즉 '신성가족'(holy family)의[7] 오이디푸스적 이데올

---

6 필자는 선행연구서에서 라캉의 정신분석의 드라마 읽기가 구축한 전통 연극의 패러다임과 그것을 '도난'하여 만든 새로운 연극의 패러다임을 기초로 하여 현대 극작가들(Samuel Beckett, Harold Pinter, Tom Stoppard, T. S. Eliot, W. B. Yeats, J. M. Synge, Sean O'Casey, Athol Fugard, Pam Gems, Sarah Daniels, Marsha Norman, Wendy Kesselman, Hélène Cixous, Marguèrite Duras, Jean Genet 등)의 주요 작품들에 대한 다양한 '공연적 읽기들'(performative readings)을 시도하였다. 일련의 읽기 과정을 통하여 이 변형된 패러다임 자체가 지니는 역동성과 변동성, 그리고 사라지기로 또는 보이지 않기로 간주되는 '여분의' 위협적인 동인에 의하여 공존하는 닫힘과 열림(영토화와 탈영토화)의 동력을 끊임없이 발견할 수 있었다.

7 『앙띠-오이디푸스』(*Anti-Oedipus*, 1984)의 제2장 「정신분석과 가족주의: 신성가족」("Psychoanalysis and Familialism: The Holy Family")을 참조할 것(51-138).

로기를 주장한다. 이와 같이, 가부장제의 문화적 소산으로서의 가족이 아니라 신성가족주의의 오이디푸스화를 강조하는 정신분석과의 상호작용을 통해 페미니즘은 복고적이고 반동적인 정치성에 포섭될 수 있는 위험을 감수하게 된다. 반면에 정신분석은 페미니즘과의 상호작용을 통해 억압된 여성성의 '귀향'과 그것의 위협적인 전복성을 드러내 보이는 위험을 감수한다. 식수스(Hélène Cixous)를 비롯하여 이리거라이(Luce Irigaray), 갤롭, 그리고 버틀러(Judith Butler) 등, 정신분석적 페미니스트들은 정신분석의 이러한 전복성을 그들의 보기 방법에 전용한다. 이와 같이, 정신분석과 페미니즘의 상호작용은 핀터 극이 기초하고 있는 오이디푸스적 구조와 그 구조를 위해 억압된 성정치성의 전복적인 잠재력을 발견할 수 있는 가장 적절한 보기 방법을 제공해주는 것은 사실이다. 정신분석의 패러다임에 따른 전통 연극의 기본 메커니즘은 여성을 욕망의 대상으로 한 남성주체들 사이의 교환경제구조에 입각한 억압된 성정치성과 성적 경제구조에 기초하고 있다. 식수스는 이러한 관점에서 일종의 페미니스트 연극 선언이라고 할 수 있는 글인 「바다로 가라」("Aller à la mer", 1977)에서 전통 연극을 여성의 희생과 죽음에 기초한 연극으로, '남성적 환상의 독재에 의해서 세워진' 연극으로 비판하고 있다(543). 즉 전통 연극은 아버지의 딸을 그의 나르시시즘적인 환상을 지켜주는 거울, 그의 남근의 수호자, 그의 욕구를 위한 희생제물이 될 것을 강요하는 남성 독재가 행사하는 억압적 성정치성을 토대로 하여 그 위에 건설된 문화적 구조물이라는 것이다. 따라서 식수스는 전통 연극의 탄생 이전으로 돌아가, 다시 생성의 바다(mer)로, 어머니(mère)에게로 돌아가 새로운 연극의 생성을 시작해야 한다는 페미니스트 연극선언을 한 것이다.

식수스가 전통 연극이 기초로 하고 있는 성정치성의 억압에 대한 비판과 이에 대한 저항으로 주장한 페미니스트 연극선언은 부조리극의 이론적 기초를 제공한 아르토(Antonin Artaud)의 서구전통 연극비판과 잔혹극(the theater of cruelty)선언과 기본적으로 공통된 입장을 표명하고 있다. 가장 두드러진 공통점은 양자가 모두 전통 연극의 탄생이 억압에 기초하고 있다고 보는 것이다. 식수스가 전통 연극이 아버지의 딸로서 여성의 죽음 또는 희생에 기초하여 탄생했음을 지적한다면, 아르토는 로고스 중심의 서구 전통 연극이 육적인 몸의 억압과 죽음에 기초하여 이미 사산아로 탄생했다고 주장한다.[8] 따라서 식수스는 아버지의 권위에 대한 불충한 딸의 도전에서 페미니스트 연극의 시작을 찾고, 아르토는 잔혹의 근원에 있는 부친살인에서, 데리다의 해설을 빌리자면, '로고스의 남용자 아버지에 반격을 가하는 손'에서 새로운 연극의 기원을 찾고 있다(*Writing and Difference* 239). 달리 말해, 식수스는 성정치성의 전복성에서 그리고 아르토는 정치성의 전복성에서 각각 페미니스트 연극과 새로운 연극의 기원을 발견하고 있다. 따라서 식수스와 아르토가 선언하는 페미니스트 연극과 새로운 연극은 서로 '더블' 관계로 볼 수 있지만, 양자의 관심은 분명히 서로 차이가 있음을 알아야 한다. 이러한 맥락에서, 아르토의 잔혹극이론을 전용하여 부조리성과 정치성의 이분화의 경계 해체 작업에 성정치성이 전용될 수 있는 가능성 역시 주지되어야 할 것이다. 예컨대 핀터 극은, 식수스가 주장하듯이 로즈와 버지니아와 같은 여성의 희생을 기초로 시작되었다고 볼 수 있다. 그러나 그의 정치성의 깨어남을 부조리성에 내재된 정치성의 깨어남으로 읽어낼 수 있는 근거를 제공하는 데리다의 아르토 읽기는 핀터의 성정치성의 깨어남을 간과하거나 정치성의 깨어남을 위해 전용되는 읽기를 유도할 수 있다. 그리고 이러한 맥락에서 핀터의 정치성은 일견 복고적이고 반동적인 정치성으로 해석될 여지도 다분하다는 것도 염두에 두어야 할 것이다.

사실, 아르토를 빌려와 로고스의 남용자 아버지의 권위에 도전하는 새

8 아르토의 "The Theater of Cruelty (First Manifesto)"(89-100)와 "The Theater of Cruelty (Second Manifesto)"(122-132)를 참조할 것.

로운 연극의 탄생을 주장한 해체주의자 데리다의 관심 역시, '재현의 종결'(232)과 의미화의 고리는 깨어져도 상징계에 의하여 언제나 다시 종결된다는 전통 연극의 패러다임을 제공하는 라캉의 정신분석과의 오이디푸스적 경쟁에 있다. 다시 말해, 데리다는 아르토의 잔혹극에 내재한 정치성을 전용하여 정신분석의 권위에 도전하고 있다. 사실 데리다는 포의 「도난당한 편지」와 라캉의 정신분석 패러다임 읽기를 둘러싼 일련의 읽기에 개입하기도 했다. 그는 라캉과의 오이디푸스적 경쟁을 위해, 라캉의 포 읽기에서 그가 시도한 여성성의 도난, 즉 성정치성의 억압을 지적하기도 했다(『현대 비평이론과 연극』 55). 일종의 드라마 읽기로 볼 수 있는 데리다의 라캉 읽기에서 그는 드라마를 시작하게 만든 왕비와 그녀의 편지, 즉 여성과 여성성은 자신의 관심이 아님을 분명히 밝히고 있다("The Purveyor of Truth" 195). 다시 말해, 데리다는 정신분석과 오이디푸스적 경쟁을 위해 도난당한 여성성의 전복성, 즉 억압된 성정치성을 전용하고 있음을 인정하고 있다. 따라서 정신분석과 페미니즘의 상호작용을 보기 방법으로 활용할 때, 정신분석을 둘러싼 오이디푸스적 경쟁자들에 의하여 페미니스트 시각이, 즉 성정치성의 관점이 전용될 수 있는 위험을 주지해야 할 필요가 있다. 특히 이러한 맥락에서 핀터의 정치성 논의는 복고적인 시각에서 전개되기가 쉽고, 이러한 전개 과정에서 핀터의 성정치성이 전용됨으로써 억압된 성정치성의 전복성이 무력화될 수 있다. 따라서 정신분석과 관계를 맺고자 할 때 페미니즘이 의식하고 견제해야 할 유의점은 거대담론들의 오이디푸스적 경쟁에 또다시 이용당할 수 있다는 사실이다. 그러나 궁극적으로 벗어나고자 하는 오이디푸스에 또 재오이디푸스화될 수 있는 위험에도 불구하고 페미니즘은 끊임없이 거대담론들과의 관계 맺기를 시도해왔다. 최근에는 오이디푸스 자체를 문제삼는 앙띠-오이디푸스의 들뢰즈와의 상호작용을 시도하고 있다.

들뢰즈도 그의 소수문학의 개념을 기초로 소수연극 선언이라고 할 수 있는 「하나의 소수 선언」("One Less Manifestos", 1979)을 발표했다. 들뢰즈의 소수연극 선언 역시 식수스의 페미니스트 연극 선언과 아르토의 새로운 연극 선언과 같은 맥락에서 다룰 수 있는 연극에 대한 논의이다. 들뢰즈는 연극의 재현 체재와 권력 체재 사이의 밀접한 연관성을 전제로 하여, 프랑스 극작가 베네(Carmelo Bene)의 경우를 들어, 연극에 대한 하나의 '소수'(*de moins*) 선언을 한다. 여기서 들뢰즈는 재현의 연극으로부터 그 재현을 구성하는 주요 요소들을 삭제하거나 절단함으로써 창조할 수 있는 '비재현의 연극', 기존 연극을 뛰어넘는 다른 형식의 연극, 소수주의 의식을 고양하는 연극, 혁명적인 연극을, 소수연극으로 정의하고 있다(241). 이러한 들뢰즈의 소수연극 논의는 특히 부조리극작가로 분류되는 작가들의 작품 세계 속에 내재되어 있는 혁명적 정치성을 읽어내는 데 매우 유용하다고 볼 수 있다. 사실 들뢰즈와의 페미니즘의 상호작용 역시 재오이디푸스화의 위험을 내포하고 있다. 그러나 핀터의 정치성과 성정치성의 사이를 보다 적절하게 읽어낼 수 있는 방법론을 제공해줄 수 있다.

5

핀터의 정치성과 성정치성, 그리고 그들 사이의 관계에 초점을 두고 그의 초기작 『생일파티』(*The Birthday Party*, 1957)부터 그의 마지막 작품 『축하파티』(*Celebration*, 2000)에 이르기까지 주요 작품들을 읽어보는 이 책에서는 재오이디푸스화와 복고적인 정치성의 논의의 위험에도 불구하고, 정신분석과 페미니즘의 상호작용에 의한 보기 방법을 주요 방법론으로 활용하고 있다. 그러나 그 상호작용에 의하여 부각된 '사이'를 주목함으로써 재오이디푸스화의 위험을 견제하고 있으며, 이를 위한 더욱 구체적인 방법론으로 특히 '사이'를 주목하는 들뢰즈와 페미니즘의 상호작용에 의한 보기 방법을 두 번째 방법론으로 택하여 핀터의 정치성과 성정치성을 읽어 내고 있다.

핀터를 정치적 작가라고 부르는 것은 아든(John Arden), 본드(Edward Bond), 브랜튼(Howard Brenton), 헤어(David Hare)와 같은 정치극작가들과 같은 계열의 작가로 분류될 수 있다는 것을 의미하지는 않는다. 핀터의 정치성은 이러한 기존 정치극의 정치성 논의보다 들뢰즈와 가타리가 소수문학작가로 분류한 카프카와 베케트의 정치성에 대한 논의의 맥락에서 가장 잘 이해될 수 있다. 들뢰즈와 가타리가 부조리문학의 작가들로 분류되는 카프카와 베케트를 오이디푸스적 구조의 방에 갇혀 있는 작가, 고독의 작가, 죄의식의 작가가 아니라 정치적 작가로 규정할 때와 같은 논지가 정치적 작가로서의 핀터를 규정할 때도 적용된다고 볼 수 있다. 들뢰즈와 가타리에 의하면, 카프카와 베케트는 오이디푸스와 앙띠-오이디푸스라는 서로 상반되는 두 축 사이에 존재하는 불연속성과 연속성을 드러내 보이고, 그 사이의 간극에서 일어나는 '연속적인 변주'(continuous variation)를, 완전히 새로운 '배치'(assemblage)의 가능성을, 즉 정치적 변화의 가능성을 관객으로 하여금 발견할 수 있도록 유도한다는 점에서 정치적 작가들이 된다. 핀터 역시, 카프카와 베케트처럼, 어떤 특정한 정치적 노선의 고정된 시선으로 사회와 정치적 상황을 비판하지는 않지만, 그 상황에서 영토화와 탈영토화라는 두 가지 욕망의 흐름을 의식할 수 있는 작가라는 점에서 정치적 작가로 불릴 수 있다. 따라서 핀터의 극은, 베케트와 카프카 작품처럼, 언제나 '정치적'이었으며, 특히 '모든 것에 의문을 제기하는 욕망의 정치성'을 띠는 '미시정치적'인 극이라는 평가를 받을 수 있는 것이다(*Kafka* 42).

따라서 소수문학의 정치성으로서 핀터의 정치성을 읽어낼 수 있고, 또한 정신분석의 복고적인 반동성의 정치성과 재오이디푸스화의 위험을 의식하며 성정치성과의 '사이'를 볼 수 있는 방법론을 위해 들뢰즈와 페미니즘의 상호작용을 시도해볼 수 있다. 들뢰즈와 가타리는 오이디푸스적 정체성을 특권화하고 아버지의 법(the Law of the Father)에 따른 욕망을 다루는 억압적인 담론의 정신분석을 정치적으로 반동적이라고 비판한다. 이러한 반동적이며 복고적인 정치성의 정신분석 대신 그들은 혁명적인 분열분석을 주장한다. 그들의 분열분석적 관점에서 핀터의 '귀향'하는 주체들을 분석하면, 자폐증을 앓고 있는 현실도피적인 수동적 인물들이 아니라 '혁명적 행위'에 대한 무의식적 욕망을 가진 인물들로 볼 수 있는 실마리를 발견할 수 있다. 다시 말해, 핀터의 주체들을 정신분열적 주체인 '소수-되기'(becoming-minor), 즉 오이디푸스화를 거부하는, 정착을 거부하는 노마드(nomad)로, 어떤 고정된 경계를 세우지 않고 언제나 운동, 생성 중인 노마드로 볼 수 있다. 예컨대, 본격적인 정치극을 쓰기에 앞서 전환기적 시기에 쓴 짧은 세 개의 삼부작을 모은 『타지들』(*Other Places*, 1982)의 『일종의 알래스카』(*A Kind of Alaska*, 1982), 『빅토리아 역』(*Victoria Station*, 1982), 그리고 『가족의 목소리들』(*Family Voices*, 1981)의 주인공들은 모두 '사적이며 예속된 영역'인 오이디푸스의 영역을 떠나서 이동하는 소수-되기의 노마드적인 주체들이라고 말할 수 있다.

들뢰즈와 가타리의 관점에서 볼 때, 핀터의 주인공들은 오이디푸스의 영토화로부터의 소외 때문이 아니라 오이디푸스화를 더 이상 견딜 수 없기 때문에 고뇌하고 갈등한다고 말할 수 있다. 그러므로 이들의 자폐증과 현실도피적 증세는 강요되는 오이디푸스화의 과정을 중단한 결과로 해석할 수 있다. 이러한 핀터의 주인공들은 오이디푸스화에 대한 저항과 더불어 핀터 극에 내재된 오이디푸스의 영토화와 탈영토화의 두 축과 그 '사이'에서 발생하는 끊임없는 운동, 속도, 생성의 혁명적인 추진력을 감지할 수 있도록 우리를 유도하고 있다. 특히 핀터의 강한 여성 등장인물들은 그 '사이'에서 생성, 즉 '되기'(becoming)를 시도함으로써 다른 등장인물들과 관객을 되기로 유도하고 있다. 이러한 맥락에서 볼 때, 최근 페미니즘이 시도하고 있는 들뢰즈와의 상호작용에서 핀터의 정치성과 성정치성 그리고 그 사이를 읽어낼 수 있는 적절한 보기 방법을 찾고자 하는 시도가 성공적이라고 말할 수 있다. 그러나 페미니즘과 들뢰즈의 상호작용 역시 페미니즘의 다른 이론과의 관계 맺기에 수반되었던 문제들로부터 자유로울 수는 없다.

사실 페미니즘은 정신분석과 들뢰즈뿐 아니라 18세기 자유주의에서부터 자유와 해방을 약속하는 거의 모든 거대 이론들과의 관계 맺기를 해온 이론이라고 말할 수 있다. 따라서 이러한 페미니즘의 일련의 다른 이론과의 상호작용을 페미니즘 자체가 지니는 불완전한 정체성에 기인하는 현상으로 설명하며, 페미니즘의 다른 이론과의 관계 맺기에서 상호성보다는 우열성이 개입된 서열적 관계성이 지적되기도 한다(Colebrook 5). 이러한 서열적 관계의 상호작용에서 페미니즘은 능동적인 역할이 아니라 부수적인 역할만 한 것으로 평가되어 왔다는 것이다. 다시 말해, 어떤 기본적인 원리나 체계를 지닌 안정적 사고체계였던 적이 없었던 페미니즘은 결국 이러한 상호작용에서 자신의 정체성을 포기하고 상대 이론으로 귀착되고 만다는 것이다. 그러나 이러한 상호작용에서 페미니즘만 정체성의 위기를 맞는 것이 아니라, 상대 이론 역시, 지젝(Slavoj Žižek)도 지적하지만, 이론으로서 성립되려면 감춰져 있어야 할 '막다른 난국'을 드러내 보여 정체성이 위기에 처하게 되는 것이다(99). 즉 거대 이론들과의 페미니즘의 관계 맺기는 페미니즘의 정체성 포기가 아니라, 끊임없는 '되기'(becoming)의 실행이며, 이러한 페미니즘의 되기는 상대 이론 역시 되기로 유도하는 결과를 초래해 왔다고 볼 수 있다. 즉 페미니즘이란 새로운 되기를 실천하는 이론이며, 이러한 되기를 통해 자신뿐 아니라 '몰적'(molar) 거대 이론 역시 '되기'의 '사이' 공간으로 유도하고 있다는 것이다. 물론 들뢰즈와 페미니즘의 상호작용에서, 데리다처럼 들뢰즈도 정신분석의 해체를 위해 억압된 여성의 존재를 해체전략으로 이용하고 있을 뿐이며, 페미니즘이 그의 주된 관심사가 아니라는 점을 주지해야 할 것이다. 예컨대, 들뢰즈 역시 그의 주요 개념인 '소수-되기'를 설명하기 위해 '여성-되기'(becoming-woman)를 설정하고 이에 따라 여성의 소수성을 조작하고 있다고 볼 수 있다. 그럼에도 불구하고, 페미니즘은 새로운 되기에 이를 수 있는 탈주의 가능성을 찾고자 하는 욕망에서 들뢰즈와의 관계 맺기를 시도한다.

6

페미니스트들은 들뢰즈와의 관계 맺기에서 들뢰즈의 이론의 유용성과 들뢰즈의 '여성-되기'(becoming-woman)의 성정치성 전용 여부에 대하여 끊임없이 의문을 제기하고 있다. 예컨대, 플리거(Jerry Aline Flieger)는 들뢰즈가 남성은 정체성과 주체를 갖는 '몰적'(molar)인 것으로 파악하고, 반면에 '분자적'(molecular) 여성은 급진적인 물질적 '미시정치성'으로 화학적 · 물질적 반응과 강도로만 존재하는 비주체적 존재로 파악하고 있다고 비판한다(41). 즉 들뢰즈가 남성은 '존재'(being)로 보고, 반면에 여성은 존재가 될 수 없는 '되기'(becoming)라는 과정 중에 있는 잠재적 흐름의 '사건'(event)으로만 취급한다는 것이다. 실제 여성(real woman)은 남성의 탈주를 도와주고 사라지는 촉매로서의 분자적 여성이 아니라, 남성과 마찬가지로 주체가 있는 '몰적'(molar) 존재로서 인정되어야 한다고 플리거는 주장한다. 여성은 가부장제에 의해 부과된 성적 대상으로서 혹은 출산 기능으로서의 몰적 여성이 아니라, 부여받은 기관들과 기능들을 지닌 그대로의 모습으로 정의되는 몰적 존재로서 인정받아야 한다는 것이다. 따라서 플리거는 실제 여성에 관하여 서로 다른 의견을 가지고 있는 페미니즘과 들뢰즈의 결합은 하나의 '패러독스'라고 주장한다(62).

그러나 수킨(Nicole Shukin)도 지적했듯이, 페미니스트 프로젝트를 위해 들뢰즈를 전용하고 있는 페미니스트 비평가들 가운데 그로츠(Elizabeth Grosz)와 같은 비평가는 들뢰즈의 급진적인 미시정치적 요소들을 전용함으로써 페미니즘이 실제 여성의 육체적 한계를 넘어서 '잠재태들'(virtualities)에 대한 탐구에 도전할 수 있다고 주장한다(150-51). 그로츠의 논의는 들뢰즈의 '여성-되기'를 다수에 대한 '소수-되기'로 규정하는 들뢰즈의 관점에서 출발한다. 들뢰즈에 의하면, '여성-되기'는 다수에 해당하는 지배적인 남성 체제에서 빠져나오는 '소수-되기'이기 때문에 "모든 '되기'는 '여성-되기'와 함께 시작하고 '여성-되기'를 경유한다"는 것이다(*A Thousand Plateaus* 340). 그로츠의 논의를 발전시켜 보면, 소수로서의 여성이 남성과 여성 모두를 여성-되기를 통해 소수-되기로 이끌어 억압적인 다수의 지배문화에 함몰되기보다는 새로운 가능성을 생성할 수 있다고 들뢰즈는 본다는 것이다. 따라서 그로츠는 페미니스트들이 들뢰즈의 방법론을 통해 여성을 몰적 존재가 아니라 불안정성의 잠재태들을 탐험할 수 있는 잠재력을 가진 주체로 볼 수 있다는 점에서, 들뢰즈의 페미니스트 전용을 긍정적으로 평가한다. 이러한 들뢰즈의 전용을 통해 그로츠는 불안정성의 '잠재태들의 현실화'를 통한 '미래의 정치성'을 페미니스트 정치성으로 주장하기에 이른다(Grosz 216).

따라서 이 책은 페미니즘과 들뢰즈의 상호작용에 대한 문제 제기보다는, 그로츠의 들뢰즈 전용처럼, 여성의 잠재태의 현실화의 강조와 여성-되기를 통한 소수-되기의 주도를 전용한 방법을 통해 핀터의 정치성과 성정치성을 읽어내고자 한다. 특히 핀터의 성정치성이 정치성의 깨어남을 유도했다고 보는 이 책의 논지 전개에 이러한 전용은 상당히 효과적인 보기 방법이 될 수 있다.

참고문헌

정문영. 『현대 비평이론과 연극: 정신분석, 페미니즘, 현대 연극』. 서울: 도서출판 동인, 2005.

Arendt, Hannah. *Eichmann in Jerusalem: A Report on the Banality of Evil.* New York: Viking, 1968.

Artaud, Antonin. *The Theater and Its Double.* Trans. Mary Caroline Richards. New York: Grove P, 1958.

Beckett, Samuel. *Three Novels by Samuel Beckett: Molloy, Malone Dies, The Unnamable.* New York: Grove P, 1955.

Billington, Michael. *Harold Pinter.* London: Faber and Faber, 1996.

_______. "Obituary: Harold Pinter." The Guardian. December 27, 2008 〈http://www.guardian.co.uk/culture/2008/dec/27/harold-pinter-obituary-playwright-politics〉.

Buchanan, Ian and Claire Colebrook, eds. *Deleuze and Feminist Theory.* Edinburgh: Edinburgh UP, 2000.

Cahn, Victor L. *Gender and Power in the Plays of Harold Pinter.* New York: St. Martin's, 1993.

Cìxous, Hélène. "Aller à la Mer." Trans. Barbara Kerslake. *Modern Drama* 27(1984): 546-48.

Colebrook, Claire. "Introduction." Buchanan and Colebrook. 1-17.

Deleuze, Gilles. "One Less Manifesto." *Mimesis, Masochism, and Mime: The Politics of Theatricality in Contemporary French Thought.* Ed. Timothy Murray. Ann Arbor: Michigan State UP, 239-56.

Deleuze, Gilles, and Félix Guattari. *Kafka: Toward a Minor Literature.* Trans. D. Polan. Minneapolis: U of Minnesota P, 1986.

_______. *A Thousand Plateaus: Capitalism and Schizophrenia.* Trans. Brian Massumi. Minneapolis: U of Minnesota P, 1987.

Derrida, Jacques. *Writing and Difference.* Trans. Alan Bass. Chicago: U of Chicago P, 1978.

_______. "The Purveyor of Truth." Muller and Richardson. 173-212.

Esslin, Martin. *Pinter: The Playwright.* New York: Methuen, 1982.

Flieger, Jerry Aline. "Becoming-Woman: Deleuze, Schreber and Molecular Identifications." Buchanan and Colebrook. 38-63.

Grimes, Charles. *Harold Pinter's Politics: A Silence beyond Echo*. Madison & Teaneck: Fairleigh Dickinson UP, 2005.

Grosz, Elizabeth. "Deleuze's Bergson: Duration, the Virtual and a Politics of the Future." Buchanan and Colebrook. 214-34.

Gussow, Mel. *Conversations with Pinter*. New York: Grove P, 1994.

Hall, Ann C. "Book Review: *Harold Pinter's Politics: A Silence Beyond Echo*." *The Pinter Review: Nobel Prize/Europe Theatre Prize Volume: 2005-2008* (2009): 236-37.

Knowles, Ronald. "Harold Pinter, Citizen." *The Pinter Review* 3 (1989): 24-33.

Millett, Kate. *Sexual Politics*. New York: Doubleday, 1970.

Milne, Drew. "Pinter's Sexual Politics." Raby. 195-211.

Muller, John P. and William J. Richardson. eds. *The Purloined Poe: Lacan, Derrida, and Psychoanalytic Reading*. Baltimore: The Johns Hopkins UP, 1988.

Pinter, Harold. *Plays: One*. New York: London: Methuen, 1976.

_______. *Plays: Four*. New York: London: Methuen, 1984.

_______. "A Politics and Its Politics: A Conversation between Harold Pinter and Nicholas Hern." *One for the Road*. New York: Grove P, 1986. 5-23.

_______. *Ashes to Ashes*. London & Boston: Faber and Faber, 1996.

_______. *Various Voices: Prose, Poetry, Politics 1948-1998*. London: Faber and Faber, 1998.

_______. "Art, Truth & Politics: The Nobel Lecture." Appendix to *Harold Pinter*. Rev. ed. Michael Billington. London: Faber and Faber, 2007. 431-42.

Raby, Peter, ed. *The Cambridge Companion to Harold Pinter*. Cambridge: Cambridge UP, 2001.

Quigley, Austin E. "Pinter, Politics and Postmodernism (1)." Raby. 7-27.

Sakellaridou, Elizabeth. *Pinter's Female Portraits: A Study of Female Characters in the Plays of Harold Pinter*. London: Macmillan, 1988.

Shukin, Nicloe. "Deleuze and Feminisms: Involuntary Regulators and Affective Inhibitors." Buchanan and Colebrook. 144-55.

Žižek, Slavoj. *For They Know Not What They Do: Enjoyment as a Political Factor*. New York: Verso, 1991.

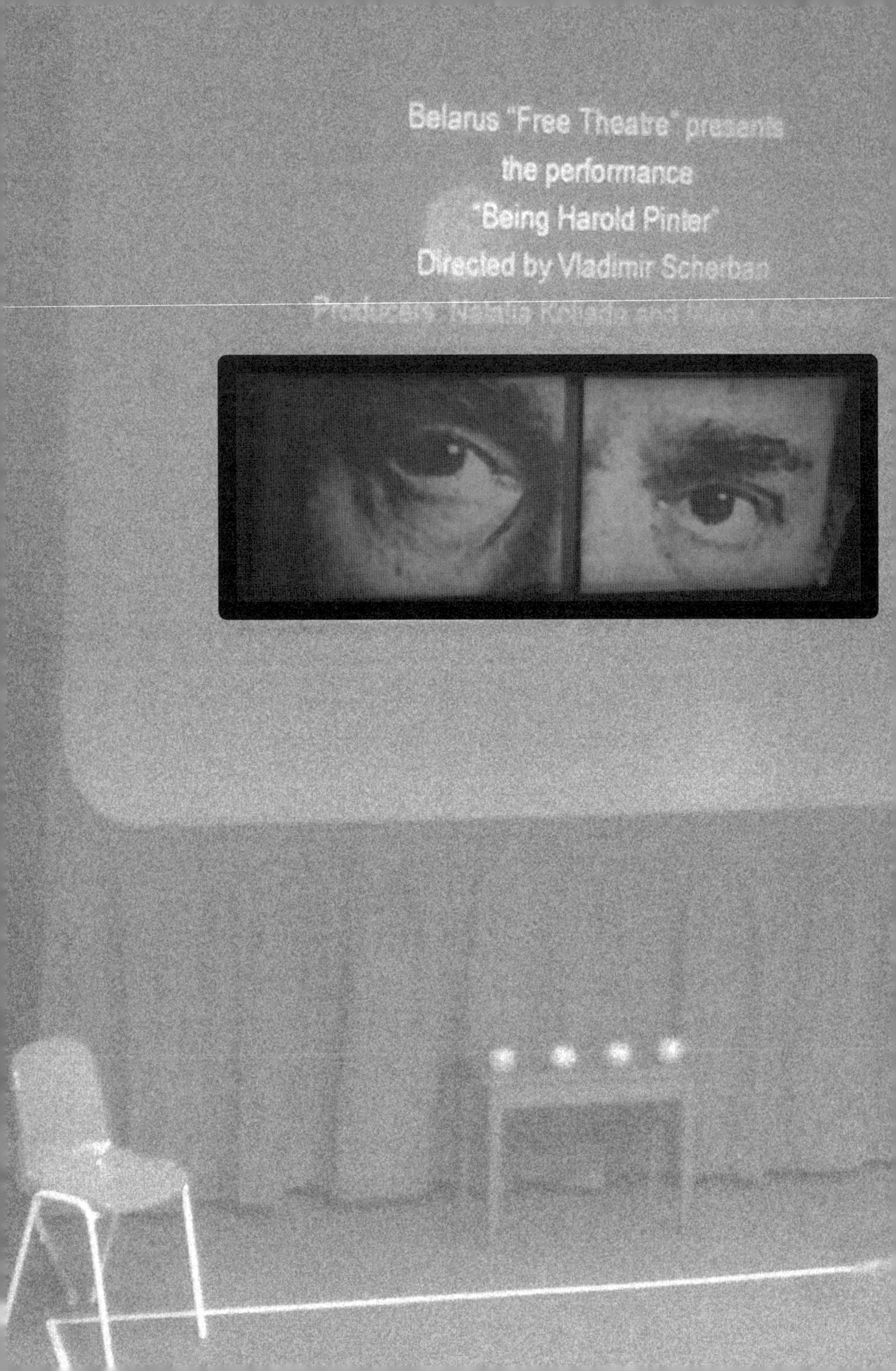
Belarus "Free Theatre" presents
the performance
"Being Harold Pinter"
Directed by Vladimir Scherban

제 3 부

'도난당한' 정치성과 성정치성

3부는 핀터의 초기 작품들, 『생일파티』, 『귀향』(*The Homecoming*, 1965), 『배신』에서 그의 "'도난당한' 정치성과 성정치성"을 다룬다. 4장의 『생일파티』에서 기존 『생일파티』 읽기는 메그와 루루를 핀터의 여성혐오주의의 기표로만 보았으나 이 장은 핀터가 그의 정치성을 감추기 위해 도난한 억압된 성정치성을 대체한 여성혐오주의의 기표인 메그와 루루에게서 여성-되기, 소수-되기를 유도할 수 있는 전복적인 성정치성의 동인이 잠재되어 있다고 주장한다. 5장은 『귀향』을 루스의 '귀향'으로, 즉 그녀의 오이디푸스로의 '귀향'으로 읽는다. 기존의 비평이 그녀의 귀향을 재오이디푸스화로 보지만, 이 장은 그녀가 '귀향'을 통해 오이디푸스의 탈영토화를 시도하고 있다고 주장한다. 6장은 『배신』을 연극이라는 매체 자체와 성정치성과의 관계를 중점적으로 다루고 있는 작품으로 읽는다. 이 작품에서 핀터는 '사라지는 중재자' 역할을 거부하는 엠마의 가면무도회, 즉 그녀의 도난당한 성정치성의 전복성을 전용하고 있다고 주장한다.

제4장

『생일파티』

1

핀터의 출세작이자 대표적인 위협희극으로 알려진 『생일파티』(*The Birthday Party*, 1957)에 대한 최근의 소급적 읽기들은 이 작품을 그의 후기작 『재에서 재로』(*Ashes to Ashes*, 1996)처럼 홀로코스트를 다룬 정치극으로 간주한다. 그러나 에슬린(Martin Esslin)은 물론이고 고든(Lois G. Gordon)과 가바드(Lucina Paquet Gabbard)를 비롯한 대부분의 기존 읽기들은 핀터의 초기극들, 특히 『생일파티』를 스탠리의 본능적인 성적 욕망(Gordon 28)과 오이디푸스적 욕망을 다룬 꿈의 텍스트(dream-text)로 다루어 왔다(Gabbard 275). 다시 말해, 『생일파티』는 스탠리의 거울단계의 드라마, 즉 오이디푸스적 구조로의 진입 문제를 다루는 부조리극, 또는 부조리극의 변형으로서의 '위협희극'으로 간주되었다는 것이다. 이와 같이 주로 정신분석적 관점에서 『생일파티』에 접근한 기존 읽기들은 어머니의 자궁을 상징하는 피난처 메그(Meg)의 방에 숨어있던 스탠리가 부권 사회로 복귀하게 되는 탄생을 축하하는 의식으로 그의 생일파티를 해석한다. 다시 말해, 무능한 피티를 대신하여 골드버그가 아버지의 법의 대변자로서 메그의 스탠리를 오이디푸스적 구조 속으로 소환하는 미션을 수행하는 의식으로 읽어낸다. 그리고 그 의식을 통해 스탠리는 자신의 욕망을 대리 수행하는 침입자들을 침묵으로 지켜보는 피티와 같이 일종의 거세된, 무력한 존재가 된다는 것이다(Gordon 28). 어딘지 모르는 곳에서 골드버그와 맥칸이 와서 스탠리를 데려간다는 『생일파티』의 기본 플롯은 말 안 듣는 아이들은 누군가 와서 데려간다는 서구문화에 널리 퍼진 원형적인 도깨비이야기를 연상시킨다. 따라서 기존의 읽기들은 이러한 원형적인 이야기를 극화한 『생일파티』에서 무엇을 잘못했는지가 분명하지 않은 스탠리의 악몽 같은 경험을 아버지의 법을 어기는 잘못을 저지를지도 모른다는 공포, 일종의 오이디푸스적 불안에 대한 은유로 해석한다.

사실, 『생일파티』의 스탠리를 통해 보여주는 개인과 사회 관계와 개인의 죄의식은 모더니스트 문학의 주요 주제이다. 이러한 주제를 다룬 대표적인 모더니스트 문학 작품이 바로 누군가의 허위 신고로 30세 생일 아침에 체포되는 요제프 K가 등장하는 카프카(Franz Kafka)의 『심판』(*The Trial*, 1925)이다. 다른 어떤 작가보다도 카프카로부터 많은 영향을 받은 핀터는 젊은 시절 이 작품을 읽고 깊은 감명을 받았으며, 후일 영화(1990년)로 만들기도 했다. 많은 공통점을 가진 『심판』과 비교한 『생일파티』에 대한 기존 읽기들은 주인공 요제프 K와 스탠리의 갈등과 저항 그리고 이들의 소환을 오이디푸스적 불안과 죄의식에 따른 갈등과 저항 그리고 결국 아버지의 법에 굴복하는 아들의 '귀향'(homecoming)으로, 즉 재오이디푸스화로 읽어내고 있다. 그러나 카프카를 소수문학작가로 보고 그의 정치성을 읽어내는 들뢰즈(Gilles Deleuze)와 가타리(Félix Guattari)의 카프카 읽기는 이러한 아들의 아버지에 대한 반역의 결과를 재오이디푸스화가 아니라 '부조리성의 지점까지' 오이디푸스를 '과장'한 '희극'으로 설명한다(Deleuze and Guattari 10). 카프카가 오이디푸스를 탈영토화하려는 '악마적인 프로젝트'를 위해 오히려 오이디푸스를 확대해서 폭발시키는 전략을 사용했다는 것이다. 그러나 대부분의 읽기들은 카프카와 핀터를 '소외, 죄의식, 사적인 불운의 작가'로 그들의 작품에서 '삶으로부터의 피난처, 또한 고통'을, '무력함과 유죄의 흔적, 슬픈 내적 비극의 증후'(Deleuze and Guattari 41)를 찾아내고, 이들을 오이디푸스에 다시 통합시키려 하고 있다. 그러나 들뢰즈와 가타리는 카프카를 '심오한 환희로 웃을 수 있는 유쾌한 작가이며, 또한 미래 세계를 예언하는 정치적 작가'(41)로 본다. 핀터 역시 부조리극의 변형으로서의 위협희극 『생일파티』를 통해 그를 늘 따라다녔던 소리, 즉 게슈타포를 연상시키는 '문을 두들기는 악마적인 권력'(41)이 상징하는 나치즘의 홀로코스트를 메그가 준 스탠리의 생일선물인 장난감 드럼 소리, 전깃불 장난, 술래잡기놀이의 파티로 잔혹성을 코믹하고도 유쾌하게 다룰 수 있는 정치적 작가임을 입증하고 있다고 볼 수 있다.

따라서 오이디푸스와 재오이디푸스화에 입각한 기존의 『생일파티』 읽기들은 핀터의 정치성을 억압하는, 도난하는 읽기들이라고 말할 수 있다. 80년대 중반에 핀터는 정치적 관심을 공언하면서, 그러한 정치적 관심이 그의 초기극까지 거슬러 올라간다고 밝혔다. 그는 초기극 『생일파티』를 비롯하여 60년대까지 정치적 은유라고 할 수 있는 작품들을 쓴 일종의 정치적 작가였지만, 이후 '명백한' 정치극을 쓰기까지 17년간은 정치적 작가로서는 '휴식' 기간이었다고 고백한다(Gussow 82). 그 휴식 기간 동안 『옛 시절』(*Old Times*, 1970), 『배신』(*Betrayal*, 1978), 『풍경』(*Landscape*, 1967), 『침묵』(*Silence*, 1968) 등, 그의 대표작들로 알려진 많은 작품들을 썼지만, 이 작품들은 기억과 젊음 그리고 상실과 같은 오이디푸스적 기억에 관련된 것이었다. 이러한 극들을 쓰면서 그는 초기극에서의 '유희와 익살'을 잃어버리고 더 이상 코믹하고 유쾌한 작가가 될 수 없을까봐 두려웠다고 밝힌다(Gussow 82). 이러한 핀터 자신의 고백에서도 알 수 있듯이, 핀터의 초기극에서 발견할 수 있는 활력은 바로 그의 정치성에 기인한다고 볼 수 있다.

그러나 기존의 정신분석적 관점에서 『생일파티』 읽기는 핀터 극의 활력인 정치성을 오이디푸스로 바꿔치기하는 즉 정치성의 도난을 시도하고 있다. 물론 핀터의 정치성에 대한 공언 이전에도 『생일파티』를 정치극으로 읽어내는 시도들이 있기는 했다. 예컨대, 아멘드(Victor Amendt)는 1967년에 이미 『생일파티』를 브레히트식의 정치극으로 보고, 너무도 비인간화된 낯설은 스탠리에 대하여 관객은 객관적 거리를 두고 그에게 일어난 일을 비판적으로 분석할 수 있다고 주장했다(Grimes 47 재인용). 그리고 핀터의 공언 이후에는 대부분의 『생일파티』의 공연들은 명백한 정치극으로 해석된 공연들이 주를 이루고 있다. 예컨대, 멘데스(Sam Mendes)의 공연(1994)에서 스탠리는 테러방지법에 의해 체포되는 혐의자로 등장하기도 한다. 그러나 이러한 60년대의 브레히트식 정치극 또는 90년대 우리의 현실적 상황을 투사한 명백한 정치극으로서의 공연들은 핀터가 구현하고자 하는 '핀터특유의' 정치성을 제대로 읽어낸 해석과 공연이라고 보기는 어렵다.

80년대 중반 정치적 관심 공언에 이어, 파국의 시대를 여는 21세기를 맞아 핀터는 정치적 헌신에 몰두하기 위해 더 이상 극작을 하지 않겠다는 선언을 하기에 이른다. 다수의 정치적 언어가 만들어낸 '거짓의 거대한 태피스트리'("Art, Truth & Politics" 433) 속에 갇혀 있게 된 우리는 그 속에서 '거울 비춰보기'(mirroring)를 하는 극작을 더 이상 계속할 수가 없다는 것이다. 핀터가 강조하고 싶은 것은 이제 거울 비춰보기를 중단하고 그 속에서 나갈 수 있는 출구를 찾아야 할 때가 되었다는 것이다. 다시 말해, 이제 기존 극의 메커니즘인 '거울을 깨뜨릴' 때가 되었다는 것이다(442). 기존 극 형식의 파국을 선언하기에 이른 핀터의 첫 출세작 『생일파티』에 대한 정치극으로서의 소급적 읽기는 혼란스러운 젊은 핀터를 상기시키는 스탠리와 더불어 기존 극의 메커니즘으로부터 벗어날 수 있는 탈주선 찾기에 주력해야 할 것이다. 그리고 이러한 탈주선 찾기는 바로 핀터의 초기극의 활력이 되는 그의 정치성과 성정치성의 도난과 전복에 대한 읽기의 동력을 통해 가능할 것이다.

2

핀터의 정치성과 성정치성의 논의에서 전제되어야 할 것은, 핀터의 정치성이 그의 초기 위협희극에까지 거슬러 올라간다면, 그의 성정치성은 그의 글쓰기의 기원까지 거슬러 올라간다는 사실이다. 그의 성정치성 역시 정치성처럼 모호성이 두드러져, 핀터는 여성혐오주의자 또는 은밀한 페미니스트라는 상반되는 평가를 받는다. 그러나 분명한 것은 그의 성정치성이 처음부터 일관되게 극작의 동인이 되고 있다는 사실이다. 다시 말해, 그의 성정치성이 그의 글쓰기의 시작부터 이미, 항상, 거기에 있었다는 것이다. 이러한 사실은 핀터의 첫 글쓰기인 『난쟁이들』(*The Dwarfs*, 1950-56)과 그의 첫 극작품이자 첫 위협희극인 『방』(*The Room*, 1956)의 극작에서부터 입증되고 있다. 그러나 그의 정치성처럼, 그의 성정치성 역시 억압되고 도난당했다. 다시 말해, 그의 성정치성은 활력을 제대로 발휘하기도 전에 도난되고, 또한 그의 정치성을 감추기 위해 보기 흉한 여성혐오주의의 기표로 대체된 채, 일종의 몽유 상태에 빠져있는 '잠자는 미녀'(Sleeping Beauty) 신세가 되었다는 것이다.

전형적인 오이디푸스적 구조의 『잠자는 미녀』(*The Sleeping Beauty*) 이야기에서는 미녀가 전복적인 여성적 힘을 상징하는 마녀의 마술로 깊은 잠에 빠지게 되고, 후에 그 마술보다 더 강한 남성적인 힘의 상징인 왕자의 키스에 의하여 깨어나게 된다. 그러나 핀터의 정치성과 성정치성의 이야기는, 이러한 동화의 전개와는 반대로, 오랜 몽유 상태를 지나 80년대 핀터의 정치성이 깨어나기에 앞서 그의 성정치성이 먼저 깨어났으며, 먼저 깨어난 성정치성이 정치성의 깨어남을 유도한 것으로 전개된다. 다시 말해, 핀터의 정치성이 몽유 상태에 빠지기 전, 성정치성은 억압적인 남성적 힘에 의하여 여성혐오주의의 흉한 마녀로 대체되어 몽유 상태에 먼저 빠지게 된다는 것이다. 그러나 이러한 남성적인 억압의 마술은 오히려 억압을 통해 전복적인 여성적 힘을 더욱 강하게 만들고, 이러한 전복성은 잠자고 있던 미녀인 성정치성이 여성혐오주의적 성정치성의 기표를 벗어던지고 깨어나게 만드는 결과를 초래하게 된다. 그리고 이렇게 깨어난 성정치성, 즉 잠에서 깨어난 미녀가 마법의 성과 같은 오이디푸스적 '방'에서 잠자고 있던 정치성을 깨어나도록 유도했다는 것이다. 『생일파티』는 이러한 역전의 『잠자는 미녀』 이야기의 전개에서 성정치성이 여성혐오주의의 기표로 대체되어 잠자는 미녀가 되고, 정치성은 마법의 성인 오이디푸스적 방에 갇힌 왕자가 되는 단계를, 즉 오이디푸스적 극의 구조화 자체를 극화하고 있다고 볼 수 있다.

일단 정신분석과 페미니즘의 상호작용에 의한 보기 방법을 통해 『생일파티』를 읽어보면, 핀터의 초기극을 구조화하는 그의 도난당한 정치성과 성정치성 그리고 그 사이의 관계가 명확하게 드러난다. 앞 장에서 살펴보았듯이, 정전비평가에 의하여 부조리극작가로 분류된 신진 작가 핀터는 정치성을 감추어야 할 편지로 소지하고 있는 왕비에 비교되는 입지에 처하게 된다. 『생일파티』에서는 전통과 체제적 권위를 대변하는 골드버그와 맥칸이 핀터의 극 세계를 오이디푸스로 영토화하려는 비평가들에, 그리고 그들의 공격에 대항하는 스탠리가 신진 작가 핀터에 비교될 수 있다. 그러나 특권적인 분석가의 위치에 있다고 생각하는 비평가들 역시 스탠리와의 대면을 통해 불안과 초조의 증세를 보이게 되는 골드버그와 맥칸처럼 결코 특권적 시선과 입지를 유지하는 것이 아님을 알 수 있다. 그들 역시 왕비의 편지를 다시 도난당한 장관처럼 그 패러다임 내에서 위치 바꾸기를 통해 제한적인 시선만을 갖게 되는 것을 볼 수 있다. 따라서 '도난당한 편지'의 드라마로 읽어낸 라캉의 정신분석 패러다임이자 전통연극 패러다임은 어느 누구도 상징계가 늘 다시 종결시켜주는 의미화의 사슬로서의 오이디푸스를 벗어날 수 없음을 드러내 보인다. 그러나 골드버그와 맥칸에 의해 소환되어가는 스탠리에게 그들의 명명대로 하지 말라는 피티(Petey)의 당부가 시사하듯이, 80년대 중반 마침내 정치성을 과감하게 드러내 보이는 핀터에게서 다시 돌아온 스탠리의 모습을 보게 된다.

오이디푸스적 삼각구조의 '방'에서 몽유 상태로 휴식이 강요된 핀터는 성정치성뿐 아니라 정치성 역시 감춰둬야 할 것인데 드러난 것, 즉 '괴이'(the uncanny)로서의 여성성, 성정치성의 기표로 취급되어 감추어야 하는 왕비의 처지가 됨을 인식하게 된다. 이러한 수동적인 왕비의 입지에 처한 핀터가 그러한 입지를 벗어나기 위해 선택한 방법이 바로 장관이 취한 편지 도난과 감추는 방식이다. 다시 말해, 핀터는 그의 정치성을 감춰두기 위해, 그가 또 감추기로 되어 있는 성정치성을 전용하는, 즉 그것을 여성혐오주의적 성정치성으로 대체하는 방법을 쓰고 있다고 볼 수 있다. 그는 여성혐오주의라는 당대 남성 작가들이 공통으로 쓰고 있는 라벨로 시선을 끌며 그의 정치성과 성정치성을 숨기고 억압하는 방식을 취한 것이다. 따라서 후일 그가 숨겨둔 정치성을 명백하게 드러내 보이는 정치극을 통해 여성혐오주의적 성정치성 자체에 대한 문제 제기를 극화한 것은 바로 이러한 전용에 대한 그의 인정과 그 과정을 밝히기 위한 것이라고 볼 수 있다(Milne 200).

그러나 정신분석과 상호작용을 하는 페미니스트 시각은 시작부터 억압되기를 강요당한 성정치성이 억압을 통해 더욱 강력해진 힘으로 돌아와 욕망의 환유적 고리를 만들어 종결된 오이디푸스적 구조의 극의 패러다임을 깨뜨리는 전복성을 행사하고 있음을 읽어낼 수 있다(『현대 비평이론과 연극』 59). 달리 말해, 핀터가 그의 정치성의 깨어남을 공언하기에 앞서, 이미 그의 억압된 성정치성이 깨어나 그의 정치성의 깨어남을 유도하고 있다는 것을 읽어낼 수 있다. 예컨대, 정신분석의 패러다임에 의하면 『생일파티』에서 핀터가 그의 정치성과 성정치성을 도난당한 편지로 숨기기로 되어 있다. 그러나 그는 그의 정치성을 거기 그대로 그러나 눈에 띄지 않게 숨겨두기 위해, 그의 글쓰기를 시작하게 만들었던 그러나 시작부터 억압당한 성정치성을 여성혐오주의라는 다른 편지로 대체하여 그것을 드러내 보이는 방법을 사용하고 있음을 알 수 있다는 것이다. 그 결과, 그의 정치성 역시 오이디푸스적 경쟁관계의 반동적 정치성으로 대체될 수 있다. 즉 『생일파티』에서 메그와 루루(Lulu)를 통해 핀터는 여성혐오주의를 드러내 보이고, 이들을 배제함으로써 골드버그와 맥칸과 스탠리의 관계를 오이디푸스적 관계로 그리고 이를 통해 반동적 정치성을 구현한다는 것이다. 그러나 스탠리의 정치적 투쟁이 오이디푸스적 권력 투쟁으로 대체되기 위해, 그의 여성혐오주의적 성정치성이 전면에 투사됨에도 불구하고, 그러한 투사는 실패하고 만다. 이러한 스탠리의 실패는 결코 억압된 성정치성이 무대에서 사라지지 않고 위협적인 제4의 시선으로 남아 있음을 시사한다고 볼 수 있다. 따라서 생일파티가 끝나고 스탠리가 떠난 뒤에도 무대 위에는 경멸스러운 여성의 모든 속성들의 집합에 지나지 않는 늙은 여자 메그가 남아 있는 것이다. 끝 장면에서 '파티의 여주인공' 메그는 『재에서 재로』의 레베카(Rebecca)가 주장하는 다시 끝에 이르기를 반복하는 의식으로서의 파티를 준비하고 있음을 또한 시사하고 있다. 다시 말해, 정치성과 성정치성을 중심으로 한 『생일파티』에 대한 소급적 읽기는 스탠리의 여성혐오주의적 성정치성의 전용의 실패와 오이디푸스적 의미화의 고리의 종결성을 열게 될 억압된 성정치성의 전복적인 환유적 욕망을 주목한다.

3

80년대 핀터의 본격적인 정치극들이 여성혐오주의 자체에 대한 문제 제기를 극화하고 있다는 사실에서 알 수 있듯이, 핀터의 정치성과 성정치성은 밀접한 상호관계를 맺고 있다. 그러나 대부분의 기존 핀터 비평은 핀터의 정치성과 성정치성 사이의 연관성을 배제하려는 경향을 보인다. 예컨대, 칸(Victor L. Cahn)은 핀터의 젠더 문제를 비정치적인 사적 공간인 가정의 문제로 한정하여 다룸으로써 성정치성의 문제로 확대하지 않는다. 따라서 『마지막 한 잔』과 『산악 언어』와 같이 명백하게 정치적인 것을 다루고 있는 정치극에서도 핀터는 남성과 여성 사이의 권력 관계만큼은 비정치적인 것, 사적인 것으로 간주하고 있다고 칸은 단정한다. 다시 말해, 기존 핀터 비평가들은 핀터 극에서 여성의 기본적인 역할을 사적인 공간으로서의 가정에 한정된 것으로 그리고 남성 주체의 욕구에 부응하는 역할을 강요당하는 것으로 본다. 그리고 그러한 강요는 정치적 조건에 의한 것이 아니라 인간의 본질적이고도 사적인 조건에 의한 것이다. 간단히 말해, 에슬린과 칸과 같은 비평가들은 핀터의 성정치성의 문제를 남성 주체의 오이디푸스적 갈등과 욕망의 문제로 국한함으로써, 성정치성을 억압하는 동시에 정치성과 무관한 것으로 다루고자 한다. 따라서 이들은 핀터가 『생일파티』에서 남녀 간의 갈등을 주변적인 것으로 다루고 있다고 간주한다.

칸은 메그를 여성혐오주의가 투사된 인물이라기보다는 '모성적인 것과 성적인 것의 화합'(28)을 보여주는, 자신의 욕망에 따라 당당하게 행동하는 긍정적이고 능동적인 여성으로 인정한다. 그리고 메그보다 더 단순하고 성적으로도 적극적인 루루를 스탠리에게는 벅찬 여성으로, 골드버그와의 관계에 더 이상 미련을 두지 않고 떠날 수 있을 정도로 자기 확신에 찬 여성으로 간주한다. 그러나 칸은 이처럼 자기 확신에 찬 핀터의 여성들이

2막 끝에서 스탠리의 권력욕의 야만적 표출 대상으로 전락하게 되는 것이 당연하다는 주장으로 성정치성을 사적인 것으로, 즉 오이디푸스화하는 결론에 이른다. 따라서 칸은 골드버그와 맥칸의 위협에 대하여 스탠리가 취할 수 있는 유일한 대응이 그의 성적 · 감정적인 분출로 주변 여성들을 공격하는 것이라고 보고(29), 핀터의 여성과 성정치성은 남성 등장인물의 오이디푸스적 경쟁의 불안을 해소하기 위한 전이의 대상으로 논의될 뿐이지, 별개의 문제로 논의될 여지가 없다는 것을 시사한다. 칸의 이러한 읽기는 핀터의 성정치성뿐 아니라 그의 정치성 역시 오이디푸스의 영토화를 벗어날 수 없는 논의를 전개하는 것으로, 핀터의 정치성과 성정치성을 도난하는 읽기의 대표적인 사례로 간주될 수 있다. 그러나 결국 핀터의 진정한 정치성을 구현할 수 있도록 유도하는 것은 이러한 사적인 것으로서의 성정치성인 것이다.

정치적 관심을 공언한 이후 핀터는 『생일파티』 역시 미국이 니카라과에서 행한 것을 다룬 『마지막 한 잔』에서처럼 '한 개인의, 한 개인의 독립적인 목소리의 파괴'(Gussow 69)를 다루고 있다고 피력했다. 그리고 두 가지의 구체적인 경험, 즉 그가 유랑극단 배우 시절 만났던 어느 바닷가 하숙집 다락방에 살면서 부두에서 피아노를 치던 한 외톨이 남자 그리고 제2차 세계대전 이후 항상 그를 사로잡고 있는 노크 소리로 연상되는 게슈타포의 강한 이미지에 영감을 받아 『생일파티』를 쓴 것임을 분명히 밝혔다(71). 이와 같이 만약에 두 명의 게슈타포가 찾아와 그 하숙집 남자의 방문을 두드린다면 어떻게 될까라는 발상에서 쓴 『생일파티』는 『재에서 재로』처럼 홀로코스트를 배경으로 한 정치극임이 분명하다는 것이다. 『생일파티』를 초연한 연출가 우드(Peter Wood)에게 보낸 편지에서, 핀터는 게슈타포의 이미지를 지닌 골드버그와 맥칸을 우리 개인의 삶을 망쳐놓는, 특히 종교적인 권력을 행사하는 전체주의적 체제를 대변하는 인물로 설명한다(71). 따라서 퀴글리(Austin Quigley)가 말했듯이, 핀터의 정치극은 '정치적인 것은 사적인 것이다'라는 페미니스트 슬로건의 역을 극화하고 있고(10), 『생일파티』 역시 골드버그와 맥칸이 상징하는 적대적인 전체주의적 체제가 가하는 사적인 것에 대한 억압과 이에 대한 개인 스탠리의 저항을 극화하고 있다고 볼 수 있다.

그러나 '고도로 사적인 세계'를 다루는 부조리극으로 『생일파티』를 읽어내는 에슬린에 의하면, 개인이 처해 있는 상황은 '종교적, 형이상학적, 초월적인 근원으로부터 단절되어 있는' 부조리한 상황이지만, 단절되어 있음에도 불구하고 아이러니컬하게도 단절된 초월적인 권위의 힘이 개인을 위협하고 있다는 것이다. 따라서 핀터 극이 아무리 불경스럽게 그 권위에 도전하고 있는 것처럼 보일지라도, 결국은 '인간의 신화와 종교적 실재 영역과의 대면이라는 연극 본래의 종교적 기능으로 복귀'하고 있음을 에슬린은 주장한다(*The Theatre* 392). 그러나 스탠리라는 개인을 위협하고 있는 골드버그와 맥칸이 대변하는 권력의 절대적인 힘을 시사하는 에슬린의 주장은 바로 『생일파티』를 통해 핀터가 비판하고 있는 전체주의적 체제의 폭력성을 입증해주는 발언이다. 사실 핀터의 초기 정치성은 이미 모더니스트 계몽주의의 기획에 내재되어 있는 전체주의의 폭력성을 간파하고 있었다고 볼 수 있다.

그러나 비록 핀터의 정치성이 모더니스트 정치성에 내재되어 있는 전체주의의 폭력성을 간파하고 그것을 강하게 비판하고 있지만, 그러한 모더니스트 정치성을 가능하게 만든 이성과 주체를 전적으로 해체하며 기존의 모든 억압의 고리를 해체하는 포스트모더니스트 정치성으로 전개되었다고 볼 수만은 없다. 핀터의 정치성은 모더니즘이 전체주의적 지배체제를 강화했지만, 포스트모더니즘 역시 곧 다른 형태의 전체주의, 즉 문화적 전체주의를 확산하고 이를 강화시키고 있음을 또한 지적하고 있다. 다시 말해, 포스트모더니즘은 모더니즘을 벗어나지만 모더니즘을 닮고 있기도 하다는 것을, 마치 모더니즘이 전통과 권위를 부정하면서 그것을 닮아갔듯이, 오늘날 포스트모더니즘도 모더니즘을 부정하면서 모더니즘을 닮아가고 있음을 핀터는 간파하고 있다. 핀터의 이러한 진단은 후기 자본주의 체제에 접어든 오늘날, 이른바 신자유주의 기획 아래 감행되고 있는 문화적 전체주의의 확산 현상을 읽어낸 것이라고 볼 수 있다. 핀터는 그의 마지막 극 『축하파티』(*Celebration*, 2000)에서 우리로 하여금 바로 이러한 현상을 드러내는 현실을 직시하고, 이미 우리가 거기에 연루되어 공모하고 있다는 사실을 자각하도록 유도하는 정치성을 구현하기에 이른다. 다시 말해, 핀터는 모더니스트 정치성과 포스트모더니스트 정치성을, 그리고 그 사이의 연속성과 불연속성을 동시에 부각시키는 가운데 그의 새로운 정치성을 구현하는 것으로 볼 수 있다. 이러한 관점에서, 『생일파티』에 대한 소급적 읽기를 하면, 도난당한 정치성과 성정치성 그리고 그 사이, 모더니스트와 포스트모더니스트 정치성과 그 사이에서 핀터 극의 탄생과 그 탄생을 축하할 수 있는 파티의 공간을 발견할 수 있다.

사실, 『생일파티』는 여성혐오주의의 극화라고 말할 정도로, 핀터의 가부장적 여성혐오주의의 투사, 즉 성정치성의 전용을 명백하게 드러내 보이는 극이다. 에슬린을 비롯하여 핀터의 정치성을 간과하거나 또는 보수적인 관점에서 이를 오이디푸스적 권력 게임의 은유로 읽어내는 비평가들은 스탠리의 실패를 오이디푸스적 갈등의 해결로, 즉 아버지의 법에 대한 불경스러운 도전의 좌절로 간주한다. 반면에, 『생일파티』에 대한 본격적인 정치극으로서의 읽기는 그의 실패를 침묵적인 또는 순종적인 저항의 형태로 해석하는 경향을 보인다. 정치극으로서의 『생일파티』에 대한 가장 최근의 소급적 읽기의 예로 그라임즈(Charles Grimes)의 읽기를 들 수 있다. 이제 성난 노인으로 뒤돌아보는(36) 핀터의 소급적 시각에서 『생일파티』의 정치성을 읽어내고 있는 그라임즈의 읽기는 핀터의 초기 작품에서 도난당한 정치성과 성정치성을 찾아내는 데 유용한 실마리를 제공한다.

그러나 그의 읽기는 3막에서 볼 수 있는 스탠리의 좌절된 마지막 말하기 노력을 그의 완벽한 추락, 침묵으로의 하락을 강조해주는 것으로, 그래서 결국 무력한 저항으로 끝나고 만다는 결론을 내린다(49). 즉 스탠리의 침묵은 '반향을 넘어선, 절대적이며 축약적인 침묵'(49)이며, 결국 『생일파티』는 무력한 저항으로 끝날 수밖에 없음을 보여줌으로써 현실에 대한 비관적인 분석 이상을 넘어서지 못하고 있다는 것을 지적하며, 이를 핀터의 정치성의 한계로 언급한다. 물론 이렇게 무력할 수밖에 없는 저항 자체가 체제화된 세계에 대한 저항과 탈출의 불가능성과 함께 그것이 얼마나 우리에게 절실한 문제인지를 강조해준다고 볼 수도 있다. 사실, 바로 이러한 불가능성에 도전하는 핀터의 절실함이 그로 하여금 체제적 권위에 대한 끊임없는 저항의 행위로서 극작을, 그의 극을 체계화하고 범주화하려는 권위적 비평에 대한 끊임없는 거부를, 그리고 마침내 과격한 극작중단 선언을 통한 강력한 정치적 저항을 실천하도록 유도한 것이다. 그러나 여기서 우리가 주목해야 할 사실은, 그의 정치성이 무력한 저항을 넘어서 강력한 저항력을 발휘할 수 있다면, 그것은 바로 '통제할 수 없는 불안을 낳는 더블'(Gallop 274)로 돌아와 강력한 힘을 행사하는 그의 억압된 성정치성의 전복성의 개입을 통해서라는 것이다.

4

핀터는 우드(Peter Wood)에게 보내는 편지에서, 스탠리가 자신의 삶을 위해서 싸울 수 있는 그런 기질은 있지만, 자신이 처한 현실을 자각할 수 있는 능력은 없고, 늘어진 퓨즈 같은 정신을 가지고 있으며, 비록 저항은 하지만 결코 영웅도 아니고 반역의 본보기도 아닌 인물로 자신은 이해하고 있다고 밝혔다(Sakellaridou 30 재인용). 사켈라리두(Elizabeth Sakellaridou)

는 이러한 스탠리가 극의 진행과정을 통해, '불운하고 무력한 불확정적인 성의 인물'(30)이 되고 있음을 지적한다. 『생일파티』가 로즈의 '방'과 같은 메그의 하숙방을 차지한 주인공 스탠리의 인격 해체를 다루고 있다면, 그 인격 해체 과정은 '불확정적인 성'의 인물 되기의 과정이라고 말할 수 있다. 이러한 읽기는 스탠리의 해체를 들뢰즈의 '소수-되기'(becoming-minor)로서의 '여성-되기'(becoming-woman)를 통한 '식별불가능-되기'(becoming- imperceptible), 즉 불확정적인 성으로의 해체로 읽어낼 수 있도록 유도한다. 들뢰즈의 논지를 전용하여 말한다면, 그의 해체 또는 파멸은 끊임없는 '추락'(fall)의 경험이다. 그러나 에슬린은 스탠리의 생일파티를 파멸 의식을 거쳐 성인이 되는 시작의 의식으로 보고자 한다(*Pinter* 84). 이러한 에슬린의 갈망은 『재에서 재로』의 데블린의 갈망을 상기시킨다. 데블린은 제로에서 다시 시작하기를 갈망하고 끝에 다다르는 것을 두려워하지만, 반면에 레베카는 끊임없이 다시 끝에 이르는 것을, 즉 '재에서 재로'를 기꺼이 경험하고자 한다. 사실 생일파티에서 스탠리가 경험하는 것은 끊임없는 끝을 다시 경험하는 추락의 경험인 것이다.

스탠리의 추락, 되기의 경험의 관점에서 볼 때, 그의 메그와 루루에 대한 공격은 골드버그와 맥칸의 위협에 대한 유일한 대응이 아니라, 자신이 아닌 타자를 향한 되기를 시도하는 사건으로 볼 수 있다. 즉 그는 메그와 루루를 그의 권력욕의 야만적 표출 대상으로서의 타자가 아니라, 소수로서의 여성-되기를 지향하도록 유도하는 타자로서 접근한 것이다. 메그와 루루에 대한 공격 또는 접근으로 시작한 스탠리의 끊임없는 미세한 차이의 추락은 이제 강도 제로에 도달하여 다수의 언어로서의 인간의 언어가 아닌 소수의 언어로서의 짐승 소리를 내는 소수-되기에 이르게 된다. 이러한 되기의 장으로 변환된 파티에서 파티의 주인공으로 참여를 강요당한 스탠리만 되기, 즉 추락을 경험하는 것이 아니다. 스탠리를 위해 파티를 열어준 골드버그와 맥칸 역시 정도의 차이가 있을 뿐, 그와 더불어 추락하고 있는 것이다.

골드버그와 맥칸은 유태인 스탠리를 체포하러 온 게슈타포를 연상시키지만, 다른 한편으로는 유태인과 아일랜드인임이 시사되고 있다. 이러한 혼란스러운 정체성을 통해 핀터는 악한이 된다는 것이 악하다고 구분되는 체제적 집단의 구성원이 되어야 한다는 것을 요구하지 않는다는 것을 표현하고 있나. 사실 골드버그가 "나는 세상을... 믿기 때문에..."를 반복하여 절규하듯이(88), 그는 세상이 시키는 대로 행동했기 때문에 악한이 된 것이다. 이러한 골드버그는 아렌트(Hannah Arendt)가 홀로코스트의 집행자인 아이히만의 재판과정을 묘사한 『예루살렘의 아이히만: 악의 진부성에 대한 보고』(*Eichmann in Jerusalem: A Report on the Banality of Evil*, 1963)에서 개진한 '악의 평범성'을 입증해준다. 사실, 아렌트의 '악의 평범성'은 핀터의 정치성을 이해하는 데 상당히 도움되는 개념이다. 아렌트는 유태인 학살의 주범이라고 할 수 있는 아이히만이 엄청난 규모의 악행을 자행한 악한으로서는 뜻밖에 평범한 인물이라는 사실을 주목한다. 특별히 악마적이지도 않은 평범한 인간인 아이히만은 다만 현실에 대한 자각을 결여한 무사유의 순응주의자였을 뿐이다. 그러나 바로 그렇기 때문에 악한이 될 수 있음을 아렌트는 지적하며 비판한다. 평범하고 모범적인 시민인 골드버그 역시 바로 그가 속한 세계가 시키는 대로 행동함으로써, 즉 '줄을 따라'(87) 잘 왔기 때문에 악을 자행하게 된 것이다. 자신의 의무로 여기며 악을 행한 그는 파티에서 지금까지와는 다른 '이상한'(86) 되기와 추락을 경험하게 된다.

'이상한' 경험으로서의 골드버그의 추락은 그가 무턱대고 따라온 상징계의 질서를 이루는 가부장적인 부계의 선조를 거슬러 올라가 귀결되는 '대모'(the Great Mother)의 존재를 무의식적으로 감지하도록 유도한다. "너의 아버지의 아버지 전에 있었던 사람은 너의 아버지의 아버지의 어머니가 아니면 누구냐! 너의 대증조모지."(88)라고 웅변을 토하는 골드버그의 대사는 모든 것의 시작에 어머니가 존재함을, 즉 『생일파티』의 구조적 기초에 억압된 여성성으로서의 대모가 존재하고 있음을 시사한다. 그러나 그에게 그 대모의 존재는 신화적 어머니이며, 전-오이디푸스적 어머니로, 오이디푸스적 구조 속에서는 환상 속에서만 존재할 뿐이다. 골드버그가 보여주는 여성에 대한 상반된 태도는 오이디푸스적 체제가 발전시킨 심리적·문화적 이데올로기의 소산이라고 말할 수 있다. 그는 그의 환상 속에만 존재하는 어머니, 아내, 여자친구를 신성시하고 찬미하는 반면에, 무대 위에 실제로 등장하는 메그와 루루는 경멸하며 창녀취급을 한다. 이러한 골드버그의 태도는 바로 성정치성의 억압과 도난을 의미하며, 오이디푸스적 체제 속의 남성들의 전략으로 볼 수 있다. 따라서 여자들을 어떻게 다루어야 할지를 나름대로 잘 아는 골드버그는 스탠리의 추락과 함께 그 자신도 추락을 경험하는 이상한 경험을 벗어나기 위해, 맥칸과 더불어 3막에서 다시 등장한 루루를 매몰차게 쫓아낸다. 즉 그는 자신의 죄의식과 불안을 해결하기 위해 그녀에게 여성혐오주의적 성정치성을 투사한 것이라고 볼 수 있다. 영화로 각색한 『생일파티』에서 핀터는 골드버그와 루루 사이의 바로 이 장면을 전격적으로 생략하고 있다. 그러나 후일 다시 소급하여 볼 때, 이러한 명백한 성정치성의 억압이 다시 돌아올 억압된 성정치성의 전복성을 더욱 강조하는 효과를 지닌다는 것을 알 수 있다.

5

아마도 오늘날의 『생일파티』 관객은 무력한 스탠리와, 특히 골드버그와 같은 악당과는 객관적 거리를 두고 볼 것이다. 그러나 핀터의 정치극의 목적은 관객 역시 식별불가능한 혼란의 공간인 파티 공간으로 끌어들여 우리가 가담해온 정치적 권력과의 공모와 연루를, 즉 시민이라는 이름으로 우리가 행해온 정치적 폭력을 인식하도록 만드는 것이다. 다시 말해, 핀터는 일종의 충격효과를 통해 우리가 처한 그리고 가담해온 현실의 정치적, 도덕적 상황을 인식하도록 만드는 것을 목적으로 한다(Grimes 30). 그러나 슬로터다이크(Peter Sloterdijk)가 지적했듯이, 오늘날 관객을 형성하고 있는 권력계급의 지배적인 멘탈리티는 허위의식에 휩싸인 포스트모더니스트 정치의식이다. 그의 말을 빌리면, 현대의 관객은 포스트모더니스트 정치의식을 가진 '정신분열자들'(schizoids)로, 자신의 사회적 양심을 부각시키기 위해 저항적인 예술을 지지하는 제스처를 하는 '허위의식의 황혼' 속에 사는 '똑똑하고, 본능적인 순응주의자'들인 것이다(Grimes 30 재인용). 이러한 관객에게 『생일파티』의 극화를 통해 핀터가 기대한 것은 우리 모두가 전체주의적 체제의 거짓의 태피스트리 속에 살고 있음을 자각할 수 있게 되는 것이다. 그러나 그라임즈에 의하면, 정치적 관심을 공언한 후 핀터가 이러한 체제에 대한 저항과 변화를 가져올 수 있는 우리의 행위의 절실한 필요성을 강조하고 있지만, 또 한편으로는 우리의 상황이 그럴 수 있는 희망조차도 거부하고 있음을 주장하고 있다는 것이다. 다시 말해, 핀터의 정치성은 행위의 필요성과 무용성을 동시에 주장하는 정치성으로, 모더니스트 정치성과 포스트모더니스트 정치성 사이의 연속성과 불연속성을 동시에 부각시킴으로써 구현되고 있다는 것이다.

모더니스트와 포스트모더니스트 정치성 사이에서 구현되는 핀터의 정치성은 일종의 정치성의 딜레마를 보여준다고 지적될 수도 있다. 그러나 핀터가 즐겨 인용하는 베케트의 "너는 계속 가야 한다, 나는 계속 갈 수 없다, 나는 계속 갈 것이다."(414)라는 구절이 시사하듯이, '사이'에서 구현되는 핀터의 정치성은 갈 수 없음을 인정하지 않을 수는 없지만, 보다 중요한 것은 그래도 갈 것이라는 의지를 표명한다는 것이다. 사실, '갈 곳이 없다'(36)는 것을 인정한 스탠리는 밖으로 나가자는 루루의 제안에 "그래도 갈 수는 있을 것이다."(36)라고 대답한다. 비록 망상일지라도 그는 이제 더 갈 수 없는 가능성의 영역의 한계에까지 이른 상황에서도 베케트의 마지막 글귀처럼 "나는 갈 것이다", 즉 그 한계를 벗어나 계속 갈 것을 작정하고 있다고 볼 수 있다. 물론 그는 "지금은 그럴 수 없어."(36)라고 인정하고, 결국 3막에 이르러 짐승 같은 소리를 내는 것밖에는 아무것도 할 수가 없다. 그러나 그의 짐승 소리 내기는 소수-되기의 짐승-되기로 볼 수 있다. 그라임즈는 스탠리가 마지막으로 말하고자 했지만 실패한 것을 그의 완벽한 추락, 침묵으로의 하락을 강조해 주는 것으로 본다(49). 그러나 모든 가능성이 소진되고 불확정적인 성의 인물 그리고 짐승-되기로 추락한 스탠리에게서 40년이 지나 다시 홀로코스트를 다룬 『재에서 재로』의 레베카의 모습이 잠재되어 있음을 발견할 수 있다. 그리고 피티(Petey)의 조언에 따라 어느 누구의 명령에도, 어떤 위협에도 굴하지 않고 끊임없는 새로운 되기를 실행해 나갈 '성난 노인' 핀터의 모습도 잠재되어 있다.

피티는 『생일파티』에서 가장 무력한 인물로 보이지만, 눈에 띄지 않게 거기 그냥 놓아 둔 핀터의 정치성의 기표가 되는 인물이라고 말할 수 있다. 핀터는 자신이 쓴 대사들 가운데 가장 중요하고, 스스로도 평생 실천하고자 노력해온 말이 바로 퇴장하는 스탠리에게 피티가 외치는, "스탠, 이 사람들이 자네에게 명령하게 내버려두면 안 돼!"(96)라는 당부라고 지적했다. 이러한 중요한 대사를 말한 코러스 같은 인물인 피티는 『방』의 버트(Bert)처럼 거의 침묵을 지켜왔고 파티에도 부재한다. 그러나 극의 결말에 이르러 순간이지만 무대에서 가장 강력한 인물이 된다. 물론 그는 '특별 치료'(95)를 위해, 아마도 가스실로 스탠리를 데리고 떠나는 골드버그와 맥칸을 막을 힘은 없다. 그러나 그는 비록 순간일지라도 용기있게 개입하여 그들에게 저항할 수 있고, 이러한 저항으로 그들의 불안을 드러내 보일 수가 있다. 이러한 피티를 통해 핀터는 감춰놓은 정치성의 존재를 순간 드러내 보이며, 또한 그가 메그의 '파티의 여주인공'에 대한 판타지를 계속 유지할 수 있도록 해주고 끝을 다시 반복하는 그녀의 파티를 기꺼이 도와줄 것임을 시사한다. 이러한 관점에서 볼 때, 피티는 『생일파티』에서 억압된, 도난당한 정치성을 내포하며, 억압된 성정치성을 내포한 메그의 욕망에 따를 준비가 된 인물임을 알 수 있다. 이러한 역할을 하는 피티의 개입을 통해 핀터는 우리로 하여금 『생일파티』의 새로운 잠재성을 엿볼 수 있도록 유도하고 있는 것이다.

6

대부분의 기존 『생일파티』 읽기는 메그와 루루를 핀터의 여성혐오주의의 기표로 본다. 그러나 핀터의 정치성과 성정치성에 초점을 둔 소급적 읽기는 핀터가 그의 정치성을 감춰두기 위해 도난한 억압된 성정치성을 대체한 여성혐오주의의 기표인 혐오스러운 여성 메그와 루루에게 내재된 여성-되기, 소수-되기를 유도할 수 있는 전복적인 여성성의 동인을 읽어낼 수 있다. 따라서 비록 각각 사적인 공간과 섹슈얼리티에 갇혀 있지만, 메그와 루루에게서 우리는 오이디푸스적 공간에 갇혀 잠들어 있던 다른 등장인물들 그리고 핀터보다 더 먼저 깨어난 『일종의 알래스카』(*A Kind of Alaska*, 1982)의 데보라를, 그리고 가장 강한 핀터의 여성으로 평가되는 레베카를 예견할 수 있다. 이 같은 핀터의 깨어난 여성들의 성정치성의 전복성이 바로 핀터의 정치성을 억압하는 오이디푸스적 체제의 닫힌 구조를 열 수 있는 환유적 욕망, 즉 탈영토화를 추진하는 동인이 되는 것이다. 따라서 우리는 메그와 루루에게서도 이러한 전복적인 성정치성이 잠재되어 있는 것을 발견할 수 있다.

『생일파티』의 정치성에 대한 읽기는, 최근 그라임즈의 읽기까지 포함하여 대부분 현실에 대한 비관적인 분석을 제시하는 데 그치고 만다는 결론을 내리고 있다. 즉, 결국 무력한 저항을 의미하는 스탠리의 '메아리를 넘어선 침묵'으로 『생일파티』는 끝난다는 것이다. 물론 스탠리의 저항은 그때로서는 무력할 수밖에 없었다. 그러나 『생일파티』는 스탠리의 침묵이 아니라, 메그가 자신이 파티의 여주인공이었음을 확신하는 "내가 그랬다는 것을 난 알아요."라는 말로 막을 내린다. 그녀의 말에 대한 피티의 동조와 침묵 후, 메그는 다시 그 말을 메아리처럼 반복한다. 레베카가 다시 끝을 반복할 수 있다고 주장하듯이, 메그는 생일파티가 끝나고 스탠리가 떠난 뒤에도 여전히 무대 위에 남아 다시 끝을, 새로운 되기를, 새로운 파티를 열 준비를 한다. 따라서 『생일파티』는 그것의 정치성이 스탠리의 무력한 저항이 아니라, 후일 마법에서 깨어나 성정치성의 전복성을 발휘할 메그가 다시 열게 될 파티를 통해 보다 강력한 정치성으로 깨어나게 될 것임을 시사하는 결말로 끝을 맺고 있다.

참고문헌

정문영. 『현대 비평이론과 연극: 정신분석, 페미니즘, 현대 연극』. 서울: 도서출판 동인, 2005.

Arendt, Hannah. *Eichmann in Jerusalem: A Report on the Banality of Evil.* New York: Viking, 1968.

Beckett, Samuel. *Three Novels by Samuel Beckett: Molloy, Malone Dies, The Unnamable.* New York: Grove P, 1955.

Cahn, Victor L. *Gender and Power in the Plays of Harold Pinter*. New York: St. Martin's, 1993.

Deleuze, Gilles, and Félix Guattari. *Kafka: Toward a Minor Literature.* Trans. D. Polan. Minneapolis: U of Minnesota P, 1986.

Esslin, Martin. *The Theatre of the Absurd.* New York: Doubleday, 1961.

_______. *Pinter: The Playwright*. New York: Methuen, 1982.

Gabbard, Lucina Paquet. *The Dream Structure of Pinter's Plays: A Psychoanalytic Approach.* London: Associated UP, 1976.

Gallop, Jane. "The American Other." *The Purloined Poe: Lacan, Derrida, and Psychoanalytic Reading*. Ed. Muller and Richardson. Baltimore: The Johns Hopkins UP, 1988. 268-82.

Gordon, Lois. *Stratagems to Uncover Nakedness: The Dramas of Harold Pinter*. Columbia: U of Missouri P, 1969.

Grimes, Charles. *Harold Pinter's Politics: A Silence beyond Echo*. Madison & Teaneck: Fairleigh Dickinson UP, 2005.

Gussow, Mel. *Conversations with Pinter*. New York: Grove P, 1994.

Milne, Drew. "Pinter's Sexual Politics." *The Cambridge Companion to Harold Pinter*. Ed. Peter Raby. Cambridge: Cambridge UP, 2001. 195-211.

Pinter, Harold. *Plays: One.* New York: London: Methuen, 1976.

_______. "Art, Truth & Politics: The Nobel Lecture." Appendix to *Harold Pinter.* Rev. ed. Michael Billington. London: Faber and Faber, 2007. 431-42.

_______. *Ashes to Ashes*. London & Boston: Faber and Faber, 1996.

Quigley, Austin E. "Pinter, Politics and Postmodernism (1)." *The Cambridge*

Companion to Hariold Pinter. Ed. Peter Raby. Cambridge UP, 2001. 7-27.

Sakellaridou, Elizabeth. *Pinter's Female Portraits: A Study of Female Characters in the Plays of Harold Pinter*. London: Macmillan, 1988.

제5장

『귀향』

1

핀터의 세 번째 장막극 『귀향』(*The Homecoming*, 1965)은 런던의 웨스트 엔드에서뿐 아니라 브로드웨이에서도 화려한 성공을 그에게 가져다주었고, 그의 초기극과 중기극 사이에서 중추적 역할을 한 작품이다. 그리고 무엇보다도 핀터 스스로 가장 만족할 만한 구조를 가진 극으로 인정한 『귀향』은 전반적인 핀터 극의 구조적 메커니즘을 이해하는 데 중요한 작품으로 주목을 받아왔다(Ganz 26). 또한 1980년대에 들어와 핀터의 여성 등장인물에 대한 분석 연구가 본격화되면서, 핀터의 가장 모호한 여성, 루스(Ruth)가 등장하는 『귀향』은 핀터의 성정치성을 다루고자 하는 페미니스트 비평가들의 많은 관심을 끌게 되었다. 이러한 맥락에서 볼 때, 『귀향』은 핀터 극의 구조화와 성정치성의 관계에 대한 논의를 본격화할 수 있는 작품으로 간주될 수 있다. 그러나 이러한 논의를 전개하거나 이에 개입하는 『귀향』 읽기들을 검토해보면, 대부분의 논의의 전개 속에 오이디푸스적 구조 속에서 '귀향'을 다루고자 하는 욕망 그리고 오이디푸스적 구조의 경계를 허무는 위협적인 '잉여'로 남아있는 루스에 대한 억압의 욕망이 내재되어 있음을 발견할 수 있다. 다시 말해, 역설적이지만 대부분의 논의들이 제기한 문제 자체를 개진하는 것이 아니라 오히려 그것을 억압하는 결과로 귀결된다는 것이다.

『귀향』에 대한 기존 읽기들은 『생일파티』(*The Birthday Party*, 1957)의 경우와 마찬가지로 주로 정신분석적 시각에서 접근하고 있다.[1] 페미니스트들은 정신분석뿐 아니라 대부분의 이론이 연극에서 남성적 시각의 보기 방법을 실천하고 있다고 지적한다. 간단히 말해, 정신분석적 시각은 연극이 남성시각중심주의에 기초하여 여성을 욕망의 대상으로 한 메커니즘으로 구조화되어 있다고 본다는 것이다. 그러나 라캉의 정신분석의 패러다임 읽기인 「도난당한 편지에 대한 세미나」("Seminar on 'The Purloined Letter'", 1956)에 대한 다양한 읽기들이 보여주듯이, 그 이론의 실행, 공연 자체가 그 이론의 성립, 즉 구조화를 위해 감춰져 있어야 할 그 이론의 맹점을 드러내 보이고 만다. 다시 말해, 라캉은 「도난당한 편지에 대한 세미나」에서 정신분석의 패러다임을 두 개의 극적 장면으로 짜인 정신분석의 드라마로 보여주는 논지 전개 과정에서 그 패러다임을 위협할 수 있는 제4의 위치로 밀려난 왕비의 존재를 오히려 부각시키는 결과를 초래한다는 것이다. 최근 이와 같은 정신분석의 이론화, 즉 보기의 실행이 초래하는 전복성에 대하여 블로(Herbert Blau), 바르트(Roland Barthes), 푸코(Michel Foucault), 데리다(Jacques Derrida)와 같은 비평가들은 이론의 '연극성'으로 설명하며, 이러한 '연극성의 전복적 잠재력'을 그들의 비평적 전략으로 전용하고 있음을 보게 된다(Brewer 14). 따라서 정신분석적 시각으로 극작품 읽기는 정신분석의 연극성을 통해 오히려 그 극의 오이디푸스적 구조화를 위해 억압되어야 할 여성성, 성정치성을 드러내 보이는 역설적인 결과를 초래하게 된다. 그리고 정신분석과 상호작용하는 페미니스트 시각은 바로

---

1 전반적인 핀터 비평의 발전 과정을 조망하는 메리트(Susan Hollis Merritt)가 전개하는 핀터 비평가들의 정신분석적 접근들을 참조할 것(108-132).

이러한 연극성을 억압된 성정치성의 전복성을 드러내 보일 수 있는 전략으로 사용할 수 있다.

정신분석이 이론으로 성립하기 위해 감춰야 할 것은 바로, '프로이트의 이론이 여성의 성욕을 가린다'(*Daughter's Seduction* 58)는 갤롭(Jane Gallop)의 지적이 말해주듯이, 왕비의 편지가 상징하는 여성의 성욕, 여성성인 것이다. 이론의 연극성을 주장하는 데리다를 비롯하여 여러 이론가들 역시 라캉의 정신분석 패러다임에서 억압된 여성성을 간파하고 있다. 그러나 그들의 관심은 억압된 여성성 자체보다 이를 전용하여 정신분석의 권위에 도전하는 것이다. 예컨대, 데리다는 라캉의 정신분석의 드라마가 억압하고 있는 것을 발견하고 '억압된 것의 돌아옴'(the return of the repressed)의 전복성을 이용하여 정신분석을 해체하고자 하지만 여전히 그 억압된 것 자체, 즉 억압된 여성성에 대해서 관심이 없다. 사실 정신분석의 드라마를 둘러싼 데리다를 비롯한 일련의 논의들은 일종의 오이디푸스적 경쟁관계를 이루며, 결국은 정신분석의 오이디푸스적 구조화 자체를 벗어나지 못하는 오이디푸스의 담론을 형성하게 된다.

따라서 정신분석을 둘러싼 이러한 오이디푸스적 구조의 담론을 벗어날 수 있는 시각은 바로 그 오이디푸스적 구조가 잉여로 배제한 억압된 성정치성을 담고 있는 주체적 시각인 것이다. 다시 말해, 남성 주체의 권위적인 시선에 응수할 수 있는 시선은 더 강한 남성주체의 시선보다는 그러한 시선이 구축하는 오이디푸스적 구조를 벗어날 수 있는 여성 주체의 위협적인 시선인 것이다. 따라서 기존의 이러한 오이디푸스적 담론을 벗어나기 위해, 정신분석의 연극성을 전략적으로 사용하는 이리거라이(Luce Irigaray), 갤롭, 그리고 버틀러(Judith Butler)의 위협적인 여성 주체의 시각을 전용하여 『귀향』을 다시 읽음으로써 핀터 자신이 가장 만족하는 극의 구조를 지닌 『귀향』이 어떻게 구조화되었는가를 검토해보기로 한다.

2

이론의 연극성이 '전복적 잠재력'을 의미하고, 이론의 실행이 동시에 그 이론의 전복이고, 즉 이론의 구조화인 동시에 이론의 탈구조화라면, 연극의 공연 역시 하나의 전복을 공연하는 것이라고 볼 수 있다. 이러한 '연극성' 또는 '공연성'(performativity)은 이론에서뿐 아니라 최근 연극비평에서도 중요한 화두가 된다. 사실 연극의 공연은 그 극이 기초하고 있는 연극의 메커니즘의 구조화의 과정인 동시에 그 메커니즘의 탈구조화의 과정이라고 말할 수 있다. 전반적으로 연극의 기본적 메커니즘은 정신분석의 드라마인 오이디푸스적 구조에 기초하고 있다. 이러한 오이디푸스적 구조에 기초한 연극의 메커니즘은 이리거라이의 정신분석 비판의 관점과 여성의 상품화에 대한 마르크스주의적인 분석에서 개진하고 있는 욕망의 성정치성과 성경제(sexual economy)의 관점에서 잘 파악될 수 있다. 이리거라이의 정신분석에 대한 비판을 참조하면, 연극의 오이디푸스적 구조는 여성을 욕망의 대상, 객체, 즉 상품화한 남성주체들의 교환경제구조, 즉 바로 매춘경제구조이다. 그러나 '연극성'과 '공연성'이 시사하듯이, 연극의 공연은 매춘경제구조의 구조화뿐 아니라 그 구조의 탈구조화를 동시에 드러내 보인다. 예컨대, 『귀향』의 공연은 이러한 매춘경제구조의 구조화와 탈구조화를 동시에 드러내 보인다는 것이다. 그러나 대부분의 『귀향』의 비평이 보여주듯이, 연극비평은 오이디푸스적 구조의 구조화만 주목하며, 그 구조의 탈구조화, 즉 전복은 간과하든지 또는 공연의 성공을 위협하는 것으로 간주한다. 그러나 핀터 극의 구조, 특히 그 자신도 만족하는 구조는 오이디푸스적 구조가 아니라, 오이디푸스적 구조화와 탈구조화의 동인이 함께 작용하는 가운데 구조화되는 극의 구조인 것이다. 달리 말해, 핀터 극은 오이디푸스적 시나리오뿐 아니라 앙띠-오이디푸스적 시나리오의 극도 함께 전개하고 있는 이중적 구조를 지니고 있다는 것이다.

그리고 식수스(Hélène Cixous)의 말을 빌리자면, 연극 무대는 하나의 욕망이 아니라 '여러 사람의 욕망의 만남'("From the Scene" 12)으로 이루어진다. 즉 연극 무대에서 우리는 관객의 시선을 유도하고자 하는 주도적인 시선만이 아니라 그 시선과는 상충되는 시각을 유인하는 다른 시선들을 만날 수 있다는 것이다. 유도되는 보기의 일방적 시선을 거부하고 그 시선에 저항하는 시선을 주목하는 이러한 보기는 라캉의 정신분석 이론이 제시해주는 보기 방법이기도 하다. 일방적인 시선이 아니라 시선의 상호작용에 의해 형성되는 '게이즈'(gaze)에 대한 라캉의 이론이 바로 이러한 보기 방법을 적절하게 설명해준다. 또한 이러한 보기 방법은 우리의 시선을 유도하고 있는 주도적인 시나리오의 전개가 오히려 그 이면에 가려져 있는 다른 욕망의 시선을 의식하지 못하도록 우리의 시선을 유인하고 있는 하나의 미끼(lure)일 수도 있다는 역발상을 가능하게 해준다. 따라서 핀터의 『귀향』이 전개하고 있는 오이디푸스적 시나리오는 루스의 앙띠-오이디푸스적 욕망이 전개하는 시나리오를 오히려 보도록 유인하는 미끼가 될 수도 있을 것이다.

3

『귀향』의 루스는 핀터의 등장인물들 중 가장 많은 오해를 불러일으킨, 그리고 핀터의 여성 등장인물 묘사에서 전환점을 가져온 인물로 간주된다. 루스는 여전히 『방』의 로즈와 『생일파티』의 메그처럼 완벽한 인격체로 다루어지지 않고 사적 공간인 가정에 국한된 주변적인 인물로 항상 남자와의 관계 속에서 어머니-창녀로 규정되는 원형적인 여성으로 평가되고 있다. 그러나 또 한편으로는 핀터가 루스를 통하여 기존의 원형적인 여성을 벗어나 마침내 '현실적이며 구체적인' 여성을 등장시킬 수 있게 되었다는 평가를 받기도 한다(Sakellaridou 107). 특히 『귀향』은 굴종적인 약자로 간주되어 여성혐오주의적인 비난의 대상이 되고 있지만 결국 득세하게 되어 뭔가 긍정적인 것, 즉 자유를 얻게 되는 일련의 핀터의 여자들이 등장하기 시작하는 그의 첫 작품으로 간주되고 있다(Prentice 127). 그러나 전반적으로 루스는 충격적일 정도로 방탕한 여자, 심지어는 음란증환자로 규탄의 대상이 되어 왔다(Esslin, "*The Homecoming*" 5). 에슬린을 비롯한 대부분의 비평가들은 결말에 이르러 그녀가 자유를 얻게 되는 것이 아니라, 그녀에게 주어진 역할로서의 창녀가 되는 데 동의를 한 것이라고 본다. 그러나 핀터 자신도 확언하듯이, 결말에 이르러 루스는 창녀가 되는 것이 아니라, 일종의 자유, 즉 자신이 원하는 것을 할 수 있는 자유를 얻게 된다고 볼 수 있다. 사실, 루스뿐만 아니라 거의 모든 핀터의 여자들이 이러한 상반되는 해석을 유도하고 있다. 그 이유는 바로 핀터의 성정치성에 대한 모호한 태도 때문이라고 지적된다. 따라서 핀터의 모호한 성정치성은 끊임없는 논의를 불러일으키고 있으며, 『귀향』은 바로 이러한 핀터의 성정치성에 대한 논의를 본격적으로 이끈 첫 작품으로 간주된다.

테일러(John Russell Taylor)가 지적했듯이, 『귀향』은 일종의 가족극으로 핀터의 주된 관심사인 가족이라는 주제를 직접적으로 다룬 첫 작품이기도 하다(61). 특히 엘리엇(T. S. Eliot)의 『가족의 재회』(*The Family Reunion*, 1939)의 패러디[2]로도 읽히는 『귀향』은 핀터가 유년시절을 보낸 런던 이스트엔드의 유태인 특유의 사회적 · 문화적 영향이 감지되는 남성중심적 가족주의를 담아내고 있다. 그러나 핀터 자신이 가장 만족할 만한 구조를

2 다이아몬드(Elin Diamond)는 핀터의 가족에 대한 개념을 재검토하기 위해, 엘리엇(T. S. Eliot)의 『가족의 재회』와 『귀향』을 가정로망스(family romance)의 관점에서 비교 분석하고 있다(Diamond 136-58).

가진 극이라고 한 『귀향』은 가족주의에 근거한 오이디푸스적 시나리오만이 아니라 가족주의 자체에 대한 문제를 제기하는 앙띠-오이디푸스적 시나리오도 함께 내포하고 있는 이중적 구조를 지니고 있다. 그리고 이러한 『귀향』의 이중적 구조는 핀터의 모호한 성정치성과 밀접한 관계가 있다고 볼 수 있다.

『귀향』을 처음 연출한 할(Peter Hall)은 핀터가 보내온 내본을 읽고 '인간 정글 속에서의 삶을 눈 하나 깜짝 않고 직시하는' 신랄한 극작품이라는 인상을 받았다고 말한다("A Director's Approach" 9). 정글 이미지가 처음부터 연출가에게 떠오르듯이, 첫 공연을 본 관객 역시 등장인물들이 모두 동물 같다고 느꼈다. 핀터의 초기극에 대해 '위협희극'이라는 용어를 처음으로 붙인 워들(Irving Wardle)이 지적하듯이, 『귀향』의 등장인물들은 관습적인 가면을 벗어버리고 동물성을 적나라하게 드러내 보이고 있다. 따라서 워들은 『귀향』 역시 『생일파티』와 『관리인』(*The Caretaker*, 1960)의 경우처럼 인간의 동물적 본능인 영토 확보, 즉 세력권 다툼의 관점에서 해석해야 한다고 주장한다. 이러한 주장을 하는 워들을 비롯하여 대부분의 비평가들은 『귀향』의 중심인물을 루스로 보며, 이 극의 제목 역시 테디(Teddy)의 귀향이 아니라 루스의 귀향을 의미하는 것으로 보는 데 의견을 같이한다. 이러한 견해에 입각한 대부분의 『귀향』 읽기는 루스가 포로가 아니라 여왕벌로 성적인 전략을 사용하여 세력 싸움에서 남성들을 압도하고 군림하는 것으로 본다(Wardle 44). 다시 말해, 이러한 읽기는 루스의 욕망을 영토와 세력권 확보, 영토화의 욕망, 즉 오이디푸스적 욕망으로 전제하고 있으며, 이러한 욕망을 충족시키기 위해 루스가 그녀의 여성성을 이용하고 있는 것으로 본다. 따라서 이러한 시각에서의 읽기는 루스가 진정 원하는 것이 남성들과의 오이디푸스적 경쟁에서 승자가 되는 오이디푸스적 욕망의 충족이 아닐 수 있으며, 오히려 그러한 경쟁의 영토를 벗어나고자 하는 앙띠-오이디푸스적 욕망일 수도 있다는 사실을 배제하고 있다.

에슬린 역시 『귀향』을 '오이디푸스적인 주제가 완벽하게 그리고 분명하게 다루어지고 있는 극'(*Pinter* 161)으로 보고자 하는 그의 강력한 욕망으로 인해, 루스의 당당한 귀향을 읽어내던 그의 읽기를 모순적인 결말로 끝맺는 결과를 초래하고 있다. 다시 말해, 능동적인 루스의 당당한 모습에 끌려 그녀의 귀향을 읽어내던 에슬린은 그녀의 앙띠-오이디푸스적 욕망을 감지하게 되자, 그녀를 남성적 '욕망의 수동적인 대상', 즉 창녀로 규정하여 그것을 억압함으로써 그의 오이디푸스적 해석을 종결시키려고 했다는 것이다(*Pinter* 160). 따라서 루스를 창녀로 규정한 에슬린은 극의 결말에서 루스의 위협적이며 당당한 시선을 외면하고, 늙은 아버지 맥스(Max)를 패배시킨 젊은 아들, 레니(Lenny)와 조이(Joey)의 오이디푸스적 욕망의 충족으로 그 결말을 해석한다. 이와 같이 루스를 비롯해 핀터의 여자를 어머니, 아내, 정부 그리고 창녀의 역할로만, 즉 오이디푸스적 구조 내의 역할로서만 보는 에슬린은 결국 루스의 귀향을 오이디푸스적 영토로의 귀향으로 읽어내고 있다. 그러나 핀터의 극세계를 오이디푸스화하는 정전비평으로서의 에슬린의 『귀향』 읽기는 연극성을 수행하여 오히려 상충되는 논지의 전개와 위협적인 루스의 시선을 부각시키는 결과를 초래하고 있다.

4

에슬린을 비롯한 대부분의 비평가들이 부각시키고자 하는 『귀향』의 오이디푸스적인 구조는 루스를 교환 대상으로 한 남성의 동성사회적(homosocial) 욕망의 오이디푸스적 경쟁 관계에 기초하여 구조화된다고 볼 수 있다. 간단히 말해, 『귀향』의 핵심적인 계약 장면에서 맥스, 레니, 그리고 테디는 완곡어법으로 매춘을 암시하지만, 루스는 거침없이 말하듯이,

직설적으로 이 작품은 매춘경제구조에 기초하고 있다고 말할 수 있다. 매춘경제구조 속에서 여성은 상품으로 시장에 남아 생존을 유지하든지 아니면 이 구조를 거부함으로써 배척받아 죽든지, 양자택일의 운명을 받아들이도록 강요받는다. 페미니스트 연극의 선언문으로 간주되는 「바다로 가라」("Aller à la Mer")에서 식수스가 격렬하게 비판하고 있는 것이 바로 이러한 여성의 운명을 기초로 한 전통 연극의 메커니즘이다. 이리거라이가 프랑스 여성들을 향하여 '그만두라'[3]고 강력히 촉구하고 있는 것도 바로 이러한 매춘경제구조가 그들에게 부과하고 있는 창녀 역할인 것이다.

그러나 식수스나 이리거라이와는 달리, 갤롭은 과감히 그 매춘경제구조를 박차고 나오는 것보다 그 속에서 그 자체를 전복시킬 수 있는 방법을 모색하는 전략을 택하고 있다. 이러한 갤롭의 수법은 식수스와 이리거라이 세대의 급진적인 방법과는 다른 신세대 페미니스트의 전략으로 간주된다. 다시 말해, 이리거라이가 정신분석의 대부인 라캉에게 정면으로 도전하여 배척당한 '반역하는 딸'(rebelling daughter)이라면, 갤롭은 순종하는 듯하면서 아버지를 유혹하여 그의 권위를 전복시키는 '유혹하는 딸'(seducing daughter)로 각각 비유될 수 있다. '유혹하는 딸'로서 갤롭의 페미니스트 전략은 창녀 역할을 거부하는 대신 오히려 이를 수용하여 '일류 창녀'(a prostitute in the major mode)의 개념으로 확대하는 방식이다(*Intersections* 56). 이리거라이가 급진적으로 비판하는 매춘을 전용하여 새로운 창녀론을 제시하는 갤롭의 페미니스트 전략이 바로 『귀향』의 루스가 선택한 전략인 것이다. 다시 말해, 능동적인 창녀 역할을 함으로써 루스는 가부장적 가족

---

3 「프랑스여성들이여, 그만두라」("'Frenchwomen,' Stop Trying")에서 이리거라이는 자신이 남성, 가족, 종족, 국가의 소유물이라는 사실을 수동적으로 받아들이는 데 여성의 쾌락이 있다고 세뇌당해 온 (프랑스)여성들에게 지금 당장 과감히 그러한 사실을 거부하여 더 이상 매춘경제구조의 메커니즘이 반복되지 않도록 할 것을 강력히 권유한다(198-204).

속으로 '귀향'하여 오히려 가부장적 가족 구조의 기초가 되는 여성의 교환, 경제적 · 성적 착취를 드러내 보일 수 있는 전복적인 역할을 수행할 수 있다. 그리고 이러한 전복성을 통해 루스는 남성의 동성사회적 회로, 즉 오이디푸스적 구조의 탈영토화를 시도할 수 있는 것이다.

대부분의 비평가들은 『귀향』의 귀향이 테디의 귀향이 아니라 루스의 귀향이며, 결국 그녀가 테디의 런던 본가에 군림하게 된다는 해석에 동의한다. 그러나 핀터의 정전비평은 그러한 군림을 위하여 루스가 능동적인 여자가 아니라 다시 '자신의 감정이나 욕망은 고려되지 않는 성적 대상으로 취급될 수 있는 가장 수동적인 여자'인 창녀의 역할을 수용해야 한다고 주장한다(*Pinter* 160). 이러한 역설적인 논지는 핀터의 정전비평이 기초하고 있는 오이디푸스적 구조를 깨뜨릴 수 있는 능동적인 루스의 위협적인 욕망과 시선이 불러일으키는 혼돈과 위기를 통제하고자 하는 욕망의 개입을 반영하고 있다. 간단히 말해, 비평가의 오이디푸스적인 욕망이 작용하는 비평 텍스트의 완벽한 종결을 위해 전직이 창녀로 의심되는 루스가 또다시 창녀가 되어야만 한 것이다. 그러나 갤롭이 제안하는 새로운 페미니스트 전략으로 정전비평이 시도하는 루스의 의도적인 창녀 만들기에 대처한다면, 루스에게서 그 직업을 누구보다도 잘 아는 '일류 창녀'의 모습을 볼 수 있다.

이리거라이에 의하면, 창녀는 '남자들 사이의—감추어진— 관계들의 장소'로 기능하는 사회적 역할이며, 남근중심적 사회에서 여자들에게 부과된 다른 사회적 역할들—아내, 어머니 등—과 마찬가지로, 남성의 '행동'을 수동적으로 받아들이고, '자신은 쾌락을 얻지 않은 채 물질적인 부양을 위해서 자신을 제공하는 한편, 소비자의 욕망을 불러일으키기 위하여 유혹적이어야 하는 여성의 성욕의 특징'을 대변하는 역할이다(Irigaray 186-87). 창녀에 대한 이러한 개념은 에슬린이 루스에게 부과한 창녀 역할을 잘 설명해준다. 그러나 루스가 능동적으로 수행하고자 하는 창녀는 이러한 창녀와는 구별된다. 갤롭은 드 사드(Marquis de Sade)의 여성 등장인물, 드 생당쥬 부인(Mme de Saint-Ange)과 줄리에트(Juliette)를 사례로 하여, 이리거라이가 규정하는 사회적 역할로서의 창녀와는 다른 유형의 창녀, '일류 창녀'를 구별한다. 다시 말해, 드 사드의 다른 여성 등장인물, 자스틴(Justine)과 같은 '이류 창녀'(prostitute in the minor mode)에 해당하는 창녀와는 달리, '일류 창녀'는 창녀의 정체성을 취하는 것이 아니라 '그녀의 정체성을 매춘하는'(*The Daughter's* 90) 창녀인 것이다.

갤롭의 창녀론은 라캉과 이리거라이의 여성성의 표현으로서의 가면무도회 개념을 전용하여 전개하는 버틀러[4]의 공연성과 전복성의 가면무도회에 대한 개념과 연결될 수 있다. 갤롭의 창녀론과 버틀러의 가면무도회의 개념을 연결해보면, 여자(창녀)는 가면무도회에서 남자(고객)의 욕망의 반영으로서 끊임없는 변형을 연기하며 매춘경제구조를 전복시킨다고 설명할 수 있다. 그러나 남성의 욕망에 따른 변형을 연기하는 여성(창녀)의 가면무도회에 대하여 이리거라이는 "모든 것을 무릅쓰고 '시장에' 남아 있기 위한 시도로 지배적인 욕망의 경제에 굴복하는 것"이라고 비판한다(*This Sex* 133). 반면에 갤롭은 버틀러의 양가적 기능을 갖는 가면무도회처럼 창녀는 자신의 정체성을 '매춘하는' 달리 말해, 가장하는 연기를 함으로써 '지배적인 욕망의 경제'에 그녀를 굴복시키는 것이 아니라 그 시장을 분열 즉 전복시킬 수 있다고 주장한다(*The Daughter's* 90). 유곽에서 고객(남자)의 역할은 그가 원하는 것을 요구하는 것이고 창녀(여자)는 그가 원하는 것을

4 버틀러는 여성성의 표출로서의 가면무도회에 대한 라캉의 개념과 이리거라이와 리비에르(Joan Riviere)의 견해를 전용하여 가면무도회의 이중적인 개념을 설명한다. 가면무도회는 이중적 또는 양가적인 기능을 갖는데, 우선 진정한 여성성을 감추는 기능 또는 여성성을 감추는 것이 아니라 여성성을 생산하는 그리고 그 여성성의 '정통성'에 대해 의문을 제기하여 그 여성성을 전복하고 또 다른 여성성을 생산하는 기능을 갖는다는 것이다. 이러한 논의를 전개하면서 버틀러는 이를 '공연성'과 연결하여 설명하고 있다(*Gender Trouble* 46-54)

연기해주는 것으로 되어 있다. 그러나 매춘경제구조 자체를 극화하는 주네(Jean Genet)의 『발코니』(*The Balcony*, 1955)에서 '일류 창녀' 어마 부인(Mme Irma)의 유곽의 공연이 보여주듯이, 가면무도회의 연극성은 그 구조 자체를 전복하는 결과를 초래할 수 있다.

이리거라이는 여자(창녀)가 하는 가면무도회가 '자신의 욕망을 포기하는 대가를 치르고, 남성의 욕망에 참가하기 위한' 것이라고 비판하지만, 사실 그 공연의 전복성은 여자 자신의 욕망을 표출할 수 있게 만든다(131). 라캉은 과감하게 프로이트가 답을 제시할 수 없어서 남겨둔 '여성은 무엇을 원하는가'라는 물음에 도전하여 그것을 세미나(1972-73년)의 주제로 정했고, 그 결과물을 『앙코르』(*Éncore*, 1975)라는 제목으로 출판했다. '숙녀의 남자'(the ladies' man)를 자처하면서 라캉은 프로이트가 풀지 못하고 남겨둔 문제, 그리고 여성 자신도 알지 못하는 것에 대한 답을 제시하는 공연을 펼쳤고, 이에 라캉의 여성들은 '앙코르'를 외쳤다. 그 '앙코르'는 여성의 욕망을 알고자 하는 라캉의 욕망을 만족시키기 위한 라캉의 여성들의 맞장구로 간주되고, 라캉의 성공적인 공연을 시사한다고 볼 수 있다. 그러나 갤롭이 지적하듯이, 그들이 외친 '앙코르'는 라캉의 공연에 대한 불만을 의미하며, 라캉 역시 그의 '남근적 공연'에 만족하지 못하고 '남근을 넘어서는 다른 무엇인가'에 대한 그들의 요구를 알고 있었다(35). 그러나 라캉은 그의 남근적 공연을 다시 반복할 수밖에 없었고, 프로이트가 결코 여성의 욕망을 알 수 없다는 것을 알고 당황했듯이, 라캉 역시 그의 공연에서 당혹감을 느낄 수밖에 없었다. 사실 그의 남근적 공연을 좌절시킨 것은 바로 '앙코르'를 외치며 그의 욕망에 참가한 그의 여성들의 가면무도회의 전복성이며, 라캉이 보여주고자 한 여성의 욕망은 그의 공연이 아니라 오히려 그의 공연의 전복을 통해 표출되고 있다는 것을 알 수 있다.

라캉의 남근적 공연을 위협하며 전복시키는 것은 '남근을 넘어서는' 공연을 요구하는 라캉의 여성의 욕망이다. 달리 말해, 라캉은 여성이 원하는 것을 공연하는 과정에서 지배적인 남근적 욕망의 공연이 전복될 수 있는 위기를 드러내 보인다는 것이다. '숙녀의 남자'로 그리고 '아는 것으로 여겨지는 주체'(the subject supposed to know)인 남성 주체로서 라캉의 공연 실패는 여자가 무엇을 원하는지뿐 아니라 남근적 욕망, 즉 자신이 무엇을 원하는지도 모른다는 인식의 한계에 대한 인정을 시사한다(Žižek 171). 따라서 여자(창녀)가 남자가 원하는 것을 연기하기로 되어 있는 매춘경제구조에 기초한 연극의 메커니즘은 이러한 메커니즘을 잘 파악하고 있는 마담 어마와 같은 '일류 창녀'에 의하여 전복될 가능성이 다분하다. 라캉의 세미나에 참가한 그의 여자들로 알려진 프랑스 페미니스트들의 앙코르가 말해주듯이, 정신분석의 대부와의 공연에서 이들이 원하는 것은 그의 남근적 공연이 아니라 자신이 원하는 것, 즉 페미니스트 욕망의 충족인 것이다. 루스가 맥스 부자들과의 매춘계약에 따라 창녀 역할을 하고자 하는 것 역시, 그들의 남근적 공연에 수동적인 창녀 역할을 하기 위해서가 아니라 자신에게 부과된 정체성을 능동적으로 연기함으로써 매춘하기 위한 것이다. 따라서 이러한 능동적인 매춘을 통해, 루스는 매춘경제의 오이디푸스적 구조를 탈구조화, 즉 탈영토화하는 여성-되기를 시도하고 있다고 말할 수 있다.

5

남편 테디를 따라 남자들만 사는 런던 시댁에 온 루스는 첫 등장에서부터 매춘경제구조의 연극의 메커니즘이 요구하는 수동적인 창녀와는 전혀 다른 모습으로 갤롭의 '일류 창녀'를 연상시킨다. 가족 중 가장 먼저 만난 레니와의 대면에서 루스는 레니뿐 아니라 관객까지 위협할 정도로 당당한 모습을 보인다. 포주 레니는 창녀들을 성폭행한 무용담으로 루스를 압도하려고 하지만 전혀 효과가 없다. 그녀의 물컵을 뺏으려고 하지만 그녀는 그의 죽은 어머니 제시가 붙여준 '레오나드'(Leonard)라는 이름으로 그를 부르면서(33), 물컵을 뺏으면 그를 갖겠다고 말하며 그를 당황시킨다. 관객 역시 전혀 기대하지 못한 황당스러운 그녀의 태도로 인해 그녀의 정체성에 대하여 혼란스럽다. 아이러니하게도 포주가 직업인 레니가 가족의 오이디푸스적 구조를 위협하는 간통한 여자로 루스를 비난하면서 여성혐오주의적 성정치성을 투사하지만, 그의 혼란과 두려움을 간파한 루스는 무릎에 그를 눕혀 물을 먹여주겠다며 일종의 양육하는 어머니의 역할을 연기한다. 레니의 거부에도 당당하게 루스는 물을 마시며 목이 말랐다고 웃으면서 말하고 퇴장한다. 그녀의 등뒤에서 소리치는 레니의 모습은 그를 지팡이로 위협하는 아버지 맥스만큼이나 무력한 모습으로 루스의 당당한 모습을 더욱 부각시켜준다. 그리고 2막에 이르러 레니와 춤과 키스를, 그리고 그녀를 '매춘부'라고 부르는 조이와 공공연히 애무와 키스를 하고 이층으로 올라가 함께 시간을 보내는 루스는 결코 그들의 욕구충족을 위해 수동적인 창녀역할을 하는 것이 아니다. 그녀는 자신의 갈증, 즉 자신의 욕망을 충족시키기 위해 남자를 '조종하며'(68), '감질만 나게 만드는 여자'(66)로 능동적인 역할의 창녀를 연기하고 있는 것이다. 이러한 창녀-되기를 통해 여성-되기, 소수-되기를 시도하는 루스에게서 매춘경제구조의 연극의 메커니즘을 전복시킬 수 있는 갤롭의 '일류 창녀'의 전복성을 발견할 수 있다.

6년 동안 집을 떠나 있던 큰아들 테디가 데리고 온 낯선 여자 루스에 대하여 남자들이 위협을 느끼고 있다는 사실은 그 가정이 '남성의 동성사회에 대한 욕망'(male homosocial desire)[5]에 의해 만들어진 사회라는 것을,

---

5 오스틴(Gayle Austin)은 세지윅(Eve Kosofsky Sedgwick)의 '남성 동성사회에 대한 욕망'의 개념을 현대 드라마의 분석, 특히 밀러(A. Miller)의 『세일즈맨의 죽음』(*Death of a*

즉 남자들만을 위한 세계라는 것을 반증한다. 그러나 남자들은 루스의 등장 이전에도 그들만의 세계인 이 집을 떠나지 않고 여전히 영향력을 행사하고 있는 죽은 제시의 존재를 의식하고 있었다는 것을 그들의 대사 속에서 감지할 수 있다. 그러나 이제 제시의 더블(double)인 루스로 구체화되어 등장한 위협적인 여성의 존재는 이들에게 '위협희극'의 상황을 설정해준다. 1막에서 위협적인 존재에 대한 남자들의 첫 대응은 루스를 창녀 취급하는 것이며, 테디와 결혼한 법적인 아내이며 세 명의 아들을 낳았다는 사실이 확인된 후에는 그녀를 결혼과 모성으로 신성화된 여성으로 이상화하는 방식을 취한다. 아들의 아들들을 낳은 루스는 아버지 맥스에 의하여 가족의 일원으로 받아들여지고 아버지 집을 떠났던 아들 테디와 아버지 맥스 사이도 이로써 화해가 이루어지는 것으로, 즉 오이디푸스적 구조의 종결로 1막은 끝난다.

가족의 재회를 축하하는 점심식사 후의 환담으로 시작되는 2막에서 테디는 가족들에게 미국에서의 그들의 가정생활에 대하여, 특히 루스의 아내와 엄마로서의 성공적인 역할 수행에 대하여 이야기한다. 그러나 루스는 테디의 이상적 가정생활에 대한 이야기하기(storytelling)를 방해한다. 철학 교수 테디의 부인, 세 남자아이들의 엄마 역할에 충실했던 지난 6년간을 보낸 미국은, "다 바위뿐이에요. 그리고 모래. 어디를 보나 그 멀리까지 그렇게 펼쳐져 있어요. 거기엔 벌레들이 많이 있죠."(53)라고 그녀가 말하고 있듯이, 그녀에게 엘리엇의 '황무지'를 연상시키는 곳이었다. 우리는 루스가 자신의 진정한 여성성 또는 정체성을 억압하는 오이디푸스적 시나리오가 부과한 아내, 어머니의 정체성을 수동적으로 연기하기를 거부하고 있음을 테디의 이야기와는 다른 그리고 테디가 하지 못하게 막는 루스의 이야기하기를 통해 알 수 있다. 테디의 오이디푸스적 이야기하기를

Salesman)을 분석하는 데 적용하고 있다(47-55).

거부하는 이러한 루스의 이야기하기는, 그녀의 정체성 연기가, 버틀러의 가면무도회처럼, 정체성 자체의 정통성에 도전하는 수단 또는 계기를 만들어 줄 수 있음을 시사한다.

사켈라리두도 지적하지만, 핀터는 루스를 통해 처음으로 여자가 자신의 과거를 이야기하는 것에 대하여 진지한 관심을 보이며, 그녀의 과거 이야기를 기억과 판타지를 섞은 '부드러운, 꿈같은 서사'로 구성하고 있다(114). 그러나 루스의 이야기는 청자가 되는 남자들의 욕망을 유도하는 이상화된 낭만적인 이야기가 아니라 그녀 자신의 욕망이 동인이 되어 만들어지는 서사이다. 예컨대, 루스가 모델이었다는 말에 레니는 한 여자에게 딱 어울리는 꽃과 비단리본과 베일이 달린 멋진 모자를 사준 이야기를 하면서 그녀의 모델 경력을 이상화하려고 시도한다. 그러나 루스는 "아뇨… 나는 누드 모델이었어요."(57)라는 말로 그가 요구하는 탈육체화된 연약한 꽃과 같은 미인으로서의 여성 모델의 이미지를 거부한다. 따라서 루스는 청자인 남성의 욕구를 위해 자신의 과거를 이상화하는 이야기가 아니라 자신의 현재와 미래를 위해 과거를 그녀의 욕망과 환상과 기억으로 엮어 재창조할 수 있는 능력을 가진 이야기꾼으로 간주될 수 있다. 루스와 테디 그리고 레니 사이의 이야기하기를 통한 파워 게임에서 데블린(Devlin)과 레베카(Rebecca)의 이야기하기로 구조화된 핀터의 후기극 『재에서 재로』(*Ashes to Ashes*, 1996)의 성정치성의 구현을 예견할 수 있다. 다시 말해, 자신의 욕망에 따라 레베카의 이야기를 주도하여 남성적 주체와 권위를 확인하려는 데블린과 자신의 이야기하기를 통해 파시스트적인 남성의 환상에서 벗어나려는 레베카 사이의 게임을 루스와 테디 그리고 레니의 이야기하기에서 소급하여 볼 수 있다.

위협적인 존재로서의 루스에 대한 남자들의 최종적인 대처방안은 그녀를 다시 창녀로 시장에 내놓는 것이다. 루스가 부재한 가운데, 맥스 부자들은 그녀를 최고급 상품으로 시장에 내놓는 사업계획을 세워, 테디로 하여금 그 계획을 루스에게 전하도록 한다. 가족을 대표한 테디의 제안을 당당하게 받아들이고, 그들과 계약조건을 간결하고도 엄중하게 논의하는 그 유명한 계약 장면에서 루스는 '창녀-되기'의 '일류 창녀'로서의 모습을 확실하게 보여준다. 그녀의 이러한 모습은 테디를 비롯한 모든 남자들의 오이디푸스적 욕망을 좌절시키며, 그들을 압도한다. 이 작품의 양심과 초자아(super-ego) 역할을 하는 것으로 간주되는 삼촌 샘(Sam) 역시 완전히 압도당해 이상화된 여성상으로 억압해온 죽은 형수 제시의 매춘을 폭로한 뒤 기력을 잃고 쓰러진다. 샘의 폭로는 '억압된 것의 돌아옴', 즉 더 강해져서 돌아온 죽은 제시의 더블로서의 루스의 역할을 시사한다고 볼 수 있다. 이제 더욱 강해져서 돌아온 억압된 여성성을 대변하는 루스는 제시를 이어 모든 남자들을 조종하는 '일류 창녀'가 된 것이다. 핀터는 휴즈(P. Hewes)와의 인터뷰에서 이러한 루스에 대하여 "만약 당신들이 이런 게임을 하기를 원한다면, 나는 당신들만큼 그것을 잘할 수 있어요."라고 당당히 말하고 그 매춘게임에 능동적으로 참여할 수 있는 창녀로, 일종의 '자유'를 얻게 된 여자로 설명하고 있다(Sakellaridou 110 재인용). 핀터가 언급한 루스의 자유는 매춘경제구조에 입각한 오이디푸스적 구조 그리고 그것에 기초한 연극의 메커니즘으로부터 벗어날 수 있는 자유를 의미한다고 볼 수 있다. 그리고 『귀향』이 그가 가장 만족하는 극적 구조가 된 것은 바로 이러한 자유를 얻은 루스의 탈영토화의 탈주를 통해서라고 주장할 수 있다. 다시 말해, 『귀향』은 루스의 '창녀-되기'를 통해 오이디푸스적 그리고 앙띠-오이디푸스적 구조의 시나리오를 동시에 전개시킬 수 있는 이중적 구조를 가질 수 있게 된 것이다.

갤롭이 선정한 '일류 창녀'인 생당쥬 마담의 말을 빌리면, 창녀는 '진정으로 사랑스러운 여자, 진정으로 철학적인 여자'이다(*The Daughter's* 89 재인용). '일류 창녀'란 그녀가 대처해야 하는 남성적인 체계의 원리를 잘 파악하고 있으며, 이를 이용하여 그녀를 구속하는 그 체계를 벗어날 수 있는 가능성을 찾을 수 있는 '지적인' 여자라는 것이다. 이러한 맥락에서 루스를 보면, 그녀는 철학자인 남편 테디 그리고 그의 무미건조하고 편협한 철학과는 달리 경험적인 철학관을 가지고 있는 레니보다도 더 철학적인 여자라고 주장할 수 있다. 루스는 그녀의 몸의 움직임에 그들의 시선을 집중시키며 다음과 같이 말한다.

> 루스: 그렇게들 확신하지 마세요. 당신들은 무언가 잊고 있어요. 나를 보세요. 나는... 내 다리를 움직이고 있지요. 그게 전부예요. 그러나 나는... 나와 함께 움직이는... 속옷을... 입고 있죠... 그것이... 당신들 주의를 사로잡겠죠. 아마도 당신들은 오해할 거예요. 그 행동은 단순해요. 그것은... 움직이는... 다리예요. 나의 입술은 움직여요. 왜 당신들은... 당신들의 관찰을 그것에... 한정하지 않죠? 아마도 입술이 움직인다는 사실이 더 의미가 있을 텐데요... 입술을 통하여 나오는 말들보다. 당신들은 그... 가능성을... 명심해야 할 거예요.(52-53)

루스는 테디와 레니의 철학적 논쟁이 언어의 담론성을 벗어나지 못하고 있음을 지적한다. 다시 말해, 일류 창녀로서 루스는 그들의 철학의 담론적 한계를 간파할 수 있는 '진정으로 철학적인 여자'인 것이다. 따라서 사켈라리두는 루스가 극의 결말에 이르러 "여성적 원리의 모든 면모들, 어머니, 아내 그리고 창녀 등을 종합하고 그녀의 남편이 그의 모든 철학적 이론들에도 불구하고 도달할 수 없는 일종의 '평정'(equilibrium)을 성취함으로써, 완벽한 인격을 형성하게 된다"고 지적한다(111). 그러나 사실 루스가 '창녀-되기'를 통해 성취하고자 한 것은 통합된 여성성 그리고 철학적인 인식에 따른 지적 평정이 아니다. 이와는 정반대로, 그녀는 부과된 정체성들을 통합하는 것이 아니라 그 정체성들 자체를 '매춘'함으로써, 즉 가면무도회를 통해 그러한 정체성들을 부과하는 오이디푸스적 구조를 탈구조화하는, 탈영토화하는 전복적이며 위협적인 창녀-되기, 여성-되기를 수행하고 있다. 또한 그녀는 테디의 목표인 '지적 평정'(62)을 대신 성취하고자 한 것이 아니며, 오히려 그러한 평정을 깨뜨려 지적인 인식의 한계를 드러내 보이기를 원한다.

루스의 능동적인 '창녀-되기'의 위협적인 개입으로 라캉의 분석가의 위치인 '아는 것으로 여겨지는 주체'의 위치에서 자신만이 지적인 평정을 유지할 수 있다고 믿는 테디는 그의 당혹감을 드러내고 마는 '추락'을 경험하게 된다. 사실 테디는 '전적으로 쭈그러든 리비도'의 사례를 제공하는 인물로, 여성혐오주의적 동성애적 성향을 가진, 그래서 지적인 평정의 가면을 쓴 남자로 간주될 수도 있다(Ganz 148). 즉 테디는 동성사회적 욕망을 가진 전형적인 현대 지식인의 가면을 쓴 남자라는 것이다. 루스의 개입으로 그는 자신이 연기하는 철학자의 가면을 의식하게 되며, '아는 주체'로서의 정체성의 전복, 전락을 경험하게 되는 것이다. 따라서 루스는 창녀-되기, 여성-되기를 통해 테디를 비롯한 주변 남성들의 전락, 즉 소수-되기를 유도하고 있다고 볼 수 있다.

6

『귀향』을 연출한 할은 이 극뿐 아니라 전반적인 핀터 극의 이중적 구조를 잘 파악하고 있는 연출가이다. 따라서 그는 핀터 극을 연출할 때는 두 개의 극을 연출해야 하며, 공연의 성패는 이 두 개의 극을 서로 만나게 하는 데 있다고 밝힌다. 그가 말하는 두 개의 극이란, 핀터 인물들이 철저히 자신의 감정들을 통제하고 그 인물들의 가면을 만들어내는 극 그리고 그 가면 이면에서 일어나는 극을 각각 의미한다("Directing Pinter" 23). 이러한 할의 가면무도회로서의 극의 이중적인 전개에 대한 이해는 페미니스트 관점에서 여성성의 표출로서의 가면무도회와 오이디푸스적인 극과 앙띠-오이디푸스적인 극의 이중적 구조로서의 핀터 극의 이해와 서로 통하는 견해로 보인다. 그리고 관객을 움직이는 것은 바로 그 가면 이면에 일어나고 있는 극, 즉 앙띠-오이디푸스적인 극임을 할은 간파하고 있다. 그러나 핀터 극의 전문연출가로서 그는 이 두 개의 극을 어떻게 서로 만나게 하는가라는 결코 쉽지 않은 문제에 직면하여, 이 문제의 해결을 성공적인 연출의 관건으로 간주하고 있다.

할은 실제 무대에서 두 개의 극의 상호연결이 무척 어렵다는 것을 강조한다. 예컨대, 끝 부분에서 떠나는 테디에게 루스가, "에디, 자주 들려요." 라고 말하는 부분의 연기 연출이 매우 힘들었다는 것이다("Directing Pinter" 24). 왜냐하면 그 부분이 바로 두 개의 극의 상호만남이 순간적으로 드러나는 부분이기 때문이라는 것이다. 놀즈(Ronald Knowles)도 지적하고 있듯이, 다정하고 친숙한 부부 사이처럼 들리는 '에디'라는 호칭으로 테디를 부르면서, 창녀들이 손님을 배웅하면서 흔히 하는 말인 "자주 들리세요."(80)라는 루스의 대사는 가정과 유곽의 분위기를 함께 섞는 말로 '어머니-아내-창녀'라는 루스의 복합적인 역할을 반영하는 것으로 주로 이해된다(122-3). 이러한 장면을 할이 연기하기가 어렵다고 한 것은 루스의 서로 상반되는 가면들 그리고 그 가면들의 이면의 극을 조화시켜야 한다고 생각하기 때문이며, 또한 놀즈도 지적했듯이, 각각의 가면의 이면들까지 모두 포함하는 복합적인 역할들을 종합할 수 있는 가면을 만들어야 한다고 생각하기 때문이다. 그러나 이 장면에서의 루스의 연기는 아내와 창녀라는 정체성의 조화 또는 합을 보여주는 것이 아니라 가면무도회로 그 정체성들을 서로 전복하는 것으로 볼 수 있다. 다시 말해, 루스는 복합적인 어머니-아내-창녀의 역할을 종합한 역할을 연기하고 있는 것이 아니라 그녀에게 각각의 가면이 부과하는 역할을 '일류 창녀'처럼 연기함으로써 그 역할이 부여하는 정체성을 전복하고 있다는 것이다.

사실, 할은 핀터 극의 연출 경험을 통해 두 개의 극이 동시에 진행되고 있고 그리고 그 사이에는 간극이 있음을 간파하고 있었다. 그러나 두 개의 극을 성공적으로 만나게 하려는 그의 연출가로서의 오이디푸스적 욕망은 루스로 하여금 남자들이 여자에게 요구하는 가장 이상적인 역할인 아내이자 창녀라는 복합적 역할이라는 어려운 연기를 하도록 요구하고 있는 것이다. 할뿐 아니라 대부분의 핀터 극의 연출가와 비평가들은 그의 극이 오이디푸스적 구조의 극, 즉 매춘경제구조가 요구하는 가면무도회의 극, 그리고 그러한 가면무도회의 전복성에 의한 앙띠-오이디푸스적 구조의 극을 동시에 전개하고 있음을 알고 있다. 그러나 할처럼 그들은 그들의 성공적인 비평과 공연이 이러한 이중적인 구조의 극을 통합적인 구조의 극으로 비평하고 공연하는 데 달려 있다고 생각하는 오이디푸스적 욕망을 떨쳐버리기가 쉽지 않다. 그럼에도 불구하고, 그들의 성공적인 비평과 연출은 통합적인 구조의 전복성을 드러내 보이며, 이를 통해 역설적이지만 이중적인 구조의 핀터 극을 성공적으로 공연할 수 있다고 주장할 수 있다.

따라서 이중적 구조의 핀터 극의 성공적인 공연은 오히려 오이디푸스적 구조의 극을 그 이면에 전개되고 있는 앙띠-오이디푸스적 구조의 극을 감추고 또 그것을 볼 수 있도록 우리의 시선을 유도하는 미끼로 전개하는 수법을 통해 가능할 수 있다. 그러한 수법은 루스가 오이디푸스적 구조가 부과하는 가면들의 역할을 공연하는 것을 그 이면에서 진행되고 있는 여성-되기를 가리거나 그것을 드러내 보이는 미끼로 사용하는 것과 같은 수법인 것이다. 이러한 『귀향』 읽기를 통해 확인할 수 있는 것은 핀터 극의 성과는 작가 또는 비평가, 연출가의 오이디푸스적 욕망에 따라 두 개의 극을 통합하려 하지 않고, 두 개의 극을 동시에 한 무대에 전개시킴으로써 그 간극을 드러내 보이며, 그 간극에서 공연성의 전복성을 통해 '핀터특유의' 구조를 가진 극을 생성할 수 있는 무대를 창조하고 그것을 발견하는 데 있다는 것이다.

7

1990년대 이후 핀터의 정치성에 대한 논의가 본격화됨에 따라, 그동안 거의 논의 대상이 되지 않았던 『귀향』의 정치성에 대해서도 거론되기 시작했다. 사실 『귀향』은 핀터의 정치성보다는 성정치성 논의를 본격화한 작품으로 간주된다. 그러나 최근 퀴글리(Austin Quigley), 실버스타인(Marc Silverstein), 아라게이(Mireia Aragay) 등의 핀터의 정치성에 대한 논의에서, 『귀향』의 정치성이 다루어지고 있으며, 대체로 포스트모더니스트 정치성을 구현하는 것으로 간주되고 있다. 이들의 『귀향』의 정치성 읽기의 공통점은 핀터의 정치성을 논의하기 위해 모두 루스의 저항, 즉 성정치성을 전용하고 있다는 것이다. 아라게이는 핀터의 정치성을 80년대 중반을 기점으로 전기와 후기로 나누어, 전기극은 포스트모더니스트 정치성을 구현하고 있고, 후기극은 그것의 한계를 드러내 보이거나 극복하려는 노력을 보이는 극으로 각각 구별한다. 이러한 구별을 위해 아라게이는 전기와 후기의 각 대표작으로 『귀향』과 『재에서 재로』를 비교하면서, 『귀향』의 정치성을 논의한다. 핀터는 『생일파티』에서부터 그 누구도 지배적인 문화적, 정치적 질서로부터 벗어날 수 없고 결코 전복시킬 수 없음을 시사하는 '정치성의 난국'(Silverstein 425)을 전제로 하고 있다는 것이다. 따라서 『귀향』 역시 권력에 대한 어떤 형태의 저항도 결국은 그것을 강화할 뿐 변화를 가져올 수 없음을 보여주는 포스트모더니스트 정치성을 구현하고 있다는 것이 아라게이의 주장이다. 다시 말해, 『귀향』은 핀터의 초기극작 단계에서 "젠더와 성적 관계들이 생산되고 동시에 재생산되는 장소로서 가부장적 가족에 대한 포스트모더니스트 '미시정치적' 관심"을 다룬 대표적인 작품이라는 것이다(Aragay 248). 반면에, 『재에서 재로』는 전기극에서 구현한 포스트모더니스트 정치성의 한계를 드러내 보이거나 극복하려는 노력을 보이는 정치성을 구현하고 있다고 주장한다.

이러한 아라게이의 정치성 논의에서, 젠더와 계급 문제를 복합적으로, 즉 성정치성과 정치성 문제를 함께 다루고 있다고 볼 수 있는 전기극 『귀향』의 루스는 포스트모더니스트 정치성의 구현을 위해 다시 수동적인 교환의 대상으로 전락하게 된다. 다시 말해, 남성 주체 맥스와 테디 사이의 계급 갈등을 통한 핀터의 정치성 구현에 초점을 두고 『귀향』을 보면, 루스는 미국 대학교수가 된 아들 테디가 아버지 맥스로부터 인정받기 위해 신분 상승의 대가로 런던의 노동자계급 가족에게 넘기는 성적 대상, 즉 남성들 사이의 계급갈등을 완화하는 '통로' 역할을 하는 창녀로 전락한다(249).

비록 루스를 남성 주체들의 관계를 위한 통로로 취급하는 것이 부당하며, 루스 역시 그러한 수동적인 역할을 거부하고 있음을 인정하지만, 루스의 저항이 포스트모더니스트 정치성을 넘어설 수는 없는 저항이라고 아라게이는 간주한다. 언어의 담론성을 벗어날 수 없는 포스트모더니스트 정치성을 구현하는 『귀향』에서 루스의 저항은 언어로 구조화된 가부장적 구조와 그 구조가 부과한 젠더 역할의 임의성을 드러내 보이는 것 이상을 넘어설 수 없다는 것이다. 다시 말해, 루스가 테디와 레니의 철학적 담론에 개입함으로써 현존하는 권력의 구조와 언어의 담론성을 드러내 보일 수는 있지만, 어떤 변화를 가져올 수 있는 저항적 실천은 할 수 없다는 것이다. 따라서 루스는 가부장적 질서의 구조화를 전복적으로 드러내 보이지만, 동시에 가부장적 상징적 질서에 묶여있으며 여전히 그 밖보다는 안에서 남성의 동성사회적 거래의 대상으로 남아있다는 것이다(Aragay 251). 이와 같이, 루스의 저항을 단순히 담론적인 차원으로 보는 아라게이의 읽기는 루스라는 여성 주체 역시 통합되지 않고 소외된 주체로, 어떤 변화를 가져오는 생산적인 행동을 할 수 없는 인물로 그녀의 저항 가능성을 부정한다. 따라서 그녀를 통해 구현된 정치성은 포스트모더니스트 정치성으로, '정치적 정적주의'(political quietism)라는 공격을 받을 수 있다는 것이다(Aragay 251). 이러한 아라게이의 핀터의 포스트모더니스트 정치성 읽기는 바로 이글턴(Terry Eagleton)이 80년대 중반에 전개했던 주장들을 다시 정리한 『포스트모더니즘의 망상들』(*The Illusions of Postmodernism*, 1996)에서 비판하는 포스트모더니즘의 모호하고도 유해한 정치성에 기초하고 있으며, 포스트모더니스트 정치성의 탈중심화된 미시정치성 그리고 나아가 탈정치성을 비판하고 있다. 따라서 아라게이에 의하면, 핀터의 전기극을 대표하는 『귀향』의 루스는 이러한 포스트모더니스트 정치성의 한계를 벗어나지 못한 반면, 80년대 중반 이후 핀터의 후기극을 대표하는 『재에서 재로』의 레베카는 바로 이러한 포스트모더니스트 정치성을 비판하고 있다는 것이다. 이러한 아라게이의 읽기는 핀터의 정치성을 읽어내기 위해, 핀터의 성정치성을 전용하고 있는 대표적인 예로 볼 수 있다.

아라게이를 비롯하여 핀터의 정치성을 포스트모더니스트 정치성으로 또는 포스트모더니스트 정치성을 탄핵하는 정치성으로 읽어내는 비평가들의 읽기는 계급 문제, 고문과 폭력 문제 등 정치적 문제에 중점을 두고 핀터의 정치성을 읽어내고 있는 것이 사실이다. 그러나 이들은 핀터의 정치성이 담론성을 벗어나 어떠한 변화도 가져올 수 없는, 현실에 대한 비관적인 분석 이상을 넘어설 수 없다는 포스트모더니스트 정치성을 전제하고 있으며, 이러한 한계를 지적하기 위해 루스와 레베카와 같은 여성의 저항을 통해 성정치성을 전용하고 있다. 사실 이들의 논의는 루스와 레베카의 성정치성이 전복하고자 하는 오이디푸스적 구조의 틀을 벗어나지 못하고 있다. 다시 말해, 오이디푸스의 불가피성을 전제로 함으로써, 그들의 정치성 논의에 한계를 드러내 보이고 있으며, 이러한 한계를 성정치성에 투사함으로써 오이디푸스의 난국을 벗어나려고 한다는 것이다. 그러나 분명한 것은 핀터의 초기극이든 후기극이든 핀터의 여성들은, 루스와 레베카는 오이디푸스의 난국을 당연한 것으로 받아들이는 것이 아니라 어느 누구보다도 그것을 잘 파악하고 당당하게 직면하여 그것으로부터의 탈주를 시도하고 있다는 것이다. 이러한 관점에서, 아라게이와 밀느(Drew Milne)가 진행시키고 있는 핀터의 정치성에서 성정치성으로의 논지 전개를 역전시켜, 성정치성에서 정치성으로 논의를 전개한다면, 핀터의 정치성이 오이디푸스의 난국을 벗어나고 나아가 포스트모더니스트 정치성의 한계를 벗어날 수 있는 가능성을 발견할 수 있다. 다시 말해, 핀터의 정치성이 비관적인 분석을 넘어설 수 있기 위해, 즉 정치성의 전복성을 드러내기 위해, 성정치성의 개입이 먼저 있어야 한다는 것이다. 이러한 맥락에서 볼 때, 『귀향』의 루스는 그녀의 성정치성의 전복성을 통해 창녀-되기, 여성-되기의 탈주를 시도함으로써 핀터의 정치성의 전복성을 유도하는 일련의 강한 핀터 여성들을 예견하게 하는 첫 번째 여성으로 평가될 수 있다.

참고문헌

Almansi, Guido and Simon Henderson. *Contemporary Writers: Harold Pinter.* London and New York: Methuen, 1983.

Aragay, Mireia. "Pinter, Politics and Postmodernism (2)." Raby. 246-59.

Austin, Gayle. *Feminist Theories for Dramatic Criticism.* Ann Arbor: The U of Michigan P, 1993.

Bold, Alan, ed. *You Never Heard Such Silence.* London: Vision, 1984.

Brewer, Mária Minich, "Performing Theory." *Theatre Journal* 73.1 (March 1985): 13-30.

Butler, Judith. *Gender Trouble: Feminism and the Subversion of Identity.* New York & London: Routledge, 1990.

Cixous, Hélène. "Aller à la Mer." Trans. Barbara Kerslake. *Modern Drama* 27 (1984): 546-48.

_______. "From the Scene of the Unconscious to the Scene of History." *The Future of Literary Theory.* Ed. Ralph Cohen. New York: Routledge, 1989, 1-18.

Diamond, Elin. *Pinter's Comic Play.* Lewisburg: Bucknell UP, 1985.

Eagleton, Terry. *The Illusions of Postmodernism.* Oxford: Blackwell, 1996.

Esslin, Martin. *The Theatre of the Absurd.* New York: Doubleday, 1961.

_______. "*The Homecoming*: An Interpretation." John and Anthea Lahr. 1-8.

_______. *Pinter: The Playwright.* London: Methuen, 1982.

Gabbard, Lucina Paquet. *The Dream Structure of Pinter's Plays: A Psychoanalytic Approach.* Cranbury & London: Associated UP, 1976.

Gale, Steven H., ed. *Harold Pinter: Critical Approaches.* Rutherford: Fairleigh Dickinson UP, 1986.

Gallop, Jane. *Intersections: A Reading of Sade with Bataille, Blanchot, and Klossowski.* Lincoln: U of Nebraska P, 1981.

_______. *The Daughter's Seduction: Feminism and Psychoanalysis.* Ithaca: Cornell UP, 1982.

Ganz, Arthur. *Pinter: A Collection of Critical Essays.* Englewood Cliffs: Prentice-Hall, 1972.

Hall, Peter. "Directing Pinter." Bold. 19-28.

______. "A Director's Approach: An Interview with Peter Hall." John and Anthea Lahr. 9-25.

Hinchliffe, Arnold P. *Harold Pinter*. Boston: Twayne, 1981.

Irigaray, Luce. *This Sex Which Is Not One*. Trans. Catherine Porter and Carolyn Burke. Ithaca: Cornell UP, 1985.

Knowles, Ronald. "Names and Naming in the Plays of Harold Pinter." Bold. 113-30.

Lacan, Jacques. *Le Séminaire livre XX: Éncore*. Paris: Seuil, 1975.

Lahr, John, and Anthea Lahr, eds. *A Casebook on Harold Pinter's The Homecoming*. London: Grove Press, 1971.

Merritt, Susan Hollis. *Pinter in Play: Critical Strategies and the Plays of Harold Pinter*. Durham & London: Duke UP, 1990.

Milne, Drew. "Pinter's Sexual Politics." Raby. 195-211.

Pinter, Harold. *The Homecoming*. Faber and Faber, 1991.

Prentice, Penelope. *The Pinter Ethic*. New York & London: Garland, 2000.

Quigley, Austin E. "Pinter, Politics and Postmodernism (1)." Raby. 7-27.

Raby, Peter, ed. *The Cambridge Companion to Harold Pinter*. Cambridge: Cambridge UP, 2001.

Roof, Judith. "Pinter's Ruth, Duras' Vera." *Text and Presentation*. Ed. Karelisa Hartigan. Lanham: UP of America, 1988. 169-78.

Sakellaridou, Elizabeth. *Pinter's Female Portraits: A Study of Female Characters in the Plays of Harold Pinter*. London: Macmillan, 1988.

Silverstein, Marc. *Harold Pinter and the Language of Cultural Power*. London: Associated UP, 1993.

Taylor, John Russell. "Pinter's Game of Happy Families." John and Anthea Lahr. 57-66.

Wardle, Irving. "The Territorial Struggle." John and Anthea Lahr. 37-44.

Žižek, Slavoj. *For They Know Not What They Do: Enjoyment as a Political Factor*. London and New York: Verso, 1991.

제6장

『배신』

1

핀터의 『배신』(*Betrayal*, 1978)은 부르주아 예술의 진부한 이미지와 그 귀결을 예측할 수 있는 중산층 부부의 불륜과 배신이라는 주제를 다루는 것으로 보이도록 전개되는 극작품이다. 즉 『배신』은 엠마(Emma)를 둘러싼 로버트(Robert)와 제리(Jerry)의 삼각관계와 배신을 중심적인 극적 사실로 다루고 있으며, 이러한 사실을 확인하고자 하는 관객의 오이디푸스적인 관음증적 욕망을 유도함으로써 극을 진행시키고 있는 것으로 보인다. 극의 중간인 5장에서, 엠마는 읽고 있던 신진 작가 스핑크스(Spinks)의 소설이 로버트가 생각하듯이 배신이라는 진부한 주제를 다루고 있는 것이 아니라 다른 것을 다루고 있는데, 그것이 무엇인지는 다 읽은 후 대답하겠다고 그에게 말한다. 이렇게 말하는 엠마처럼, 핀터 역시 『배신』이 보여주고 있는 다른 것이 무엇인지에 대한 답을 끝까지 유보하는 방식으로 극을 진행시키고 있다. 이러한 극의 진행을 위해 핀터가 사용하는 방식은 기존 극의 진행 방식을 배신하는 방법인 역진행, 즉 일종의 시간의 배신을 이용하는 것이다.

핀터가 극적 시간 속에 '거꾸로' 진행되는, 즉 극적 시간을 배신하는 움직임을 동인으로 활용하여 『배신』을 구조화하기 위하여 사용한 기법은 바로 영화기법을 전용한 방식이다. 그가 극적 장면에서 시간을 배신하는 흐름을 발견했듯이, 이러한 영화적 기법에 의한 혼란스러운 극적 진행은 관객으로 하여금 기존 연극의 메커니즘과 자신의 오이디푸스적 욕망을 배신하는 움직임을 발견하도록 유도한다. 이러한 발견을 통해 관객은 자신의 오이디푸스적 욕망을 의식하게 되며, 이러한 욕망을 유도하고 배신하는 연극이라는 매체를 의식하게 되는 것이다. 그리고 나아가 관객은 지금까지 당연한 것으로 간주해온 매체의 메커니즘과 사회적 관습, 특히 성정치성과의 관계를 의식하게 되고, 그것에 대하여 의문을 제기하기에 이른다. 그리고 마침내 관객은 극의 처음부터 그리고 마지막까지 언제나, 거기에 있어온 엠마의 시선을 만나게 된다. 따라서 이러한 극적 진행 과정의 관점에서 볼 때, 『배신』은 배신을 주제로 한 연극이 아니라 영화적 기법을 사용한 메타영화적 구조를 가진 메타연극으로, 연극이라는 매체 자체와 성정치성과의 관계를 중점적으로 다루고 있는 작품임을 알 수 있다.

2

핀터가 『배신』을 쓸 무렵, 그는 이미 20여 년간 영화 작업을 해왔고, 이 작품의 영화 작업(1983) 역시 참가했다. 따라서 '메타연극적' 그리고 '메타영화적'인 구조를 지닌 『배신』은 핀터의 연극뿐 아니라 영화 작업의 경험을 반영하고 있다고 볼 수 있다. 특히 그는 극적 시간의 특성과 한계를 점차 의식하면서, 초기극에서 보여주는 시간의 연속성에 기초한 극적 시간 처리에서 벗어나, 『옛 시절』(*Old Times*, 1970)에 이르러서는 과거와 현재 사이의 시간적 이동을 보다 유동성 있게 처리하며, 『지하실』(*The*

Basement, 1966), 『풍경』(*Landscape*, 1967), 그리고 『침묵』(*Silence*, 1968)에서도 이러한 시간의 유동성을 적절히 활용하여 극적 시간을 처리하는 수법을 개발했다. 그러나 『배신』에서는 기존의 극적 시간 처리 방식의 변형이라기보다는 과거 그 자체를 우리 눈앞에 실연시키는 수법과 혼란스러운 시간의 전개 방식을 사용함으로써 전적으로 새로운 수법을 사용하고 있다. 즉 그는 여기서 영화촬영술(cinematography)과 필름편집(film-editing)의 방식을 전용하여 전적으로 새로운 극적 시간의 재현 패턴을 구축한 것이다. 『배신』의 극적 행위는 마치 시간상 순차적인 순서에 따라 촬영한 9개의 장면들을 담은 필름을 뒤에서부터 거꾸로 빨리 감기를 하면서 시간적 연계성에 따라 두세 장면씩 또는 한 장면씩 끊어서 재생하여 보고 또다시 빨리 감기를 하여 끊어 재생하여 보는 것 같은 관람 방법에 따라 편집된 것처럼 전개된다. 연극의 관객은 사건이 무대화되어지는 순서에 따라 극적 행위를 의식하게 된다. 영화적인 시간 기법을 전용한 『배신』에서는 과거가 일종의 객관적 관점, 즉 카메라의 눈에 포착된 장면처럼 전개되는 극적 장면들을 소급하여 볼 수 있는 혼란스러운 순서로 사건이 무대화되고 있다. 따라서 자기반영적인 매체인 영화기법을 활용한 핀터의 이러한 극적 시간의 실험은 관객으로 하여금 기존 연극의 메커니즘 자체를 의식하게 함으로써 메타연극적인 관심을 갖고 극을 보도록 유도할 수 있다.

『배신』에 앞서 나온 『사장된 땅』(*No Man's Land*, 1975)은 '예술과 예술가에 대한 핀터의 본격적인 진지한 고심'을 담은 극으로 간주되고, 이 작품을 기점으로 가기(Silvio Gaggi)를 비롯하여 몇몇 비평가들은 핀터 작품에서 자기반영적인 요인을 지적해내며 일종의 메타연극의 형식을 논의하기 시작했다(512). 그러나 본격적으로 메타연극적인 관점에서 핀터 극을 다루기 시작한 것은 특히 영화적 기법을 전용하여 시간적 혼란을 초래하는 구성 원리로 연극의 시간과 메커니즘의 작동 원리에 문제를 제기하도록 한 『배신』에 이르러서이다. 핀터의 시간에 대한 관심은 프루스트(Marcel

Proust)의 영향을 반영한다고 흔히 지적된다. 『배신』 바로 직전에 쓴 영화 대본이며 시간에 대한 본격적인 실험을 하고 있는 것으로 여겨지는 『프루스트 영화대본』(*The Proust Screenplay*, 1977)을 쓸 무렵에, 핀터는 이미 2편의 자신의 극작품뿐 아니라 5편의 소설을 영화로 각색했다. 그가 『사고』(*Accident*, 1966), 『펌프킨 이터』(*The Pumpkin Eater*, 1963), 그리고 『중개인』(*The Go-Between*, 1969)을 구성한 방식을 보면, 프루스트의 소설에 대한 영화 작업을 시작하기 이전에 이미 그는 내러티브의 목소리를 제거하고 플롯의 연결 순서를 특정한 시간적 관점의 양식으로 대체하는 방법을 개발했음을 알 수 있다. 달리 말해, 현재의 시간 틀 내부에서 확장된 플래시백에 의존한 『프루스트 영화대본』의 시간 구조는 이전 각색에서 사용했던 구조와 아주 상이한 것으로 보기는 어렵다는 것이다. 물론 핀터는 프루스트의 '현재의 치유될 수 없는 불완전성'에 대한 인식의 영향을 받았다고 볼 수 있다(Regal 111). 그러나 프루스트가 현재의 치유될 수 없는 불완전성에 대한 미봉책으로 잃어버린 시간의 실제 순간들을 포착하고자 한다면, 핀터는 프루스트보다 더 냉소적으로 현재의 치유될 수 없는 불완전성 그 자체를 그대로 드러내 보이고 있다. 그리고 핀터는 바로 그 현재의 불완전성 자체를 극적 시간을 구성하는 기본원리로 삼고 있는 것이다.

연극 매체 자체를 의식하게 하는 자기반영적 특성을 강조하는 『배신』의 극적 구조는 마치 브레히트(Bertolt Brecht)의 소격효과(alienation effect)처럼 극의 구조화 과정 자체를 우리에게 보여줌으로써 그 가운데 배신이라는 미끼를 통해 다른 그 무엇을 스스로 발견하게 만들고 있다. 달리 말해, 이러한 극적 구조를 가진 『배신』의 공연은 극의 오이디푸스적 구조화 과정에서 억압되어 숨겨져 있도록 되어있던 것을 드러내 보인다는 것이다. 따라서 이러한 혼란스러운 극적 시간의 진행 가운데 마침내 관객은 기존 연극의 메커니즘 구축을 위해 억압된 여성 주체로서의 엠마의 시선 및 욕망과 마주칠 수 있게 된다. 즉 일종의 '최초의 장면'에 이르러 거기서 관객은 베케트(Samuel Beckett)가 언급한 엠마의 '그 첫 마지막 시선'[1]을 직면하게 된다. 제리가 엠마를 유혹하는 것으로 보이는 최초의 장면에서 우리가 만나게 되는 것은 시간의 역진행을 통해 끊임없이 배신당한 오이디푸스적 욕망에 저항하는 엠마의 시선인 것이다. 이러한 극 진행에서 알 수 있듯이, 핀터의 『배신』을 구조화한 것은 오이디푸스적 욕망을 불러일으키는 극적 동인과 함께 이를 배신하는, 엠마의 '첫 마지막 시선'으로 우리를 유도하는 극적 동인인 것이다. 따라서 베케트의 이해하기 힘든 촌평은 『배신』의 극적 시간 구성과 그 구조의 특성을 잘 드러내는 지적이라고 말할 수 있다. 핀터 극의 서정성을 최대한 절제하기를 원한 베케트를 슬프게 한 '그 첫 마지막 시선'은 극의 마지막이자 시간상으로는 첫 순간이며, 배신의 시작이자 배신을 전복하는 엠마의 시선이다. 이미 이 사랑의 마지막을 보았지만, 극의 마지막을 장식하는 엠마의 시선은 여전히 불가해한 시선으로 남아있다. 베케트의 말처럼, 조명 속에서 그 모든 것이 다 드러난 뒤에도, '그 첫 마지막 시선'인 엠마의 시선은 여전히 어둠 속에서 배신당한 그녀의 욕망의 동인에 따라 그 마지막을 다시 반복하기를 기다리고 있다.

3

구소(Mel Gussow)와의 인터뷰에서 핀터는 술집에서 우연히 목격한 한 남자와 한 여자가 만나고 있는 장면에서 『배신』의 극작은 시작되었다고 밝혔다(50). 다시 말해, 두 사람이 과거에 대하여 이야기하고 있는 그 장면

1 핀터가 『귀향』(*The Homecoming*, 1965)을 쓸 때부터, 그의 완성된 작품의 첫 독자가 되어 준 베케트(Samuel Beckett)는 핀터 극에서 '서정성이 과도한' 부분을 절제하는 수정을 늘 제안했다. 그러한 베케트가 『배신』에 대해서는, "그 모든 것이 빛 속에서 다 끝난 뒤, 어둠 속에서 그 첫 마지막 시선(that first last look)이 가슴을 아프게 한다."라는 짧은 평을 보내왔다(Fehsenfeld 125 재인용).

에서, 그는 거기로 돌아가보고 싶다는 생각에, 시간 속에 '거꾸로' 진행되는 움직임을 발견하게 되어 무척 흥분하였고, 그 움직임이 바로 『배신』을 구조화하는 동인이 되었다는 것이다(51). 이러한 새로운 극적 시간을 전개하기 위해 그가 전용한 것이 바로 영화의 방식인 것이다. 마치 증거자료를 제시하면서 과거를 밝히는 기록영화 같은 구조의 『배신』은 카메라의 눈에 포착된 9개의 불연속적 또는 연속적인 시간의 장면들을 보여주고 있다. 핀터의 초기극에서 과거는 오로지 등장인물들이 그것에 대해서 말하는 것으로만 제시될 수 있고, 그 과거에 대한 등장인물들의 상상은 항상 현실과 불가분의 관계에 있는 사실적인 것임을 전제로 하고 있다. 그러나 『배신』의 영화적 기법은 과거로 하여금 스스로 말하게 하는 방식으로 과거를 보여준다. 다시 말해, 우리는 등장인물들의 기억을 통해 재해석된 과거 대신에 우리가 스스로 판단할 수 있는 증거 자료로서 제시된 과거를, 현재성을 띠며 전개되고 있는 과거를 볼 수 있는 것이다. 사실, 과거를 있었던 그대로의 '한 부분의 삶'으로 보여주는 『배신』의 이러한 메타영화적 구조는 연극의 기본적인 관습인 '제4의 벽'의 환상을 가장 잘 만족시켜줄 수 있는 구조이며, 관객의 관음증적 욕망을 만족시키는 데 매우 효과적인 구조인 것이다.

영화적 기법을 통해 과거의 사실들을 그대로 보여준다는 것을 전제로 한 『배신』은 일단 그 사실들의 폭로로 삼각관계의 '배신'이 확증되는 것을 보고자 하는 관객의 관음증적 욕망을 유발하고 유인함으로써 극을 끌어나가고 있다. 그러나 이러한 구조로 극을 진행시키는 『배신』은 관객이 배신을 이미 알고 있다는 극적 아이러니가 극의 진행에 전혀 위력을 발휘할 수 없다는 패러독스를 초래한다. 왜냐하면 배신은 이 극의 중심적인 사실이라기보다는 우리의 관심을 끌기 위한 미끼일 뿐이기 때문이다. 그러므로 기존 연극과는 달리 『배신』의 관객은 그 사실을 이미 알고 있다는 극적 아이러니가 극과 그 극적 상황에 대하여 특권적인 지배력을 행사할 수 없음을 깨닫게 된다. 사실 이 극의 중심이 되는 것은 배신이라는 사실보다는 그 사실을 안다는 것을 안다는 사실이며, 극의 긴장을 초래하는 것은 '우리가 알고 있는 것이 아니라 그것을 우리가 언제 아는가'인 것이다(Brater 506). 기존 연극은 우리가 기대하고 있는 '최초의 앎'(original knowledge)에 대한 오이디푸스적 확인을 최종적으로 제공해주는 반면, 『배신』은 그러한 확인 대신에 언제, 누가, 무엇을 알고 있는가를 다룸으로써 연극이라는 매체가 어떻게 작동하고 있는가를 드러내 보여준다(Roof 80). 이 극은 로버트와 엠마의 배신 자체 또는 그 배신에 대한 확인이 아니라 그 사실을 로버트가 언제 알았고(아마도 9장인 1968년 첫 유혹의 장면에서부터 알아차리고 있었을 것임), 엠마가 로버트가 알고 있다는 것을 언제 알았고(1973년 여름이지만 처음부터 엠마는 로버트가 알고 있다는 것을 알고 있었을 것임), 엠마가 제리에게 로버트가 안다는 것을 언제 말했고(1977년 봄), 로버트는 엠마가 그가 알고 있었다는 것을 알고 있었음을 언제 제리에게 말했고(1977년 봄) 등의 다양한 종류의 사실들을 다루고 있다. 핀터는 이러한 사실들을 적절한 때에 드러내 보임으로써, 관객으로 하여금 그 드러난 사실과 극의 작동 원리와의 관계에 대하여 의식하도록 만들고 있다.

배신의 시초가 되는 순간인 제리가 엠마를 유혹하는 장면에 이르기까지 『배신』의 9개 장면들이 단속적으로 전개되는 과정 속에서, 복합적인 극적 아이러니의 역학이 생산된다. 그러나 이러한 복합적인 아이러니의 역학은 우리의 알고자 하는 욕망을 만족시켜주는 대신 끊임없이 그것을 좌절시키는 배신의 반복을 가져다준다. 즉 엠마를 둘러싼 로버트와 제리의 삼각관계의 배신의 역사에 대한 앎의 원천을 찾으려는 우리의 욕망은 결국 우리가 알고자 한 것은 이미 항상 알려져 있었다는 사실, 또한 그 앎이 결코 우리가 이 극에서 알고자 한 '그것'이 아니라는 사실에 의하여 배신을 당한다는 것이다. 그리고 그 과정에서 우리는 앎이 행사하는 권력에 대한 우리의 오이디푸스적 욕망과 집착을 의식하게 된다. 우리의 앎에 대한 오이디푸스적 욕망을 의식함으로써 우리는 이러한 욕망을 유도하는 그리고 배신하는 극의 형식, 연극이라는 매체 자체에 관심을 갖게 된다. 그러므로 루프(Judith Roof)는 『배신』을 '고다르의 영화 『남성적/여성적』(*Masculin/Feminin*)을 연상시키는 상당히 브레히트적인 에피소드적 상황 속에 영화의 플래시백 기법에 상당하는 영화적 시간의 융통성'을 이용하여 연극이라는 매체 자체의 문제를 다루고 있는 극으로 간주하고 있다(81).

배신을 미끼로 한 『배신』에서 전통 연극의 패러다임을 시사하는 정신분석의 패러다임을 설명하는 제1, 제2의 장면을 읽어낼 수 있다. 즉 로버트, 제리, 엠마 그리고 제리(또는 로버트), 엠마, 케이시(Casey)의 삼각관계로 각각 이루어지는 두 장면들을 읽어낼 수 있다. 이 두 장면은 전통 연극의 오이디푸스적 패러다임을 구성하는 '거울 비춰보기'의 메커니즘(『현대 비평이론과 연극』 65)에 따라 로버트, 제리, 케이시의 삼각관계를 이루는 하나의 삼각구조로 파악된다. 그리고 엠마는 이러한 남성 주체들 사이의 관계를 맺어준 뒤 '사라지는 중재자'로 취급되는 전형적인 오이디푸스적 구조를 읽어낼 수 있다. 그러나 『배신』의 메타연극적 그리고 메타영화적 구조는 오이디푸스적 구조화를 위해 사라지도록 되어 있는 엠마의 존재가 사라지지 않고 끊임없이 그 구조를 위협하는 일련의 배신을 유도하고 있음을 드러내 보인다. 다시 말해, 『배신』의 영화적 기법은 엠마가 오이디푸스적 시나리오의 전개를 시작시킴과 동시에 사라지지 않고 그 이면에서 앙띠-오이디푸스적 시나리오를 전개시키고 있는 연극의 메커니즘의 구조화와 탈구조화의 과정을 동시에 드러내 보일 수 있다. 첫 장면부터 엠마가 숨겨두기로 되어 있는 왕비의 편지와 같은 왕, 로버트에 대한 배신을 제리의 기대와는 달리 이미 드러내 놓았음이 암시되며, 관객은 자신의 오이디푸스적 욕망 역시 배신당하고 있음을 감지하게 된다. 그리고 첫 장면에서 관객이 목격한 엠마와 제리의 배신를 확인시켜주는 '최초의 앎'을 알고자 하는 관객의 욕망은 극의 진행을 통하여 끊임없이 배신을 당하게 된다.

따라서 '영화적 시간의 융통성'을 이용한 극적 시간에 따른 극적 진행과정에서 『배신』의 관객이 의식하게 되는 것은 바로 이러한 연극의 메커니즘의 구조화와 탈구조화 과정 자체라고 말할 수 있다.

4

『배신』은 영화적 편집 방법으로 배신의 '원판'(original version)에 대한 우리의 욕망을 계속 유지시키면서, 최초의 유혹 장면으로 되돌아가는 전개 방식을 통해 배신을 확인하는 것보다 '과정, 욕망, 본다는 것' 등이 더 중요하다는 것을 시사하고 있다(Roof 79). 한편으로 이 극은 배신에 대한 불확실한 사실들을 확인시켜줄 수 있을 것 같은 미끼로 유인하여 우리를 오이디푸스적인 확실성에 대한 욕망과 환상 속에 가둔다. 그러나 또 한편으로 이 극은 마치 마술가의 손동작처럼 우리가 기대한 것과는 다른 것을 우리에게 드러내 보임으로써 마술가의 트릭과 우리의 기대를 의식하게 만든다. 사실 이러한 연극의 마술성은 스토파드(Tom Stoppard)의 극을 비롯하여 많은 현대 연극의 주요한 특성으로 지적되는데, 『배신』 역시 연극이라는 매체의 마술성을 표출하고 있다. 핀터는 배신을 하나의 미끼로 이용하여 우리의 시선을 유도하여 다른 것을 보여주는 일종의 마술적 트릭이 연극이라는 매체의 본질적인 특성임을 관객으로 하여금 의식하게 만들고 있는 것이다. 핀터는 또한 이러한 마술성을 이용하여, 사실을 안다는 것에 대한 관객의 소비와 지배의 환상과 욕망을 스스로 의식하도록 유도하고 있다. 그리고 이러한 의식과 함께 연극이라는 매체가 안다는 것에 대한 기만적인 지배와 욕망을 어떻게 활용하는지에 대해, 즉 욕망과 연극 매체 사이의 관계에 대해 의문을 갖도록 유도한다. 즉, 『배신』은 우리의 오이디푸스적인 욕망을 연극이라는 매체가 어떻게 활용하며, 또 어떻게 그 욕망을 배신하는지에 대해 우리 스스로 의식할 수 있도록 유도하고 있다는 것이다.

핀터 비평가들은 물론 『배신』이 보여주고자 하는 것이 배신 자체가 아니고 다른 것임을 간파하고 있다. 그러나 대부분의 비평가들은 그 다른 것을 여전히 그 배신이 기초하고 있는 연극의 오이디푸스적 구조로의 복귀 또는 강화로 파악하고 있다. 예컨대, 핀터 극을 신화적 의식의 관점에서 읽어내는 버크만(Katherine Burkman)은 일련의 배신들로 이루어진 극적 흐름 이면에 그의 모든 작품의 기본 주제가 되는 '재생'(renewal)을 발견할 수 있다고 본다. 버크만에 따르면, 핀터의 『가벼운 통증』(*A Slight Ache*, 1958) 또는 『귀향』의 여자들처럼 엠마도 옛 '신-왕-사제'(god-king-priest)로서의 남편을 버리고 새로운 신-왕-사제로서 새 파트너를 구하는 프레이저(James George Frazer)의 『황금 가지』(*The Golden Bough*)에 나오는 풍요의 여신들, 특히 네미 숲(the Grove of Nemi)의 다이애나(Diana)에 비유될 수 있는 여자이다("Harold Pinter's 'Betrayal'" 505). 겨울이 지나면 봄이 오듯이, 권력이 다한 구 신-왕-사제를 패배시킨 새 신-왕-사제와 다시 결혼하는 다이애나처럼 엠마 역시 이러한 신화적 패턴에 따라 로버트, 제리, 케이시와 관계를 맺게 된다는 것이다. 따라서 『배신』이 보여주는 것은 역진행의 극적 시간의 진행에 따라 지금은 깨져버린 삼각관계의 탄생에 이르는 과정을 통해 반복되는 신화적 삼각구조의 패턴의 추적이라고 버크만은 주장한다. 프로이트도 지적하지만, 신왕이 구왕과 싸워 이겨 다이애나와 결합하는 것은 재생을 위해서가 아니라 오이디푸스적 경쟁을 위해서다. 즉 남자들의 경쟁은 풍요와 재생이 아니라 아버지의 자리를 차지하는 것을 목적으로 삼는다. 따라서 비록 핀터가 『배신』의 삼각구조의 패턴이 두 남자들 사이의 경쟁과 유대 관계에 초점을 맞추고 있음을 밝히고 있지만, 엠마를 통한 '재생'에도 그가 상당히 관심을 두고 있다고 버크만은 지적한다. 그러나 엠마에 대한 이러한 통찰력 있는 해석에도 불구하고 버크만은 여전히 남자들의 오이디푸스적 경쟁 관계와 그러한 오이디푸스적 구조의 '재생'을 지지하는 신화적 체계 속에 그녀를 가두고 있다.

버크만은 핀터가 설정한 엠마, 로버트, 그리고 제리의 삼각구조를 지라르(René Girard)의 '삼각의 욕망' 또는 모방적 욕망을 적용하여 설명한다(508 재인용). 지라르의 이론을 적용하여, 버크만은 같은 여자 엠마를 소유하고자 하는 두 남자의 오이디푸스적 경쟁관계를 모방적 욕망의 메커니즘으로, 따라서 엠마에 대한 이들의 경쟁은 궁극적으로 그 상대 남성에 대한 욕망을 중재하기 위한 것으로 설명한다. 즉 한 남자(제리)가 다른 여자(로버트의 여자인 엠마)를 원하는 것은 다른 남자가 그녀를 가지길 원하기 때문이며, 남성들 상호간의 친밀감이 더할수록 엠마는 그들에게 욕망의 대상으로 점점 더 비실체적인 대상이 된다는 것이다. 따라서 엠마는 남성들 사이의 모방적 욕망에 의한 오이디푸스적 경쟁관계를 위해 대상화와 비실체화라는 부당한 대우를 받고 있다는 것을 버크만은 지적한다. 또한 버크만은 핀터의 모든 남자들이 그들을 낳은 어머니의 아들로서 어머니에게 분노를 느끼고 있다고 지적한다. 따라서 이 작품의 모든 배신들의 궁극적 원인은 남자들이 여자들의 아들로서 느끼는 분노, 즉 그들의 아버지와의 관계맺음을 통해 그들을 배신함으로써 그들을 낳은 어머니의 아들로서 느끼는 분노에서 찾을 수 있다고 버크만은 주장한다(512). 이러한 논리에 따르면, 남자들은 오이디푸스적 경쟁의 결과로 남편을 선택했다가 아들을 선택하게 되는, 즉 구왕 대신 신왕을 선택하는 여자를 처음부터 창녀로 간주하고 있다고 볼 수 있다. 『귀향』의 루스처럼 남자들에 의하여 결국 창녀로 간주되는 엠마는 로버트와도 그리고 제리와도 이룰 수 없는 가정을 여전히 찾고 있으며 지금은 케이시와의 관계에서 그것을 찾고 있다는 것이다. 그러나 엠마의 관점에 초점을 두고 그녀의 '귀향'을 읽어내는 버크만의 이러한 읽기는 여전히 깨어진 오이디푸스적 구조를 회복하고 '재생'시키는 풍요의 여신으로서의 엠마의 역할을 강조하는 것으로 결론에 이르고 만다. 그러나 『배신』이 보여주고 있는 그 다른 것은 자신을 대상화 또는 여신화함으로써 배제시키는 오이디푸스적 삼각구조를 유지하고 재생하고자 하는 중재자 또는 여신으로서의 엠마가 아니라 그 구조를 위협하는 존재로서의 엠마의 '가면무도회'(masquerade)인 것이다.

제리는 엠마와 불륜관계를 맺고 있는 동안에 어느날 자기 집 부엌에서(제리는 거기가 자기 집인지 로버트의 집인지 늘 혼돈하지만) 엠마의 딸 샬롯(Charlotte)에게 공중제비돌기를 해준 적이 있다. 제리 아저씨가 자신을 안전하게 다시 잡아줄 것을 기대하며 그 게임을 즐겼던 샬롯과는 달리, 엠마는 그녀를 안전하게 잡아주지 않을 수 있는 제리와 그 게임을 하고 있었던 셈이다. 그러나 더 중요한 차이는 엠마가 그런 기대를 하지 않고 있었다는 점이다. 로버트와 제리 사이에서 불안정적인 위치에 처한 엠마는 사실 이 불안정성을 능동적으로 자신의 욕망과 여성성을 표출할 수 있는, 즉 버틀러(Judith Butler)의 가면무도회를 수행할 수 있는 동인으로 전용하고 있다. 『배신』의 영화 버전(1983)은 시간의 역진행 가운데 엠마 역을 맡은 호지(Patricia Hodge)의 외모와 태도의 변화를 통해 현재와 9년 전 엠마의 모습의 현격한 차이를 잘 보여줌으로써 엠마의 가면무도회를 성공적으로 역전하여 전개시키고 있다. 9장에 해당하는 장면에서 카메라가 포착한 제리에게 유혹당하고 있는 그 '첫 마지막' 시선의 엠마는 한편으로 혼란스럽고 슬픈 낭만적인 분위기를 불러일으키지만, 다른 한편으로는 자신이 맡기로 한 역할을 잘 알고 있는 배우처럼 보인다. 그러나 우리가 엠마를 처음 보았던 것은 이로부터 9년 후 전문직(화랑 경영)에 종사하는 여자의 모습이었다. 이로부터 우리는 시간의 역진행을 통해 홀로서기를 할 수 있는 전문직 여성에서 남편의 절친한 친구로부터 유혹당하는 새댁의 모습으로 역전해가는 엠마의 변화 과정을 보아온 것이다. 이러한 역전 과정을 통해, 우리는 각 장마다 엠마가 다양한 역할들, 즉 아내, 연인, 어머니, 전문직업인 등의 역할들을 바꾸어 가면서 수행하고 있음을 소급하여 의식하게 된다. 그리고 엠마가 삼각관계에서 남성들의 욕망을 반영하여 주어진 역할을 바꾸어 가며 수행하고 있는 것으로 보이는 순차적 과정을 역전시킴으로써, 이러한 역전의 극적 진행은 그 이면에서 일어나고 있는 엠마의 가면무도회를 효과적으로 드러내 보일 수가 있다.

엠마는 주어진 역할을 수동적으로 연기하고 있는 것처럼 보일 수 있지만, 실은 다양한 역할들을 바꾸며 능동적으로 연기하는 가면무도회를 수행함으로써 '여성-되기'를 시도하고 있는 것이다. 버틀러는 여성의 역할 수행을 여성성의 표출로 보는 라캉(Jacques Lacan)과 리비에르(Joan Riviere)의 견해를 전용하여 가면무도회의 이중적 기능을 설명한다. 그녀는 가면무도회가 진정한 여성성을 감추는 동시에 정통한 것으로 간주되는 여성성에 대하여 의문을 제기하여 이를 전복함으로써 다른 여성성을 추구하여 생산하게 하는 기능을 가진다고 본다(50). 엠마의 다양한 역할 수행은 바로 이러한 이중적 개념의 가면무도회로 설명될 수 있다. 다시 말해, 엠마는 남자들 사이의 오이디푸스적 경쟁을 중재하는 욕망의 대상으로서의 그녀의 다양한 역할들을 연기하는 동시에 그녀에게 부과되는 역할에 의문을 제기하고 전복시켜 능동적으로 여성성을 표출할 수 있는 가면무도회를 수행하고 있는 것이다. 바로 이러한 엠마의 가면무도회가 남성의 오이디푸스적 욕망을 좌절시키고 배신하는 위협적인 전복성을 행사하는 동인이 된다. 루스에 대한 에슬린(Martin Esslin)의 평가처럼, 많은 비평가들은 엠마 역시 남성적 욕망의 수동적인 대상인 창녀로 보고자 한다. 그러나『배신』의 메타영화적 구조에 의한 편집과 촬영적 기법은 가면무도회의 공연성을 효과적으로 표출하여 타자로서의 남성들의 욕망을 반영하면서 다양한 역할들을 연기함과 동시에 이들을 전복함으로써 능동적으로 여성-되기를 시도하는 엠마의 모습을 드러내 보이고 있다.

5

『배신』은 등장인물뿐 아니라 관객도 가기(Silvio Gaggi)가 말하는 일종의 '정보게임', 즉 안다는 것을 아는 것에 대한 경쟁에 참여시킨다(505). 『배신』에서는 등장인물들 사이의 의사소통과 언어의 부적절성이 문제가 되지 않으며, 오히려 그들은 서로를 적나라하게 보고 있으며, 그래서 자신들을 감추기 위해 정보게임을 하고 있는 것이다. 이 게임에서는 상호간의 묵시적 동의에 의하여 또는 의사소통의 실패를 가장하는 방식으로 상호간에 보호 장벽을 세울 수 있거나 또는 성공적으로 정보를 비밀로 유지할 수 있는 사람이 결국 이길 수 있다. 스토파드 극에서처럼 단순히 시간을 보내기 위한 게임과는 달리, 이 게임에서 이긴다는 것은 복잡한 사회적 관계에서 우위를 점하거나 그 우위를 유지하는 것을 뜻한다. 따라서 정보게임에서 이기는 자는 상대에게 자신이 보일 것 같은 또는 알려질 것 같은 불리한 가능성을 막기 위해 정보를 제한하고 혼란스럽게 만들어 그 상대를 불확실성의 상태에 있게 함으로써 우위를 유지할 수 있는 사람이다. 가기는 등장인물 중에 이러한 게임에 가장 능한 인물로 로버트를 지적한다. 무엇인가를 안다는 것은 불확실성을 해결한다는 것이다. 따라서 불확실성이 이미 존재해야만 안다는 것이 성립할 수 있는 것이다. 로버트는 불확실성을 유지하거나 또는 확대시키는 데 상당히 능한 편이다. 마지막 장면에서 제리와 엠마 사이에 일어난 일을 그가 이미 알고 있다는 것을 드러내지 않은 채 상대방을 혼란스럽게 만드는 그의 대답과 그의 시선은 그가 아주 게임에 능한 선수임을 말해준다. 그러나 사실 로버트보다도 더 자신을 드러내지 않고 이 게임에 능한 사람은 엠마라고 말할 수 있다. 그리고 상대방의 안다는 것에 대한 오이디푸스적 욕망을 유지시키는 동시에 좌절시키는 데 능한 엠마의 욕망이 바로 『배신』을, 연극이라는 매체를 작동시키는 동인인 것이다.

1장(1977년 봄)에서 엠마는 로버트, 제리 그리고 그녀가 이루는 삼각구조의 배신 관계가 이미 끝난 시점에서 다시 제리를 찾아온다. 물론 엠마가 찾아온 것은 2년 전에 끝난 그들의 관계를 다시 시작하려는 것은 아니다. 하지만 버크만의 지적대로, 이러한 시차에도 불구하고 그들의 만남은 아직 그 삼각구조에 관계되는 인물들이 상호간의 배신의 복합적인 얽힘에 사로잡혀 있다는 것을 보여주고 있다. 예컨대, 제리는 현재 엠마가 만나고 있는 자신이 발굴한 신진 작가 케이시에게 질투를 느끼고 있음을 감추지 못한다. 그는 또한 전날 밤 엠마가 로버트에게 그들의 관계를 밝힌 것에 매우 당황해한다. 엠마와의 재회에서 케이시에 대한 질투와 로버트와의 관계에 대해 염려하는 제리의 이러한 반응은 삼각구조의 모방적 욕망이 전개하는 드라마에서 엠마의 대상화된 입지를 부각시킨다. 그러나 1장에서 엠마가 제리를 찾은 목적은 정보게임에서 승자는 본인이라는 것을 암시하기 위한 것이라고 볼 수 있다. 그녀는 제리의 옛 연인으로서 역할 수행을 통해 제리가 모르고 있었던 로버트의 배신과 로버트가 그들의 관계를 안다는 사실을 제리에게 알려주고자 그를 다시 찾은 것이다. 즉 그녀는 제리로 하여금 이 시점에서(극의 시작이지만 모든 것이 이미 다 끝난 지금) 그녀로부터 배신당했음을 알게 하고 나아가 그로 하여금 로버트에게서 더 큰 배신(이미 4년 전에 그 관계를 로버트가 알고 있었지만 그가 알고 있다는 사실을 제리에게 숨기고 있었다는 것)을 발견하도록 유도하기 위해 그를 다시 만난 것이다. 이러한 엠마의 유도로 2장(1977년 봄)에서 로버트를 만난 제리는 로버트에게서 철저한 배신감을 느낀다. 제리는 로버트가 지금 그 배신을 알고 있다는 사실보다 로버트가 그 사실을 이미 알고 있었다는 사실을 자신이 모르고 있었다는 데서 오는 시차에 의한 배신을 더 큰 배신으로 여긴다. 순차적인 시간 진행상 결말로 제시된 케이시를 공동의 적으로 한 로버트와 제리의 표면적 결속은 이들에 대한 엠마의 우위성을 역설적으로 보여주고 있다.

3장(1975 겨울)에서 제리와 엠마는 7년간의 관계를 끝내기로 결정한다. 제리는 서로 가정이 있다는 사실 그리고 로버트가 그의 절친한 친구라는 사실을 엠마에게 상기시킴으로써 가정의 오이디푸스적 구조 밖으로 엠마를 배제시킨다. 그녀에게 정부/창녀의 역할을 우회적으로 부과하는 제리에게 엠마는 그들이 정을 통한 그 집이 물론 가정이 아니고 간통의 장소였을 뿐임을 직설적으로 말함으로써 그를 당황시킨다. 그리고 엠마는 당당하게 그에게 그 장소를 치우라고 말하면서, 그들의 결정이 옳은 결정임을 확인시키며, 그를 두고 떠난다(그러나 영화에서는 엠마가 그 집을 나와 차에서 울고 있는 장면을 카메라가 잡고 있음). 다시 말해, 버림받는 정부/창녀의 역할을 수행하는 엠마는 그들의 관계를 오이디푸스적 구조의 가정과 연관하여 규정하려고 하는 제리에게 그 관계는 오이디푸스적 시간과 공간의 배신이었음을 분명하게 드러내 보이고 있다. 사실 핀터 극에서 시간의 문제는 '젠더 특유'의 문제와 밀접하게 연결되어 있음이 지적되기도 한다(Rayner 493). 『배신』의 시간상 역진행 구조는 우리로 하여금 3장에서의 엠마의 역할 수행을 순차적으로 뒤에 일어난 사건을 다루는 1장에서의 엠마의 역할 수행과 연관하여 파악하도록 만든다. 즉 우리는 시간상 4년 뒤인 1장에서 엠마가 수행한 역할과 연관하여 시간상 앞선 3장에서의 엠마의 행위를 파악하게 된다는 것이다. 다시 말해, 이러한 역진행 방식은 1장의 엠마의 역할 수행의 위협적인 전복성을 보다 강력하게 다시 감지하게 만들고 그러한 강력한 전복성을 통해 과거를 소급하여 보게 만든다는 것이다.

4장(1974년 가을)에서는 엠마의 집에서 세 사람이 모두 있는 가운데 엄마와 아내 그리고 정부의 역할을 동시에 해내고 있는 엠마를 우리는 보게 된다. 엠마가 엄마의 역할을 무대 밖에서 수행하느라 부재하는 동안 로버트와 제리는 남자아이와 여자아이의 비교를 통해 본질적인 성차에 대해 대화를 나눈다. 이 대화 내용은 버크만이 지적한 핀터의 남자들이 어머니에게 갖는 혼돈스러운 감정과 관련하여 이해될 수 있다. 엠마의 등장과 함께 케이시와 그의 소설에 대한 이야기로 화제는 옮아간다. 우리는 이미 1장에서, 시간상으로는 뒤에 일어난 장면에서지만, 케이시와 엠마의 관계에 대한 소문을 알고 있고, 그리고 물론 제리와 엠마의 관계도 알고 있다. 이러한 배신에 대한 우리의 앎은 우리로 하여금 로버트, 제리, 그리고 케이시 사이의 오이디푸스적 경쟁 관계와 함께 이들에 대한 엠마의 태도에 관심을 가지도록 유도한다. 이 시점에서 엠마는 케이시와 그의 소설에 대해 호감을 갖고 있지 않지만, 1장에서 그에게 적대감을 보였던 제리는 상당한 호감을 보이고 있다. 이들의 대화가 『배신』에서 반복하여 사용되는 모티프인 스쿼시 게임으로 옮아간다. 핀터가 자주 사용하는 스쿼시 게임 모티프는 남자들 사이의 경쟁과 유대관계를 표현하는 것으로, 여기서는 '상호간의 배신이 갖는 게임적인 성격'을 전경화하는 데 사용되고 있다 (Diamond 202). 엠마가 철저히 남성들만의 의식인 스쿼시 게임에 끼어들겠다고 하자, 로버트는 엠마에게 일종의 언어적 공격이라고 말할 수 있을 정도로 강력하게 거부한다. 엠마를 두고 벌이는 로버트, 제리 그리고 케이시의 경쟁 게임을 이미 알고 있는 우리는 현재 케이시를 스쿼시 파트너로 하고 있는 로버트가 그의 스쿼시 게임의 상대들(동시에 엠마의 정부들)과 함께 엠마를 공유하고 있음을 간파할 수 있다. 제리가 떠난 뒤 남편 로버트의 어깨에 기대어 우는 엠마의 행동은 우리를 당황하게 만든다. 그리고 다정하게 안아주는 로버트는 엠마의 울음을 어떻게 해석하고 있는가에 대해서도 우리는 잘 알 수가 없다. 이러한 불확실성 속에 우리를 남겨둔 채 그 다음 장면은 1년 전으로 다시 거슬러 올라간다.

『배신』의 중간 부분인 5장(1973년 여름)에서 제리와 엠마의 배신이 확증된다. 그리고 6장과 7장은 이후의 에피소드들을 시간상 순차적으로 다루고 있다. 휴가지 베니스를 무대로 5장에서 엠마와 제리의 배신은 감춰져 있어야 할 편지가 눈에 띄게 되는 전통적인 수법에 의해 밝혀진다. 제리와 엠마 사이에 대한 본인의 의심을 간접적으로 암시하는 로버트에게 엠마는 간단히 "우리는 연인 사이예요."라고 말한다(84). 눈치를 채고 있었다는 로버트의 말에 '언제'였냐고 엠마는 묻는다. 제리의 편지를 본 어제라고 로버트는 말하지만 우리는 시차의 배신을 여러 번 경험했기 때문에 이 말에 대한 신뢰를 유보하게 된다. '어디'에서 그리고 '얼마 동안' 만났느냐는 로버트의 심문에 엠마는 간단하고도 분명한 사실들로 대답한다. 이러한 일련의 심문을 통해 제리와의 관계를 그리고 네드(Ned)의 친부가 자신임을 확인한 로버트는 엠마의 배신이 그에게 큰 의미가 없다는 것을 시사함으로써 그녀에게 일격을 가한다. "나는 항상 제리를 좋아했어. 솔직히 말한다면, 나는 당신보다 오히려 그를 항상 더 좋아했어. 아마도 내가 그와 관계를 가졌어야 했는지도 몰라." 하고 로버트는 말한다(87). 로버트의 이 말은 그와 제리 사이의 은밀한 동성애적 요인을 암시하고 있다고 지적되기도 한다(Gaggi 509). 로버트의 이러한 말은 엠마를 스쿼시 게임에 참여시키지 않는 것처럼 그녀를 그들의 오이디푸스적 경쟁 게임의 전리품으로만 삼을 뿐 그 게임에 참가를 허용하지 않는다는 것을 암시한다. 그러나 우리는 엠마가 이들의 게임을 이용하며 가면무도회를 수행하고 있음을 이미 알고 있는 미래의 사실들을 참조하여 감지할 수 있다. 따라서 오쟁이 진 로버트가 엠마를 대상화시켜 그 게임으로부터 철저히 배제함으로써 응징하고자 하지만, 그 어느 누구보다도 그 게임의 원리를 잘 알고 있는 엠마의 당당한 태도는 단순히 로버트의 응징을 수동적으로 받아들이지 않을 것임을 시사한다.

6장(1973년 여름)은 베니스에서 돌아온 엠마가 제리와 세를 얻은 집에서 만나는 장면이다. 『배신』에서 앞 장면과 시간상 순차적으로 배열되는 장면은 2장과 6, 7장뿐이다. 이 장면들이 갖는 공통점은 앞 장면인 1장과 5장에서 엠마가 제리와 로버트에게 각각 그들에 대한 배신을 밝히고 나서 이어지는 장면들이라는 점이다. 특히 2장과 7장은 제리와 로버트가 각각 엠마의 배신을 확인하고서 서로 만나는 장면들이다. 6장에서 엠마는 로버트에게 그들의 관계를 말했다는 것을 제리에게 밝히지 않는다. 그 대신 그녀는 2년 후에는 단순히 섹스를 위한 장소로 여겨지는 그곳을 '우리 집'(98)으로 만들기 위해 베니스에서 사온 식탁보를 가져다 깔고 점심을 준비하는 등, 연인이자 아내의 역할을 수행하고 있다. 반면에 제리는 엠마에게 그녀가 보낸 편지를 어디다 둔지 몰라서 당황했던 이야기 그리고 몇 달 전 그녀와 시간을 보내다 늦게 들어간 저녁에 아내 주디스(Judith)에게 둘러댔던 핑계가 어긋나 그가 당황했던 이야기를 한다. 그러나 실제 일어나지 않은 일로 당황하는 제리와는 달리, 엠마는 그에게 토첼로에 가지 않았던 이유를 파업으로 둘러대고, 그의 편지를 로버트가 발견했던 사실에 대해서 말하지 않는다. 여기서 우리는 로버트에게 발각된 이후의 제리와의 만남이라 당황하고 불안해하는 엠마의 모습을 기대하지만, 그 상황에서 제리의 '요리를 준비하고 시중을 드는' 아내(98), 정부 역할을 하고 있는 그녀를 보면서 그녀가 가면무도회를 수행하고 있음을 보다 분명하게 감지하게 된다.

7장(1973년 여름)에서 로버트와 제리의 만남은 버크만이 지적한 대로 옛 신과 새로운 신 관계로서 로버트와 제리 사이가 전복되고 있음을 시사한다. 오이디푸스적 경쟁관계로 두 사람 관계를 본다면, 로버트가 제리에게 패배감을 느낀다고 볼 수 있다. 로버트는 현대문학을 싫어한다는 것 그리고 문학작품과 작가에 대한 그의 분별력이 제리와 엠마보다 뒤떨어진다는 것을 인정한다. 이러한 로버트의 모습은 『귀향』에서 루스의 남편 테디(Teddy)를 연상시킨다. '지적인 평정의 가면'을 쓴 인물이라고 여겨지는 테디처럼 로버트는 평정한 태도를 취하려고 애쓰지만, 그는 오이디푸스적 경쟁에서 패자가 됨으로써 오히려 엠마를 주체로 볼 수 있는 계기를 갖게 된다고 볼 수도 있다(Ganz 148). 사실 로버트는 은연중에 작품에 대한 비평적 관점과 취향은 '엠마의 세계'에 속하는 것임을 인정하고 있으며(117),

엠마를 철저히 대상화하여 응징하려고 한 것 역시 그가 엠마의 주체성을 역설적으로 인정하고 있다는 것으로 해석할 수 있다. 7장의 끝 장면에서 로버트가 제리를 집으로 초대할 때, 우리는 앞 4장의 끝 부분으로 다시 돌아가 알 수 없었던 엠마가 흘린 눈물의 의미를 다시 생각해보게 된다. 로버트가 제리를 집('엠마의 세계')에 초대한 것은 어떤 의미에서는 엠마의 욕망을 반영한 로버트의 행동이라고 볼 수 있다. 일어난 일에 대하여 혼돈된 기억을 가지고 있는 제리는 엠마와 로버트와의 만남에 있어서도 그의 관심은 늘 다른 곳에 있음을 보여준다. 7장의 끝 장면에서 플래시백을 하여 앞 장면으로(그러나 시간상으로는 뒤로) 돌아가 보면, 엠마의 눈물의 의미와 로버트와의 포옹의 의미를 다시 부여할 수 있다. 엠마는 스쿼시 게임에 그녀가 끼는 것을 반대한 것은 로버트이지만, 실은 제리가 더 철저하게 그녀를 배제하고 있음을 감지한다. 이에 대한 엠마의 슬픔과 이를 이해하는 로버트에 대한 호의의 표시로 눈물과 포옹의 의미를 7장 끝에 이르러 소급하여 읽어낼 수 있다.

8장(1971년 여름)에서 엠마는 주디스가 제리를 배신할 수 있는 가능성에 대해 언급하지만, 제리는 절대로 그럴 수 없다고 단정한다. 제리는 주디스가 그를 사랑하기 때문에 그를 배신할 수 없다고 확신하고 있다. 이처럼 자기중심적인 남성적 시각을 가진 제리에게 엠마는 '그의 삶을 바꾸는 것'을 생각해본 적이 있느냐고 묻는다(127). 그녀의 이러한 제의는 남자들이 벌이는 게임에 대한 그녀의 유일한 개입의 시도로 볼 수 있다. 물론 제리는 그녀의 제안을 거절했고, 이후 그녀는 그들의 관계가 끝날 때까지 가면무도회를 잘 수행했음을 우리는 이미 알고 있다. 이 장은 엠마가 로버트의 아이를 임신했음을 제리에게 알리는 것으로 끝난다. 엠마가 그녀를 중심으로 자신의 삶을 바꿀 의향이 없는 제리에게 그가 아닌 다른 남자의 아이를 가졌다는 것을 알리는 것은 제리에 대한 배신인 동시에 그에 대한 반격으로 볼 수 있다.

『배신』의 마지막 장인 9장(1968년 겨울)은 라캉의 정신분석의 패러다임에서 왕/왕비/장관으로 구성되는 제1의 장면을 상기시킨다. 이 장면은 대체로 '의식적인 오이디푸스적 도전'으로 간주되고 있다(Gaggi 514). 즉 이 장면은 제리가 오이디푸스적 경쟁 게임에 도전하고 로버트가 이를 수락한다는 것을 시사하고 있다는 것이다. 에슬린을 비롯하여 대부분의 비평가들은 침실에 엠마와 제리가 함께 있는 장면을 목격한 로버트가 이를 대수롭지 않게 생각할 것이라고 본다(Esslin 207). 그러나 이 장면을 라캉의 정신분석의 패러다임을 설명하는 제1의 장면과 비교하여 분석해보면, 그러한 견해는 너무 단순한 해석이라는 것을 알 수 있다. 제1의 장면의 구성을 위해 로버트는 왕의 위치에 처하게 되고, 제리는 라캉이 「도난당한 편지」에서 읽어낸 정신분석의 우화에서는 배제된 편지의 발신자인 동시에 그 편지를 훔치는 장관의 위치에 처하게 된다. 제리(편지의 발신자인 동시에 장관)는 로버트(왕)가 부재한 틈을 노려 엠마(왕비)의 내실에서 엠마(왕비)를 유혹하고, 즉 그녀의 여성성(왕비의 편지)을 훔칠 기회를 노리고 있다. 이때 로버트(왕)가 들어오자, 제리(장관)는 자신과 로버트 사이의 친구(충성) 관계를 내세워 슬쩍 위기를 모면하며, 다시 로버트(왕)의 부재를 이용하여 엠마를 유혹한다. 따라서 이 장면은 완벽하게 제1장면을 구성하도록 짜여졌다고 볼 수 있다. 그리고 지금까지 역진행의 보기를 통해 이 첫 장면에서 이미 로버트와 엠마는 제리가 야기한 이러한 구조적 관계에서 자신들이 맡은 역할을 의식하고 연기하고 있음을, 그리고 제리는 그들이 그것을 알고 있음을 모르고 자신이 그들을 모두 속이고 있다고 생각하고 있음을 보게 된다. 다시 말해, 로버트는 제리와 엠마 사이를 알지만 모르는 척하는 눈먼 왕의 역할을, 엠마 역시 제리와 로버트 사이의 게임을 알지만 모르는 척하는 왕비의 역할을 연기하기 시작했다는 것이다. 제리는 모든 것을 볼 수 있는 상징계에 있다고 생각하지만 실은 눈먼 왕 그리고 무엇보다도 배신당한 왕 역할이 맡겨진 것을 모르고 있었다는 것이다. 따라서 마지막 장면은 제1의 장면인 동시에 그 장면의 구조를 의식한 등장인물들의 역할 수행을 통해 그 장면의 전복의 시작을 또한 암시하고 있다고 볼 수 있다.

제리가 엠마에게 "당신은 너무 아름답소. 나를 쳐다보는 당신의 눈길을 좀 봐."(136)라는 사랑의 고백은 상상계에 갇힌 그의 나르시시즘적인 성향을 드러내 보인다. 즉 그가 엠마에게 끌린 것은 그 자신의 나르시시즘적인 욕망에서 비롯된 것이다. 제리가 원하는 것은 사실 엠마를 소유하는 것이 아니다. 그의 친구 로버트와 엠마의 결혼식에 신랑들러리였던 제리는 웨딩드레스를 입은 그녀를 결혼식에서 로버트에게 인도하기 전에 '취했어야', '더럽혔어야' 했다고, 즉 훔쳤어야 했다고 말한다(135). 사실 제리가 원하는 것은 엠마를 취하고 더럽혀 넘겨줌으로써 로버트보다 우위를 점하는 것 또는 그녀를 공유하는 것이다. 그러나 이 장면에서 제리를 바라보는 그리고 이 장면에서 눈먼 왕의 역할을 기꺼이 수행하고 있는 로버트를 바라보는 엠마의 모호한 '첫 마지막' 시선은 제리의 관심과 그리고 그녀를 두고 벌이는 로버트와 제리 사이의 암묵적인 공모를 간파하고 있음을 시사한다. 베케트가 말했듯이, 엠마의 시선은 모든 것이 끝난 극의 마지막인 지금 우리의 가슴을 아프게 한다. 그러나 동시에 다시 장면의 배열을 거슬러 올라가 남자들 사이의 암묵적인 공모와 게임에 대한 그녀의 도전과 전복의 과정을 다시 시작하도록 우리를 유도하고 있다.

6

'배신'을 다루고 있는 것처럼 보이는 스핑크스의 소설을 다 읽고 난 뒤에 그 소설이 진정 무엇을 다루고 있는가를 말해주겠다고 한 엠마처럼 이제 우리는 『배신』을 다 보고 난 뒤, 시간의 역전을 시도한 『배신』을 통해 핀터가 보여주고자 한 다른 '그것'이 무엇인지를 대답해야 할 때가 되었다. 엠마의 입지에서 핀터가 보여주고자 한 것을 말한다면, 남성들의 오이디푸스적 욕망에 의한 연극이라는 매체의 메커니즘의 작동과 그것에 대한 심문과 전복의 시도라고 말할 수 있다. 그리고 이를 위해 그가 엠마의 가면무도회, 즉 성정치성의 전복성을 전용하고 있다고 말할 수 있다. 이러한 관점에서, 『배신』에 대한 읽기를 간단히 요약한다면, 핀터는 기존의 극적 시간을 배신하는 동인을 발견했고, 이를 활용한 극의 구조화를 위해 영화적 기법을 전용하게 되었으며, 그리고 이러한 영화적 기법을 통해 그가 또 발견한 것은 기존 연극의 메커니즘을 위협하는 여성의 시선과 욕망, 즉 성정치성의 전복성이었다는 것이다. 따라서 기존 연극의 메커니즘을 작동하는 동시에 이를 배반하는 성정치성의 전복성을 전용하여 구조화한 『배신』은 핀터의 주요 관심사인 연극이라는 매체와 성정치성의 관계를 본격적으로 다루고 있는 작품으로 평가될 수 있다.

참고문헌

정문영. 『현대 비평이론과 연극: 정신분석, 페미니즘, 현대 연극』. 서울: 도서출판 동인, 2005.

Burkman, Katherine H. "Harold Pinter's 'Betrayal': Life Before Death-and After." *Theatre Journal* 34.4 (1982): 505-18.

Burkman, Katherine H., and John L. Kundert-Gibbs, eds. *Pinter at Sixty.* Bloomington and Minneapolis: Indiana UP, 1993.

Butler, Judith. *Gender Trouble: Feminism and the Subversion of Identity*. New York & London: Routledge, 1990.

Diamond, Elin. *Pinter's Comic Play*. Lewisburg: Bucknell UP, 1985.

Esslin, Martin. *Pinter the Playwright.* London: Methuen, 1984.

_______. *The Theatre of the Absurd.* New York: Doubleday, 1961.

Fehsenfeld, Martha. ""That first last look..."" Burkman and Kundert-Gibbs. 125-28.

Frazer, James George. *The Golden Bough.* New York: Macmillan, 1951.

Gaggi, Silvio. "Pinter's *Betrayal*: Problems of Language or Grand Metatheatre?" *Theatre Journal* 33.4 (1981): 502-16.

Ganz, Arthur. *Pinter: A Collection of Critical Essays*. Englewood Cliffs: Prentice-Hall, 1972.

Lacan, Jacques. *Écrits,* Paris: Édition de Seuil, 1966.

Nichols, Peter. *Modernisms: A Literary Guide.* London: Macmillan, 1995.

Pinter, Harold. *Plays: One with an introduction, "Writing for the Theatre."* London: Eyre Methuen, 1976.

_______. *Betrayal*. New York: Grove Weindefeld, 1978.

_______. *Other Places: A Kind of Alaska, Victoria Station, Family Voices*. New York: Grove P, 1983.

Rayner, Alice. "Harold Pinter: Narrative and Presence." *Theatre Journal* 40.4(1988): 482-97.

Regal, Martin S. *Harold Pinter: A Questioning of Timing*. London: Macmillan,

1995.

Roof, Judith. "The Betrayal of Facts: Pinter and Duras beyond Adaptation." Burkman and Kundert-Gibbs. 79-89.

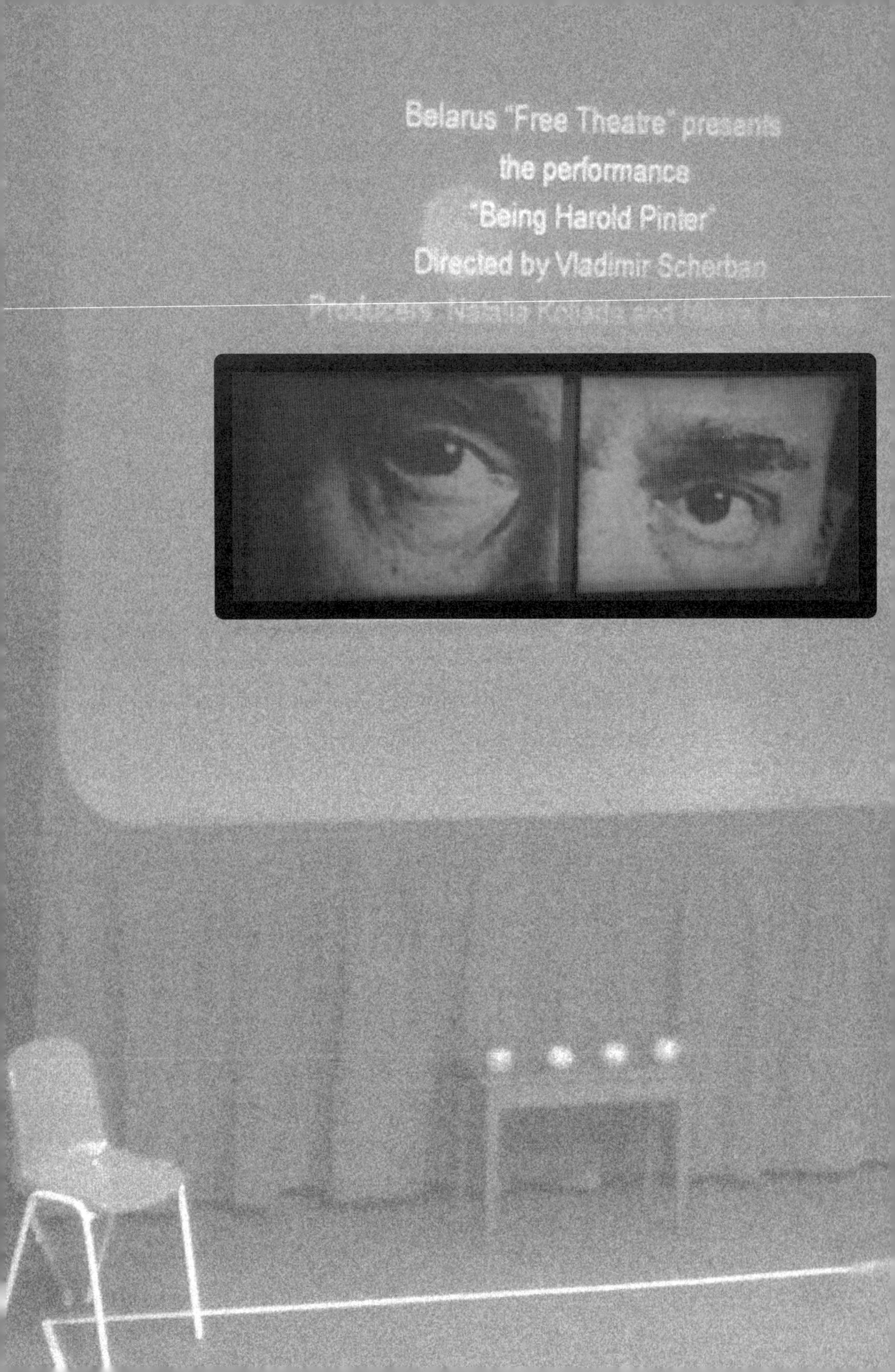
Belarus "Free Theatre" presents
the performance
"Being Harold Pinter"
Directed by Vladimir Scherban

제 4 부

'명백한' 정치성과 성정치성

제4부에서는 핀터가 본격적인 정치극을 쓰기에 앞서 쓴
그의 전환기적인 작품들과 그의 본격적인 '명백한' 정치극들을 통해,
그의 "'명백한' 정치성과 성정치성'을 다룬다.
7장은 『타지들』의 『일종의 알래스카』, 『빅토리아 역』, 『가족의 목소리들』을
'소수'들, 즉 오이디푸스화를 거부하는 노마드적 주체들의 탈영토화,
즉 탈주를 다루는 세 작품들로 읽는다. 특히 『일종의 알래스카』에서
핀터의 성정치성의 깨어남이 오이디푸스적 공간에서
몽유 상태에 있던 그의 정치성의 깨어남을 유도했다는 것을 주장한다.
8장은 핀터의 명백한 정치극, 『마지막 한 잔』과 『산악 언어』를
그가 더 이상 쓰지 않겠다고 선언한 오이디푸스적 극에서 그동안
끊임없이 극화해온 여성혐오주의적 성정치성에 대하여 스스로 문제를
제기하고 있는 극들로 읽는다. 이러한 읽기를 통해
핀터의 정치성과 성정치성의 긴밀한 상호관계성을 확인하며,
그의 정치극은 바로 이러한 상호관계성에 기초하고 있음을 주장한다.

제 7 장

『타지들』—『일종의 알래스카』, 『빅토리아 역』, 『가족의 목소리들』

1

전반적으로 현대 연극에 대한 기본적인 이해와 논의는 오이디푸스의 담론을 벗어나지 못하고 있고, 그것으로부터 벗어나고자 하는 시도의 논의도 재-오이디푸스화로 귀결되는 경향을 보인다. 핀터 극에 대한 비평적 담론 역시 이러한 추세를 벗어나지 못하고 있다. 그러나 극작가로서뿐 아니라 배우, 연출가, 그리고 TV나 영화대본작가 등 다양한 역할을 수행하면서, '핀터특유의' 작품세계를 구축해온 핀터는 일종의 수행성을 통해 자신의 극작품에 오이디푸스 내에 고착되는 대신 그 영토의 안과 밖을 넘나들게 하는 동인을 제공해왔다. 다시 말해, 그의 극은 오이디푸스의 영토화와 탈영토화 과정을 모두 보여주고 있다고 말할 수 있다. 따라서 이러한 특성을 지니는 핀터의 작품세계에 대한 비평 역시 기존의 오이디푸스적 담론의 틀을 벗어나 그 틀을 넘나들 수 있는 담론을 지향해야 할 것이다.

1980년대 이후 현대 연극 비평계에서도 소위 포스트구조주의적인 경향을 수용하면서 현대 연극에 대한 기존 시각을 수정 또는 변화시키려는 시도들이 활발히 전개되고 있다. 그러나 기존 정전비평의 위력은 새로운 시각을 여전히 억압하고 있으며, 핀터비평 역시 부조리극이라는 전통을 수립한 에슬린(Martin Esslin)을 중심으로 구축된 현대연극비평의 정전의 영향권을 크게 벗어나지 못하고 있다. 특히 80년대 중반 핀터가 정치적 관심을 공언했음에도 불구하고, 기존 핀터의 정전비평은 여전히 그의 정치성을 부조리성으로 읽어내는 억압적인 권력을 행사해 왔다. 그러나 핀터는 『마지막 한 잔』(*One for the Road*, 1986), 『바로 그대로』(*Precisely*, 1985), 『산악 언어』(*Mountain Language*, 1988) 등, 일련의 명백한 정치극을 통해서 마침내 그의 정치성을 명백하게 드러내기에 이르렀다. 그리고 이에 앞서 그는 『일종의 알래스카』(*A Kind of Alaska*, 1982)를 통해 성정치성 역시 전경화하기에 이르렀다. 따라서 이와 같이 정치성과 성정치성이 전경화되는 핀터 극의 새로운 관심과 방향을 읽어낼 수 있는 새로운 보기 방법이, 특히 기존의 주도적 비평의 시각을 견제하고 저항할 수 있는 방법이 모색되어야 할 상황에 이르게 되었다. 다시 말해, 핀터의 새로운 전환을 맞아, 변화를 읽어내고 또한 이러한 변화를 통해 전반적인 핀터 작품들에 대한 새로운 읽기를 시도할 수 있는 보기 방법이 절실하게 필요한 상황에 이르렀다는 것이다.

80년대 핀터 극의 새로운 전환기는 억압된 성정치성의 깨어남으로 시작된다고 볼 수 있다. 앞서 언급했듯이, 핀터는 본격적인 정치극을 쓰기에 앞서 『일종의 알래스카』를 발표했고, 『빅토리아 역』(*Victoria Station*, 1982), 그리고 『가족의 목소리들』(*Family Voices*, 1981)과 함께 묶어 『타지들』(*Other Places*, 1982)이라는 제목으로 출판했다. 데보라(Deborah)를 비롯하여 『타지들』의 주인공들은 오이디푸스로부터의 소외 때문에 고뇌하고 갈등하는 것이 아니라 오이디푸스화를 더 이상 견딜 수 없기 때문에 탈주선을 찾고 있는 것이다. 따라서 이러한 탈주하는 등장인물들이 등장하기 시작하는 작품에 대한 적절한 새로운 보기 방법은 정신분석의 오이디푸스를 탈주, 즉 탈영토화하기 위해 '앙띠-오이디푸스'(Anti-Oedipus)를 주장하는 분열분석의 들뢰즈(Gilles Deleuze)와 가타리(Félix Guattari)의 이론을 전용한 방법론에서 찾을 수 있을 것 같다. 사실 『타지들』의 세 작품들은 핀터가 그의 오이디푸스적 환상에서 깨어나 성정치성과 정치성을 의식하게 되는 그의 전환기적인 작품들이다. 따라서 우선 세 작품들에 대한 새로운 보기 방법에 의한 읽기를 통해 핀터의 본격적인 정치극뿐 아니라 핀터의 전반적인 작품세계를 새롭게 조망하기 위한 전초적인 작업을 시도할 필요가 있다.

2

사실 핀터는 처음부터 자신이 속한 공간을 벗어나 '타지'로 이동하고자 하는 욕망과 그 공간에 귀속하려는 '귀향'의 욕망이 서로 상충하는 오이디푸스적 시나리오와 앙띠-오이디푸스적 시나리오가 함께 공연되는 이중적 구조의 작품을 써왔다. 물론 기존의 핀터 비평은 핀터 극에서 오이디푸스적 시나리오만을 읽어내는 데 주력해왔다. 그러나 앞 장에서 이미 살펴보았듯이, 핀터 극의 연극성 또는 공연성은 그 극이 기초하고 있는 것으로 간주되는 오이디푸스적 구조를 전복하는 앙띠-오이디푸스적 시나리오의 전개를 드러내 보인다. 따라서 『타지들』에서 핀터가 부각시키는 앙띠-오이디푸스적 시나리오의 전개는 새로운 것이 아니라 기존 핀터 극에 이미 내재되어 있었던 것이다. 그러나 『타지들』의 새로운 변화는 오이디푸스적 시나리오 전개가 억압해온 성정치성을, 예컨대 오이디푸스적 공간인 '방'에 잠들어 있던 『일종의 알래스카』의 데보라의 깨어남을 전경화시켜 부각시키고 있다는 것이다. 핀터는 80년대 중반 드디어 오이디푸스라는 환상의 꿈에서 깨어나 그의 방이 근접하고 있는 외부 세계를 직면하게 되었다고 고백한다. 그런데 이러한 외부 세계를 핀터로 하여금 직면하도록 유도한 것은 바로 깨어난 데보라, 즉 성정치성에 대한 그의 의식인 것이다. 다시 말해, 깨어나는 데보라의 모습에서 우리는 깨어나는 핀터의 모습을 예견할 수 있듯이, 핀터의 정치성은 성정치성과 밀접한 관계를 가지고 있음을 알 수 있다. 그리고 또한 몽유 상태에 있던 핀터의 정치성은 먼저 깨어난 성정치성에 의하여 깨어나도록 유도되었다는 중요한 사실도 확인할 수 있다. 이러한 견지에서, 핀터의 『타지들』의 읽기는 그의 정치성과 성정치성의 밀접한 연관성을 보다 부각시키는 그의 정치극들에 대한 읽기의 방향을 제시하는 일종의 전환기적 읽기가 될 수 있다.

서구문화의 기초를 이루고 있는 오이디푸스에 대한 들뢰즈와 가타리의 설명을 참조하면, 오이디푸스는 '그 한계[탈영토화된 사회구성체(socius)의 가장자리]를 전위시켜 내면화하며', '자폐적이 되지 않은 성공적인 분열증 환자보다는 신경증환자들의 사회'이며, '견줄 데 없는 집단화의 도구'이고, '유럽인의 본원적인 사적이고 예속된 영토화'로 요약된다(*Anti-Oedipus* 102). 따라서 이러한 오이디푸스의 영토화를 확보하기 위해 가장 긴급한 것은 탈영토화의 위협을 제압하는 것이고, 이를 위해 그 탈영토화의 한계는 오이디푸스로 내면화되어야 한다는 것이다. 들뢰즈와 가타리가 설명하는 탈영토화의 한계를 서구 사회구성체의 내면으로 옮겨오는 이러한 방식은 바로 유럽인의 제국주의 또는 식민주의의 심리적 성향을 잘 드러내 보인다. 이러한 맥락에서 그들은 '오이디푸스의 제국주의'[1]의 의미를 읽어내고 있다. 이러한 제국주의적 성향이 내재되어 있는 유럽인의 영토화의 도구로서 오이디푸스에 대한 그들의 비판은 식민주의 역사에 대한 탈식민주의적 비평의 비판과 그 맥을 같이하며, 이러한 맥락에서 그들이 강조하는 이론의 정치적 혁명성을 이해할 수 있다. 그들에 의하면, 서구제국주의는 오이

1 *Anti-Oedipus*의 제2장 "Psychoanalysis and Familialism"을 참조할 것.

디푸스적 구조 속에 그 구조의 한계를 벗어나는 '타지'를 귀속시킴으로써 타지를 서구 사회구성체에 종속시키려고 해왔다. 이러한 제국주의의 오이디푸스 영토화에 대한 전복으로 그들이 제시하는 오이디푸스의 탈영토화는 탈식민주의 비평 담론이 제시하는 전복적 잠재력의 혁명과 같은 맥락에서 이해될 수 있다. 예컨대, 바바(Homi Bhaba)의 비평에 따르면, 서구인들의 타지, 즉 타자의 장소로의 이동이 '다른 권력을 가진 주체들 사이의 수많은 만남들'을 초래하며 그 결과 '혼합성'(hybridity)을 가져왔고, 그것이 '제3의 장소'의 조건을 조성하며, 거기서는 더 이상 오이디푸스의 한계가 내면화되지 않고, '전위의 정치성'이 발생하여 '개혁'이 가능하다는 것이다 (*The Location* 37).

핀터의 타지에서 일어나고 있는 것이 바로 '제3의 장소'에서의 오이디푸스의 해체이며 전복이라고 볼 수 있다. 바바는 "기억한다는 것은 강렬한 발견과 탈방향화를 의미하지, 결코 내성 또는 회고의 평정한 행위가 아니며, 현재의 외상을 파악하기 위해 절단된 과거를 다시 조립하는 것인 동시에 괴로운 다시 가르기이다."라고 설명한다("Remembering" 121). 핀터의 『타지들』의 주인공들이 제3의 장소로의 이동 과정에서 회상하는 것은 떠나온 장소의 구조에 대한 재발견인 동시에 그 구조의 '탈방향화'(disori-entation)로 볼 수 있다. 버크만(Katherine Burkman) 역시 핀터의 『타지들』에서 '(탈)방향화'의 과정을 드러내 보인다. 이 작품에서 핀터는 우리의 관심을 '사실적인 시간과 공간에 대한 등장인물들이 보여주는 심리적 탈방향화'에 집중하도록 만든다고 버크만은 지적한다("Displacement" 117). 그리고 등장인물들의 방향감 상실을 통해 우리 역시 섬뜩하게도 길을 잃은 것같이 느끼게 되며 또한 동시에 새로운 길을 찾을 수 있게 된다는 것이다. 그러나 버크만은 『귀향』을 중심으로 하여 대부분의 핀터 극을 (집으로의) '도착의 드라마'로 해석하는 그녀의 가족주의적인 관점의 연장선상에서 『타지들』을 읽어내고 있다. 따라서 그녀의 『타지들』 읽기는 '탈방향화'를 지적하지만, 여전히 오이디푸스의 영토화 속에 방향 찾기의 범주를 설정하고 있다. 그러나 오이디푸스로의 재영토화로 귀결되는 버크만의 읽기는 오히려 오이디푸스의 가족주의 이데올로기가 탈영토화의 한계를 오이디푸스 속에 어떻게 내면화시키고 있는가를 들여다 볼 수 있는 틈새를 드러내 보인다. 들뢰즈와 가타리의 분열분석은 바로 그러한 틈새를 통해 앙띠-오이디푸스의 작용을 볼 수 있는 시각을 제공해준다.

3

들뢰즈와 가타리는 정신분석이 오이디푸스적 정체성을 특권화하고 욕망의 자유로운 분출을 아버지의 법에 의한 담론으로 억압한다고 지적함으로써, 정신분석의 반동적인 정치성을 비판하면서, 그들의 혁명적인 분열분석을 주장한다. 그들은 분열증을 수동적인 현실 도피적 증세가 아니라 혁명적인 행위의 모델로 간주하고 무의식적 욕망의 긍정적인 면모로 강조한다. 그들에 따르면, 오이디푸스 공간으로부터의 혁명적인 탈영토화가 성공하려면, 혁명가이지만 현대인의 병을 앓고 있는 분열증환자가 수동적인 자폐증 상태에 머물러 있는 것이 아니라 이를 벗어날 수 있는 성공적인 분열증적 주체가 되어야 한다. 바로 이러한 분열증적인 주체가 될 수 있는 '소수'[오이디푸스화를 거부하는, 역사와 사회에서 배제된 사람들로서의 노마드(nomad), 즉 '정착을 싫어하는 노마드'[2]]가 핀터의 『타지들』에 등장하고 있다. 이러한 소수를 다루는 소수문학에서는 정치와 문학이 밀접하게 연관

---

2 노마드(nomad)란 개념을 철학적으로 처음 사용한 사람은 칸트(Immanuel Kant)이다. 들뢰즈와 가타리가 의미하는 노마드 또는 소수는 속도, 운동, 생성의 집단이다. 즉 노마드는 어떤 고정된 경계를 세우지 않고 언제나 다시 이동하는 집단이기 때문에, 생성 그 자체를 의미할 수 있다고 그들은 말한다.

되어 있고, 따라서 정치성이 소수문학의 가장 중요한 특성이라고 그들은 주장한다.

본격적인 정치극을 쓰기에 앞서 쓴 세 개의 짧은 극들로 이루어진 『타지들』의 주인공들은 모두 '사적이며 예속된 영역'인 오이디푸스의 영역을 떠나서 이동하는 소수, 즉 노마드적인 주체들이라고 할 수 있다. 인간의 주체성과 사회성을 설명하는 오이디푸스의 정신분석적 관점에 대응하는 가타리와 들뢰즈의 분열분석의 '앙띠-오이디푸스' 이론은 핀터의 주인공들의 떠남 또는 도피를 오이디푸스로부터의 탈영토화로 설명할 수 있다. 예컨대, 『일종의 알래스카』에서 일종의 자폐증적인 수면병 상태에 빠져있던 데보라, 『빅토리아 역』에서 가야 할 장소에 대한 관리자(Controller)의 지시를 거부하고 떠도는 택시기사(Driver), 그리고 『가족의 목소리들』에서 어머니의 간절한 기다림과 아버지의 위협에도 불구하고 귀가를 거부하고 낯선 곳으로 떠나와 돌아가지 않는 아들은 모두 오이디푸스로부터의 탈영토화를 시도하는 노마드적 주체들이라고 할 수 있다.

들뢰즈와 가타리에 의하면, 인간을 비롯하여 만물은 상징적 의미로서가 아니라 말 그대로 기계이다. 기계의 본질은 생산에 있고, 생산은 '욕망하는 생산'이다. 기계들은 고립되어 있지 않고, 모두 연결되어 있거나 아니면 짝을 이루고 있다. 기계와 기계의 관계는, 한 기계가 흐름을 내보내고 다른 기계가 그 흐름을 절단시키는 것으로 설명된다. 따라서 기계들 사이에는 이 같은 흐름과 절단이 존재한다는 것이다. 그리고 이러한 과정은 끊임없이 지속된다. 인간 주체는 '욕망하는 기계들 곁에서 잉여물로 생산될' 뿐, 그 주체는 노마드 주체로, 중심에 있지 않다(*Anti-Oedipus* 17). 그 중심은 기계가 차지하고 있으며, 주체는 주변에 있고, 고정된 정체성을 가지고 있지 않으며, 영원히 탈중심화되고, 자신이 지나가는 상태들에 의해 규정된다고 그들은 설명한다. 이러한 주체의 개념은 생성 중인 또는 과정 중인 주체의 개념과 일치한다. 『타지들』의 등장인물들, '신체'가 원하여 잠을 잔 데보라, 운전기사와 관리자, 그리고 집에 돌아오지 않는 아들은 이러한 주체 개념으로 설명될 수 있는 인물들이다. 또한 핀터의 인물들은 들뢰즈와 가타리의 분열증 증세를 보인다. 왜냐하면 그들의 고뇌와 비애는 오이디푸스의 영토화로부터 소외되어서가 아니라 그들을 사방에서 옥죄는 오이디푸스화를 더 이상 견딜 수 없는 데서 오는 것이기 때문이다. 그래서 그들은 '기관 없는 신체'(body without organs)[3]로 도피하여 그 속에 숨고, 자신 속에 틀어박혀 있는 것이다. 다시 말해, 분열증환자로서 이들은 오이디푸스적 조직의 강요에 자폐증과 현실 상실로 반응한다는 것이다. 그런데 분열증환자의 현실 상실은 분열증의 결과가 아니라 오이디푸스화가 강요되는 과정을 중단한 결과라고 보아야 한다는 것이 가타리와 들뢰즈의 주장이다. 따라서 분열증적인 인물들이 고통을 겪는 것은 오이디푸스적 구조가 폭파되어서도 아니고 이와는 반대로 자신이 버리고 떠난 그 모든 것에 그들이 다시 이끌려 오기 때문인 것이다. 그 끌림의 강도가 기관 없는 신체까지 떨어지면, 그것이 바로 자폐증이 되는 것이다.

욕망에 대하여 들뢰즈와 가타리는, 욕망은 '생산'이지 '획득'이 아니라고 주장한다(*Anti-Oedipus* 25). 그들에 의하면, 욕망을 획득으로 정의할 경우 관념론에 빠지게 된다는 것이다. 따라서 그들은 정신분석이 무엇보다도 욕망을 결핍으로 간주한 것, 욕망을 어떤 현실적인 대상의 결여로 규정하

---

3 모든 것을 기계로 보는 들뢰즈와 가타리에 의하면, 기계는 '욕망하는 기계'이며, 끊임없이 생산을 생산하고, 생산된 것(a product)에 생산하기(producing)를 접목시키는 규칙이 기계의 특성이다. 즉 이 욕망하는 기계는 결합(association), 종합(synthesis)의 이항규칙을 따른다. 이 생산된 것과 생산하기의 순간적 일치는 이항적 규칙에 의한 직선적 계열에서 제3의 항목을 구성하게 되며 그것은 어떤 '분화되지 않은 거대한 대상'의 모습을 띤다. 이렇게 되면, 모든 것이 '순간적으로' 정지되고 멈춘다(물론 또다시 모든 것이 시작되겠지만). 여기에서 요구되는 것은 아무런 절단이나 방해 없이 풍만한 신체 위를 흘러가는 '순수한 유체', 즉 입, 혀, 후두, 배, 항문 등이 없는 신체이다. 이 상태에서 각 기관-기계들은 하나의 무형의 신체로 조직되는 고통을 겪는다. 이 '불가해하고도 절대적으로 고정된 정지' 상태의 신체, 아르토(Antonin Artaud)의 용어를 빌려 이것을 '기관 없는 신체'로 들뢰즈와 가타리는 부른다(*Anti-Oedipus* 8).

는 방식을 비판한다. 그들은 욕망에 대한 정신분석의 세 가지 오류로 '결여, 법, 그리고 기표' 등을 열거하지만, 이 세 가지를 결국 하나의 동일한 오류로, 즉 경건한 무의식관을 형성하는 관념론의 오류로 간주한다. 그들에 의하면, 애초 정신분석이 발견한 것은 자유로운 종합의 영역으로서의 생산적인 무의식이었다. 그러나 욕망하는 생산과 사회적 생산[4]과의 상관관계를 직면하게 되자, 즉 사회적 기계가 욕망하는 기계들에 행사하는 억압 및 심적 억압과 사회적 억압의 관계에 직면하자, 정신분석은 애초에 발견한 생산적인 무의식을 상실하게 되었다는 것이다. 이제 무의식은 생산이 아닌 표상으로 '폭군적인 기표'로 넘어가게 된 것이다. 다시 말해, "생산적인 무의식은 오로지 그 자체를 어떻게 표현하는가를 아는, 예컨대 신화, 비극, 꿈속에서 그 자체를 표현할 줄 아는 무의식에게 길을 비켜준 것이다"(*Anti-Oedipus* 24). 이제 무의식은 '본연의 공장, 작업장이 아니라 극장, 무대, 연출'이 되었다(*Anti-Oedipus* 55). 즉 생산적 무의식이 표현적 무의식으로 되었다는 것이다. 이것은 바로 오이디푸스의 관념론으로의 전환이며, 여기에서부터 정신분석이 잘못되기 시작했다는 것이다.

들뢰즈와 가타리에 의하면, 정신분석은 문화를 위하여 인간을 추상적으로, 이데올로기적으로 생산하는 데 집착하고 있으며, 이러한 인간을 생산하고 무한한 전진 혹은 퇴행의 가상적 운동에 하나의 구조를 부과하고 있는데, 그것이 바로 오이디푸스인 것이다. 이러한 오이디푸스가 우리를 지치게 만들며, 없어질 줄 모르고 지금껏 존재하고 있다는 것이다. 죽은 아버지의 내면화에 대한 논의는 이로 인한 사회적 · 심리적 억압과 함께 여전히 계속되고 있다. 신 또는 아버지의 죽음을 희화화하기 위해 '신은 죽었다'고 외침으로써, 보다 진지한 문제로 넘어가길 원했던 니체(F. Nietzsche)가 "이러한 [오이디푸스의] 폭력은 늘 하나의 신앙, 하나의 지주, 하나의 구조

---

4 가타리와 들뢰즈에 의하면, "사회적 생산이란 결정된 조건들하에서 순수하게 그리고 단순히 욕망하는 생산 자체이다"(*Anti-Oedipus* 29).

의 필요성을 드러내 보인다."라고 말한 것을 인용하면서, 오이디푸스는 신앙의 문제, 즉 하나의 신앙적, 이데올로기적인 형태가 되어버렸다고 그들은 지적한다(*Anti-Oedipus* 107 재인용). 정신분석은 우리에게 "너는 오이디푸스로부터 빠져나갈 수 없다. 너는 신경증적 출구와 비신경증적 출구 중 하나를 선택할 수밖에 없다"고 단언함으로써 우리를 오이디푸스 구조 속에 가두고 있다는 것이다(*Anti-Oedipus* 108). 이러한 상황은 핀터의 작품 세계가 소속된 것으로 간주되는 부조리극 전통이 전제로 하는 인간의 실존적 선택 조건과 동일한 것이다.

들뢰즈와 가타리는 인간은 부모라는 좌표를 기준으로 자신의 위치를 정하는 오이디푸스 삼각구조의 가족 속으로 돌아와야 자기의 완전한 자아를 찾을 수 있다는 '정신분석의 가족주의' 논리를 분석하면서, 오이디푸스 가족 이데올로기의 구조와 재생산을 비판한다. 이러한 오이디푸스의 삼각구조화는 무의식이 수행하는 연결, 이접, 접속의 종합을 왜곡시킨다고 그들은 지적한다. 오이디푸스의 삼각구조화를 초래하는 작동방식은 '결여'로서만 설정되는 총체성과 통일성을 상정해야 하고 욕망에 결여를 도입하기 위해 초월적인 보편자가 외삽되어야 하는데, 그것이 바로 정신분석의 남근, 또는 폭군적 기표라는 것이다. 가족을 소우주로 보고 이 소우주는 '표현적' 환경으로 생산이라는 범주를 억누름으로써 소외시키는 힘들, 즉 정치적, 문화적, 인종적인 내용들을 '매개'하고 있다고 본다. 그러나 실제로 정상적인 부르주아 가족의 경우에서도, 아버지와 어머니는 무의식 또는 그 집단의 다양한 동인(주체)을 표상하는 것이 아니라, 파편화된 파편들로 그 동인들과 접촉하고 갈등하게 된다. 따라서 이러한 접촉과 갈등으로 인해 이미 정치적 · 역사적 상황이 전개되고 있으며, 사실 가족은 자율성을 지닌 소우주가 아니고 본성상 주변적이며, 탈중심화되어 있다는 것이다. 달리 말해, 가족은 이미 가족적이지 않은 단절, 간극들로 채워져 있다. 리비도가 투자되는 것은 바로 이 가족외적 간극과 단절들이며, 욕망하는 생산과 접속되어 있는 사회적 생산의 형태들인 것이다. 이러한 맥락에서 들뢰즈와 가타리는 제1차 세계대전이 가족을 가로지르면서 만든 새로운 단절들, 또는 연관들에 대한 프루스트(M. Proust)의 도입 방식에 관심을 보인다. 제1차 세계대전에 의한 가족의 가로지름에 의한 단절을 다루고 있는 핀터의 『일종의 알래스카』에서도 감지할 수 있듯이, 프루스트는 핀터의 극작, 특히 『타지들』의 쓰기에 많은 영향을 준 작가이다. 따라서 들뢰즈와 가타리의 프루스트 읽기는 핀터의 『타지들』 읽기에 많은 시사점을 제공할 수 있다.

간단히 말해, 가타리와 들뢰즈의 정신분석에 대한 비판은 정신분석의 반동적 정치성에 대한 비판이다. 그들에 의하면, 정신분석은 혁명 집단의 잠재력을 끌어내는 것이 아니라 예속 집단을 더욱 공고화시키고 있다는 것이다. 즉 정신분석은 우리로 하여금 전통적인 계약관계를 준수하도록 굴종시키는 '치유'라고 말할 수 있다. 반면에 분열분석은 정치적・사회적 정신분석이며, 전투적인 분석이라고 그들은 주장한다. 전투적인 분석인 분열분석은 사회・정치적 영역에의 리비도 투자의 특성을 분석한다. 이러한 분석을 통해, 정신분석의 욕망이 그 자신의 억압을 어떻게 욕망하게 되는가의 경위를 드러내 보이는 것을 그리고 그것의 혁명적 요소를 지적하는 것을 목표로 삼는다. 그들은 무의식의 투자를 반동적 그리고 혁명적 무의식의 투자로 구별하여, 각각 지배계급과 피지배계급의 이해를 위해 격리적인 독자적 작동과 가로지르기의 파괴적 작동을 하는 투자로 나누어 설명한다. 그들에 의하면, 대부분의 훌륭한 작품들이 보여주는 모호성은 그 작품이 바로 이러한 무의식의 투자의 두 가지 축을 모두 가지고 그 사이에서의 불안정한 움직임을 보여주기 때문인 것이다. 따라서 들뢰즈와 가타리의 분열분석 이론은 무의식의 두 축을, 즉 오이디푸스적 그리고 앙띠-오이디푸스적 구조를 모두 가지고 있는 핀터 극, 특히 『타지들』 읽기에 적절한 보기 방법을 제공해줄 수 있을 것이다.

4

프로이트의 정신분석사례사를 극화한 식수스(Hélène Cixous)의 『도라의 초상』(*Portrait of Dora*)[5]처럼, 『일종의 알래스카』는 기면성뇌염(encephalitis lethargica)환자에 대한 색스(Oliver Sacks)의 분석사례사를 극화한 작품이다. 『타지들』에 실린 세 작품 가운데 유일하게 실제 사례사를 원전으로 한 이 작품에서[6] 우리는 믿기지 않는 스펙타클을 발견하게 된다. 그것은 16세에 갑자기 수면병에 걸려 외부현실과 절연한 채 특이한 수면상태로 29년의 세월을 보내다 엘-도파를 맞고 갑자기 깨어난 40대 중반의 여자 데보라가 보여주는 스펙타클이다. 『일종의 알래스카』가 극화하고 있는 로즈의 사례사를 쓴 색스는 그 스펙타클이 '어둠인지 아니면 빛이 환히 비치는 곳인지, 무(無)인지 또는 꿈의 상태인지' 결코 꿰뚫어 볼 수 없었지만, 핀터는

---

5 식수스의 『도라의 초상』과 핀터의 『일종의 알래스카』를 비교하여 쓴 필자의 졸고 "Portrait of Deborah: *A Kind of Alaska*"(1993)와 「『일종의 알래스카』와 『도라의 초상』: 핀터와 식수스의 정신분석 시각」(1994)을 참조할 것.

6 제1차 세계대전이 끝나갈 무렵인 1916년 말 1917년 초 겨울 몇몇 유럽 도시에서 갑자기 믿기 어려운 신비한 전염병이 생겨나 곧 전 세계에 퍼지게 되었다고 한다. 이 전염병의 증세가 너무 변화무쌍하여(일시적 정신 착란, 광란, 실신, 혼수상태, 수면, 불면, 불안 그리고 파킨슨병 증세 등), 콘스탄틴 폰 에코노모(Constantin von Economo)에 의해서 '천의 머리를 한 히드라'라고 불리다가 기면성뇌염 또는 수면병으로 명명되었다. 1927년 이 전염병은 등창처럼 갑자기 거의 200만 명의 사상자와 300만 명의 생존 환자들을 남기고 사라졌다. 생존자들 가운데 일부는 본래의 건강을 회복했으나 대다수는 '기면성뇌염 후유증'이라는 보다 심각한 증세의 병으로 악화되었다. 가장 심한 경우는 특이한 수면 상태로, 부동, 침묵의 상태로 빠져들게 되었다. 하지만 이 환자들은 여전히 '고도의 정신적 기능들'—기억력, 비교력, 분석력 등—은 가지고 있었다. 마침내 1967년 기적의 약, L-DOPA의 발명으로 일부 생존자들은 다시 깨어나게 되었다. 여전히 우리의 지배 통제를 벗어나는 신비의 병으로 남아 있는 괴이한 수면병은 이제 우리의 기억 속에서도 거의 사라졌다. 색스는 20명의 생존자들의 사례사(13명의 여자와 7명의 남자)를 책으로 출판했다. 핀터 자신은 어느 사례사를 극화한 것인지는 밝히지 않았지만 색스는 에필로그에서 핀터의 『일종의 알래스카』가 그의 로즈의 사례사를 기초로 한 것이라고 지적한다. 색스의 『깨어남』(*Awakenings*, 1982)을 참조할 것.

그것을 극화할 수 있었다고 인정한다(290).

색스의 사례사를 극화한 핀터의 『일종의 알래스카』는 전래동화 『잠자는 미녀』(*Sleeping Beauty*)의 현대판으로 읽힐 수 있다. 왕자가 마법에 걸려 잠자는 미녀를 키스로 깨워 가부장적 낙원의 세계로 데려간다는 전래동화 『잠자는 미녀』는 잠자는 미녀를 여성적 스펙타클의 전형인 침묵과 순결을 지키는 여자로 제시한다. 그리고 그녀는 오이디푸스적 가부장제 사회에서 그런 선행을 한 대가로 왕자와 결혼하는 축복을 받게 된다는 교훈을 전래동화는 전달한다. 그러나 현대판 '잠자는 미녀' 데보라는 마법에 걸려서가 아니라 그녀의 '신체의 법칙'에 의하여 잠이 들었고, 왕자 혼비가 엘-도파를 주입하여 깨워주기를 바라는 수동적인 기다림의 수면 상태가 아니라, 낯선 영역으로 이동하여 혁명적인 탈영토화를 시도하고 있는 상황에 있는 것이다. 기계로서의 그녀의 신체의 법칙에 따라 자는 동안, 데보라는 여러 기관들이 서로 흐름과 절단들로 연결되는 욕망하는 생산을 경험한다고 볼 수 있다. 그녀는 이러한 경험을 좁은 공간에서 갇혀 벗어나기 위해 고통스럽게 춤추는 것과 같은 상태라고 표현한다. 그 경험은 색스의 로즈가 꾸는 일련의 꿈에서 '그녀 자신의 모습과 같은 형태'를 한 성에, 접근할 수 없는 성 안에 갇혀 있는 것 같은 경험, 즉 자신의 내면에 갇혀 있는 수동적인 자폐증 상태의 경험이 아니다(Sacks 69). 그것은 그 좁은 공간으로부터 벗어나고자 하는 춤, 즉 오이디푸스로부터의 탈영토화를 시도하는 노마드적 주체의 경험인 것이다. 리갈(Martin S. Regal) 역시 '작은 공간' 속에 갇혀 있는 데보라에게 일어난 것은 그녀의 '[존재론적인] 흐름'의 단절이라고 하면서, 이러한 흐름이 단절되는 현상은 핀터 극—예컨대 『풍경』(*Landscape*, 1967), 『침묵』(*Silence*, 1968), 그리고 『옛 시절』(*Old Times*, 1970)—의 주요 특징이며, 프루스트의 잃어버린 그리고 다시 찾은 시간의 은유에 상응하는 것으로 본다(124-25). 그러나 데보라가 경험하는 이러한 단절은 개인적인 존재의 흐름만의 단절이 아니라 가족과 사회를 가로지르는 단절로 오이디푸스의 탈영토화를 통해 정치성을, 특히 성정치성의 전복성을 초래하기에 이른다고 볼 수 있다.

색스는 로즈의 이해할 수 없는 스펙타클을 지켜보는 자신을 낯선 '아프리카나 페루로 옮겨간 슬럼가의 아이'에 비유하며 의사와 분석가로서의 당혹감과 무력감을 표현한다(207). "그것[환자들이 보여주는 스펙타클]은 매우 복합적인 광경인데, 일부는 친숙하고, 일부는 괴이하며(uncanny), 햇볕이 비치는 고원들, 헤아릴 수 없는 구렁들, 화산들, 간헐천들, 초원들, 늪지들, 옐로스톤 같은, 원시적이며, 인류 출현 이전의, 거의 선사시대 같은 것, 어느 하나를 중심으로 모두 당장이라도 폭발할 것 같은 광대한 힘을 느끼게 하는 그런 광경이었다."라고 표현한다(231). 『일종의 알래스카』의 혼비 역시 데보라의 깨어나기 이전 모습에 대해, "당신의 정신은 다치지 않았었소. 그것은 단지 일시 정지되어 있었을 뿐, 일시적인 거주지에… 일종의 알래스카에 있었을 뿐이오. 그러나 그것은 전적으로 정적이지는 않았지, 그렇소? 당신은 정말 멀리… 아주 낯선… 영역으로 과감히 떠났소. 당신은 계속 움직이고 있었소."라고 묘사한다(34-35). 이와 같이, 색스와 혼비가 목격한 여성 수면병환자의 스펙타클은 오이디푸스화를 거부한 노마드적 주체가 이주한 '아주 낯선 영역', 즉 타지이며, 바로 들뢰즈와 가타리가 의미하는 광대한 힘을 느낄 수 있는 탈영토화의 광경이라 할 수 있다. 색스/혼비는 로즈/데보라의 낯선 영역으로의 탈주, 탈영토화에 당황하지만, 오이디푸스의 영토화를 위해 탈영토화의 한계, 그 가장자리를 전위시켜 내면화하려는 시도를 하고 있다. 『일종의 알래스카』는 이러한 혼비와 데보라의 대면으로 반동적 그리고 혁명적 무의식의 투자, 영토화와 탈영토화의 두 축과 그 사이의 불안정한 움직임을 보여주는 '사이', '제3의 장소'를 조성하고 있다고 볼 수 있다.

혼비는 '사적인 연극의 연출가'(*Anti-Oedipus* 55)에 비유되는 정신분석가로 환자로 하여금 '사적이고 예속된' 오이디푸스의 전통적인 계약관계를 준수하도록 치유하는 연극을 연출하는 것을 자신의 임무로 여기고 있다. 이러한 전통 연극을 연출하려는 연출가의 기대와는 달리 분열증환자 데보라는 탈영토화를 전개하는 일종의 아방가르드 연극을 공연하고 있다고 볼 수 있다. 이와 같이 『일종의 알래스카』는 이중적인 구조의 연극을 연출하는 혼비와 데보라 사이의 조우로 극이 진행됨으로써 오이디푸스의 영토화와 탈영토화의 한계, 즉 가장자리를 드러내 보이고 있다. 일단 데보라에 대한 혼비의 대응은 데보라의 여동생 폴린(Pauline)과 결혼하여 가족의 일원이 되어 고통받는 '우리'로 오이디푸스의 영토화를 공고히 하는 것이다(34). 사실 외부와의 의사소통을 단절한 자폐증적인 분열증환자와 그 환자를 지켜보는 쪽의 경우, 힘든 쪽은 의사소통을 거부한 쪽이 아니라 거부를 당한 쪽이다. 가타리와 들뢰즈에 의하면, 모든 기계는 고유의 약호들을 가지고 있다. 이 상이한 약호를 가진 기계들이 서로 다른 여러 연결을 따라 흐름들에 서로 연결될 수 있다는 것이다. 따라서 이 다양한 약호들의 연쇄 즉 라캉의 의미화 고리들 속에서 수많은 분열이 발생하며, 의미화의 고리는 하나로 환원될 수 없는 순수한 다의성인 것이다(*Anti-Oedipus* 38). 데보라는 자기가 다른 약호의 언어인 불어를 말하고 있다고 생각하며, 그녀의 말을 혼비가 이해해주길 기대하지 않는 반면, 혼비는 데보라가 깨어나면서부터 자신이 누구인지를 알아주기를 그리고 그의 말에 귀 기울여 주기를 바란다. 혼비는 욕망하는 생산의 기계로서 데보라의 고유의 약호를 자신이 알아들을 수 있는 공인된 아버지의 약호로 환원시키길 강요하지만, 데보라는 그러한 혼비의 요구를 무시하며 자신의 약호로 이야기한다. 그러나 그는 데보라를 오이디푸스의 영토화로 편입시키려는 시도를 포기하려 하지 않으며, 이러한 그의 억압적인 시도는 오히려 앙띠-오이디푸스의 힘의 작용을 드러내 보이는 상황을 초래하게 된다. 이에 혼비는, "당신 떨고 있군요."(27)라고 폴린이 간파하듯이, 두려움을 감출 수 없다.

버크만은 아마도 데보라가 가정이라는 '긴장과 혼돈의 장소'로부터 벗어나기 위해 수면병으로 도피했는지도 모른다고 추측한다("Deborah's Homecoming" 198). 그러나 버크만은 이제 데보라가 오랜 수면에서 깨어나 예전의 자기 집으로 돌아가기를 바라며, 『가족의 목소리들』의 아들(목소리 1) 역시 집을 떠나 낯선 곳에 있는 일시적인 거주지인 하숙집으로 도피했지만 집으로 돌아가기를 바란다고 해석한다. 즉 버크만은 성적인 혼란과 억압의 장소인 집을 떠나온 이들이 자신들의 완전한 자아를 찾기 위하여 귀향해야 하며, 그들 또한 그것을 원하고 있는 것으로 간주한다. 버크만의 완전한 자아란 오이디푸스가 부과하는 자아를 의미하는 것이다. 그러나 모호한 극의 결말에서 혼비와 폴린이 제시하는 가정과 현실을 순순히 인정하는 데보라의 태도를 그녀가 오이디푸스가 부과하는 자아를 그대로 받아들이겠다는 것을 의미하는 것으로 볼 수는 없다. 그것보다는 오히려 당황하는 혼비와의 대면을 통해, 당당한 데보라는 이제 오이디푸스의 영토화와 탈영토화 사이의 불안정한 흐름을 대처하며 새로운 되기를 시도할 수 있는 용기와 여유를 갖게 되었음을 보여주는 결말로 해석할 수 있을 것이다.

데보라가 부모라는 좌표 기준으로 자아를 위치 짓는 오이디푸스 삼각형의 가족 속으로 돌아와야 그녀의 완전한 자아를 찾을 수 있다는 버크만의 논리는 버크만 개인의 낙관적인 가족주의 철학이 투사된 것으로 지적될 수 있다(Merritt 105). 그러나 버크만이 귀향의 드라마로 핀터의 전 작품을 읽어내려는 성향은 가정에 대한 개인적인 낙관주의적 철학보다는 가타리와 들뢰즈가 비판하는 '정신분석의 가족주의'에 근거한 것이라고 볼 수 있다. 들뢰즈와 가타리는 가족은 이미 자율성이 보장된 소우주가 아니라 이미 가족적이지 않은 단절들로 채워져 있는 탈중심화된 영역이다. 소수문학의 대표적인 작가 프루스트의 『잃어버린 시간을 찾아서』가 제1차 세계대전이라는 역사적 사건이 가족을 가로지르면서 초래한 새로운 단절들과 연결들을 보여주고 있듯이, 핀터의 『일종의 알래스카』 역시 제1차 세계대전이라는 세계사적인 사건이 데보라의 가정을 가로지르면서 만들어낸 단절들과 연결들을 드러내 보인다고 말할 수 있다. 앙띠-오이디푸스적인 욕망하는 생산의 질서, 즉 앙띠-오이디푸스 또한 오이디푸스만큼 이미 일찍 시작되었다고 들뢰즈와 가타리는 주장한다. 따라서 데보라의 일견 갑작스러운 외부현실과의 단절은 1차대전이라는 사건이 오이디푸스의 가정을 가로지르면서 만들어낸 단절인 동시에 이미 작동하고 있는 앙띠-오이디푸스적인 욕망하는 생산과 연관된 것이다. 다시 말해, 여성적 성욕과 욕망의 발현을 경험하는 사춘기의 데보라의 외부와의 단절은 무관심한 어머니 그리고 외도를 하고 있는 아버지가 보여주는 가족외적 단절에 이미 투자된 탈영토화의 리비도의 흐름이 만들어낸 단절이기도 하다는 것이다.

일반적으로 페미니스트들은, 예컨대 이리거라이(Luce Irigaray)가 여성성 자체를 남성적 논리로 이론화될 수 없는 공간, 즉 타지로 전제하고 있듯이, 여성은 문화 밖, 즉 오이디푸스의 밖의 공간인 타지에 이미 자리매김 당하고 있다고 본다. 이러한 맥락에서 볼 때, 『일종의 알래스카』에서 데보라의 타지로의 이동은 여성성의 공간으로의 이동이라고 볼 수 있다. 홀(Ann C. Hall)은 핀터의 '일종의 알래스카'를 가부장적 구조에서 여성의 자리매김을 설명하기 위한 은유로 사용하고 있다. 즉 일종의 알래스카를 여성들이 강제적으로 자리매김당한 결빙된 영토의 은유로 사용한다(34). 그러나 일종의 알래스카를 강제적으로 여성들이 자리매김당한 곳이라기보다는 오이디푸스적 구조의 영토를 탈주하여 옮겨간 '일시적인 거주지'라고 보는 것이 더 설득력이 있다. 홀 역시 여성들이 남성들의 기대에 의해 결빙되는 것을 거부한다는 뜻에서, 즉 남성의 욕망을 위한 거울로 변형되어지는 것을 거부한다는 의미에서 알래스카를 여성이 강제적으로 자리매김당한 영토의 은유로 설명하고 있다. 사실, '일종의 알래스카'는 '무엇인가가 일어나고 있는'(5) '결코 전적으로 정적이지는 않은'(35), '수돗물이 새는 소리가 나는 거울의 거대한 홀 안'(39)으로 얼음 궁전 같은 결빙의 정적인 상태는 아님을 알 수 있다. 이와 같은 동적인 공간으로서 데보라의 임시 거주지는 오이디푸스적 구조화를 위협하는 탈영토화의 공간이다. 그리고 이 공간은 이리거라이가 설명한 타지로서의 여성성의 공간으로, 혼비가 꿰뚫어 보고자 갈망했지만, 결코 볼 수도, 알 수도 없는 곳이다. "알지 못한다는 것은 [가부장제에 대하여] 위협적이다."라고 식수스가 말하듯이 (49), 혼비가 데보라를 깨운 것은 그녀가 자신이 알 수 없는 영역에 있다는 사실이 위협적이기 때문이다. 대부분의 페미니스트 관점에서의 핀터 읽기가 핀터의 모호성을 지적하고 있듯이, 홀도 극의 결말에서 데보라의 태도가 가부장적인 오이디푸스화의 욕망에 대한 도전인 동시에 지지를 의미한다고 본다. 그리고 대부분의 경우 그러한 모호성을 핀터 극의 한계로 지적하고 있다. 그러나 분열분석의 시각은 핀터의 모호성이 새로운 생성의 가능성을 일어낼 수 있도록 유도한다고 본다. 홀은 타자의 장소인 '일종의 알래스카'의 어딘가 '벌어진 틈들'(cracks)이 있지만, 텍스트의 모호성이 이를 가리고 있다고 지적한다(90). 그러나 그 모호성이 바로 우리의 시선을 가려져 있는 틈들을 발견할 수 있도록, 즉 탈영토화의 공간으로의 이동 통로가 될 수 있는 단절인 틈을 발견하도록 유도할 수 있다.

핀터의 여성들은 모두 성적 욕망을 가지고 있다. 여성에게 성적 욕망을 부여함으로써 핀터는 남성 등장인물들이나 관객 모두를 불안하게 만든다고 지적받는다. 그러나 이러한 불안함을 가지고 등장인물들과 관객들은 '여성을 객관화하는 가부장적 과정' 즉 오이디푸스적 구조의 주변으로 여성들을 몰아내는 과정을 보도록 유도된다(Hall 56). 이러한 과정을 보여줌으로써 핀터는 오이디푸스적인 구조의 주변으로 밀려난 여성들이 사실은 억압된 성정치성의 전복성을 통해 오이디푸스의 영토화의 한계를 벗어나 탈영토화할 수 있는 높은 가능성을, 즉 탈주하는 잠재력을 가진 인물들임을 시사한다고 말할 수 있다. 달리 말해, 핀터의 텍스트는 여성 인물들을 통해 혁명적인 무의식의 투자를 내포하고 있다는 것이다. 즉 핀터의 여성들은 오이디푸스화를 거부하는 혁명적인 분열증적 주체로서의 소수, 노마드가 된다는 것이다. 따라서 핀터는 『일종의 알래스카』를 통해 억압된 성 정치성의 전복성으로 탈주하는 데보라를 따라 탈주의 선을 추적하는 글쓰기를 새롭게 시작하고 있다고 말할 수 있다(*Dialogues* 43).

5

희극적인 분위기의 짧은 극, 『빅토리아 역』에서 핀터는 런던의 빅토리아 역과 크리스털 궁 사이의 낯익은 공간의 지형적 특성과 거리를 극적으로 활용하고 있다. 따라서 그곳 지리에 익숙한 관객은 야경의 그 친숙한 공간을 머릿속에 그리며, 하나의 무대 위에 조명효과로 구별되어 제시되는 두 개의 공간에 있는 택시기사와 관리자 사이의 정신적 그리고 사회적 위치의 대비를 인식할 수 있다. 다시 말해, 관객에게 친숙한 크리스털 궁의 남쪽 반경에서부터 런던 중심부와 빅토리아 역까지의 야경은 이 두 사람 사이를 나누는 '무정형의 분리'를 명시해줄 수 있다(Knowles 149). 이러한 무정형의 분리 효과는 이 두 공간이 멀리 떨어져 있지만 인접하여 공존하고 있음을 보여준다. 즉 택시기사가 차를 타고 관리자의 통제를 벗어나 이동해가고 있는 '사장된 땅'(no man's land)의 어둡고 텅 빈 공간과 마이크를 앞에 두고 자신의 메시지를 택시기사에게 전달하려고 애쓰는 관리자의 '추운 사무실 공간'이 한 무대 위에서 인접하여 공존하고 있다는 것이다. 따라서 택시기사가 택시로의 가로지르기로 파놉티콘과 같은 감시와 통제시스템인 택시회사사무실을 중심으로 한 낯익은 공간에 단절을 만들어 내며 낯선 공간을 향함에 따라, 이 무대는 이제 단절들로 탈영토화의 한계를 드러내 보이게 된다고 말할 수 있다.

버크만은 『빅토리아 역』을 신화적인 알레고리로 해석하여, 관리자는

'늙은 신/왕', 택시기사는 '새로운 신/왕', 그의 잠든 승객은 '그 자신의 잠재적인 깨어남의 일부'로 설명한다(*The Arrival of Godot* 159). 『귀향』의 루스가 그녀의 미국 가족을 떠났듯이, 택시기사 역시 집에 아내와 아이를 두고 떠났으며, 관리자 역시 "그의 모든 논리, 죽어가는 가치와 신념의 짐을 팽개치고 고도(Godot)를 찾아 떠난다."라고 버크만은 '시간과 공간의 전위', 즉 이동이라는 주제로 『빅토리아 역』을 다룬다(159). 사실, 버크만은 핀터 극을 주로 '도착(귀향)의 드라마'로 읽고 있지만, 여기서는 역설적으로 도착 또는 귀향을 타지로의 이동으로 해석하고 있다. 그러나 그녀는 택시기사의 타지로의 이동, 즉 탈영토화의 한계를 다시 오이디푸스로 내면화하는 것으로 결말을 맺는다. 다시 말해, 택시기사의 '베케트적인 탈방향화'가 관리자에게 재방향화의 가능성을 제공할 수 있고, 그러므로 『빅토리아 역』은 『타지들』에서 일종의 3막의 역할을 한다고 버크만은 지적한다("Displacement" 117). 이와 같이, 버크만은 『빅토리아 역』을 『타지들』의 결말로서 탈영토화의 한계를 다시 내면화하는 시도로 읽음으로써, 핀터의 전환기의 작품들을 모은 『타지들』을 재오이디푸스화하는 읽기를 시도하고 있음을 알 수 있다. 그러나 핀터의 탈주의 글쓰기로서의 『타지들』의 3막인 『빅토리아 역』의 결말은, 즉 택시기사와 관리자가 어두운 공원 근처에서 만나 함께 떠날 낯선 곳으로의 여행은 오이디푸스의 탈영토화의 연속을 분명히 시사한다고 볼 수 있다.

혼비가 데보라에게서 기대했듯이, 관리자는 택시기사를 통제할 수 있고 복종시킬 수 있을 것을 기대한다. 관리자는 274호 택시기사에게 빅토리아 역으로 가서 손님을 목적지까지 데려다주도록 지시하지만, 어디인지 알 수 없는 곳에 가 있는 274호 기사는 그의 지시 따위에는 관심이 없으며 이미 그의 통제 영역을 벗어나 있음을 발견한다. 그런 274호 기사를 관리자는 처음에는 구슬리기도 하고 그러다 화를 내기도 하지만 마침내는 그를 부러워하게 된다. 이러한 과정을 통해, 관리자는 관리자(아버지)로서의 기능을 수행하기 위해서는 택시기사(아들)가 필요하다는 사실(50)을 인식하게 되며, 이러한 관계에 대한 택시기사의 무관심과 무시로 그는 그의 오이디푸스적 욕망의 좌절과 실패를 경험하게 된다. 그리고 무엇보다도 그의 중요한 깨달음은 그가 그러한 욕망으로부터 벗어나기를 원한다는 것, 그리고 택시기사가 그가 원하는 탈주의 이동 수단(운전대, 네 개의 바퀴, 기어 레버 등)을 가지고 있다는 것이다. 일견 이러한 관리자의 택시기사에 대한 부러움과 질투는 오이디푸스적 구조 내에서의 입지의 역전으로 보일 수 있다. 그러나 이들의 관심은 원래 다른 것이었고, 서로 다른 방향을 향하고 있었다. 즉 관리자의 관심은 오이디푸스와 관련된 권력이라면, 택시기사의 관심은 오이디푸스를 벗어나 탈영토화하는 것이다. 오이디푸스의 법을 따르는 관리자는 오이디푸스 구조에서의 그의 위치(아버지)에 부여된 동인 때문에 택시기사(아들)가 그의 말에 복종하리라고 기대했던 것이다. 그러나 마침내 그는, "나는 제한된 삶을 살아왔어. 내 앞에는 초크도 없었고 운전대도 없었지."라고 고백하게 되고, 택시기사의 탈주에 기꺼이 동참하게 되는 것으로 극의 결말을 해석할 수 있다.

『일종의 알래스카』에서 혼비가 자기에 대한 데보라의 고집스러운 무관심으로 불안해하는 것처럼, 『빅토리아 역』에서 권력과 통제의 인물인 관리자가 택시기사의 고집스럽고도 이해할 수 없는 무관심으로 무력감과 좌절감에 빠지게 된다. 그러나 혼비가 여전히 그의 통제력을 회복하려고 노력하는 반면, 관리자는 기꺼이 택시기사의 탈영토화를 위한 탈주에 동참하고자 한다는 점이 두 작품의 두드러진 차이점이라고 볼 수 있다. 사실 혼비가 데보라의 깨어남과 탈주에 기꺼이 동참하지 못하는 것은 핀터의 성정치성의 문제와 연관있다고 볼 수 있다. 여기서도 버크만의 해석에서 볼 수 있듯이, 관리자가 택시기사의 탈주에 동참하는 것은 탈영토화가 아니라 재오이디푸스화로 해석될 여지가 없는 것은 아니다. 재오이디푸스화로의 방향화를 위해 주로 이용되는 뒷좌석에 탄 여자승객이다. 즉 보이지 않는 존재인 이 여자승객은 주로 관리자와 택시기사를 권력을 위한 투쟁에 서로를 연관시키는 힘을 대변하는 것으로 간주된다(Kundert-Gibbs 149). 카프카적인 초현실주의적 '권력극'으로 『빅토리아 역』을 읽는 쿤데르-깁스(John L. Kundert-Gibbs)와 신화적인 시각에서 읽는 버크만은 모두 택시기사와 관리자의 관계를 오이디푸스적인 경쟁 관계로 읽으며, 이러한 읽기를 위해 여자승객의 존재를, 즉 억압된 성정치성을 이용한다. 그러나 이들의 여자승객 이용은 오히려 이들의 재오이디푸스화를 탈영토화시키는 결과를 초래할 수 있다. 사실 쿤데르-깁스는 거의 끝에 가서야 존재가 거론되는 여자승객 때문에 이 작품이 '매우 심각한 그리고 위협적인 성격'을 띠게 된다고 지적한다(151). 그리고 버크만 역시 여자승객을 택시기사의 '잠재적인 깨어남의 일부'로 설명한다(*The Arrival of Godot* 159). 비록 이들이 여자승객의 존재를 재오이디푸스화를 위해 전용하고 있지만, 이들이 지적한 '위협적'인 존재 그리고 탈주하고자 하는 남성의 '잠재적인 깨어남의 일부'로서의 여자승객은 이들의 그러한 전용을 오히려 전복시키는 존재가 될 수 있다. 다시 말해, 이들의 전용이 보이지 않는 여자승객을 관리자와 택시기사의 권력투쟁의 촉매 또는 대상이라기보다는 오히려 권력관계를 설정하는 오이디푸스 자체를 탈영토화하려는 잠재된 욕망을 깨우는 위협적인 존재로 부각시키고 있다. 따라서 여자승객은 억압된 성정치성의 전복성을 내포한 존재로 두 남자의 탈주를 유도하는 여성의 역할을 한다고 볼 수 있다.

274호 기사는 '진정한 사랑'을 발견하게 되어, 그 사랑을 위해 가족을 버리고 떠난다고 말한다. 뒷좌석에 탄 그의 여자승객은 욕망의 대상, 획득의 대상이 아니라 그가 찾은 '진정한 사랑'으로 그의 탈주를 유도한 노마드적 주체인 것이다. 택시기사가 수동적인 자폐증 상태에서 벗어나 혁명적인 탈영토화를 시도할 수 있는 것은 바로 이러한 탈주의 욕망을 생산하는 '진정한 사랑' 때문인 것이다. 그리고 이러한 택시기사의 혁명적인 탈영토화는 관리자를 또한 탈주에 동참하도록 유도할 수 있는 것이다. 따라서 『빅토리아 역』의 결말은 여자승객의 유도에 따라 택시기사와 관리자 모두 노마드적 주체들로 '다른 어떤 곳에 이르는 도피선'을 따라, 가로지르기를 통해 낯익은 공간을 낯선 타지로 변환시키며, 탈영토화의 흐름의 끊임없는 유출을 유도할 것임을 시사하고 있다(*Anti-Oedipus* xvii). 이러한 결말로 끝을 맺기 때문에 『빅토리아 역』은 『타지들』의 3막이 될 수 있는 작품이다.

6

『가족의 목소리들』은 '대중예술과 고급예술의 혼합, 전통의 전도, 부조리적 패러디, 불확정성과 과다함, 독자-청자의 탈방향화 등의 특징을 지니는 거의 포스트모더니즘의 축도'라고 할 수 있는 전형적인 포스트모더니스트 작품으로 간주되고 있다(Knowles 148). 또한 이 작품은 극의 가장 기본적인 부분들로 축소된 라디오극 형식으로, 핀터가 항상 갈구한 억제, 단순성 그리고 경제성을 강화시켜 줄 수 있는 극 형식으로 구조화된 극이다. 따라서 핀터의 첫 라디오극이며 『타지들』의 세 작품들 중 가장 먼저 쓴 『가족의 목소리들』은 그의 극적 시간과 공간 구성의 변화에서 '전환점이자 귀환점'이 되는 작품으로 간주된다(Regal 115). 『가족의 목소리들』의 목소리들은 각자 자신만의 개인적 공간과 시간 틀 속에 의도적이건 비의도적이건 갇혀 있다. 극의 언어 역시 휴가지에서 보내는 엽서체의 평이한 대사에서부터 죽은 자가 말하는 이상한 리듬의 대구에 이르기까지 '핀터특유의' 다양한 언어로, 등장인물들의 공간적 그리고 시간적 분리를 효과적으로 구현하고 있다. 물론 핀터 극에서 이러한 시 · 공간적 전위와 분리는 새로운 것은 아니지만, 『가족의 목소리들』은 그것에 의식적으로 관심을 집중함으로써 핀터의 새로운 방향 전환을 부각시키고 있는 작품이다.

『가족의 목소리들』의 등장인물들, 목소리1(Voice 1), 목소리2(Voice 2), 목소리3(Voice 3)은 가족의 세 목소리들, 즉 아들, 어머니, 아버지의 목소리로 각각 시간적·공간적으로 분리되어 서로 연결되지 않고 있다. 처음에는 편지처럼 보이나, 곧 세 사람 모두 편지를 받은 사람은 아무도 없음이 드러나며, 목소리2는 목소리1이 편지를 한번도 보낸 적이 없다고 비난하고 있다. 그러나 만약 편지가 쓰이면서 낭독되는 것이라고 가정한다 해도, 여전히 등장인물들이 서로간의 언급에 대하여 반응하는 것처럼, 즉 대화하는 것처럼 들리는 것에 대하여 설명해야만 한다. 의사서간체적으로 볼 수 있는 극 형식이 담고 있는 이러한 자의식적인 대화들은 실은 등장인물, 목소리1의 기분과 처한 상황을 드러내 보인다. 따라서 이 극은 주인공인 아들 목소리1의 마음속에서 일어나고 있는 것으로 간주될 수도 있다. 그러나 이러한 추정 역시 그 근거가 빈약하다. 목소리들은 어딘지 모르는 곳에서, 심지어는 무덤에서 등장하여 이야기하지만 상대방에 의하여 꼭 들릴 필요는 없다. 따라서 시간적으로 공간적으로 이 세 목소리들은 분리되어 있다고 보는 것이 타당한 설명이다.

시·공간적으로 서로 분리되어 있는 세 목소리들은 서로간의 관계에서 자리매김되는 것이 불가능하며, 왜 그 목소리들이 서로에게 닿지 않는지도 분명히 알 수가 없고 행위가 일어나는 시간의 범주도 확정하기가 어렵다. 분명한 것은 서로 갈등을 일으키는 목소리1과 목소리2가 각각 자신의 주관적인 시간 틀 내에서 말하고 있다는 점이다. 여기에 목소리3, 즉 무덤에서 말하는 아버지 목소리의 갑작스러운 개입은 목소리1과 목소리2의 관계를 더 혼란스럽게 만드는 동시에 그 단절을 초래하기도 한다. 이러한 목소리3의 등장은 섬뜩하기도 하지만 희극적이기도 하다. 그가 죽었다는 어머니의 주장을 부정하는 아버지는 처음에는 음모를 밝히는 것같이 들리지만, 나중에 그는 자신이 무덤에 있음을 인정한다. 이와 같이,

아버지를 죽은 자 가운데서 데려와 등장시킨 것은 핀터의 다른 어떤 시간적 전위도 능가하는 초월적인 전위로 볼 수 있다. 이렇게 전위된 아버지의 '부활'은 데보라의 가사 상태에서 깨어남과는 달리 여기서는 희화화되고 있다. 아버지 스스로 처음에는 죽었다는 것을 부정하지만, 곧 자신의 말을 반박하며 그가 죽었다는 것을 인정하고, 그리고 마침내 그는 '유리 같은' 무덤에서 밖을 내다보고 있으며, 살아 있는 동시에 죽있다고 말하면서 자신의 부활을 스스로 패러디하고 있다. 정신분석에서 강조하는 죽어서 더 강해진 상징적 아버지의 위력을 목소리3은 시사한다고 볼 수도 있겠지만, 오히려 목소리3은 그러한 아버지의 권위를 스스로 패러디하고 있다.

『가족의 목소리들』은 『산악 언어』에서처럼 핀터가 주요 등장인물들에게 이름을 부여하지 않는 것을 시도한 첫 작품이다. 이 작품에는 사실상 7명의 '말하는' 등장인물들이 있는데, 그중 위더즈 부인(Mrs. Withers), 위더즈 여사(Lady Withers), 위더즈 씨(Mr. Withers), 그리고 라일리(Riley)는 목소리1을 대변인으로 하여 말하고, 이 외에 제인(Jane)도 있지만 그녀는 아무 말도 하지 않는다. 그러나 목소리1을 통하여 말하는 목소리들은 다 이름이 부여되어 있는데 목소리1에게만 주어지지 않았다는 점이 특이하다. 뒤에 라일리로부터 실명 같지 않은 보보(Bobo)라는 이름을 부여받기도 하지만, 목소리1의 이름의 부재는 그 집의 다른 사람들의 정체성과 관련하여 목소리1이 경험하게 되는 혼돈에 극적 아이러니를 더해주는 효과가 있다고 볼 수 있다. 혼돈 속에 있는 목소리1, 즉 성적 정체성과 주체성을 갖추지 못해 혼돈스러워하는 아들의 '집 떠나기'로 정신분석적 관점에서 『가족의 목소리들』을 볼 때, 이 작품은 전형적인 오이디푸스적 시나리오에 입각한 작품으로 쉽게 읽어낼 수 있다. 즉 목소리1이 자신의 성적 정체성, 즉 남성성을 획득하기 위해서 아버지와의 동일화를 겪으면서, 한편으로는 자신에게 남아있는 어머니의 흔적을 지워야 하는 것으로 읽을 수 있다. 그리고 목소리1이 마침내 라일리로부터 보보라는 이름을 부여받았다는 사실은 그가 성인 남성으로서 성적 정체성을 획득했음을 의미한다고 볼 수 있다. 그러나 죽은 아버지가 자신을 스스로 희화화하듯이, 이러한 읽기는 오히려 이 극이 오이디푸스 자체를 희화화하고 있음을 드러내 보인다.

나이팅게일(Benedict Nightingale)이 지적하듯이, 목소리1이 떠나온 가족은 성적 감각이 결여되어 있는 무료한 곳이지만, 도시의 하숙집은 '관능적이고, 불가해하고, 두려움이 존재하는 동시에 자극적인' 곳이다(8). 하숙집인지 아니면 매음굴인지 알 수 없는 낯선 집의 여자들인 위더즈부인, 위더즈여사, 제인은 모두 성적인 여자들로 관능적이며 모호한 행동으로 그를 혼란스럽게 만들며, 그리고 그 집의 또 다른 거주자인 동성애자 라일리는 그를 유혹하기도 한다. 이 하숙집은 가타리와 들뢰즈가 비판하는 '정신분석의 가족주의'의 논리를 완전히 벗어나는 곳으로, 주변적이며 탈중심화된, 즉 이미 가족적이지 않은 단절들로 채워져 있는 집이다. 그리고 목소리1과 그 하숙집의 구성원들과의 관계의 모호성은 바로 이 가족외적 간극과 단절들에 리비도가 투자되고 있음을 드러내 보이고 있다.

게일(Steven H. Gale)은 아들이 "어디에 있는가라는 소재는 중요하지 않으며, 타자와의 관계만 중요하다"고 말하지만(159), 그의 소재는 타자와의 관계 못지않게 중요한 것이다. 타지로의 탈주로서의 아들의 집 떠나기는 그를 배반자로 만든다. 사실 도피에는 언제나 배반이 따르며, 우리는 우리를 대지 위에 잡아두려고 하는 힘을 배반함으로써 이동한다. 대부분의 문학작품들의 주인공은 이러한 배반자라는 것이 들뢰즈와 가타리의 설명이다. 버크만은 『가족의 목소리들』에서 게일이 읽어낸 '파괴의 원인'으로서의 가족 해체를 새롭게 읽어내면서, '성적인 배반으로 가득 찬 극이지만 가족을 긍정하는 극'으로 평가한다("*Family Voices*" 172). 그 이유로 인물들이 가족으로서 서로를 아끼고 있기 때문이며, 그들의 배반 자체가, 비록 상처를 주는 것이지만, 의사소통을 위한 절박한 시도들로 볼 수 있다고 그녀는 설명한다. 따라서 역설적이지만 그들은 가족 내에서 진정한 것을 찾기 위하여 서로를 배반하는 것이라고 그녀는 주장한다. 물론 이러한 역설적인 해석으로 가족들의 배반을 가족주의를 강화하는 계기로 볼 수도 있지만, 사실 탈주하는 자의 배반은 가족주의에 대한 거부와 도전인 것이다. 다시 말해, 목소리1의 배반은 오이디푸스화를 중단한 것이고, 그의 혼란과 고통은 오이디푸스가 해체되어서가 아니라 그가 버리고 떠난 그 모든 것으로 다시 그가 이끌려오는 것에 대한, 즉 재오이디푸스화에 대한 거부의 몸짓인 것이다.

극의 끝부분에서 "집에 갑니다."(82)라는 목소리1의 말은 오이디푸스의 영토화 속으로의 귀향을 의미하는 것이 아니라, 그 귀향을 끊임없이 유예하며 이동하는 노마드의 목소리이다. "너는 오이디푸스로부터 빠져나갈 수 없다."라고 단언하는 아버지에 굴복하여 오이디푸스의 영토화로의 귀향을 통해 재오이디푸스화를 강조하는 정신분석의 패러다임으로 읽어내는 『가족의 목소리들』 읽기는 노마드적 주체로서의 아들의 탈주를 결국 귀향으로 재방향화한다. 그러나 무덤에서까지 나와 개입하고자 하는 아버지의 목소리를 통해 구현되고 있는 '과장된 오이디푸스'[7]의 효과로 『가족의 목소리들』은 가족주의의 한계를 그것이 폭파해버릴 때까지 극한으로 밀고 나감으로써 오이디푸스를 패러디화하고 있는 것이 분명하다. 따라서 『가족의 목소리들』은 『타지들』의 마지막 작품으로 실렸지만, 사실은 첫 작품이듯이, 새로운 시작을, 가족의 탈영토화의 새로운 시작을 열어두고 있는 극으로 간주될 수 있다.

---

7 들뢰즈와 가타리의 *Kafka*, "Chapter 2: An Exaggerated Oedipus" 9-15쪽을 참조할 것.

7

들뢰즈는 영미문학의 우수성을 논하기 위해, 로런스(D. H. Lawrence)를 인용하면서, 문학의 가장 높은 목표는 '떠나는 것, 떠나는 것 [...] 수평선을 가로질러, 다른 삶으로 들어가는 것'인데, 영미작가들은 떠나는 것이 탈주의 선을 찾는 것이고 탈영토화임을 잘 알고 있다고 언급한다(*Dialgoues* 36 재인용). 핀터 역시 그의 과도기적 작품들을 모은 『타지들』에서 헌신과 책임을 회피하기 위해 도피하는 것이 아니라, 단절과 균열을 만드는 가로지르기의 탈주의 선을 따라 탈영토화를 시도하는 뛰어난 영국작가의 글쓰기를 보여주고 있다. 그의 이러한 글쓰기는 이제 그의 본격적인 정치극 쓰기를 유도하게 된다.

부조리극의 전통 속에서 '보다 작은 카프카, 보다 빈약한 베케트, 이오네스코(E. Ionesco)의 격이 떨어지는 모방, 유머 감각이 부족한 심프슨(N. F. Simpson)'으로 폄하되던 60년대 핀터가 70년대 '핀터특유의' 핀터로 그 위상을 인정받기에 이르렀다(Quigley 6). 그러나 진정한 의미에서의 '핀터특유의' 핀터-되기는 오이디푸스로부터의 탈영토화의 글쓰기를 본격화함으로써 시작되었다고 볼 수 있다. 그러나 80년대 핀터가 보여준 정치적 관심이 새로운 관심이라기보다는, 그의 초기 '위협희극'에까지 소급하여 유래되고 있다고 그가 말하듯이, 그의 탈영토화의 글쓰기 역시 그의 초기 극작에서부터 시작된 것이다. 이러한 맥락에서 볼 때, 『타지들』은 핀터의 작품 세계에 일관되게 내재해온 탈영토화의 혁명적인 추진력을 보다 본격적으로 부각시키게 되는 전환기 단계의 중요한 작품들로 평가될 수 있다.

참고문헌

정문영. 「『일종의 알래스카』와 『도라의 초상』: 핀터와 식수스의 정신분석시각」. 『영미희곡연구: 중세극에서 현대극까지』. 서울: 민음사, 1994. 244-64.

Bhabha, Homi. "Remembering Fanon: Self, Psyche and the Colonial Condition." *Colonial Discourse and Post-Colonial Theory*. Ed. Patrick Williams and Laura Chrisman. New York: Colombia UP, 1994. 112-23.

_______. *The Location of Culture*. London and New York: Routledge, 1994.

Burkman, Katherine H. *The Arrival of Godot: Ritual Patterns in Modern Drama*. Rutherford: Fairleigh Dickinson UP, 1986.

_______."*Family Voices* and the Voice of the Family in Pinter's Plays." *Harold Pinter: Critical Approaches.* Ed. Steven H. Gale. Rutherford: Fairleigh Dickinson UP, 1986. 164-74.

_______. "Displacement in Time and Space: Harold Pinter's Other Places." *Harold Pinter: A Casebook.* Ed. Lois Gordon. New York: Garland, 1990, 109-18.

_______. "Deborah's Homecoming in *A kind of Alaska*: An Afterword." Burkman and Kundert-Gibbs. 193-200.

Burkman, Katherine H., and John L. Kundert-Gibbs, eds. *Pinter at Sixty.* Bloomington and Minneapolis: Indiana UP, 1993.

Cixous, Hélène,. "Castration or Decapitation?" Trans. A. Kuhn. *Signs* 7 (1981): 41-55.

Deleuze, Gilles, and Félix Guattari. *Anti-Oedipus: Capitalism and Schizophrenia.* Trans. Robert Hurley, Mark Seem, and Helene R. Lane. London: The Athlone Press, 1984.

_______. *Kafka: Toward a Minor Literature.* Trans. D. Polan. Minneapolis: U of Minnesota P, 1986.

Deleuze, Gilles, and Claire Parnet. *Dialogues*. Trans. Hugh Tomlinson and Barbara Habberjam. New York: Columbia UP, 1977.

Esslin, Martin. *Pinter the Playwright.* Rev. ed. London: Methuen, 1984.

_______. *The Theatre of the Absurd.* New York: Doubleday, 1961.

Gale, Steven H. "Harold Pinter's *Family Voices* and the Concept of Family."

Harold Pinter: You Never Heard Such Silence. Ed. Alan Bold. Vision Press, 1984. 146-65.

Hall, Ann C. "*A Kind of Alaska*": *Women in the Plays of O'Neill, Pinter, and Shepard*. Carbondale: Southern Illinois UP, 1993.

Ham, Moonyoung C. "Portrait of Deborah: *A Kind of Alaska*." Burkman and Kundert-Gibbs. 185-92.

Irigaray, Luce. *Speculum of the Other Women*. trans. Gillian C. Gill. Ithaca: Cornell UP, 1985.

Knowles, Ronald. *Understanding Harold Pinter*. Columbia: U of South Carolina P, 1995.

_______. "Harold Pinter, Citizen." *The Pinter Review* (1989): 24-33.

Kundert-Gibbs, John L. ""'I am powerful ... and I am only the lowest doorkeeper": Power Play in Kafka's The Trial and Pinter's Victoria Station." Burkman and Kundert-Gibbs. 149-60.

Merritt, Susan Hollis. *Pinter in Play: Critical Strategies and the Plays of Harold Pinter*. Durham & London: Duke UP, 1990.

Pinter, Harold. *Plays: One with an introduction, "Writing for the Theatre."* London: Eyre Methuen, 1976.

_______. *Plays: Two with an introduction, "Writing for Myself."* London: Eyre Methuen, 1977.

_______. *Other Places: A Kind of Alaska, Victoria Station, Family Voices*. New York: Grove P, 1983.

Regal, Martin S. *Harold Pinter: A Questioning of Timing*. London: Macmillan, 1995.

Sacks, Oliver. *Awakenings*. New York: Harper Collins, 1990.

제8장

『마지막 한 잔』, 『산악 언어』

1

『마지막 한 잔』(*One for the Road*, 1986)과 『산악 언어』(*Mountain Language*, 1988)는 핀터가 정치적 관심 선언과 함께 쓴 '명백한 정치극'(openly political play)으로 분류되는 일련의 작품들 중 대표적인 작품들이다. 그동안 오이디푸스적 공간으로서의 '방'에 은둔해온 핀터는, 마치 『일종의 알래스카』(*A Kind of Alaska*, 1982)의 데보라가 오랜 수면 상태에서 깨어나듯이, 80년대 중반 일종의 몽유 상태에서 깨어나 잠재되어 있는 정치성을 새롭게 의식하게 되었다고 고백한다. 그리고 그가 이후로 더 이상 오이디푸스적 시나리오의 극을 쓰지 않겠다는 선언과 함께 쓴 것이 바로 이 두 작품들이다. 다시 말해, 핀터의 명백한 정치극은 데보라처럼 오이디푸스적 공간에서 깨어난 핀터가 그 방의 구조화 자체를 새삼 의식하게 되고, 그러한 문제의식의 시각에서 그 공간에 내재된 균열과 단절을 발견하고, 거기서 탈주의 선을 찾는 새로운 '되기'의 과정에서 창조된 것으로 볼 수 있다.

『마지막 한 잔』과 『산악 언어』를 비롯하여 핀터의 일련의 명백한 정치극에서 발견되는 두드러진 공통점은 모든 작품 속에 데보라와 같은 자유로운 정신을 소유한 독립적이며 강한 여자들이 등장하고 있다는 것이다. 이러한 공통점을 염두에 두고 핀터의 명백한 정치극들을 살펴보면, 핀터의 정치극이 정치성과 성정치성의 밀접한 관계성에 기초하고 있으며 또 그것을 명백하게 부각시키고 있음을 알 수 있다. 그러나 핀터의 젠더와 성정치성의 문제를 정치적으로 다루지 않는 대부분의 기존 핀터 비평들은 핀터의 정치성과 성정치성 사이의 연관성을 배제하려는 경향을 보인다. 예컨대, 칸(Victor L. Cahn)은 핀터의 젠더와 성정치성 문제를 비정치적인 사적 공간으로서의 가정의 문제로 한정하여 다루고 있다. 따라서 『마지막 한 잔』과 『산악 언어』와 같이 명백하게 정치적인 것을 다루고 있는 정치극에서도 핀터는 남성과 여성 사이의 권력 관계만큼은 비정치적인 것, 개인적인 것으로 간주하고 있다고 단정한다.

그러나 최근 밀느(Drew Milne)와 같은 비평가를 중심으로 핀터의 정치성과의 상호 밀접성을 전제로 하여 그의 성정치성을 본격적인 관심사로 다루고 있는 연구가 대두되고 있다. 그녀는 핀터의 작품 전반에 걸쳐 드러나 보이는 '정치성과 성정치성 사이의 구조적 간격'을 적절하게 파악하고 있으며, 양자 간의 맞물린 관계와 더불어 그 구조적 차이를 문제 삼고 있다(209). 그러나 그녀는 그 구조적 차이 자체를 핀터 극의 한계로 보며, 이러한 관점에서 핀터의 최근 정치극 『재에서 재로』(*Ashes to Ashes*, 1996)도 여전히 그 간격을 확인시켜줄 뿐, 다른 관점의 가능성을 제시하지 못하고 있다고 지적한다. 그러나 사실 바로 이러한 정치성과 성정치성 사이의 구조적 간극 자체가 핀터 정치극의 가장 중요한 특징이 되고, 극의 구조화의 동인을 발견할 수 있는 공간인 것이다. 다시 말해, 그 간극은 극복되어야 할 한계가 아니라, 들뢰즈(Gilles Deleuze)의 표현을 빌리자면, 새로운 생성을 초래하는 균열, '사이'로 오히려 부각되어야 할 간극으로 간주될 수 있다는 것이다. 사실, 핀터의 '명백한' 정치극은 그 간극을 극복하려고 하는 대신, 그 간극 자체를 명백하게 드러내 보이고 있다고 볼 수 있다. 또한 이러한 지적과 논의에서, 염두에 두어야 할 중요한 사실은 핀터의 잠재된 정치성의 깨어남이 성정치성에 대한 그의 새로운 인식과 밀접한 연관성이 있다는 것이다. 따라서 이러한 관점에서, 이전 핀터 극과는 불연속적인 간극을 만들어낸 '명백한' 정치극인 『마지막 한 잔』과 『산악 언어』는 핀터의 성정치성에 대한 새로운 인식과 더불어 깨어난 정치성을 구현하는, 그리고 그의 정치성과 성정치성의 '사이'에서 생성된 핀터의 새로운 극작품들로 다루어져야 할 것이다.

앞 장에서 핀터의 전환기적인 작품들을 모은 『타지들』(*Other Places*, 1982)을 읽는 방법론으로 들뢰즈와 가타리(Félix Guattari)의 분열분석 이론을 전용하였다. 이 장에서는 핀터의 정치극에서 그의 정치성과 성정치성의 밀접성과 그 간극의 읽기를 시도하기 위해, 최근 본격적으로 검토되고 있는 들뢰즈와 페미니즘의 상호 관계 맺기에 의한 보기 방법을 모색해보고자 한다. 왜냐하면, 들뢰즈와 페미니즘의 관계 맺기에서 핀터의 정치성에 대한 논의와 더불어, 그 관계 맺기가 만들어낸 균열, '사이'에서 핀터 극의 정치성과 성정치성의 관계를 읽어낼 수 있는 방법과 새로운 '되기'로서의 핀터 극의 생성 동인을 발견할 수 있기 때문이다. 따라서 들뢰즈와 페미니즘의 상호작용에 의한 방법론을 통해, 핀터의 작품 세계에 불연속적인 간극을 초래하는 동시에 전반적인 작품세계의 새로운 되기를 주도한 명백한 정치극 『마지막 한 잔』과 『산악 언어』를 읽고자 한다. 이러한 읽기를 통해, 어떻게 현존하는 가족적 · 사회적 · 정치적 질서가 소수뿐 아니라 다수에게도 억압을 가하고 있는가, 그리고 어떻게 핀터의 여성들이 그 질서가 부과한 '초코드화'(overcoding)로부터 자신들의 신체를 분리시키는 '탈형성'(de-form)을 통해 혁명적인 되기를 주도하고 있는가를 살펴볼 것이다. 그리고 이를 통해 어떻게 억압적인 '몰적'(molar) 구조로부터 되기와 탈주의 가능성을 현실화하고 있는가도 볼 수 있을 것이다.

2

핀터의 명백한 정치극은 정치성뿐 아니라 성정치성 역시 명백하게 드러내 보이고 있다. 사실 일련의 핀터의 명백한 정치극들은 왜 그가 그동안 끊임없이 여성혐오주의를 극화해온 것인가에 대해 본격적으로 의문을 제기하고 있는 작품들로 간주되기도 한다(Milne 200). 달리 말해, 핀터의 정치극은 자신이 그동안 써왔던 오이디푸스적 구조의 극이 어떻게 극의 구조화를 위하여 성정치성을 이용해왔는가를 명백하게 드러내 보이고 있다는 것이다. 그리고 이를 드러냄으로써 핀터는 오이디푸스적 극의 구조화 이면에 숨어있는 '차이'를 억압하는 일반화의 반복 원리를 밝히고 있다. 즉 오이디푸스적 구조의 극이 기초한 가부장제의 연속성을 위하여 특이성을 억압하는 일반화의 원리를 드러내 보임으로써, 핀터는 이러한 반복을 벗어날 수 있는 가능성을 모색하고자 한 것이라고 볼 수 있다. 따라서 핀터가 이제 더이상 오이디푸스적 기억극을 쓰지 않겠다고 선언했을 때, 그가 의미하는 바는 이미 작성된 청사진을 펼치듯 전개되는 일반화의 반복으로서의 역사관에서 벗어나겠다는 것을 의미한다. 그 대신 과거의 반복으로서의 현재와는 다를 미래의 잠재성을 추구하는 역사관과 정치관에 입각한 정치극을 쓰겠다는 것을 의미한다.

들뢰즈가 해석하고 있는 베르그송(Henri Bergson)을 빌려, 핀터의 정치극은 핀터의 현재 관심사에 따라 선택된, 극의 단초가 되는 과거의 이미지들 중 하나인 구체적인 기억-이미지(memory-image)의 인도로 우리를 과거의 영역 속으로, 우리 밖에 존재하는 과거로, 지속(duration)으로 데려가는 기능을 수행하고 있다고 말할 수 있다. 지속이란 단순히 기계적인 반복, 대상에 대한 대상이 초래한 원인 결과가 일어나는 곳이 아니라 비확정적인 것, 새로운 것의 펼침과 출현이 일어나는 곳을 의미한다(Grosz 224). 따라서 구체적인 과거의 기억-이미지에서 시작하여 지속으로 인도하는 핀터의 정치극은 기억적인 오이디푸스의 역사 대신 특이성의 역사, 특히 일반화의 반복성에 도전하는 역사관에 기초하게 되며, 변화의 움직임으로 향할 수 있는 정치성을 구현할 수 있게 되는 것이다. 이러한 변화의 미래를 지향할 수 있는 정치성이 바로 그로츠(Elizabeth Grosz)가 들뢰즈와 페미니즘의 상호작용의 관점에서 논하는 '미래의 정치성'으로 설명될 수 있는 정치성인 것이다(229-31).

21세기를 들뢰즈의 시대로 예언한 푸코는 들뢰즈 읽기를 통해 「철학의 연극」("Theatrum Philosophicum", 1977)에서 '재현의 철학'을 비판하고 있다. 푸코가 전개하고 있는 들뢰즈 읽기의 논지에서 핀터의 정치극의 정치성과 성정치성의 '사이'를 이해하는 데 적절한 실마리를 발견할 수 있다. 푸코에 따르면, 재현의 철학의 기초를 이루는 변증법은 차이를 해방시키지 않으며, 오히려 차이들이 항상 '재포섭'(recapture)될 수 있음을 보증한다. 변증법은 차이를 존재하도록 허락하지만 항상 비존재(non-being)의 경우로 존재하도록 허락하는 부정의 통제로 강력한 주권을 행사한다는 것이다(Foucault 229). 푸코가 읽고 있는 들뢰즈가 변증법의 그러한 주권의 행사를 거부하고 있듯이, 핀터의 정치극 역시 정치성과 성정치성의 사이의 차이를 재포획하려는 변증법적인 해석을 거부하고 있다고 볼 수 있다. 다시 말해, 핀터의 정치극은 그 차이를 변증법적으로 재포섭하려는 '재현의 연극'이 아니라 그 차이를 그대로 드러내 보이는 '차이의 연극'을 창조하고 있다는 것이다. 그러므로 특히 정치성과 성정치성 사이의 관계와 그 간극에서 생성된 '차이의 연극'으로 핀터의 정치극을 읽어낼 수 있는 적절한 시각은 차이의 정치성을 읽어낼 수 있는 들뢰즈와 성적 차이의 정치성을 강조하는 페미니즘의 상호작용에서 찾을 수 있을 것이다.

페미니즘은 다른 혁명적인 이론들과의 관계 맺기를 통해 끊임없는 변형을 추구해온 이론이라는 평가를 받는다. 이러한 페미니즘과 다른 이론들과의 관계 맺기에 대한 논의에서, 대체적으로, 확고한 체계의 안정된 구조를 가진 적이 없었던 페미니즘이 항상 그 상대 이론으로 귀결되기 마련이라고 보는 경향이 두드러진다. 다시 말해, 콜브룩(Claire Colebrook)도 지적하듯이, 정신분석뿐 아니라 모든 상대 이론들과의 페미니즘의 관계 맺기는 상호성보다는 우열성이 개입된 서열적 관계 맺기로 간주되어 왔다는 것이다(5). 그러나 '차이의 철학'이라고 할 수 있는 들뢰즈와의 관계 맺기는 다를 것이라고 많은 페미니스트 비평가들은 기대한다. 그리고 또한 들뢰즈와의 관계 맺기를 통해 다른 거대 이론들과의 관계 맺기 역시 페미니즘의 정체성 포기가 아니라 끊임없는 '되기'의 실행으로 이해할 수 있다는 새로운 관계 해석을 기대하기도 한다. 물론 페미니즘과 들뢰즈의 관계 맺기에 대해서도 많은 논란이 있지만, 이러한 논란에 개입하기보다는, 상호작용을 통해 상호간에 가져다줄 수 있는 장점들 그리고 그 사이에서 찾을 수 있는 잠재된 새로운 가능성 등에 중점을 두고 관계 맺기에 의한 방법론을 모색할 수 있을 것이다. 그러나 이러한 상호관계 맺기에서 가장 유의할 점은 페미니스트 관점에서의 관심사가 곧 상대 이론, 즉 들뢰즈의 관심사는 아니라는 사실이다.

들뢰즈와 가타리는 성적 차이의 실제를 부정하지는 않지만, 그 차이가 주체성의 기초에 근거한다고 보지는 않는다. 그들에 의하면, 남녀 이분법적인 커플은 개인을 규정하는 범주의 네트워크 위에 놓인 서로 맞물린 좌표의 집합일 뿐이다. 이 좌표는 그 어느 개인에게도 상응하지 않는, 단순히 텅 빈 범주이다. 여성이란 남성이 의미를 갖기 위해 필요한 그리고 우위적인 것으로 간주되기 위해 필요한 대립적 용어로, 가부장적인 구조물일 뿐이다. 남성은 사회적으로 확립된 척도, 즉 기준이고, 여성은 하위 기준으로 남성이 동일자가 되기 위하여 필요한 대조적인 타자의 역할을 하기로 되어 있다. 따라서 부속적인 남성으로서의 여성은 범주적 평가에서 남성과 같은 단계와 같은 체계에 속해있으므로, 남성과 여성은 '동일한 배제적인 이접적 종합'의 두 극들을 가리킨다는 것이 들뢰즈의 성적 차이에 대한 생각이라고 마수미(Brian Massumi)는 설명한다(86).

사실, 페미니스트 관점에서 들뢰즈의 문제점들을 지적한다면, 우선 들뢰즈의 '여성-되기' 개념 역시 성차별적이며, 여성으로 하여금 먼저 여성되기의 기선을 주도하도록 들뢰즈가 권고하는 것 역시 여성이 처한 실제적 삶의 조건을 무시한 것이라고 볼 수 있다. 이 밖에도, 논리적 추상 개념으로서 남성과 여성을 정의함으로써 여성성을 지나치게 추상화한 점, 그 특성을 '변덕스러움'과 '경박함'이라는 너무 상투적인 표현으로 규명하고 있다는 점, 또한 이러한 특성을 모든 여성이 점유해야 할 품위 있는 위치로 부당하게 격상시키고 있다는 점, 그리고 너무 지나치게 가족주의적인 태도를 보이고 있다는 점 등을 지적할 수 있을 것이다(Massumi 87-89). 그러나 이러한 지적을 할 수는 있지만, 사실 페미니스트 관점에서의 문제 제기의 모든 해답을 들뢰즈에게서 찾을 수 있으리라고 기대하는 것은 무리임에 틀림없다.

그러나 페미니즘은, 오이디푸스가 스핑크스의 수수께끼를 풀듯이, 즉 다른 이론들과 오이디푸스적 경쟁을 하듯이, 옳은 답을 찾는 데 중점을 두는 문제제기를 하지 않는다. 그것보다 페미니즘은 과연 '그 이론[철학]이 무엇을 할 수 있으며, 삶과 사고를 어떻게 활성화시킬 것이며, 어떤 문제가 어떤 효과를 창조할 수 있는가'라는 식으로 문제를 제기해왔다(Colebrook 7). 따라서 들뢰즈와의 대면에서 페미니즘이 주목하는 것은 이미 존재하는 해답을 발견하거나 이미 결정된 목표를 추구하지 않는 들뢰즈의 생성철학이 어떻게 여성-되기를 작동할 수 있게 만드는지를 보여주고 있는가인 것이다. 달리 말해, 페미니즘은 들뢰즈에게서 이러한 여성-되기의 작동을 살펴봄으로써 어떤 주체가 되는 것이 아닌, '타자를 향한 되기, 차이를 향한 되기, 그리고 새로운 질문들을 통한 되기'로서의 새로운 되기를 생각할 수 있는 방법론에 대한 모색을 기대할 수 있다는 것이다(12). 사실 페미니즘과 들뢰즈의 관계 맺기는, 60년대 말 들뢰즈의 여성-되기(becoming-woman)와 식수스(Hélène Cixous)의 '여성-글쓰기'(writing-woman) 사이의 공명이 일어났다는 사실이 증명하듯이, 그 자신 이상의 타자가 되고자 하는 시도가 전개되는 특정 공간에서 일어난 '하나의 만남 또는 사건'으로 볼 수 있다(13). 핀터의 '명백한' 정치극의 정치성과 성정치성의 사이에서 일어나고 있는 것 역시 바로 이러한 또 하나의 만남 또는 '사건'인 것이다.

3

빌링턴(Michael Billington)은 핀터의 명백한 정치극을 정치성에 대한 관객들의 시선을 주목시키기 위한 '특별한 목적'을 지닌 그의 '공적인 행동'으로 규정한다(289). 물론 핀터의 대표적인 첫 명백한 정치극, 『마지막 한 잔』도 터키의 정치적 현실에 대한 터키 인텔리 여성들의 무지와 오인에 격분하여 관객에게 터키의 고문 실상을 보여주려는 특별한 목적에서 쓴 것이다. 그러나 이 작품의 서문격인 헌(Nicholas Hern)과의 대담에서 그는 일단 이 극을 쓰기 시작하면서부터는 관객을 전혀 의식하지 않게 되었다고 밝힌다. 사실 핀터는 그의 특별한 목적보다는 고문하는 자와 고문을 당하는 3인 가족과의 대면을 '철저하게' 전개시켜 나가는 것에 몰입했다는 것이다(15). 고문을 하는 한 남자와 고문을 당하는 한 남자에 대한 이미지에서 출발하여, 이들 사이의 대면에서 벌어지는 극적 행위를 철저하게 전개시켜 나간 결과, 『마지막 한 잔』이라는 섬뜩할 정도로 잔혹한 연극을 쓰게 되었다는 것이다. 달리 말해, 그는 극작 과정에서 터키의 특정한 상황, 즉 특정성을 간과하게 되었다는 것이다. 또한 극작 과정에서 그는 등장인물들에게 특정한 이름을 붙일 수 없었고, 나중에도 특정한 국가를 나타내는 이름 대신에 니콜라스(Nicolas), 빅터(Victor), 가일라(Gila), 닉키(Nicky) 등, '다국적인' 이름들을 붙였고, 또한 이들에게 특정한 죄목도 부과하지 않았음을 지적한다. 그 결과 '비특정적인' 특성이 두드러진 극을 쓰게 되었음을 작가 자신은 인정하고 있다(15). 그러나 특정한 목적과 상황에서 시작했지만 극작과정에서 두드러지게 된 『마지막 한 잔』의 비특정성은 부조리극의 특성인 보편성을 의미하지는 않는다.

『마지막 한 잔』의 극적 구조는 각각 구체적이고도 특정한 상황을 보여주는 파편화된 장면을 병렬적으로 배치한 구조로 되어 있다. 이러한 극의 구조는 특정성이 배제된 일반화된 보편적 상황을 드러내 보이는 무대를 형성할 수 없다. 왜냐하면 파편화된 특정한 장면들의 병렬적 배치에 의한 구조는 각각의 특정한 상황이 연결되면서 서로 중첩되고 또 간극을 형성하기 때문이다. 그리고 이러한 특정한 상황들의 중첩과 간극은 그 무대를 '불확정성의 영역'으로 변화시킨다. 다시 말해, 파편화된 특정 장면들의 병렬적 배치의 구조로 된 『마지막 한 잔』은 극작과정에서 무대를 '불확정성의 영역'으로 만들고 있다는 것이다. 불확정성의 영역이 된 무대 위에 핀터가 잔혹하게 전개시키고 있는 니콜라스와 3인의 대면에서 우리가 보게 되는 것은, 들뢰즈의 논지를 전용하여 말한다면, 이들의 철저한 '추락'이며, 우리는 또한 그 '강도' 자체를 감지하게 된다. 『생일파티』에서 스탠리(Stanley)뿐 아니라 골드버그(Goldberg)와 맥칸(McCann)도 함께 '추락'을 경험하고 있듯이, 여기서도 고문을 당하는 자뿐 아니라 고문을 하는 자까지 정도의 차이일 뿐 모두 끊임없는 연속적 '추락'을 경험하고 있다. 사실 핀터의 정치극은 고문하는 자의 정의로운 명분에 대한 확신을 극대화하는 동시에 그의 추락을 함께 보여준다는 점에서 기존 정치극과는 다른 특이성을 띤다. 『마지막 한 잔』의 가해자 니콜라스는 단순히 사디즘적인 욕구에서가 아니라 가족, 국가와 종교에 대한 정의로운 신념, 들뢰즈의 말을 빌리면, 오이디푸스의 '신성가족주의'에 대한 철저한 확신에서 행동하고 있다. 그러나 바로 이러한 신성가족주의로 니콜라스는 한 가정을 파괴하고 있으며, 그 역시 끝없이 추락하고 있다는 것이 핀터가 보여주고자 한 이 극의 아이러니인 것이다.

핀터는 니콜라스의 신념과 추락의 대비를 통해, 신성가족주의의 신념과 오이디푸스를 '부조리의 수준으로까지 확대하여' 드러내 보이고 있다 (*Kafka* 10). 이러한 과장과 확대는 오이디푸스의 한계에까지 이르는 추락의 과정을 보여주기 위한 것이다. 사실 대체적으로 핀터의 정치성은 비관적인 것으로 평가된다. 즉 그는 우리가 처한 체제에서는 미래에 어떤 희망도 없다는 결론을 내리고 있다는 것이다. 다시 말해, 오이디푸스적 체제 내에서 '실재한 것'(the real)과 '가능한 것'(the possible)의 관점에서 볼 때, 앞으로 더 이상 희망은 없다는 것이다. 그러나 역설적이지만, 이러한 그의 비관적인 주장은 새로운 미래에 대한 강력한 추구를 내포하고 있다고 볼 수 있다. 사실 그의 정치극이 보여주는 '과장된 오이디푸스'는 오이디푸스의 한계를 벗어나기 위한, 즉 가능성의 영역의 한계를 벗어나 '잠재한 것'(the virtual)으로의 도약 또는 추락을 위한 내몰기로 볼 수 있다. 결코 '과장'이라는 생각이 들지 않을 정도로, 핀터는 미세한 차이의 끊임없는 추락을 철저하게 드러내 보여(15), 관객으로 하여금 모든 가능성이 소진된 강도 제로를 감지할 수 있게 만들고 있는 것이다. 그러나 이제 더 갈 수 없는 가능성의 영역의 한계에까지 이른 상황에서, 그는 이를 뛰어넘어 계속 갈 것을 갈망하고, 관객 역시 그 갈망을 느끼도록 유도하고 있다. 다시 말해, 핀터는 모든 가능성이 소진된 과거의 반복으로서의 현재가 아닌 미래의 잠재성을 현실화하려는 미래의 정치성을 보여주고 있는 것이다.

니콜라스의 방에서 일어나고 있는 그와 3인 가족들의 만남은 들뢰즈의

'사건'으로 설명될 수 있다.[1] 들뢰즈의 말을 빌리면, "그들이 방에 들어올 때, 그들은 인물들 또는 주체들이 아니라 대기의 변화, 색조의 변화, 지각할 수 없는 분자, 별개의 집단, 안개 또는 미세한 물방울의 구름"이 되어, 모든 것이 실제로 변하게 되는 것이 사건인 것이다(*Dialogues* 66). 니콜라스는 끝까지 그가 옳다고 생각하는 정의로운 명분에 대한 확신, 즉 그의 오이디푸스적 신념을 관철시키고자 하는 열정적인 한 남자로서 행동하고 있다. 이러한 니콜라스와 빅터 가족들과의 대면으로 이루어지는 극적 전개는 오이디푸스적 시나리오 전개와는 다른 사건 만들기로 볼 수 있다. 들뢰즈에 의하면, 아무리 작은 사건이라도 사건을 만드는 것은 '세계에서 가장 섬세한' 것이며, 커다란 사건, 전쟁과 혁명도 사실 같은 방식으로 만들어지는 것이다(*Dialogues* 66). 따라서 명백한 정치극인 『마지막 한 잔』에서 핀터는 인물들의 대면을 통한 섬세하게 드러내 보이는 그들의 변화, 즉 추락의 사건을 통해 권력을 가진 또는 추구하는 우리 속에 그리고 우리의 일상 행동 속에 내재한 파시즘을 드러내 보이는 사건을 만들고 있다. 이를 통해 그는 또한 미국의 위성국가로서의 터키, 또는 다국가적인 등장인물들의 이름이 시사하듯이, 어느 국가의 역사적 파시즘을 드러내 보이는 사건을 다루고 있다. 이러한 전개 방식은, 들뢰즈와 가타리의 파시즘에 대한 이해를 반영하고 있다. 다시 말해, 핀터는 주적(major enemy)인 역사적 파시즘, 즉 거시정치적인 파시즘을 우리로 하여금 권력을 사랑하게 만들고 동시에 우리를 지배하고 착취하는 바로 그 권력을 욕망하게 만드는

1 2001년 핀터 페스티벌 프로그램으로 마련된 『마지막 한 잔』의 링컨센터 공연에 핀터는 직접 니콜라스로 출연하기도 했다. 첫 리허설에서 조명이 반쯤 비친 어두운 무대에서 술잔을 들고 혼자 의자에 앉아 있는 그 순간, 니콜라스와 같이 외교적인 파티에서 흔히 만날 수 있는 매력적인 미소를 가진 정치인이나 관료[구체적인 예로 키신저(Henry Kissinger)를 떠올리며]로서의 자신(핀터 자신도 매우 매력적인 미소를 가졌음을 상기시키면서)의 추락 경험을 공개적으로 열린 거소(Mel Gussow)와의 대담에서 이야기하고 있다("Pinter on Pinter" 21).

우리의 구체적인 삶 속에 내재한 파시즘, 즉 미시정치적인 파시즘을 통해 다루고 있다(*Anti-Oedipus* xiii).

4개의 짧은 취조 장면으로 이루어진 『마지막 한 잔』의 첫 장면은 대조적인 두 인물 니콜라스와 빅터의 대면으로 구성된다. 무엇이든 다 할 수 있는 본인의 절대적인 힘을 강조하며 일방적으로 열변을 토하는 니콜라스와 그의 반복되는 강요적 질문에 아주 짧은 몇 마디 대답만 할 뿐 시종 침묵으로 일관하고 있는 빅터가 서로 맞서고 있다. 이 장면은, 얼핏 보면 빅터의 일방적인 굴욕을 보여주는 것 같지만, 사실 확신에 찬 니콜라스의 어조는 처음부터 끊임없이 주장과 질문 사이를 왔다 갔다 하는 불안감을 내포하고 있다. 니콜라스는 자신의 배후에 있는 권력의 절대성과 이를 대변하는 자신의 절대적 권위를 주장하면서, 자신이 파괴하고 있는 빅터로부터 자신의 주장에 대한 승인을 갈망한다. 그러나 확인을 위한 그의 끊임없는 질문에도 불구하고, 빅터는 아무런 동요를 보이지 않는 어조로, 조용히 "나는 당신을 모르오."(37)라는 대답을 할 뿐이다. 니콜라스가 아들의 안부를 물어도, 그는 "나는 모르오."(43)라는 거부의 대답만을 한다. 사실 니콜라스의 빅터에 대한 심문은 어떤 특정한 죄목에 대한 추궁이 아니고, 이를 통해 어떤 역사적 상황을 반영하는 거시정치적 메시지를 전달하는 것도 아니다. 그 대신에, 종교, 국가, 아버지에 대한 그의 신념을 강조하는 니콜라스를 통해 우리는 신성가족주의로 요약될 수 있는 오이디푸스적 이데올로기를 읽어낼 수 있고, 빅터와의 대면을 통해 니콜라스 속에 내재한 미시정치적 파시즘의 작용을 보게 된다. 그리고 그 대면에서 니콜라스가 겪는 복잡 미묘한 심리와 동요가 감지되고, 이로써 결코 변할 것 같지 않은 '벽돌 벽'(20)과 같은 니콜라스, 즉 몰적 존재로서의 그의 추락이 시작됨이 감지된다.

니콜라스의 동요와 추락은 '과장된 오이디푸스'와 신성가족주의의 철저한 실천의 전개 과정과 함께 동반하여 진행된다. 자신의 존재와 자신이 대변하고 있는 권력의 위력을 인정해주길 강요하는 니콜라스는 빅터로부터 그러한 승인을 얻어내기 위하여, 빅터의 힘, 즉 그의 남성성, 그의 소유물로서의 아내와 재산 그리고 아들, 그의 성적인 능력 등을 '계산된 언어'(Prentice 277)로 공격하며 그를 고문한다. 그러나 그 과정에서 점점 그는 빅터에게 매료되고 있다는 느낌이 든다. 빌링턴은 이러한 끌림을, '고문을 당하는 자가 고문을 하는 자에게 주는 이상한 성적 매료'로 해석하기도 한다(295). 니콜라스가 빅터의 눈앞에서 엄지손가락과 새끼손가락을 흔들며 말한 대사(33)에서 감지되는 손가락에서 군화 그리고 성기로의 전이는 권위와 남성성 사이의 이데올로기적인 연루를 의미한다고 주장한 루프(Judith Roof)의 해석을 인용하면서, 빌링턴은 자신의 견해는 그것과는 '다른 것'이라고 피력한다(294-95). 그러나 일견 상당히 다른 것으로 보이는 가해자와 피해자로서 남성들 사이의 끌림을 읽어내는 빌링턴의 논지는 루프의 주장과 결코 다른 주장이 아니다. 다만 그는 이러한 끌림을 설명할 수 없는 '이상한' 끌림으로 지적함으로써 그 끌림의 의미가 명백하게 드러나는 것을 피하고자 한 것일 뿐이다. 그러나 이러한 '이상한' 끌림은 가부장적 이성애의 담론인 신성가족주의의 이면에 억압된 '남성의 동성사회적 욕망'[2]에 의한 끌림으로 간결하게 그리고 명백하게 설명될 수 있다.

'남성의 동성사회적 욕망'이란 개념을 설정한 세지윅에 의하면, 가부장적 이성애의 기본적인 목적은 남성과 남성 사이의 유대관계의 확립이며, 여성은 남성들 사이의 관계를 확고하게 만들기 위한 수단으로, 그들 사이

---

2 세지윅(Eve Kosofsky Sedgwick)은 『남자들 사이』(*Between Men: English Literature and Male Homosocial Desire,* 1985)에서 루빈(Gayle Rubin)의 '여성의 교환'(exchange of women)과 지라르(René Girard)의 '성애적 삼각구조'(erotic triangle)를 전용하여 만든 개념인 '남성의 동성사회적 욕망'(male homosocial desire)의 관점에서 남성 작가들의 작품을 읽고 있다.

에 교환될 수 있는 소유물로 취급되어 왔다(25-26). 사실 세지윅의 남성과 남성 사이의 관계 맺기만으로 이루어진 남성의 동성사회적 욕망에 대한 이해는 남성 작가들의 남성중심적 여성혐오주의의 근거를 명백하게 설명해줄 수 있다. 대부분의 남성 작가들의 정치성에 대한 논의는 남성들 사이의 권력관계를 다루며, 이러한 논의의 성립을 위해 여성들은 남성들의 권력관계를 해결하기 위한 교환되는 소유물로 남아있어야 한다는 것을 전제로 하고 있다. 니콜라스가 흔드는 손가락이 군화와 성기를 암시하듯이, 권력과 잔인성 그리고 성을 동격화하는 성적 환상과 남성적 적대감의 매개로서 여성혐오주의의 이데올로기가 만들어졌다고 볼 수 있다. 다시 말해, 정치적 반동기의 모더니스트 문학 전통이 보여주듯이, 남성 작가들은 남성적 특권과 쇼비니즘의 재확립, 즉 오이디푸스화의 강화를 위해 여성혐오주의적 성정치성을 여성에게 투사하고 있다는 것이다. 핀터 역시 『재에서 재로』의 정치성에 대한 대담에서, 그의 극작품은 남성적 관점을 표현하고 있으며, 특히 그의 정치극은 '남자에 대한 남자의 잔학성의 이미지들과 공포'를 다루고 있다고 밝혔다(Billington 374). 핀터 역시 남성적 정치성을 위해 성정치성을 전용, 즉 여성혐오주의적 성정치성으로 전용하여 여성들에게 투사해왔다는 것을 스스로 암시하고 있다고 볼 수 있다. 다시 말해, 핀터는 남자에 대한 남자의 잔학성을, 잔인한 남성적 권력을 다루기 위해, 성적 억압과 권력의 지배를 동격화하여 여성에 대한 남성의 잔학성을 정치적 은유로 극화했다는 것이다.

핀터의 『배신』(*Betrayal*, 1978)은 아내 엠마(Emma)를 불륜이라는 일종의 은밀한 거래로 유통하고 있는 로버트와 제리 사이에 동성애적인 끌림이 있음을 암시하고 있다[3]. 『마지막 한 잔』에서도 빅터의 아내 가일라를 강

---

3 엠마와 제리 사이의 불륜이 드러났을 때, 로버트는 엠마에게, "나는 항상 제리를 좋아했어. 솔직히 말한다면, 내가 자네를 좋아한 것보다 오히려 그를 더 좋아했지. 아마도 내가 그와

간이라는 폭력적 거래로 유통시킨 니콜라스는 빅터에게 동성애적 끌림을 느낀다고 볼 수 있다. 그러나 핀터가 『배신』에서는 동성애를 '뭔가 억압되고 통제되어야 할 것'으로 다루고 있는 반면(*Conversations* 69), 정치극 『마지막 한 잔』에서는 니콜라스의 미묘한 끌림에 대한 경험 그 자체를 '철저하게' 다루고 있다고 지적할 수 있다. 이와 같이, 핀터가 『배신』에서와는 달리 정치극 『마지막 한 잔』에서 미묘한 동성애적 끌림을 본격적으로 다루고 있다는 사실은 그의 정치극이 성정치성과 정치성의 밀접한 관계를 보다 본격적으로 다루고 있음을 의미한다고 볼 수 있다. 다시 말해, 핀터가 니콜라스의 빅터에 대한 미묘한 끌림을 드러낸 것은 고문을 하는 자와 당하는 자로서의 두 남자 사이의 가피학적인 관계에 문제를 제기하는 '욕망의 정치성'으로서의 '미시정치성'(*Kafka* 42)을 보여주기 위한 것이다. 그리고 이를 통해 그가 니콜라스가 신봉하고 있는 신성가족주의에 내재된 '남성의 동성사회적 욕망'의 여성혐오주의적 성정치성을 또한 드러내 보이고 있다. 즉 그는 신성가족주의에 내재된 권력과 남성성의 이데올로기적 연루를, 그리고 이러한 남성중심적 욕망의 정치성을 구현하기 위해 여성혐오주의적 성정치성을 전용하고 있음을 드러내 보이고 있다는 것이다.

니콜라스의 점차 가속화되고 있는 불안과 혼동 상태는 그의 장광설의 효과를 전혀 감지할 수 없는 빅터의 반응과 대조를 이룬다. 신이 자신을 통해 말한다고 할 정도로 자신의 절대 권력을 확신하고 빅터에게서 존경을 강요하는 니콜라스는 그러한 절대 권력을 부여한 체제 내에서의 그들

불륜 관계를 가졌어야 했는지도 몰라."(87)라고 말한다. 이처럼 명백하게 드러나 있는 동성애적 요인을 사실 비평가들은 가기(Silvio Gaggi)처럼 마치 괴이한(uncanny) 것으로, 숨겨져 있어야 할 것이 드러나 보인 것으로, '은밀한' 것으로 언급하거나, 또는 못 본 척함으로써 언급을 피하고 있다(Gaggi 509). 사실, 엠마와 제리의 불륜의 발각은 엠마의 배신이 아니라 로버트의 배신을 폭로하는 계기가 된다고 볼 수 있다.

관계를 빅터가 받아들이고 승인해주기를 원한다. "말해봐... 사실은... 자네 나를 사랑하기 시작했지? *사이*. 자네 아내는 그런 것 같아. 그러기 시작했어."(49)라며 가일라를 거래 수단으로 한 오이디푸스적 경쟁 관계와 이를 부추기는 동성사회적 욕망을 드러내 보인다. "자네라면 누가 되고 싶은가? 자네인가 나인가? *사이*. 내가 자네라면 나를 택할 것 같아."(50)라며, 그는 동성사회적 욕망이 내재된 오이디푸스적 체제 내에서 자신의 우위적인 입장에 대한 인정과 확인을 빅터로부터 받고자 한다. 그러나 빅터의 일관된 무반응에, "나는 유대감을 느껴, 알겠어, 유대감을. 나는 국가의 권력을 공유하고 있는 거야. 나는 혼자가 아니야. 나는 혼자가 아니야!"(51)라는 절망적인 니콜라스의 절규와 빅터의 "나를 죽이시오."(51)라는 담담한 반응으로 이루어지는 대면은 그 체제 내에서의 그들의 동성사회적 욕망의 소진과 추락의 경험을 적나라하게 드러내 보인다.

두 번째 장면에서 니콜라스는 자신과 같은 이름을 가진 빅터의 어린 아들 닉키에게 성과 잔인성 그리고 권력을 동격화하는 남성적 성적 환상과 동성사회적 애증의 감정의 매개를 위해 만들어진 여성혐오주의적 성정치성의 이데올로기를 주입하고자 한다. 그리고 세 번째 장면에서 그는 군인들에게 윤간을 당한 가일라와 대면하는데, 체념한 빅터와는 달리, 어린 닉키와 가일라는 용기 있는 태도로 니콜라스를 대한다. 닉키는 니콜라스의 질문에 대답하는 대신, "엄마가 어디 있어요?"(58)라고 질문을 과감하게 할 수 있고, "그 군인들이 싫었어요."(59)라고 당당히 말할 수 있다. 가일라 역시 위층에 무엇이 있냐고 묻는 니콜라스에게 "수녀는 없어요", "남자들"(69)이라고 당당하게 대답할 수 있으며, 그들이 강간을 했냐고 묻는 그를 노려볼 수도 있다. 이와 같이, 야만적인 집단 성폭행을 당한 가일라이지만 그녀는 니콜라스의 언어적 폭력에 빅터보다 훨씬 더 대담하게 대처한다. 니콜라스가 가일라를 특히 잔인하게 대하는 이유는 군인이었던 아버지에게 그녀가 불충했다는 것, 즉 그녀가 신성가족주의를 준수하지 않았기 때문이다. 니콜라스가 가일라를 성폭행하고 군인들로 하여금 집단 성폭행을 하게 한 것은, 그리고 어머니인 가일라와 유대감을 유지하고 있는 닉키를 잔인하게 죽인다는 것은 그의 오이디푸스적 질투이자 과장된 오이디푸스로 해석될 수 있다. 오이디푸스를 이루는 가족의 삼각구조와 그 구조를 유지하는 힘을 대변하는 니콜라스와 그 구조의 각 꼭짓점을 이루는 것으로 여겨지는 개체로서의 세 가족 구성원과의 대면으로 전개되는 『마지막 한 잔』은 이들 사이의 미묘한 욕망의 정치성을 통해 미시정치적 파시즘을 다루고 있다. 물론 이러한 미시정치적 파시즘은 니콜라스가 대변하고 있는 거시정치적 파시즘의 문제와 연속성을 지니는 것은 사실이다. 그러나 여기서 주지할 점은 그 사이에 불연속성도 드러나고 있다는 것이다. 예컨대, 니콜라스의 신념을 인정하지 않는 자신의 어머니와 여성에 대한 그의 여성혐오주의가 투사된 가일라에 대한 잔혹한 성적 폭력과 닉키의 살해로 구현되는 구체적 환유는 그의 거시적 파시즘의 정치적 은유로 간주될 수 있다. 즉 구체적인 성정치적 또는 미시정치적 환유와 거시정치적 은유 사이에 연속성이 있다는 것이다. 그러나 동시에 이러한 구체적 환유는 그의 거시정치적 파시즘 자체를 위협하는 요소로 작용함으로써, 그 사이에 있는 간극, 즉 불연속성을 드러내 보이고 있다. 이러한 불연속성이 바로 핀터의 본격적인 정치극들이 그가 그동안 끊임없이 극화해온 여성혐오주의 자체에 대한 문제 제기를 극화하고 있다는 사실을 입증해준다.

핀터의 정치성을 억압하고자 한 에슬린(Martin Esslin)은 그의 정치성뿐 아니라 성정치성도 탈정치화된 시적 이미지로 치환함으로써 성정치성의 탈정치화를 끊임없이 시도해왔다. 그는 핀터의 일련의 극이 시도해온 여성혐오주의의 극화를 "여성적 원리의 양상들에 대한 남성의 직면이라는 주제의 우아하고도 미묘한 변형들"로 규명한다(98). 다시 말해, 핀터 극이 보이는 그 미묘한 변형들, 즉 차이들은 결국 변증법적인 재현의 연극 속에서 다시 통합될 것임을 그는 시사하고 있는 것이다. 따라서 에슬린에 의하면, 핀터의 여성 주인공은 남성의 여성혐오주의적 판타지의 범주를 벗어날 수 없으며, 『귀향』의 루스처럼 아무리 강한 여성일지라도 그녀의 힘은 바로 그 판타지를 인정하고 확인하는 것으로 귀착될 수밖에 없다는 것이다. 결국 여성은 창녀일 수밖에 없다는 것이다. 이러한 '욕망의 수동적인 대상'(Esslin 160)으로 남을 수밖에 없는 창녀는 핀터 극 전반에 걸쳐 하나의 극적인 비유로 일관되고 있다. 『마지막 한 잔』은 남성의 여성혐오주의적 판타지 자체를 극화함으로써, 그가 즐겨 사용해온 극적인 비유로서의 창녀는 남성동성사회가 여성에게 부과한 역할, 즉 '우리들의 사업에 참가하고 있는' 아버지들을 위해 그 딸들이 '지원'하도록 강요되는 역할임을 명백하게 드러내 보이고 있다(77). 그러나 핀터의 여성들은 그들에게 부과된 창녀 역할을 기꺼이 받아들여 그 역할이 지니는 극적 비유가 되는 동시에 또한 그 비유의 사용자가 됨으로써 극의 구조를 해체할 수 있는 심한 혼란과 위협을 불러일으킨다. 다시 말해, 핀터의 여성들은 갤롭(Jane Gallop)이 구별하는 능동적으로 역할을 수행함으로써 '그녀의 정체성을 매춘하는' 창녀, 즉 '일류 창녀'의 역할을 수행하고 있는 것이다(Gallop 90). 가일라와 『산악 언어』의 젊은 여자는 바로 이러한 창녀 역할을 그 누구보다도 능동적으로 수행하고 있다고 볼 수 있다.

니콜라스는 '하나님을 위하여 세상을 정화한다'(77)는 신성가족주의의 신념으로 가일라와 닉키를 수단으로 빅터를 철저하게 거세시켜(절단된 빅터의 혀는 거세를 상징한다고 볼 수 있음), 마지막 장면에서 스탠리처럼 단정하게 옷을 입혀 다시 대면을 시킨다. 그리고 "우리 다시 만나길 바라오. 우리는 항상 친구로 남게 될 것이라 믿소."(78)라고 말하며, 동성사회적 욕망을 다시 확인하고자 한다. 그러나 드러내 보인 욕망의 미시정치성을 다시 동성사회적 체제 속에 봉쇄하려는 그의 장광설은 오히려 더 비애감을 불러일으킬 뿐이다. 다시 말해, 그의 이러한 장광설은 지금까지 전개된 대면의 장면들이 구축해온 욕망의 섬세한 미시정치성의 전복성을 역설적으로 부각시키는 효과를 초래하게 된다.

마지막 장면에서 빅터는 니콜라스의 강요로 그와 함께 마지막 한 잔을 마시고 그곳을 떠나게 되지만, 테디(Teddy)를 보내고 뒤에 남아 있는 루스처럼, 가일라는 거기에 남아 있는 것으로 『마지막 한 잔』은 끝난다. '만약에 그러고 싶으면'(78), 그녀는 빅터에게로 돌아갈 수도 있을 것이다. 그러나 핀터가 지금까지 창조한 등장인물들 가운데 '가장 자유롭고 독립적인 정신'을 가진 루스보다 더 강한 여자인 가일라가 어떤 선택을 할지는 예측하기가 쉽지 않다(*Conversations* 71). 그러나 분명한 것은 어떤 선택을 하더라도 그녀는 니콜라스가 대변하는 체제의 질서가 그녀에게 강요해온 창녀, 어머니, 연인이라는 상호배제적인 역할을 요구하는 역설의 부당한 짐을 담담하게 수행할 것이다. 그리고 그러한 역설의 짐을 수행함으로써, 그 체제가 부과한 초코드화로부터 그녀의 강간당한 신체를 분리시켜, 그 체제를 넘어서는 혁명적인 '되기'를, 즉 여성-되기를 수행하기에 이를 것임을 기대할 수 있다. 다시 말해, 그곳에 남아 가일라는 그 체제의 한계까지 이르도록 부당한 역할을 감당함으로써, 그 체제 내의 모든 가능성을 소진시켜, 잠재적인 것으로의 도약을 현실화할 수 있는 단계로 이끌 수 있을 것이라는 기대를 불러일으킨다고 볼 수 있다.

4

1985년에 쓰기 시작하여 1988년에 완성된 『산악 언어』는, 『마지막 한 잔』과 마찬가지로, 네 개의 장면으로 구성된 20분짜리 짧은 극으로 핀터의 쿠르드족의 언어탄압과 표현자유 박탈에 대한 특정한 경험이 극작 동기가 되는 명백한 정치극이다. 정치극으로서 『산악 언어』는 특정한 장소에서 24시간 이내에 일어난 사건을 다루며 재현의 연극의 삼일치를 충실히 지킴으로써 특정성을 과도하게 부과하고 있는 것으로 보인다. 그러나 영국식 복장과 태도와 언어를 끊임없이 고집하는 반면, 이 극의 무대는 비특정적인 전제국가로 그러한 특정성을 무력하게 만들기도 한다. 『산악 언어』가 이러한 혼란과 모호성을 보여주는 이유에 대하여, 콜러란(Jeanne Colleran)은 핀터가 부조리극을 정치적인 내용을 담을 수 있는 새로운 극 형식으로 확장했기 때문이라고 설명한다(51). 그 결과, 핀터의 정치극 형식에 부조리적인 분리와 이접이 작용하게 되었다는 것이다. 다시 말해, 핀터의 정치극 형식은 '분열, 이접, 그리고 불확정성에 의존하는' 극 형식이 되었다는 것이다(Colleran 57). 핀터가 영화적 기법인 몽타주와 브리콜라주 수법과 보이스오버(voice over) 수법을 정치극에서 활용하고 있는 것은 바로 이러한 분열, 이접, 불확정성의 극 형식을 구조화하기 위해서라는 것은 사실이다. 그러나 정치극인 『산악 언어』의 분열, 이접, 불확정성의 극 형식은 부조리성이 아니라 정치성을 구현하기 위한 것이며, 따라서 이러한 극 형식은 그의 정치성의 특성을 드러내고 있는 것으로 검토되어야 할 것이다.

교도소 밖과 내부에서 일어나는 네 개의 짧은 장면들의 병치로 이루어진 『산악 언어』는 일종의 영화적 기법인 몽타주와 브리콜라주 수법으로 구조화되어 있다. 핀터가 이러한 수법으로 극을 구조화하는 이유는 재현의 연극이 유도하는 전체성의 봉쇄 전략에 대처하기 위해서라고 볼 수 있다. 콜러란은 핀터가 연극이라는 매체가 만들어내는 '허위적인 전체성'에 대항하여 포스트모던적인 파편화를 사용하고 있다고 지적한다(59). '허위적인 전체성'이란 각 부분의 차이를 인정하지 않고 그 차이를 탈취하여 전체성을 가장하는 것이다. 들뢰즈가 그러한 재현의 억압을 거부하듯이, 핀터 역시 차이를 거짓 전체성으로 가장하는 재현의 연극에 대항하는 차이의 연극을 위해 부조리적인 분리와 이접이 작용하는 극 형식을 만들어낸 것이다. 따라서 『산악 언어』는 파편들을 결합한, 즉 환유로 기능하는 각각 고립된 파편들의 병렬로 구성된 것으로 볼 수 있다. 이처럼 일련의 환유들의 병렬로 구성된 핀터의 정치극은 그 파편들이 유기적인 구조의 전체 맥락 속에서 의미가 부여될 수 있는, 즉 전체를 이루는 부분으로 다루어지는 것을 거부한다. 그 대신에, 이 파편들은 각 파편과의 상호작용을 통해 중첩되고 또 간극을 보이기도 하는 '불확정성의 영역'을 만들어낸다. 다시 말해, 『마지막 한 잔』의 경우와 마찬가지로, 『산악 언어』의 네 장면들은 바로 '불확정성의 영역'을 만들기 위해 이러한 형식으로 구조화된 것이라 볼 수 있다. 그리고 바로 이러한 불확정적인 공간에 사기적인 전체성, 즉 기만적인 전체주의를 전복할 수 있는 위협적인 전복성이 내재되어 있는 것이다.

교도소 담 밖이 무대가 되는 첫 장면은 면회를 온 두 여자, 젊은 여자(Young Woman)와 늙은 여자(Elderly Woman), 그리고 두 남자, 하사관(Sergeant)과 장교(Officer)의 대면으로 시작된다. 아들을 면회 온 늙은 여자는 엄지손가락이 떨어져 나갈 정도로 경찰견에게 물렸지만 내내 침묵을 지키고 있는 반면, 남편을 면회 온 젊은 여자는 늙은 여자를 대신하여 항의를 한다. 이미 말해준 이름을 거듭 묻는 하사관과 손을 물은 개의 이름을 말하라고 강요하는 장교는 모순된 논지와 모순된 분류의 언어로 두 여자에게 억압적인 폭력을 행사한다. 이러한 폭력을 행사하는 군인이 사용하는 언어는 '수도 언어'로 거대 언어, 즉 다수언어인 것이다(21). 권력자의 언어가 다수언어가 될 수 있는 것은 폭력을 행사함으로써, 즉 억압의 기능을 행사함으로써 가능한 것이다. 따라서 장교는 산악 언어를 죽은 언어로 공포하며, 이제 군사명령과 법에 의하여 그 말은 추방되고, 금지된다. 물론 그럼에도 불구하고 산악 언어는 존재한다. 그러나 그 언어는 죽은 것으로 분류된다. 소수언어로서의 산악 언어를 말하지 않는다고 주장하는 젊은 여자는 하사관에 의하여, '엉덩이'로 말하는, 즉 여성의 몸을 언어로 사용하는 여자로 분류된다(23). '사라 존슨'(Sarah Johnson)이라는 이름을 밝히며, 실수로 산악인으로 잘못 분류되어 투옥된 남편을 만날 수 있는 권리를 주장하는 젊은 여인은, 이제 다수언어를 말하는 하사관과 장교에 의해, '젠장할 인텔리', 엉덩이를 가장 잘 흔드는 인텔리로(25), 즉 창녀로 분류된다. 이와 같이, 첫 장면에서 우리는 권력과 지배 관계를 전제로 하여 다수언어는 산악 언어와 여성의 몸언어를 소수언어로 분류한다는 것 그리고 소수가 된다는 것은 지배자인 다수의 자의적인 명령과 법이라는 척도에 의한 것임을 깨닫게 된다. 사실, 이러한 맥락에서 볼 때, 핀터의 정치극은 들뢰즈와 가타리의 소수문학의 특징들을 거의 모두 내포하고 있음을 알 수 있다.[4]

두 번째 장면인 면회실에서 늙은 여자는 아들을 위해 가져온 빵을 산악언어로 권하지만, 곧 간수는 이를 저지한다. 말할 수 없는 다수언어로 말할 것을 강요받는 그녀는 여전히 산악 언어로 말한다. 다시 금지된 언어라고 소리치는 간수를 그녀는 노려볼 뿐이다. 위협을 의식한 간수는 그녀가 다수언어를 사용할 수 없는 것이 자신의 잘못이 아닌 것이 분명하고, "나는 마누라와 애가 셋이 있다. 그러나 너는 똥덩어리일 뿐이야."(31)라고 외치며 니콜라스처럼 그들 사이의 권력 관계를 재확인한다. 침묵이 흐른 후, 죄수가 "나도 마누라와 애가 셋이 있습니다."라고 말한다. 똑같은

---

4 들뢰즈와 가타리는 소수문학의 특징을, '언어의 탈영토화, 개인의 정치적인 직접성과의 연결, 발화의 집합적 배치' 등 세 가지로 요약한다(*Kafka* 18). 사실, 『산악 언어』는 소수문학의 첫 번째 특징인 '언어의 탈영토화'만이 아니라 그 밖의 모든 특징들을 포함하고 있다. 즉, 두 여자들이 두 남자들에게 당하는 개인적인 폭력의 경험은 두 남자가 대변하는 경찰국가의 파시즘의 기계로서 절대적인 권력을 개인에게 휘두르는 성정치적인 그리고 동시에 정치적인 억압으로 직접 연결될 수 있는 경험이다. 그리고 하사관과 장교뿐 아니라 모든 등장인물들은 개인으로보다는 집합적 대변인의 기능을 하고 있으며, 따라서 이들의 모든 발화는 집합적인 것으로 간주될 수 있다.

대사이지만, 간수의 말은 자신과 죄수와의 권력과 지배 관계를 규명하고자 한 것인 반면, 죄수의 말은 권력에 대한 저항을 시사하며, 이에 간수는 그를 불순분자로 보고한다. 따라서 산악 언어만이 소수언어가 아니라, 이처럼 똑같은 말이지만, 다수언어가 소수에 의하여 사용되면, 다수언어는 소수화를 겪게 되는 것임을 볼 수 있다. 따라서 이 사실은, 들뢰즈와 가타리의 소수언어와 소수문학에 대한 규정이 그러하듯이, 단순히 소수인종이 쓰는 언어만이 소수언어인 것이 아니라 다수언어를 사용하는 소수인의 언어 역시 소수언어라는 것을 드러내 보인다. 따라서 핀터의 다수언어의 소수언어화는 쿠르드족의 언어에 대한 억압뿐 아니라, 글로벌 그리고 제국주의적 언어로서의 다수언어인 영어의 소수화에 대한 정치적 뉘앙스를 시사하고 있다고 볼 수 있다. 그러나 여기서 주지할 점은 정치적 억압으로서 소수언어에 대한 강제적 부정은 정치적 통제를 가져오는 대신 정치적 전복의 가능성을 유도하게 된다는 역설적인 사실이다.

손가락이 잘린 늙은 여자의 침묵과 강렬한 시선은 소수언어에 대한 강제적 탄압에 의한 정치적 전복성을 시사하고 있다고 볼 수 있다. 특히 여성의 신체에 대한 정치적 억압을 의미하는 손가락 절단은 정치성과 성정치성의 중첩과 동시에 그 간극의 상징으로, 혁명적 전복성을 내포하고 있는 상징인 것이다. 이러한 전복성은 반쯤 어두워진 조명 속에서 등장인물들의 동작이 정지된 상황에서, 금지당한 언어, 늙은 여자의 손가락처럼 절단된 언어, 소수언어로 녹음된 목소리가 방송되는 보이스오버의 기법으로 더욱 더 강조되고 있다. 이러한 보이스오버를 통해 다수언어로 억압할 수 있다고 믿는 간수의 절대적인 통제에도 불구하고 모자는 여전히 소통할 수 있음을 시사한다. 이를 통해 핀터는 다수언어로서 언어가 억압의 도구가 되지만, 반면에 소수언어를 또한 저항의 수단으로 만들 수 있음을 보여주고 있다.

핀터가 『산악 언어』에서 사용하고 있는 영화적 기법인 보이스오버는

『가족의 목소리들』(*Family Voices*, 1981)과 같은 라디오극에서 '일련의 탈육체화된 목소리들'(Gale 163)에 대한 본격적인 실험을 통해 개발한 기법을 변형시킨 것이다. 이러한 기법은 베케트가, 『크랩의 마지막 테이프』(*Krapp's Last Tape*, 1958)에서 『발자국』(*Footfalls*, 1975), 『자장가』(*Rockaby*, 1980) 등에 이르기까지, 즐겨 쓴 탈육체화된 목소리와 유사한 기능을 지니고 있다.[5] 나아가 정치극 『산악 언어』에서 핀터는 물리적인 신체의 억압과 통제를 벗어나 무의식과 상상력을 통한 의사소통의 방법과 위협적인 다른 차원의 세계를 보여주기 위해 이 기법을 활용한다. 홀(Ann C. Hall)이 지적한 대로, 대부분의 영화와 연극에서 목소리가 시각적 이미지로부터 분리된 보이스오프(voice off)는 시각적 이미지의 우위를 위협하지만, 결국 목소리와 신체가 통합됨으로써, 분리보다는 오히려 '묘사되는 통일성의 확인과 묘사되는 공간의 동질성'(20)을 강조해주기 마련이다. 그러나 핀터는 『산악 언어』에서 이러한 보이스오버와 보이스오프의 영화적 기법을 변형시켜, 음향과 이미지의 분리를 강조해준다. 다시 말해, 시각적 이미지와는 절연된 목소리를 들음으로써 관객은 물리적인 무대의 세계를 벗어나 소수언어로 의사소통이 가능한 공간으로 들어갈 수 있다. 사실, 누구의 목소리인지를 알고 있지만, 그 주체에 귀속되지 못하고 공간에 떠있는 전치된 목소리는 관객에게 위협적인 존재가 된다. 그 이유는 그 목소리가 그 물리적 공간에 자리할 수 없는 다른 차원의 영역에 속한 것이기 때문인 것이다.

복도를 무대로 한 '어둠 속의 목소리'라는 제목이 붙은 셋째 장면은 어둠 속에서 심한 욕을 하며 소리 지르는 하사관의 목소리와 간수의 목소리로 시작한다. 젊은 여자로 하여금 남편이 갇힌 내부시설로 들어오게 만든

5 필자의 졸고 "The Mother/Daughter Relationship in Beckett: *Footfalls* and *Rockaby*" (1999)를 참조할 것.

관료주의적 부주의에 대하여 욕을 하는 하사관의 목소리는 언어의 폭력적 힘을 시사한다. 반면 보이스오버로 들리는 젊은 여자와 남편과의 대화는 젊은 시절의 로맨스에 대한 추억으로, 고통스러운 현재와는 동떨어진 낭만적인 언어의 대화이다. 보이스오버는 연인들의 목소리로 '파편 속의 또 한 파편'(Colleran 60)으로 의미 유추보다는 탈상황적인 파편성을 의식하게 만든다. 이러한 효과로 관객의 관음증적 시선은 갈 곳을 잃고, 이제 불확정성의 영역으로 유도된다. 사실, 핀터의 악명 높은 '사이'(pause)와 '침묵'(silence) 또한 청각적인 것에 대한 그의 실험의 일부이다. 핀터의 이러한 청각에 대한 실험은 연극이 가지고 있는 음향에 대한 시각적 이미지의 권위를 전복시킬 수 있다. 그리고 이러한 전복은 결국 신체에 물리적으로 가하는 정치적 억압 그리고 여성의 신체에 가하는 성정치적 억압의 전복을 시사하고 있다.

어두운 복도에서 군인들은 다수언어로 사라 존슨이라는 여자를 창녀로 분류한다. 그러나 그렇게 분류된 사라는 기꺼이 창녀의 언어를 사용하여, "내가 그와 섹스를 할 수 있을까요? 만약에 섹스를 한다면, 모든 것이 잘 될까요?"(41)라며 창녀의 역할을 적극적으로 수행하고자 한다. 사라의 이러한 능동적인 수행성은 『산악 언어』가 문제 제기를 하고 있는 여성혐오주의적 성정치성 자체를 명백히 드러내 보인다. 『마지막 한 잔』의 가일라와 마찬가지로, 사라는 자신에게 부과된 상호배제적인 역할인 창녀와 아내라는 역설의 부당한 짐을 기꺼이 감당하고자 한다. 이러한 짐을 기꺼이 짐으로써 그녀는 그 역설의 상징이 될 뿐 아니라, 남성과 이를 거래하는 그 상징의 사용자가 될 수 있는 것이다. 이러한 적극적인 거래를 통해 본인에게 부과된 초코드화를 탈코드화하여, 즉 성상품화된 신체를 그 구조로부터 분리시킴으로써 사라는 여성-되기로서의 소수-되기, 탈주를 적극 주도하는 역할을 할 수가 있다. 다시 말해, 가일라처럼 사라는 그 체제가 부과하는 부당한 짐을 기꺼이 수행함으로써 그 체제의 한계를 드러내 보이고 그것을 넘어서는 혁명적-되기를 시도할 수 있을 것이다.

『산악 언어』의 마지막 타블로는 핀터의 극 중 가장 비참한 장면이며, 또한 상당히 모호한 장면이다. 그 모호성은 피를 흘리고 있는 죄수의 어머니의 침묵으로 더욱 가중된다. 이제 규율이 바뀌어 산악 언어를 사용해도 된다고 간수는 말하지만, 그 여자는, 창녀의 언어를 기꺼이 사용함으로써 여성-되기, 소수-되기를 시도하는 사라처럼, 침묵의 언어로 적극적인 소수화, 즉 소수-되기를 수행하고 있다고 볼 수 있다. 이제 자신의 절단된 손가락처럼 탈육체화된 목소리마저도 부재하게 된 것이다. 프리드(Donald Freed)는 이러한 어머니의 침묵을 유리피데스(Euripides)의 『트로이의 여자들』(*The Trojan Women*, B.C. 415)에서 정의를 요구하는 트로이 여자들의 태곳적 외침에 비유한다(8). 따라서 그녀의 침묵은 그 어느 저항 행위보다도 강력한 행동이며, 의식적인 소수화의 행동으로 해석될 수 있다. 냉소적인 간수와 하사관 그리고 침묵을 지키고 있는 어머니, 어머니에게 말을 하라고 애원하다 쓰러져 격렬한 발작을 일으키고 있는 죄수가 함께 만드는 이 마지막 장면은 모든 것이 실제로 변화를 겪는 '사건'의 장면이다. 쓰러진 죄수만이 아니라 모든 등장인물들은 추락을 경험하며, 이제 모든 것이 소진된 한계 상황을 보여주고 있다. 사실 이 마지막 장면은 바로 푸코가 지적하는 존재(being)와 억압이라는 부정의 통치하에 항상 존재하도록 허락되는 차이의 비존재(non-being)의 아포리아(aporia)를, 그것의 끊임없는 재탄생의 의식을 보여주는 장면으로, 우리의 연민을 불러일으키고 있다(229). 그러나 핀터가 보여주는 존재와 비존재의 아포리아의 의식은 해결방도가 없어서 그 간극을 그대로 또는 봉쇄해서 보여주는 의식이 아니다. 오히려 그 의식은 그대로 간과할 수 없는 그 간극, 그 차이를 해방시키는 의식으로, 과거의 반복이 아닌 미래로의 도약의 가능성을 시사하는 미래의 정치성을 구현하는 의식으로 볼 수 있다.

들뢰즈와 가타리는 정치적으로 중요한 것들은 항상 '다른 어디선가, 의회의 복도, 회의의 막후'에서 일어나고 있고, 욕망과 권력에 내재된 문제들, 즉 '정의의 실제적 문제를 직면하는 곳은 바로 거기'에서라고 지적한다(*Kafka* 50). 『산악 언어』에서도 전체주의적 체제를 대변하는 교도소 안에서 정말 정치적으로 중요한 것, 욕망과 권력에 내재된 문제를 직면하는 곳은 외설스러운 일이 일어나고 있는 복도와 무대 이면이다. 즉, 정치적인 것, 분자적 동요, 사건이 일어나는 곳은 바로 가일라를 강간하는 위층 어느 부속방과 사라의 성상납이 거래되는 복도인 것이다. 명백한 정치극을 씀으로써 '방'에서 나가고 싶다고 말했지 않았냐는 거소(Mel Gussow)의 질문에 핀터는, "『산악 언어』에 방도 있지만 또한 복도(corridor)도 있다. 내가 의미했던 것은 나 자신을 자유롭게 하는 것이다."(*Conversations* 78)라고 대답한다. 이처럼 핀터는 '어둠 속의 목소리들'이 들리는 복도를 통해, 카프카(F. Kafka)의 『심판』(*The Trial*, 1925)에서 K가 법률 사무소들이 즐비한 어두운 복도를 따라 미끄러져 나와 밝은 곳으로 나오듯이, 방을 빠져나올 수 있는 출구를 찾고자 한 것이다. 핀터의 정치극 쓰기는 바로 이러한 출구를 찾는 탈주의 시도인 것이다.

5

『마지막 한 잔』과 『산악 언어』는 명백한 정치극으로 최근 활발하게 논의되고 있는 핀터의 정치성, 그리고 정치성과 성정치성에 대한 논의의 진원지가 되는 작품들이다. 그러나 그러한 '명백한' 정치성 때문에 오히려 이 작품들은 논의의 주목을 제대로 받지 못해왔다. 이 두 작품들뿐 아니라 『바로 그대로』(*Precisely*, 1985), 『파티 시간』(*Party Time*, 1991), 『새로운 세계질서』(*The New World Order*, 1991) 등, 다른 일련의 명백한 정치극들도 본격적인 논의에서 기피 대상이 되기는 마찬가지다. 이러한 현상은 아마도 핀터의 정치적 관심에 대한 표명을 유보적인 태도로 받아들이고자 하는 핀터 비평가들의 의식적인 또는 무의식적인 외면과도 무관하지 않을 것이다. 사실 이들은 80년대를 지나 90년대에 이르러 핀터가 드디어 그의 본연의 '비정치적 모호성과 불확실성'(Peacock 146)의 부조리극으로 되돌아가고 있다고 지적함으로써, 핀터의 명백한 정치극들을 일종의 외도로 끝까지 간과하려 했다. 이러한 핀터의 명백한 정치극에 대한 비평가들의 의도적인 무관심에서, 우리는 핀터의 정치극에 드러난 명백한 정치성을 감춰져야 되는데 드러나 보인 '괴이한'(uncanny) 것으로 여기는 그들의 무의식을 읽어낼 수 있다. 즉, 그들은 핀터의 정치성 자체를 이미 주요(major) 부조리극작가로 확고하게 자리매김된 핀터의 권위를 위협하는 것으로 보고, 마치 드러나지 말아야 하는데 드러난 여성성처럼 취급하고 있는 것이다. 이러한 경향을 통해, 핀터의 정치성 논의는 성정치성 논의와 결코 무관할 수 없다는 사실을 다시 확인할 수 있다.

핀터의 명백한 정치극에서 볼 수 있는 정치성과 성정치성의 밀접한 관계는 주요 부조리극작가라는 몰적(molar) 존재로부터 벗어나, 새로운 되기를 위한 핀터의 탈주와 맞물려 있는 문제이다. 들뢰즈에 의하면, 글을 쓴다는 것은 상상적인 것이 아닌 실제적인 탈주의 선을 추적하는 것을, 즉 우리로 하여금 정치적 현실에 직접 관여하게 만들고, 거기로 유인하기 때문에 우리가 따라가지 않을 수 없는 탈주의 선을 추적하는 것을 의미한다. 그것은 사실 작가 또는 정치극작가가 되는 것과는 상관없으며, '그 밖에 다른 무언가'가 되는 것을 의미한다(*Dialogues* 43). 따라서 핀터는 그의 정치극에 대한 거소와의 대담에서, "당신은 나에 대하여 극작가로서 관심을 가지고 있지만, 나는 나 자신에 대하여 한 시민으로서 더 관심을 가지고 있다."(91)라고 말한다. 다시 말해, 정치극을 씀으로써 그는 정치성과 성정치성의 '사이'에서의 차이들의 해방을 통해, 다른 무언가, 쿠르드족, 여자,

즉 타자, 소수-되기를 경험하며, 자신의 몰적 존재로부터 벗어나는 탈주의 선을 찾는 데 더 관심을 가지고 있다는 것이다.

참고문헌

Bergson, Henri. *Matter and Memory*. Trans. N. M. Paul and W. S. Palmer. New York: Zone Books, 1988.

Billington, Michael. *The Life and Work of Harold Pinter*. London: Faber and Faber, 1996.

Buchanan, Ian, and Claire Colebrook, eds. *Deleuze and Feminist Theory*. Edinburgh: Edinburgh UP, 2000.

Chung, Moonyoung. "The Mother/Daughter Relationship in Beckett: *Footfalls* and *Rockaby*." *Irish University Review: A Journal of Irish Studies* 29.2 (Autumn/Winter 1999): 281-93.

Colebrook, Claire. "Introduction." Buchanan and Colebrook. 1-17.

Colleran, Jeanne. "Disjuncture as Theatrical and Postmodern Practice in Griselda Gambaro's *The Camp* and Harold Pinter's *Mountain Language*." *Pinter at Sixty*. Ed. Burkman, Katherine H. and John L. Kundert-Gibbs. Bloomington and Minneapolis: Indiana UP, 1993. 50-63.

Deleuze, Gilles. *Difference and Repetition*. Trans. Paul Patton. New York: Columbia UP, 1993.

Deleuze, Gilles, and Claire Parnet. *Dialogues*. Trans. Hugh Tomlinson and Barbara Habberjam. New York: Columbia UP, 1977.

Deleuze, Gilles, and Félix Guattari. *Anti-Oedipus: Capitalism and Schizophrenia*. Trans. Robert Hurley, Mark Seem, and Helen R. Lane. London: The Athlone Press, 1983.

_______. *Kafka: Toward a Minor Literature*. Trans. D. Polan. Minneapolis: U of Minnesota P, 1986.

Esslin, Martin. *Pinter: The Playwright*. London: Methuen, 1982.

Foucault, Michel. "Theatrum Philosophicum." *Mimesis, Masochism, & Mime: The Politics of Theatricality in Contemporary French Thought*. Ed. Timothy Murray. Ann Arbor: The U of Michigan P, 1997. 216-38.

Freed, Donald. "Body and Soul: Poetics and Politics in the Work of Harold Pinter." *The Pinter Review: Collected Essays 1999 and 2000* (2000):

6-10.

Gaggi, Silvio. "Pinter's *Betrayal*: Problems of Language or Grand Metatheatre?" *Theatre Journal* 33.4 (1981): 502-16.

Gale, Steven H. "Harold Pinter's *Family Voices* and Concept of Family." Bold. 146-65.

Gallop, Jane. *The Daughter's Seduction: Feminism and Psychoanalysis.* Ithaca: Cornell UP, 1982.

Grosz, Elizabeth. "Deleuze's Bergson: Duration, the Virtual and a Politics of the Future." Buchanan and Colebrook. 214-34.

Gussow, Mel. *Conversations with Pinter*. New York: Grove P, 1994.

_______. "Pinter on Pinter: The Lincoln Center Interview." *The Pinter Review: Collected Essays 2001 and 2002* (2002): 14-37.

Hall, Ann C. "Voices in the Dark: The Disembodied Voice in Harold Pinter's *Mountain Language*." *The Pinter Review: Collected Essays 1991* (1991): 17-22.

Massumi, Brian. *A User's Guide to Capitalism and Achizophrenia: Deviations from Deleuze and Guattari*. London & Cambridge: The MIT P, 1999.

Merritt, Susan Hollis. "Pinter and Politics." *Pinter at 70: A Casebook*. Ed. Gordon, Lois. New York and London: Routledge, 2001. 129-60.

Peacock, D. Keith. *Harold Pinter and the New British Theatre*. London: Greenwood, 1997.

Pinter, Harold. *Mountain Language*. New York: Grove P, 1988.

_______. *One for the Road*. London: Methuen, 1984.

Prentice, Penelope. *The Pinter Ethic*. New York & London: Garland, 2000.

Sedgwick, Eve Kosofsky. *Between Men: English Literature and Male Homosocial Desire*. New York: Columbia UP, 1985.

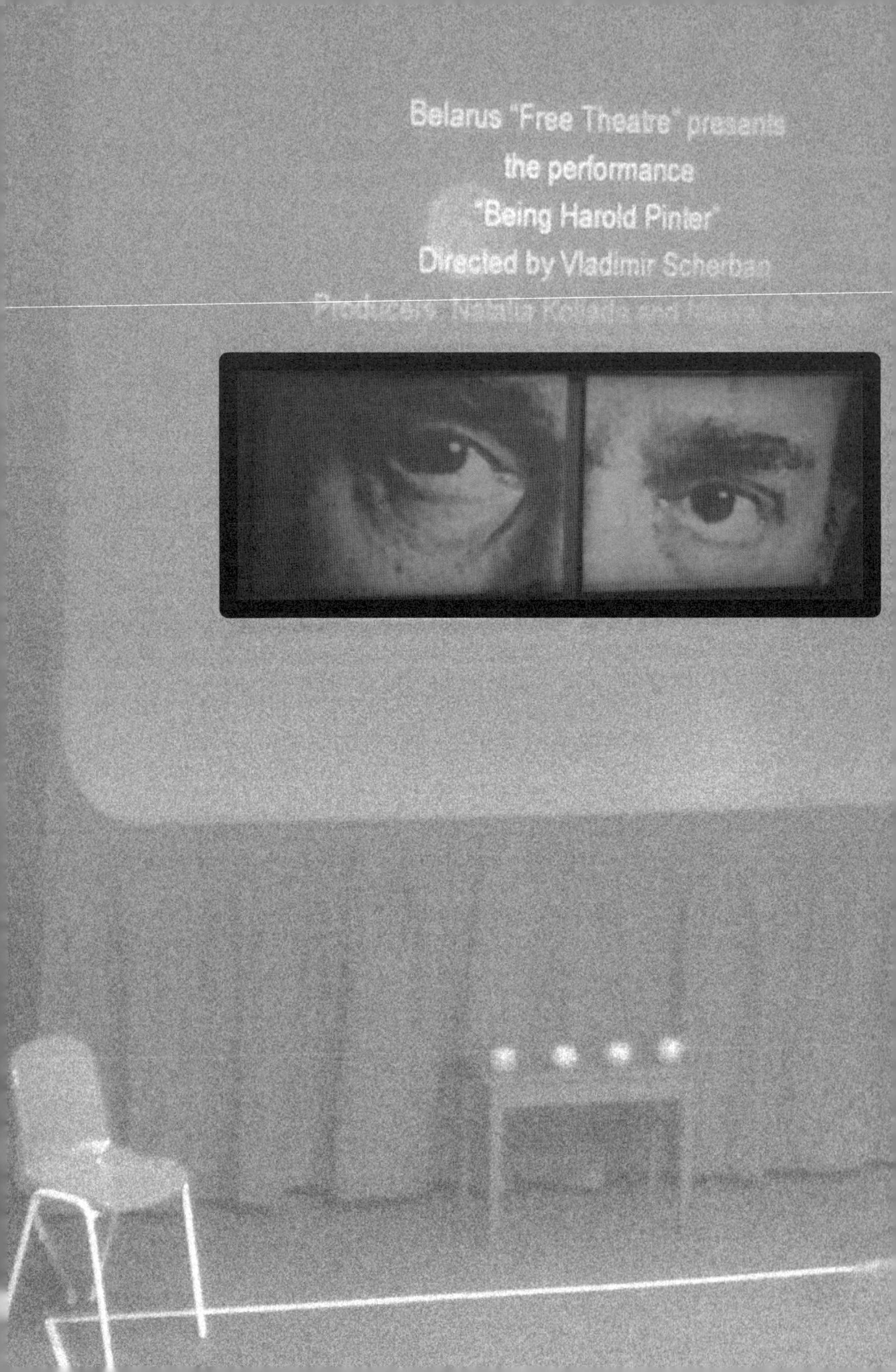
Belarus "Free Theatre" presents
the performance
"Being Harold Pinter"
Directed by Vladimir Scherban

제 5 부

'핀터특유의' 정치성과 성정치성

제5부에서는 핀터의 후기극 『달빛』(*Moonlight*, 1993)과
『재에서 재로』(*Ashes to Ashes*, 1996)를 '핀터특유의' 정치성과 성정치성의
구현 그리고 그 사이에서 생성된 '핀터특유의' 정치극으로 읽는다.
80년대 중반 오이디푸스적 극을 쓰지 않겠다고 선언한 이후, 핀터는 정치극의
극작에 주력하였다. 그의 정치극 쓰기는, 억압된 성정치성 자체의 문제를
극화한 일련의 '명백한' 정치극들을 거쳐, 정치성과 성정치성의 상호관계
그리고 그 사이가 만들어 낸 동인에 의하여 구조화한 『달빛』, 그리고 그의
초기 위협희극 『생일파티』에서 다루었던 홀로코스트를 다시 다룬
『재에서 재로』에서 '핀터특유의' 정치극의 생성에 이르게 되었다고 볼 수 있다.
이러한 정치성과 성정치성의 밀접한 상호관계성과 그 '사이'에 주목한
핀터의 일련의 정치극 쓰기는 그를 소수문학작가로, 그리고
정치극작가보다는 다른 무언가, 쿠르드족, 소수민족 여자, 즉 타자,
소수-되기로 유도했다. 그 결과, 핀터는 예술가로서보다 한 시민으로
자신에 대하여 더 관심을 갖게 되었다고 고백하기에 이르렀다.

제9장

『달빛』, 『재에서 재로』

1

1980년대 중반에 이르러 핀터가 일련의 '명백한' 정치극들을 쓰면서 그동안 부인해왔던 자신의 정치적 관심에 대하여 공언했음에도 불구하고 대부분의 비평가들은 그의 정치적 관심에 대한 표명을 그대로 믿지 않고, 유보적인 태도로 받아들였다. 따라서 피콕(D. Keith Peacock)과 같은 비평가들은 마침내 90년대 핀터가 『달빛』(*Moonlight*, 1993)을 씀으로써 다시 '비정치적 모호성과 불확실성'의 70년대 기억극으로 돌아갔다는 주장으로 핀터의 정치적 관심에 대한 논의를 결론지으려고 했다(146). 그러나 『달빛』, 『마지막 한 잔』(*One for the Road*, 1986)을 선두로 한 일련의 명백한 정치극을 거쳐 창조하게 된 정치극임이 분명하다. 다시 말해, 핀터는 정치성을 구현하기 위해 성정치성 자체의 문제를 극화한 일련의 명백한 정치극 쓰기를 거쳐, 『달빛』에 이르러 정치성과 성정치성의 상호 관계와 그 간극이 만들어내는 동인을 보다 분명하게 의식하고 이를 통해 일종의 정치극 쓰기를 시도한 것이다. 이후 그의 초기 위협희극 『생일파티』에서 다루었던 홀로코스트를 다시 다룬 『재에서 재로』(*Ashes to Ashes*, 1996)에 이르러 마침내 '핀터특유의' 정치극 형식을 발견하게 된 것이다. 그리고 희극적인 사회풍자극이라고 말할 수 있는 핀터의 마지막 극작품 『축하파티』(*Celebration*, 2000) 역시 21세기 파국의 시대의 그의 새로운 정치극으로 볼 수 있다.[1] 이와 같이, 핀터는 그의 극작을 일련의 정치극 쓰기로 마무리했다. 따라서 그의 후기 정치극들에 대한 읽기를 통해 그의 정치극의 한계에 대한 인식과 그 한계, 즉 끝을 반복함으로써 새로운 가능성을 추구하는 그의 말년의 정치극 쓰기의 의미를 다시 새겨볼 수 있을 것이다.

핀터의 정치성 논의 못지않게, 그의 성정치성 역시 많은 논의를 불러일으켜 왔다. 한편으로 그는 은밀한 페미니스트로 인정받기도 했지만, 다른 한편으로 여성혐오주의자라는 혐의를 받아온 것도 사실이다. 그런데, 흥미로운 것은 여성혐오주의자의 혐의가 성정치적 관점에서 핀터를 본격적으로 다루는 비평가들보다는 에슬린(Martin Esslin)과 같은 대부분의 권위적인 남성 비평가들에 의해서 부과되거나 시사되고 있다는 사실이다. 이러한 혐의가 오히려 페미니스트 시각에서 때로 벗겨지는 경우도 있지만, 그 경우에도 여전히 그의 성정치성에 대하여 '남성 작가로서는' 또는 '모호한'이라는 한정어를 첨가한 유보적인 평가가 주어진다. 그럼에도 불구하고 핀터는 현대 극작가들 가운데 성정치성의 관점에서 가장 많은 관심을 끌고 있는 남성 극작가임에는 틀림없다. 특히 핀터의 젠더 이슈는 정치성 문제와 서로 긴밀하게 맞물려 있으며, 따라서 보다 복합적인 시각으로 접근되어야 한다는 비평가들의 지적과 함께,[2] 최근 그의 정치성과 성정치성

---

1 『축하파티』의 전략고문이라는 직업을 가진 두 졸부들(형제들)의 천박성과 잔인성의 희화화와 함께 이들과 아내들(자매들) 사이의 신랄하고도 적대감에 찬 관계는 『달빛』의 퇴직고급공무원 앤디(Andy)와 그의 아내 벨(Bel) 그리고 『재에서 재로』의 데블린(Devlin)과 레베카(Rebecca) 사이의 관계와 미묘한 연관성을 발견할 수 있다. 따라서 후기의 세 작품들은 모두 정치성과 성정치성의 문제를 다루고 있는 핀터의 정치극으로 볼 수 있다.

2 그 대표적인 예로 메리트(Susan Hollis Merritt)를 들 수 있는데, 그녀는 『작업 중인 핀터』(*Pinter in Play: Critical Strategies and the Plays of Harold Pinter*)에서 「문화정치성」("Cultural Politics")이라는 장을 마련하여 핀터의 정치와 젠더 문제를 함께 다루고 있다.

에 대한 논의가 더욱 활발하게 전개되고 있는 추세를 보인다.

최근 들어, 핀터의 정치성과 성정치성 사이의 상호관계성을 전제로 한 연구들이 활발해지고 있는 가운데, 밀느(Drew Milne)는 핀터의 작품 전반에 걸쳐 드러나 보이는 '정치성과 성정치성 사이의 구조적 간격'을 지적하면서, 양자 간의 맞물린 관계와 더불어 그 구조적 차이를 부각시키는 논의를 전개한다(209). 이러한 논의 가운데 그녀는 핀터의 『재에서 재로』가 여전히 정치성과 성정치성 사이의 구조적 간격을 확인시켜줄 뿐, 다른 관점의 가능성을 제시하지는 못한다고 평가한다(209). 그러나 밀느가 극복해야 하는 간극으로 지적한 그 구조적 간격 자체가 핀터 극의 새로운 가능성을 시사할 수 있는 공간이 될 수 있으며, 사실 핀터특유의 정치극이 생성되고 있는 곳도 바로 여기인 것이다. 다시 말해, 핀터 후기극의 문제점으로 주로 지적되는 정치성과 성정치성 사이의 간극에서 오히려 핀터특유의 정치극을 창조하는 동인을 찾을 수 있는 것이다. 이러한 관점에서, 이 책은 정치적 관심이 잠재된 초기 위협희극, 그리고 그 관심이 휴면기에 들어가 오이디푸스적 구조 속에 갇혀 있었던 기억극, 그리고 80년대 중반 명백한 정치극을 거쳐 핀터특유의 후기 정치극에 이르는 핀터 극의 일련의 '되기들'(becomings), 즉 '정치적-되기'(becoming-political)의 과정을 추적해왔다고 볼 수 있다. 이러한 과정을 통해, 핀터는 우리 시대에 맞는 새로운 정치극 미학과, 연극과 정치성 그리고 성정치성의 관계를 새롭게 모색하는 작업을 끊임없이 시도해왔음을 알 수 있다.

2

이제 핀터의 모호한 정치성에 의문을 제기해왔던 대부분의 비평가들도 핀터가 그 나름대로는 '항상 정치적 작가였다'는 점에서는 대부분 의견을 같이하기에 이르렀다(Gussow 81). 핀터 자신은 초기에는(60년대까지) 일종의 정치적 작가라고 말할 수 있었으나, 이후 한 20년간은 그렇다고 볼 수는 없는 몽유 상태에 빠져 있었던 시기였다고 밝힌다. 비록 그는 이 기간 동안 많은 작품들을 썼지만, 오이디푸스적 갈등과 영역 싸움의 극이라는 일종의 크리스털 속에 갇혀서 초기에 그가 지녔던 코믹성과 쾌활성을 잃어버릴 것 같은 두려움을 느꼈던 시기였다고 회상한다.[3] 그리고 마침내 오이디푸스라는 이상적 꿈의 세계에서 깨어나, 자신의 '방'이 외부세계와 근접해 있으며, 그가 감당하기 어려울 정도로 참을 수 없는 그 무엇과 직면해야 한다는 것을 깨닫게 되었다고 그는 고백한다(Knowles 25). 다시 말해, 그는 오랜 몽유 상태에서 깨어나 다시 '정치적-되기'에 진입했고, 드디어 도처에 편재한 정치권력의 은폐성과 폭력성을 볼 수 있게 되었다는 것이다.

핀터의 정치성에 대한 논의에서, 명확한 정치적 의도와 메시지의 전달을 중요시하는 기존의 정치극작가의 경우와는 대조적으로 모호성이 핀터의 정치성의 주요 특성이 된다는 사실이 가장 많이 언급된다. 이러한 핀터의 정치성과 그것의 모호성에 대한 논의는, 프린츠(Jessica Prinz)와 아라게이(Mireia Aragay)의 경우에서 볼 수 있는 것처럼, 포스트모더니스트 정치성의 관점에서 주로 전개되고 있다. 후기극의 정치성의 특성으로 모호성 외에도, 편재성, 익명성, 은폐성[4] 등이 지적되고 있는데, 이러한 특성들 역

3 핀터에 의하면 이 시기는 정치적 작가로서의 일종의 '휴식' 기간으로, 그동안 많은 극들—대표적인 작품들로 『옛 시절』(*The Old Times,* 1970), 『배신』(*The Betrayal,* 1978), 『풍경』(*Landscape,* 1967), 『침묵』(*Silence,* 1968) 등—을 창작했는데, 이러한 작품들은 기억과 젊음 그리고 상실과 같은 주제, 즉 오이디푸스적 기억과 관련된 것들로 사회적 정치적 구조에는 관심을 두지 않은 극들이라고 말한다(Gussow 82 참조).

4 핀터의 후기극의 정치성을 다룬 황훈성의 「해롤드 핀터 후기극의 정치성: 『파티 시간』, 『달빛』, 『재에서 재로』」(2001)는 핀터의 정치극을 우리 시대의 보편적인 권력 작용 형태(은폐성, 익명성, 편재성이 그 특성)에 대한 통찰을 통한 정치극의 미학에 대한 새로운 인식의 산물로 보고 있다.

시 포스트모더니스트 정치성의 주요 특징들로 간주되는 것들이다. 포스트모던 시대의 정치권력은 계급이나 국가와 같이 광범위하게 하나로 통제되는 집합체의 견지에서의 거시정치적 개념보다는 사회의 모든 지점에 편재하고 있는 권력관계의 네트워크나 미시정치적 개념으로 가장 잘 파악될 수 있는 것으로 여겨진다. 그러나 이러한 미시정치적 개념으로 파악되는 포스트모더니스트 정치성의 탈중심화 또는 편재성은 정치의 힘을 약화시킬 우려가 있을 뿐 아니라, 정치 소멸 현상과 동일한 현상일 수도 있음이 지적되기도 한다. 간단히 말해, 포스트모더니스트 정치성이란 바로 탈정치성을 의미할 수 있다는 것이다. 핀터의 후기극, 특히 『달빛』 또는 『축하파티』를 핀터의 탈정치적인 부조리극으로의 복귀로 읽고자 하는 비평가들의 주장의 근거를 이러한 논의에서 찾을 수 있다. 그러나 핀터의 정치성의 모호성과 편재성 그리고 권력에 대한 미시정치적인 인식은 포스트모더니스트 정치성의 특성 또는 탈정치성 자체가 아니라 새로운 핀터 정치극의 특성과 미학으로 읽어낼 수 있다. 역설적이지만, 사실 핀터가 진정한 정치극을 창조할 수 있었던 것은 기존 정치극의 정치성으로부터의 탈정치성을 통해서 가능했다고 볼 수 있다.

핀터의 성정치성에 대해서도 그의 정치성에 대한 논의에서처럼 불명확성과 모호성이 지적되고 있다. 사실 핀터의 성정치성 문제를 다루는 비평가들의 견해 또한 불명확하고 모호하다고 볼 수 있다. 앞 장에서도 언급했지만, 여성 핀터 비평가들의 대모격인 버크만(Katherine Burkman)[5]의 경우가 그 대표적인 예가 될 수 있다. 핀터의 극을 '귀향(homecoming)의 드

---

5 버크만이 편집한 *Pinter at Sixty*(1993)에는 버크만의 글 "Deborah's Homecoming in *A Kind of Alaska*", 버크만의 학생이자 필자의 지도교수인 루프(Judith Roof)의 글 "The Betrayal of Facts: Pinter and Duras beyond Adaptation", 그리고 필자의 졸고 "Portrait of Deborah: *A Kind of Alaska*"가 함께 실려 있다. 같은 책에 실린 핀터의 성정치성을 다룬 3세대에 걸친 여성 핀터비평가의 글들은 각각 다른 세대, 인종, 종교, 성적 성향이 반영된 차이를 읽어낼 수 있는 재미있는 사례를 제공해준다.

라마'로 일관되게 읽어내는 버크만의 비평은 정전적인 비평으로 인정받고 있다. 그러나 『일종의 알래스카』를 비롯하여 『타지들』에 대한 그녀의 읽기가 보여주듯이, 그녀는 '귀향'을 오이디푸스 영역인 가족으로의 돌아옴이 아니라 오히려 그로부터의 '탈방향화'로 간주함으로써 핀터의 성정치성을 지적하지만, 여전히 그 탈방향화를 오이디푸스 내로 통합함으로써 재방향화를 제시하는 결론에 이르고 있음을 살펴보았다. 다시 말해, 오이디푸스적 공간으로부터의 탈방향화, 즉 탈영토화에서 시작한 버크만의 해설은 결국 그녀의 신화적 비평에서 확립한 오이디푸스적 시나리오의 패턴으로 돌아와 그 결론을 맺게 된다는 것이다.

그러나 보다 본격적으로 핀터의 성정치성의 문제를 다룬 비평가들의 견해 역시 버크만의 모호한 태도와 크게 다르지 않다. 예컨대, 프랑스 정신분석적 페미니스트 방법론으로 핀터의 성정치성을 다루는 버크만의 제자인 홀(Ann Hall)의 비평 역시 모호한 입장을 벗어나지 못하고 있다. '일종의 알래스카'를 가부장제 내의 타자로서의 여성의 위치, 즉 '가부장적인 구조 내의 여성의 대상화된 위치'를 나타내기 위한 핀터의 성정치성의 은유로 보는 홀은 핀터가 여성 등장인물들을 통해 가부장적 구조 자체에 대한 저항을 시도하고 있음을 관객으로 하여금 보도록 유도하고 있다고 지적한다(15). 그러나 그녀 역시 데보라의 마지막 모호한 태도와 불확실한 미래는 '그 구조의 종결에 대한 가부장적인 욕망에 도전하는 동시에 지지한다'(90)는 것으로 해석하고 있다. 홀의 이러한 결론은 그녀가 해석한 데보라처럼 핀터 비평의 정전에 도전하는 동시에 지지하고자 하는 그녀의 욕망이 투사된 것으로 해석될 수 있다. 그러나 홀은 "타자의 장소, 이 '일종의 알래스카'에는 벌어진 틈들(some cracks)이 있다."(90)라는 결언을 덧붙이듯이, 핀터의 모호한 성정치성에 의해 구조화된 극 속에 그 구조를 벗어날 수 있는 간극이 내재되어 있음을 시사하고 있다. 따라서 핀터의 진정한 성정치성 또한 역설적이지만 가려진 틈을 발견하여 탈영토화의 공간으로의 탈주를 가능하게 하는 억압된 성정치성의 전복성을 통해 구현된다고 주장할 수 있다. 이 장에서는 핀터의 후기 정치극은 바로 이와 같이 각각의 특성을 지닌 핀터의 정치성과 성정치성의 상호관계성이 주된 동인이 되어 구조화된 핀터특유의 정치극이라는 사실을 전제로 『달빛』과 『재에서 재로』를 읽고자 한다.

3

핀터의 정치극을, 특히 정치성과 성정치성의 관점에서 읽을 때, 핀터의 관심은 정치성에 있지 성정치성에 있지 않으며, 오히려 후자를 전자를 위해 이용하고 있다는, 즉 성정치성을 도난하고 있다는 생각이 들 수 있다. 그리고 사실 핀터의 초기극에서는 그의 정치성을 눈에 띄지 않게 하기 위하여 성정치성이 전용되기도 했다. 그러나 일련의 그의 정치극들의 읽기를 통해 그의 진정한 정치성은 그의 억압된 성정치성의 전복성에 의하여 구현되고 있음을 발견하게 된다. 이와 같은 문제가 핀터의 정치성과 성정치성을 읽어내기 위한 방법론으로서의 페미니즘과 들뢰즈의 관계 맺기에 대해서도 제기될 수 있다. 앞 장에서도 언급했지만, 18세기 자유주의에서부터 최근에 이르기까지 거대이론들과의 관계 맺기를 시도해온 페미니즘은 상호작용에 있어서 능동적인 역할을 하지 못하고 늘 그 상대이론에 귀속되어 왔으며, 그 이유는 바로 페미니즘 자체가 지니는 불완전한 정체성 때문이라는 지적을 받아왔다(Colebrook 5). 그러나 어떤 기본적인 원리 또는 체계를 지닌 안정적인 사고체계였던 적이 없는 페미니즘은 그 불확정적인 정체성 때문에 제2항에 귀착되고 마는 것은 결코 아니다. 사실 페미니즘은 그 자체가 무엇이 될 수 있는 것인가의 견지에서 그 2항과의 관계 맺기를 해온 것이라고 보아야 한다. 페미니즘의 다른 이론들과의 이러한 관계 맺기에서 일어나는 것이 바로 들뢰즈의 '사이'에서 일어나는 '되기들'인 것이다.

그렇다면 들뢰즈의 이론과의 만남에서 페미니즘은 드디어 자신을 발견하게 되었다고 볼 수 있을까? 사실 콜브룩(Claire Colebrook)이 지적했듯이, 페미니스트들이 처음 들뢰즈를 접하게 될 때 "그들의 불안을 야기하는 가장 큰 요인이 바로 이러한 되기, 복수성, 그리고 내재성의 개념들"이라고 말할 수 있다(10). 따라서 몇몇 페미니스트들은 들뢰즈의 '여성-되기'가 자신이 도전하고 있는 정신분석의 해체를 위한 도구로서 또 하나의 여성의 이미지를 조립한 것에 지나지 않는다는 반론을 제기하기도 한다. 그러나 들뢰즈의 관심사가 곧 페미니스트 관심사와 일치하는 것도 결코 아니며, 사실 그럴 필요도 없는 것이다. 다만 상호작용에서 양자가 모두 능동적인 역할을 할 수 있어야 한다는 것이 보다 중요한 문제인 것이다. 그런데 들뢰즈와 페미니즘의 상호작용이 그 사이를 만들 수 있고 거기에 각각의 새로운 되기의 가능성이 존재하고 있다는 것은 분명한 사실이다.

데리다가 남근중심주의적 정신분석을 해체하기 위한 전략으로 라캉이 억압한 프로이트의 여자 보나파르트(Marie Bonaparte)의 존재를 전복적인 힘으로 이용하고 있듯이, 들뢰즈 역시 라캉의 정신분석의 오이디푸스적 구조를 탈영토화하기 위해, 여성의 이미지를 이용하고 있다고 볼 수 있다. 즉 그의 주요 개념인 '소수-되기'의 설정을 위해 '여성-되기' 개념을 이용하고 있는 것이다. 물론 데리다의 관심은 젠더 문제가 아니고, 들뢰즈의 관심 역시 '여성-되기'와 여성 자체에 있는 것은 아니다. 그러나 페미니스트 시각이 데리다와의 상호작용에서 해체 전략을 전용할 수 있는 사이를 발견할 수 있듯이, 들뢰즈와의 상호작용에서 여성-되기를 비롯하여 들뢰즈의 이론들을 전용할 수 있는 사이를 찾을 수 있다. 그러나 페미니스트들은 들뢰즈 이론의 전용에 대해서 상반되는 입장들을 보이고 있다. 예컨대, 플리거(Jerry Aline Flieger)와 같은 페미니스트들은 들뢰즈와 페미니즘의 결합을 하나의 '패러독스'(62)로 보는 반면, 그로츠(Elizabeth Grosz)와 같은 비평가들은 들뢰즈의 페미니스트 전용을 긍정적으로 평가한다. 플리거는 여성을 '되기'라는 과정 중에 있는 잠재적 흐름의 '사건'으로 보는 들뢰즈가 여성을 남성의 탈주를 도와주고 사라지는 촉매로만 이용하고 있다고 지적한다. 반면에 페미니스트 프로젝트를 위해 들뢰즈를 전용하는 그로츠는 오히려 들뢰즈의 여성-되기를 통해 실제 여성의 한계를 벗어나 '잠재태들'(virtualities)에 대한 탐구에 도전할 수 있다고 주장한다(Shukin 150-51).

사실 페미니스트들은 들뢰즈의 몰적 존재가 아니라 불안정한 분자적 존재로서의 여성에 대해 상반되는 입장을 보이고 있다. 플리거는 들뢰즈의 불안정적인 여성이 페미니즘에 부정적인 효과를 가져다줄 것으로 본 반면, 그로츠는 '안정된 주체라는 가설을 불안정하게 만드는' 들뢰즈의 '불안정성'이 오히려 페미니스트와 퀴어 이론에 '긍정적인 효과'를 가져다줄 수 있다고 주장한다(214). 이러한 맥락에서, 이 장은 페미니즘과 들뢰즈의 상호작용에 대한 문제제기에 개입하기보다는, 플리거의 주장과 경고를 의식하면서, 그로츠의 긍정적인 입장에서 들뢰즈의 페미니스트 전용을 시도하여, 핀터의 정치성과 성정치성 그리고 양자 사이의 관계를 읽어내고자 한다.

4

핀터의 후기극 『달빛』과 『재에서 재로』는 구체적인 정치적 상황과 극적 행위를 통해 정치적 메시지를 전달하는 기존 정치극의 중요한 요인들이 삭제되거나 절단된 극이라고 말할 수 있다. 들뢰즈의 용어를 빌리자면, '소수화'(*minorer*)[6]를 거친 극이다. 「하나의 소수 선언」("One Less

Manifesto", 1979)에서 들뢰즈는 연극의 재현체제와 권력체제 사이의 밀접한 연관성을 전제로 하여, 프랑스 극작가 베네(Carmelo Bene)의 경우를 들어, 연극에 대한 하나의 '소수'(less, *de moins*) 선언을 발표했다. 여기서 들뢰즈는 재현의 연극에서 주요 구성적 요소들을 삭제하거나 절단함으로써 창조할 수 있는 '비재현의 연극'을 소수화된 연극으로 정의한다(241). 다시 말해, 들뢰즈의 소수연극은 재현의 주요 요소들을 '연속적인 변주'를 거치게 함으로써, 안정적인 권력의 요소들을 삭제하는 창의적인 방법을 통해 불균형적이며 비재현적인 힘을, 즉 연극의 새로운 잠재성을 해방시키는 것을 지향하는 혁명적인 연극이다. 그의 주장에 따르면, 연극의 재현 체재를 구성하는 주요 요인들을 삭제함으로써 권력체제를 구성하거나 재현하는 요인들도 삭제할 수 있다는 것이다. 핀터의 후기 정치극이 지향하는 것이 바로 이러한 들뢰즈의 혁명적인 연극이라고 말할 수 있다.

소수화하는 방법에는 삭제만 있는 것이 아니라 '과잉'(excess) 역시 하나의 방법이다. 예컨대, 『달빛』은 기존 연극, 특히 비극의 주제가 되는 아버지에 대항하는 아들의 반역을 다루고 있다. 그러나 핀터는 기존 연극에서와는 달리 카프카(F. Kafka)처럼 부조리의 상태로까지 이 주제를 의도적으로 확대하여, '과장된 오이디푸스'로, 즉 비극이 아니라 희극으로 다루고 있다(*Kafka* 10-11). 다시 말해, 오이디푸스적 구조로부터의 탈주

---

6 'minor'에 대한 사전적인 정의를 참조하면, ① 보다 작은, 작은 쪽의; 보다 적은 쪽의(smaller, lesser). ② (비교적) 중요치 않은, 보다 중요하지 않은; 2류의; 심각하지 않은. ③ 손아래의. ④ 미성년의. ⑤ 단음계의, 단조의. ⑥ 부전공 과목의. ⑦ 소(小) 등이다. 들뢰즈의 '다수'(majority)와 '소수'(minority)의 개념은 권력과 지배의 상태를 전제로 하는 개념이다. 즉 소수는 다수에 의해 소수인 것이다. 파리나 모기가 인간보다 숫자상으로는 더 많이 존재하지만, 그럼에도 불구하고 인간이 기준 척도(standard measure)가 되고 그 관계 속에서 필연적으로 다수가 된다는 것이다. 즉 다수는 더 많은 양을 가리키는 것이 아니라, 어떤 다른 종의 양이 더 적은 것으로 여겨지도록 하는 척도이다. 예컨대, 여자와 아이들, 흑인과 미국원주민 등은 '남자-백인, 기독교인, 현대 미국 또는 유럽 도시에 살고 있는 평균적인 남성 성인 거주자(율리시즈)'에 의해 확립된 척도와의 관계 속에서 소수인 것이다("One Less Manifesto" 253 참조).

를 이러한 과잉의 방법을 통해 시도한 것이다. 예컨대, 관료주의의 힘, 가부장적 힘을 상징하는 앤디가 침대에 누워 임종을 맞이하여 아들을 소환시키기를 강요하는 극적 상황은 부조리적인 상황까지 확대된 과장된 오이디푸스로 희극적인 효과를 자아내고 있다. 이러한 과잉은 오이디푸스적 재현의 체재를 넘쳐흐르는 충만함으로 작용한다. 과잉 역시 삭제와 마찬가지로 모든 것을 '연속적인 변주' 속으로 이끌어 소수화의 효과를 발생시킬 수 있다. 이를 통해 그의 일종의 '악마적인 프로젝트', 즉 과장된 오이디푸스로 완전히 다른 종류의 분자적 정치성의 앙띠-오이디푸스를 실행할 수 있게 된다는 것이다(*Kafka* 10). 핀터가 후기 정치극에서 초기의 코믹성과 쾌활성을 되찾을 수 있었던 것은 바로 이러한 소수화의 효과이며, 이를 통해 그는 카프카처럼 '유쾌한 작가'로 변신할 수 있게 된 것이다(*Kafka* 11).

들뢰즈는 베네의 경우를 들어, 소수연극은 극의 언어와 제스처를 비롯해 연극적 재현과 무대에서의 재현에서 상수(constants)로 여겨져 온 고정불변적 요소들을 삭제하며, 이로써 모든 권력의 발생을 삭제하게 된다고 주장한다. 즉 왕, 귀족, 주인, 체제 등 연극이 재현하는 것의 권력뿐만 아니라 연극 그 자체가 지니는 권력도 삭제한다는 것이다. 결과적으로, 연극의 소수화란 '모든 것을, 언어에서 소수언어를, 무대에서 소수등장인물을, 지배적인 형식과 주제에 관련된 일련의 소수화 변형을 구성하는 창조적인 소멸선 위에서 연속적인 변형으로 통과시키는 것'을 의미한다("One Less Manifesto" 251). 사실, 같은 권력 체제 안에서는 어느 누구든 그 체제의 노예일 따름이기 때문에, 어떻게 '이런 갈등적이고 공식적이고 제도적인 재현이라는 상황'으로부터 벗어나 자유로울 수 있을까라는 중요한 질문을 소수연극선언을 통해 우리 모두에게 들뢰즈는 던지고 있다. 이 질문에 대해, 그는 체제 속에 현존하고 있는 반체제(underground)의 자유로운 변주의 작용에 의해 그것이 가능하며, 이를 통해 노예제의 그물을 통과하여 미끄러져 나와 그 체제의 전반적인 상황을 피할 수 있다고 대답한다. 그러나 문제는 관건이 되는 반체제 작용을 어떻게 설명할 수 있을까라는 것이다. 이러한 의문에 대해 답하기는 좀처럼 쉽지 않다. 그러나 들뢰즈는 단순한 해답을 제시한다. 실현불가능하게 여겨질지 모르지만, 만약 다수가 권력의 역사적 또는 구조적 모델을 거부한다면, 전체 세계가 그 모델로부터 일탈하게 되고, 그러면 다수가 소수, 잠재적 소수가 될 수 있다는 것이다. 들뢰즈의 연속적 변주란 바로 인간을 노예로 취급하는 하찮은 인간(nobody)의 다수법칙과는 대조가 되는 모든 인간(everybody)의 소수-되기라고 말할 수 있다. 들뢰즈에 의하면, 소수화된 연극의 기능은 우리의 소수의식이라는 잠재성을 발견하고 소수-되기의 인물을 창조하는 것이다. 들뢰즈의 이러한 소수연극의 기능이 바로 핀터의 『재에서 재로』가 시도하고 있는 극의 기능인 것이다. 핀터는 이 극에서 두 남녀 레베카와 데블린과의 갈등을 재현하기보다는 데블린과의 갈등을 거부하고 '보다 더 능동적이며 공격적인 요인으로서의 변주'("One Less Manifesto" 252)를 시도하는 소수의식의 레베카를 창조하고 있다고 볼 수 있다. 들뢰즈는 소수연극에 대한 선언을 다음과 같은 '혁명적인 연극', '잠재성', '의식의 새로 되기'에 대한 소수적 이해로 끝을 맺고 있다.

> 연극은 보편적-되기(a universal-becoming)로서의 소수의식을 오로지 창조하는 재현을 향해 비등할 것이다. 그러기 위해서 연극은 연극을 뛰어넘어 다른 형식, 혹은 또 하나의 도약을 위해 그 스스로를 연극 속으로 다시 변형시키는 다른 형식을 취하는 변형선을 따라가면서, 환경에 따라 여기저기서 제휴할 것이다. 그것은 비록 정신분석적인 의식이나 마르크스적 정치적 의식이나 혹은 브레히트적 의식과 아무 관계가 없을지라도, 그것은 참으로 의식 고양의 문제이다. 의식, 의식의 고양은 거대한 힘이다. 그러나 해결이나 해석을 위해서 하지는 않는다. 의식이 해결이나 해석을 포기할 때, 의식은 빛과 몸짓과 소리, 단

> 호한 변형을 습득하게 된다. 헨리 제임스는 다음과 같이 썼다. "그녀는 자신이 해석할 수 있는 것보다 더 많이 알게 되었다. 그녀의 선명한 비전을 가로막는 어둠은 더 이상 없다. 거기에는 얼얼한 빛만 남아 있었다." 우리가 소수의식을 더 많이 갖게 될수록, 우리는 고독을 덜 느낀다. 빛. 우리는 우리 스스로 우리 자신의 집단이다. '나의 원자들의 집단'이다. 일정한 방식(공식)에 대한 야심 밑에는, 혁명적인 연극, 소박하고도 사랑스러운 잠재성, 의식의 새로 되기의 한 요소가, 무엇인가에 대한 가장 겸손한 이해가 있다.("One Less Manifesto" 256)

『재에서 재로』의 마지막 장면에서의 레베카는 바로 이러한 소수의식이 고양된 소수의 모습을 보여준다. 말하도록 강요받는 것을 거부할 뿐 아니라 그녀 자신 소수화된 언어로 그에게 말할 수 있는 것, 즉 '자신이 해석할 수 있는 것보다 더 많은 것을 알게' 된 레베카는 어두워진 무대 위에 환하게 빛나는 램프의 '빛'처럼 의식의 새로운 되기, 보편적-되기를 향한 선명한 비전을 보며, 우리 모두를 '보편적-되기' 속으로, 중간지대 속으로 유도하고 있는 것이다.

5

『달빛』은 핀터가 『배신』(*Betrayal*, 1978) 이후 15년 만에 처음으로 쓴 장막극이다. 무대에서 오랜 '사이'(pause)를 취하는 동안, 핀터는 상당히 많은 영화대본 작업[7]을 했다. 암스트롱(Raymond Armstrong)이 지적했듯이, 사실

7 핀터는 29편의 극작품과 대략 25편이 넘는 영화대본을 썼다. 따라서 편수로만 보아도 핀터는 연극과 영화에 거의 비슷한 비중을 두고 작업을 했다고 볼 수 있다. 그러나 에슬린을 비롯하여 많은 핀터 비평가들은 핀터의 영화작업을 일종의 '휴식기'의 부수적인 작업으로 취급하려는 경향이 있다(Esslin 218). 비교적 최근 그의 영화작업 자체에 대한 평가 작업이 본격적으로 시도되고 있는데, 주요한 연구성과들로는, 소설을 영화로 각색한 영화대본들에

핀터의 영화에 대한 열정은 정치성에 대한 열정과 서로 수반된다(117). 그러나 핀터의 정치성을 오이디푸스적이며 보수주의적인 성향으로 읽고자 하는 암스트롱은 『달빛』을 핀터의 오이디푸스적 구조로의 '최종적인 귀향'으로 단언하고 있다. 그에 의하면, 카프카의[8] 『심판』 영화작업(*The Trial*, 1993)을 통해, 카프카처럼 핀터도 오이디푸스적 갈등을 극복하고 다시 연극으로 돌아와 그동안 그가 해온 부권에 대한 일련의 불경스러운 도전의 '마지막 불경'으로 『달빛』을 쓰고, 이로써 마침내 '최종적인 귀향'을 마치게 된다는 것이다(36). 그러나 실은 핀터의 영화작업의 성과는 휴지상태에 있던 그의 정치적 관심이 표면화되는 데에 커다란 영향력을 행사했으며, 그를 오이디푸스적 구조로 다시 귀향하게 한 것이 아니라 그 한계를 인식하고 그로부터 벗어나려는 시도를 할 수 있도록 만들었다.[9] 들뢰

대한 연구로 클라인(Joanne Klein)의 『영화 만들기: 핀터 영화대본』(*Making Pictures: The Pinter Screenplays,* 1985)과 게일(Steven H. Gale)이 편집한 『해럴드 핀터의 영화』(*The Films of Harold Pinter,* 2001) 그리고 그가 쓴 『예리한 컷』(*Sharp Cut: Harold Pinter's Screenplays and the Artistic Process,* 2003)을 들 수 있다.

8 베케트와 카프카는 들뢰즈와 가타리에 의해 소수문학 작가로 불리는 작가들로 핀터에게 가장 많은 영향력을 행사한 작가들로도 자주 거론된다. 주로 핀터와 이 두 작가들과의 관계는 오이디푸스적 관계로 파악된다. 베케트가 극작가인 반면에 카프카는 소설가이며, 베케트는 프랑스어로 작품을 쓰고 영어로 번역하는 반면에 카프카는 영어사용자가 아니라는 두 가지 분명한 이유 때문에 카프카보다 베케트의 영향력이 핀터 작품에서 훨씬 더 잘 인지된다고 암스트롱은 지적한다(Armstrong 38). 따라서 특히 서로 다른 매체와 언어를 사용하는 카프카와 핀터와의 관계는, 형식보다는 카프카가 선호하는 주제인 아버지와 아들 사이의 갈등을 핀터 역시 즐겨 다루고 있다는 점에서, 즉 오이디푸스적 주제 전개의 내용 측면에서 특히 고려되어야 한다고 지적한다. 그러나 핀터와 베케트와 카프카와의 관계는 오이디푸스적 관계 또는 오이디푸스적 주제 전개에서 상호연관 관계보다는, 글쓰기의 더블(double) 관계로 주목될 수 있다. 즉 베케트와 카프카는 핀터의 '글쓰기 더블들'(writing doubles)이다. 실제로 핀터는 항상 극을 쓸 때마다 베케트를 그의 제1의 독자로 삼아 그에게 초고를 보내어 그의 반응을 글쓰기에 반영했다. 그가 오랜 시간 기획했던 카프카의 『심판』 영화 대본 원고도 죽어가는 그를 즐겁게 하기 위해 그에게 읽을거리로 보냈다(Gussow 144). 사실 핀터의 카프카 『심판』 영화 만들기는 그의 글쓰기의 난국을 극복하고 『달빛』을 쓸 수 있는 글쓰기의 장을 마련해준 작업으로 간주될 수 있다.

9 필자의 졸고 "Pinter's Cinematic Politics: *The Trial* "(2004)에서 핀터의 정치성과 그의 영화 매체 바꿔 쓰기 작업과의 밀접한 관계를 다루고 있음.

즈와 가타리에 의하면, 카프카는 이야기 형식에서 소설이라는 형식으로 매체 전환을 시도함으로써 단순히 형식만의 변화가 아니라 그가 당면했던 내용면에서의 한계로부터 벗어나 '보다 높은 차원의 관심'으로 나아갈 수 있는 계기를 갖게 되었다(*Kafka* 15). 핀터 역시 새로운 매체로의 전환과 실험을 통해, 카프카의 경우처럼 그의 오이디푸스적 구조의 극 형식의 한계를 넘어서 보다 높은 차원의 관심사로 옮아갈 수 있는 동력을 발견할 수 있었던 것이다. 다시 말해, 핀터의 영화작업은 그로 하여금 그의 오이디푸스적인 공간 '방'이 '아웃필드'(out-of-field),[10] 즉 외부 공간과 연결되어 있다는 사실 그리고 마침내 카프카의 K처럼 개인의 능력을 넘어서는 견딜 수 없는 무엇인가와 직면하지 않을 수 없다는 사실을 인식하도록 유도할 수 있었다는 것이다. 즉 핀터는 오이디푸스적 구조에서 탈주할 수 있는 탈영토화의 동력을 영화매체로의 변환 과정에서 발견할 수 있었던 것이다. 따라서 『달빛』은 '최종적인 귀향'이 아니라 1980년대 중반의 명백한 정치극 단계를 넘어서 영화매체 변환의 작업을 통해 새로운 핀터특유의 정치극의 단계를 여는 작품이라고 볼 수 있다.

사실 핀터의 영화작업의 성과는 정치성뿐 아니라 성정치성에 대한 그의 관심과도 서로 맞물려 있다. 예컨대, 사켈라리두(Elizabeth Sakellaridou)는 핀터의 『프루스트 영화대본』(*The Proust Screenplay*, 1978)을 비롯하여 『프랑스 중위의 여자』(*The French Lieutenant's Woman*, 1991)[11]에 이르기까지 여

10 들뢰즈는 프레이밍(framing)과 디프레이밍(deframing)을 구별하여 프레이밍의 두 가지 양식을 설명한다. 즉 표준화각(normal angle) 촬영에 의한 프레이밍과 이러한 촬영에 의한 동질적 '인필드'(the in-field)와 불연속적이며 이질적인 공간 즉 '아웃필드'(the out-of-field)를 담아내는 비표준화각(abnormal angle) 촬영에 의한 디프레이밍으로 구별한다. 그러나 사실 모든 프레이밍은 아웃필드를 결정하므로, 두 가지 종류의 프레임이 있는 것이 아니다. 오히려 아주 다른 두 가지 양상의 아웃필드가 있으며, 이 두 양상은 각각 프레이밍의 양식과 관련된다고 볼 수 있다(*Cinema 1* 15-16).

11 필자의 졸고 "Pinter's Cinematic Transliteration: Deterritorialized Space of *The French Lieutenant's Woman*"(2003)에서 핀터의 성정치성과 영화 매체와의 관계를 다루고 있음.

러 영화대본 작업 경험이 마침내 여성을 '독립적, 자주적인 실체'로 등장할 수 있게 만드는 데 큰 역할을 했다고 본다(194). 따라서 『달빛』의 벨과 브리짓(Bridget)은 핀터의 영화작업 경험이 만들어낸 핀터의 여성들로 볼 수 있다. 이들은 『재에서 재로』의 레베카와 더불어 오이디푸스적 구조 내에서 부과되는 수동적인 창녀의 역할이 아니라 자주적이며 능동적인 주체로서 오이디푸스적 구조로부터 탈주를 시도하는 인물들로 등장하게 된다. 그리고 이러한 시도를 통해 주변의 남성들을 유도하여 탈영토화하는 역할도 수행할 수 있는 혁명적인 주체가 되기도 한다. 간단히 말해, 영화매체 변환에서 핀터는 오이디푸스적 극이 기초한 여성혐오주의적 성정치성의 한계를 벗어날 수 있는 동인도 발견할 수 있었던 것이다.

『달빛』은 그가 만족했던 극 형식을 가진 『귀향』과 같은 극으로의 '귀향'이 아니라 그러한 오이디푸스적 몰적(molar) 구조의 극 형식으로부터 벗어날 수 있는 일종의 '돌파구'가 되는 극임을 핀터는 밝히고 있다(Gussow 105). 그의 극을 가두어 두었던 오이디푸스로부터 탈주하기 위한 분자적 운동의 동력, 즉 분자적 정치성은 바로 그의 연극을 위한 영화의 전용, 즉 들뢰즈가 설명하는 연극의 영화의 전용으로서의 '영화적 연극성', 바쟁(André Bazin)의 용어로는 '연극성의 잉여'의 전용을 통해서 구현될 수 있었다(*Cinema 2* 84). 『심판』의 영화작업에 뒤이어 쓴 『달빛』의 무대는 세 공간(아버지 앤디의 방, 아들 프레드(Fred)의 방, 딸 브리짓의 공간)으로 구성된다. 브리짓은 죽은 사람이지만 『생일파티』의 죽은 제시처럼 무대 위에 부재하는 것이 아니라 우리와 함께 현존하는 죽은 사람, 유령으로 등장한다. 16세에 나이가 멈춘 브리짓은 16세에 '일종의 알래스카'로 간 데보라를 연상시키기도 한다. 핀터는 브리짓을 『달빛』의 핵심 인물로, 두 공간으로 분리된 가족들 모두에게 강한 그리움의 대상이 되는 존재로 설명한다(Gussow 99). 이러한 브리짓이 등장하는 공간은 오이디푸스적 영역을 벗어나는 '사이'에 존재하는 영화의 '아웃필드', 즉 '디프레임'(deframe)으로,

'보이지도 않고 이해될 수도 없는 것을, 그럼에도 불구하고 완벽하게 존재하는 것'을 나타내는 것으로 전용되어 연극무대 위에 올려졌다(*Cinema 1* 16). 즉 『달빛』에서 브리짓의 공간이 '영화적 연극성'을 통해 보이지 않는 잉여의 공간이 아니라 무대 위에 현존하는 공간으로 제시되었다는 것이다.

핀터는 브리짓의 공간을 '아웃필드'로 제시함으로써 연극의 무대 밖과 영화의 프레임 밖에 있기로 기대되는 공간을 관객들로 하여금 보도록 만들어 상당히 불편한 감정을 느끼도록 유도한다고 볼 수 있다(Žižek 15). 들뢰즈에 의하면 '아웃필드'는 다른 곳에 존재하는 것, 교란스러운 존재로 존재를 주장하며 생존해가는, 즉 '탈존'(ex-istence)하는 것, 동질적인 시간과 공간을 벗어나 급진적인 다른 곳에 존재하는 것이다(*Cinema 1* 17). 핀터가 『달빛』에서 관객들로 하여금 보기를 원하는 것은 바로 그레이트햄프든(Great Hampden)의 크리켓 구장과 같은 일상생활의 동질적인 공간인 '인필드' 아래에 인접해 있는 혐오스러운 핵기지시설과 같은 '아웃필드'의 존재인 것이다.[12] 영화는 이러한 두 공간들 사이의 분리와 연결을 모두 가능하게 하는 이중적 기능을 가지고 있다. 즉 영화는 두 공간 사이의 안전한 거리를 확보해주는 보호화면의 역할과 두 공간 사이의 인접성을 드러내 보이기 위한 내재적 연결의 기능을 동시에 가지고 있다고 볼 수 있다. 이러한 이중적 기능을 가진 영화를 핀터는 정치성과 성정치성 구현을 위해 전용하고 있는 것이다. 즉 핀터는 브리짓과 그녀의 공간을 마치 다른

---

12 1984년 8월 22일 『가디언』(*Gurdian*)지에 실린 그레이트햄프든의 크리켓 구장 바로 밑에 미국에 의한 유럽핵시설센터로 3층 지하벙커 건설에 관한 기사를 언급하면서, 핀터는 지상의 크리켓 구장과 지하핵시설의 끔찍한 장면 사이의 불협화음, 즉 불연속성과 인접성을 설명하고 있다. 다시 말해, 공간적으로 거리가 있는 낭만적인 크리켓 구장과 혐오스런 핵시설물, 시간적으로는 분리되어 있는 전형적인 전원 시대와 첨단 과학 시대의 영역들이 우리의 일상적인 세계 안에서 어떻게 서로 연결되어 있는지를 충격적으로 보여준다("A Play and Its Politics" 21-22).

현실의 영화적 이미지로 보고자 하는 관객들의 욕망(Žižek 15)을 이용하여 이를 쉽게 만족시키지 않음으로써(Conley 29), 그들이 보고 싶지 않은 두 공간 사이의 인접성을 보도록 유도하고 있다는 것이다.

핀터도 밝히고 있지만, 그의 다른 극들, 특히 선행하는 정치극들과는 달리 『달빛』에서 상당히 '사적'인 주제를, 죽음에 대한 의식, 자신의 아들 다니엘(Daniel)과의 절연, 반항적이었던 젊은 청년시절의 자신과 권위적이었던 아버지와의 관계 등을 다루고 있다(Gussow 102). 그러나 『달빛』은 사적인 것을 극화함으로써 정치적인 것을 다루는, 즉 퀴글리(Austin Quigley)가 말한 '정치적인 것은 사적인 것이다'를 극화하고 있는 정치극이라고 볼 수 있다(10). 핀터는 『달빛』을 정치적이라기보다는 사적인 극으로 보는 구소의 의견에 동의하지만, 구소가 의미하는 것보다 더 '확장된' 의미에서 그는 '사적인' 극임을 시사한다(102). 달리 말해, 핀터는 『달빛』에서 들뢰즈가 의미하는 미시적인, 즉 '가장 섬세한' 사건을 다루는 미시정치적 극을 쓰고자 한 것이다(*Dialogues* 66). 이러한 섬세한 사건을 진행하는 데 핵심 역할을 하는 인물이 바로 특이한 존재 브리짓이다. 마치 '무대 매니저'처럼 브리짓은 프롤로그와 에필로그를 맡고 두 공간에서 일어나는 사건들의 내재적 연결을 시도한다(황훈성 299). 그리고 그녀는 또한 무대 밖, 어딘가에서 전개되고 있는 중요한 미시정치적 사건들을 직면했고(*Kafka* 50), 그것들에 대해 이야기한다. 그녀가 직면했던 '여기까지 오는 동안 지나온 수많은 살벌한 풍경들', '가시덤불, 돌밭, 찌르는 가시나무 덤불, 철조망, 처박힌 남녀의 해골들'(22)은 미시정치적으로 중요한 정치성과 성정치성의 문제들을 시사하고 있다. 이러한 문제들을 가지고 현존하는 죽은 사람으로 그녀는 이제 자신의 공간인 '아웃필드'에서 프레임으로부터는 '숨겨져 있지만', '포로가 아니고', '자유로운'(22) 유령이 되어 무대로 돌아온 것이다. 이제 그녀는 '어느 누구도 찾을 수 없고 볼 수도 없는', '오로지 정글의 눈들, 나뭇잎에 있는 눈들'에 의해서만 보일 수 있는, 즉 식별불가능하게-되기, 동물-되기 등을 거쳐, 달빛 아래 서서 두 공간으로 분리되어 있는 가족들이 이러한 그녀의 되기의 의식으로서의 파티에 함께 하기를 기다리고 있는 것이다.

『달빛』에서 핀터가 도입하고 있는 또 하나의 중요한 연극의 영화적 전용으로는 들뢰즈가 정의하고 있는 '보는 자의 영화'로서의 현대영화의 특성 활용을 들 수 있다. 역사적으로 커다란 난절을 이룬 우리의 전후시대는 더 이상 우리가 어떻게 행동해야 할지 알 수 없는 상황들을, 그곳이 어떤 곳인지 묘사할 수 없는 그런 '어떤-공간'(any-space-whatever)들을 만들어내고 있다는 것이다. 따라서 그러한 공간을 만들어내는 현대영화는 이제 더 이상 '행위자'(agent)가 아니라 '보는 자'(seer)의 영화가, '운동-이미지'(movement-image)의 영화가 아니라 그것을 초월한 '시간-이미지'(time-image), 즉 '크리스털-이미지'(crystal-image)의 영화로 정의될 수 있다는 것이다(*Cinema 2* 126). 다시 말해, 이제 시간과 공간은 어떤 운동을 나타내기 위한 것이 아니라 그 자체로 등장하여 역설적인 운동을 만들어내게 되었으며, 영화는 운동-이미지를 초월한 시간-이미지를 도입하게 되었다는 것이다. 들뢰즈의 이러한 현대영화에 대한 분석은 『달빛』의 무대 공간, 등장인물, 현존하는 죽은 사람에 대한 이해에 적용될 수 있다. 들뢰즈를 인용하여, 세 공간으로 분리된 『달빛』의 무대를 '어떤-공간'으로, 그리고 등장인물을 행위보다는 듣기, 말하기 또는 보기에 집중하는 '보는 자'로, 그리고 특히 브리짓은 시간-이미지 자체의 특성을 보여주는 특이한 인물로 설명할 수 있다. 다시 말해, 현존하는 죽은 사람으로서의 브리짓의 존재는 보이지 않고 인식될 수 없는 것을 보이고 인식되게 만드는 직접적인 시간-이미지 자체로 볼 수 있다는 설명이 가능하다.

들뢰즈는 시간-이미지의 구조와 작동을 설명하기 위해 크리스털-이미지 개념을 사용하고 있다. 이미지는 '현실적'(actual) 그리고 '잠재적'(virtual)인 두 가지 측면을 가진 이미지로 형성된다(*Cinema 2* 68). '현실적 이미지'는 그것의 동적인 확장으로부터 절연된 것으로 그것의 '잠재적 이미지'를 결정화(crystallize)하는 현실적 광학적 이미지에 그 근원을 둔다. 시간의 기본적인 작동을 보여주는 시간-이미지, 즉 크리스털-이미지는 이러한 현실적 이미지와 잠재적 이미지를 동시에 가진 이미지로, 과거와 현재가 함께 만들어지는 시간 자체를 보여준다. 즉 시간은 매 순간에 현재와 과거로 그 자체를 분리해야 하고, 현재를 또한 두 개의 이질적인 방향으로, 즉 미래를 향하는 쪽으로의 방향과 과거로 떨어지는 방향으로 분리시킨다. 크리스털-이미지가 드러내 보이는 것은 시간의 감추어진 근거, 즉 두 가지 흐름, 지나가는 현재와 보존되는 과거로의 흐름으로 구별되는 두 가지 흐름인 것이다(*Cinema 2* 69). 따라서 시간-이미지는, 과거에 근거한 것과 현재에 근거한 것으로 두 가지 가능한 이미지가 있다. 『달빛』에서 핀터가 현존하는 과거의 인물인 브리짓을 통해 보여주고자 하는 것은 바로 이 두 가지 방향으로 향하는 시간-이미지로 과거에 보존된 현실화된 현재와 미래를 향하여 나가는 잠재적인 현재인 것이다.

시간-이미지 자체로 볼 수 있는 브리짓은 또한 등장인물들 가운데 가장 '보는 자'의 역할에 충실하며, 특히 여성 관객의 관객성(spectatorship)을 구현하는 인물로도 볼 수 있다. 브리짓은 마치 극 속에 내포된 관객처럼 두 공간을 중심으로 구조화되는 크리스털의 닫힌 회로 속에 갇힌 시간의 두 방향의 흐름을, 그리고 그 회로로부터 탈주할 수 있는 틈(crack)을 찾을 수 있는 '보는 자'로서의 관객을 구현하고 있는 것이다. 즉 브리짓은 앤디와 벨, 프레드와 제이크(Jake)가 만들어내는 오이디푸스를 탈영토화할 수 있는 가능성으로서의 틈을 발견하여 '해방된 강렬함의 새로운 차원, 영토'에 이르는 잠재된 미래의 시간을 볼 수 있는 관객의 역할을 제시하고 있다(*Kafka* 15). 『달빛』은 핀터가 사적인 경험과 주제를 극화함으로써 오이디푸스의 기억극, 즉 죄의식의 극으로, 과거로 향한 현재의 시간 이미지를 극화한 극으로 되돌아간 극으로 읽힐 수 있는 여지가 많다. 그러나 핀터는 영화매체변환 작업을 수용하여, 즉 영화의 연극적 전용을 통한 새로운 표현 양식을 통해 『달빛』은 과거에 보존된 현실화된 현재뿐 아니라 미래를 향해 나아가는 잠재적인 현재를 극화함으로써 새로운 '되기'를 시도하고 있다고 볼 수 있다. 핀터 극은 초기 극부터 오이디푸스와 앙띠-오이디푸스라는 두 개의 공존하는 축의 상호작용에 의해 구조화되었다고 말할 수 있다. 핀터가 그의 영화매체의 경험으로부터 발견하여 전용한 것은 바로 상반되는 이 두 축을 효과적으로 다룰 수 있는 방법이다. 즉 영화를 통해 두 축 사이에 존재하는 간극에서 '연속적인 변주'에 의한 완전히 새로운 '배치'의 가능성을 제시할 수 있는 방법을 발견하게 되었다. 사실 핀터를 정치적 작가로 부를 수 있는 근거가 여기에 있다. 들뢰즈와 가타리가 카프카를 정치적 작가로 부른 바로 그 이유로 핀터 역시 정치적 작가로 불릴 수 있다. 다시 말해, 카프카가 방에만 갇혀있는 작가, 고독의 작가, 죄의식의 작가가 아니라 새로운 표현양식을 통해 스스로를 해방시킬 수 있는 흐름을 발견했듯이, 핀터도 새로운 표현양식을 통해 오이디푸스에 갇힌 자신과 그의 극 세계를 해방시킬 수 있는 흐름을 발견했기 때문에 정치적 작가라고 말할 수 있다는 것이다(*Kafka* 41). 따라서 핀터의 글쓰기는 카프카의 글쓰기처럼, 언제나 '정치적'이며, 특히 '모든 것에 의문을 제기하는 욕망의 정치성'인 '미시정치적'인 것이다(*Kafka* 42).

들뢰즈와 가타리에 의하면, 모든 개인과 사회는 몰적 그리고 동시에 분자적 체제, 즉 분자적 정치성의 흐름에 의해 움직인다고 볼 수 있다. 그리고 그 두 흐름은 불가분의 관계에서 서로 공존하고 교차하고 있다. 바로 이러한 두 흐름이 공존하는 세계의 모든 것은 정치적이고, 모든 정치성은 거시정치적이며 동시에 미시정치적이라는 관점에서 들뢰즈와 가타리는 정치성과 성정치성을 이해한다고 볼 수 있다(*A Thousand Plateaus* 213). 즉 성과 계급과 같은 거대한 이분법적인 집합체를 고려해볼 때, 남성과 여성 그리고 다른 사회적 계급들은 서로 다른 본질의 분자적 배치들과 교차되고 있으며, 그 사이에는 명백한 상호의존성이 존재하고 있다는 것이다. 왜냐하면 성의 경우, 두 개의 구별되는 성은 여자 안에 있는 남자 그리고 남자 안에 있는 여자뿐만 아니라 각각의 동물과 식물 등 수천의 다른 작은 성들과의 관계를 작동하게 하는 분자적 조합의 복수성을 의미하기 때문이다. 그것은 계급의 경우도 마찬가지다. 사회적 계급은 그 자체가 같은 종류의 목표를 가지고 있어서 갈등을 하지 않는 '대중'(people)을 의미한다. 그러나 대중은 몰적 분절로 단순화될 수 없는, 분자적 개념이며, 끊임없이 몰적 구조의 계급으로부터 흐르고 새어나온다. 그러나 계급은 대중으로부터 형성되고, 그 계급은 대중을 결정화하고 있는 것도 사실이다. 성과 계급이라는 경직된 분절성에 의한 몰적 구조는 서로 다른 성과 계급 사이의 상호관점에 있어서 차이, 본질, 척도, 그리고 기능에 있어서도 차이를 배제하지 않는다. 그러나 그 몰적 구조는 견고한 분절성과 경계선을 끊임없는 상호소통으로 무너지게 하는 분자적 체제를 내포하고 있음을 들뢰즈와 가타리는 강조한다.

사실 카프카가 정치적 작가로 관료주의에 대한 최고의 이론가가 될 수 있었던 것은, 그가 '특정한 층위에서(사실은 위치화할 수 없는)' 사무실들 사이의 장벽들이 더 이상 엄밀한 경계선이 되지 못하고 '분자적 중간지대'(*milieu*) 속으로 파묻히게 되는 것을 보여주고 있기 때문이라고 들뢰즈와 가타리는 설명한다(214). 그 분자적 중간지대는 엄밀한 경계들을 용해시키고, 그와 동시에 중앙집권화되어야만 식별할 수 있는 관료들을 식별이나 인지가 불가능한 미시적 형태의 인물들로 증식시켜, 견고한 분절들의 분리 및 총체화와 공존하는 또 다른 체제를 만들어낸다는 것이다. 파시즘조차도 몰적 분절들 그리고 그것들의 중앙집권화와는 구별되는 하나의 분자적 체제를 내포하고 있다고 그들은 주장한다. 이러한 주장은 핀터에게도 적용될 수 있다. 핀터 역시 카프카처럼 분자적 중간지대에 관심을 두고 있으며, 그곳에서 성과 계급의 몰적 구조의 경계선들이 용해되고 그 구조와 공존하는 또 다른 체제인 분자적 체제의 생성을 보여준다는 미시정치적인 관점에서 정치적 작가로 불릴 수 있다. 그리고 밀느도 지적하듯이, 그의 정치극은 이러한 '극적 형식의 미시정치성'을 통해 추상적인 정치적 메시지에 저항하고 있으며, 바로 이러한 관점에서 핀터 극의 정치성과 성정치성은 논의되어야 하는 것이다(200).

6

『재에서 재로』는 사적인 경험과 주제에서 출발한 『달빛』과는 달리 그의 명백한 정치극에서 주로 다루었던 주제인 잔인성과 폭력의 문제를 다시 다루고 있다. 다른 정치극의 경우와 마찬가지로, 핀터는 세레니(Gitta Sereny)가 쓴 히틀러의 나치 정권에서 군비장관을 지낸 스피어(Albert Speer)의 전기를 읽는 가운데, 이 작품의 중심이 되는 구체적인 이미지를 떠올리게 되었다고 밝혔다(Billington 374). 그러나 이 작품 역시 특정한 정치적 상황을 배경으로 하기보다는, 『달빛』의 경우처럼 '어떤-공간'을 무대로, 여기에 두 남녀, 데블린과 레베카가 이야기하기(storytelling)를 통해 일종의 파워 게임을 하고 있다. 『재에서 재로』는 자신의 욕망을 만족시키는 레베카의 이야기를 통해 자신의 남성적 주체와 권위를 확인하려는 데블린, 반면에 그녀의 이야기하기를 통해 파시스트적인 남성의 환상으로부터 벗어나려는 레베카 사이의 게임, 즉 성정치성을 주된 동인으로 하여 구조화된 극이다. 다시 말해, 이 극은 성정치성에 기초한 극을 통해 정치성을 구현하는 핀터의 새로운 정치극인 것이다.

버크만은 핀터의 작품들이 '현대적인 변주 형태로 오이디푸스 또는 디오니소스의 고뇌에 대한 재-구성(re-member)을 재연주함으로써', 항상 신화와 공명하는 것으로 이해한다("Harold Pinter" 13). 사실 『재에서 재로』의 레베카는 신화적인 인물인 『오이디푸스 왕』의 이오카스테(Jocaste)를 연상시킨다. 이오카스테처럼 레베카는 극이 시작되기 전에 아기를 포기할 수밖에 없었던 상황 속에서 아기를 버리게 되고 이에 대한 죄의식을 이미 간직하고 있다고 볼 수 있다. 버크만은 레베카의 이야기하기가 그러한 죄의식을 벗어버리고 그녀가 생존할 수 있는 수단이 된다고 설명한다. 즉 오이디푸스적 죄의식을 기억하고, 이야기하고, 역사화함으로써, 레베카는 마침내 죄의식으로부터 자유롭게 된다는 것이다. 이러한 관점에서 볼 때, 레베카는 홀로코스트의 기억과 죄의식이 결합되어 있는 '다시-구성의 시련'(re-membering ordeal)을 겪고 있는 것이며, 죄의식을 초래한 원인인 버린 아기 오이디푸스를 기억함으로써 죄의식과 시련으로부터 벗어나게 된다는 것이다(15). 다시 말해, 레베카는 오이디푸스적 죄의식을 재현함으로써 그 죄의식을 벗어날 수 있다는 것이다.

그러나 『재에서 재로』의 마지막 장면은 "무슨 아기, 나는 어떤 아기도 몰라."라는 레베카의 부인(83)으로 막을 내리고 있다. 그녀는 죄의식의 원인이 되는 버린 아기를 부정함으로써, 오이디푸스의 죄의식을 부정하고, 그녀에게 부과된 죄의식 자체를 거부하기에 이른 것이다. 이처럼 레베카는 자신이 지니고 지켜야 할 '보따리'를, 라캉의 정신분석 패러다임에서 도난당한 편지를 간직해야 하는 왕비의 역할을 거부한다. 다시 말해, 레베카는 신화적 재-구성, 즉 오이디푸스적 죄의식의 재현을 거부한 것이다. 현재 40대인 레베카는 홀로코스트를 직접 경험한 적이 없으며, 따라서 그녀는 자신이 겪은 정신적 외상을 극복하기 위해 홀로코스트의 기억을 이야기해야 하는 것이 아니다. 그녀는 그녀에게 그러한 죄의식을 부과하며 억압하는 오이디푸스 자체를 거부하고, 억압된 성정치성의 전복성을 통해 그 한계를 벗어나 탈주하는 소수-되기를 시도하고 있는 것이다. 다시 말해, 레베카는 소수-되기를 위해 아이를 빼앗긴 유태인여성-되기를 경험하고 있다. 그녀는 나치에게 아이를 빼앗기는 유태인여성-되기를 지금 '살고'(inhabit) 있으며, 이로써 변주선, 즉 탈주선을 따라 자신과 데블린 그리고 관객을 연속적 변주로 몰고 가고 있는 것이다.

들뢰즈와 가타리의 표현을 빌리면, '남자[데블린]는 중심점의 위치에서 자신을 하나의 거대한 기억으로 구성하고자'(*A Thousand Plateaus* 293) 하기 때문에, 데블린은 레베카에게 일종의 최면을 걸어 오이디푸스적 기억에 대한 이야기를 하도록 강요하고 있다고 볼 수 있다. 그녀의 이야기를 통해, 그는 남성 위주의 오이디푸스적 구조에 입각한 억압된 성정치성에 기초한 권력 체제를 재현하여 자신의 위치를 확인하고 인정받기를 원하고 있다. 그러나 레베카의 이야기하기는 데블린이 의도하는 재현의 연극과 재현체제를 확립하는 대신에 그러한 재현을 연속적인 변주로 몰고 가는 소수 또는 분자-되기의 '반기억'적인 것이다(294). 그러나 여기서 핀터의 레베카는 남성의 재현체제 또는 권력체제에 대한 문제 제기를 위해, 즉 비재현의 연극을 위해 이용되는 매개체에 불과한 것이 아닐까라는 의문을 가질 수 있다. 간단히 말해, 핀터의 관심은 정치성에 있지 성정치성에 있지 않으며, 오히려 후자를 전자를 위해 이용하고 있는 것은 아닌가라는 의심이 들 수 있다는 것이다. 그러나 핀터의 정치성 구현은 바로 레베카를 통해서가 아니라, 레베카의 성정치성의 구현을 통해서 가능한 것이다.

『재에서 재로』의 레베카는 핀터의 여성들 중 가장 '강한' 여자로 간주되는 인물이다. 프린츠도 지적하듯이, 레베카가 '극의 결말에 이르러 잔악 행위의 희생자와 동일시할 수 있는 강하고, (데블린보다 더) 뛰어난 인물'이라는 데 버크만, 실버만(Marc Silverman) 그리고 길런(Francis Gillen)과 같은 대부분의 핀터 비평가들은 의견을 같이하고 있다(97). 그러나 프린츠는 이들의 의견과는 달리 레베카가 희생자와 동일시가 아니라 희생자가 '된다'(become)고 주장한다. 이러한 레베카의 희생자 되기에 대한 프린츠의 견해는 들뢰즈의 되기와는 다르다. 프린츠는 레베카를 '탈중심화된, 탈총체화된, 복수적이고 복합적인', 상호모순적인 복수적인 주체적 입장들을 취하는 포스트모더니스트 주체로 보고 있다(98). 즉 레베카의 희생자 되기는 이러한 복수적인 입장들 중 하나인 희생자가 된다. 그리고 그녀는 희생자일 뿐만 아니라 원인이 되기도 한다는 것이다. 이 극에서 레베카는 상호모순적인 복수적 주체의 입장들을, 즉 나치 전범의 연인으로서 잔악 행위에 대해 무지 또는 무심했거나 아니면 공범의 입장, 도르셋의 집 창문을 통해 보았던 것처럼 그 잔악 행위의 경험으로부터 공간적 · 시간적 거리를 두고 목격하는 목격자의 입장, 그리고 아이를 빼앗긴 유태인여자로서 희생자의 입장 등을 모두 취하고 있다. 이렇게 상호모순적이면서도 복수적인 주체의 입장들을 한꺼번에 대변하고 있는 그녀는 그 체제 속의 희생자인 동시에 원인 제공자가 될 수밖에 없다는 것이다. 마치 약간의 고깃국물을 쏟으면 그것이 바다가 되어 그 속에 빠져 숨이 막힐 것같이 느끼는 '정신상피병'(mental elephantiasis)에 걸린 환자처럼, 레베카는 희생자인 동시에 원인이 되어 그 체제 속에 침몰되어 있다는 것이다(51). 왜냐하면 처음 그 약간의 고깃국물을 쏟은 것은, 즉 '보따리', 아기를 넘겨준 것은 바로 그녀 자신이기 때문이다. 이 같은 프린츠의 설명은 레베카가 오이디푸스적 구조에 의해 부과되는 죄의식을 간직해야 하는 희생자임을 강조하는 논리를 내포한다. 이러한 관점에서 볼 때, 프린츠의 논지 역시, 레베카가 데블린 대신 당당하게 그 체제의 희생자와 동일시하여 과거를 기억하고 재현함으로써 죄의식에서 벗어나 재영토화를 시도한다는 점에서 그녀를 '강한' 여자로 보는 버크만, 실버만, 길런 등의 그것과 크게 다르지 않다는 것을 알 수 있다. 따라서 레베카는 오이디푸스적 체제를 지켜야 할, 이에 근거한 재현체제를 지켜야 할 여성 등장인물이라는 것이 대부분의 권위적인 핀터 비평가들의 견해라고 말할 수 있다.

다른 한편으로, 홀과 같은 비평가는 레베카의 '강한' 힘을 그녀의 이야기하기, 즉 화자로서의 그녀의 역할에서 발견하고 있다. 홀은 나이팅게일(Benedict Nightingale)과 같은 비평가들이 레베카가 남성적 권위에 끌려서

피학적인 역할을 즐기고 있다고 보지만, 레베카의 언어는 데블린을 통해 시사되는 억압적 권력에 밀기지 않을 정도의 위력을 발휘하고 있다고 지적한다("Storytelling in Pinter" 272). 레베카는 이야기를 통해 데블린을 가피학적인(sadomasochistic) 관계 속으로 끌어들여, 단순히 '보는 자'로 머물 수 없게 만들고, 그를 심문자 또는 가해자로 개입시킨다는 것이다. 홀은 메타연극적인 속성이 강한 이 극에서 레베카를 스펙타클로 그리고 데블린을 스펙타클을 지켜보는 관객으로 설정하기가 쉽지만, 결코 데블린은 무고한 방관자로 머물 수 없으며 그 스펙타클의 잔혹 행위에 연루되어 있음을 핀터가 강조하고 있다고 설명한다. 다시 말해, 민주주의를 신봉하는 관객은 결코 무고한 방관자가 아니라 억압적, 냉소적 무관심으로 도처에서 일어나고 있는 잔혹 행위에 동조하고 있다는 사실을 핀터는 드러내 보이고 있다는 것이다. 따라서 이러한 사실을 데블린과 관객으로 하여금 깨닫게 만들기 때문에 레베카는 '강한' 힘을 가지고 있다는 것이다. 이와 같이, 핀터의 여성들 중 가장 강한 여자로 평가되는 레베카는 자신을 희생자와 '동일시함'으로써, 희생자가 '됨'으로써, 희생자인 동시에 가해자임을 인식함으로써, 또는 데블린 그리고 나아가 관객을 가해자로 연루시킴으로써 그녀의 강한 힘을 드러내 보이고 있다고 비평가들은 지적한다. 사실, 차이가 있는 것으로 보이는 이러한 다양한 관점들은 오이디푸스적 구조의 재영토화와 재현 체제로의 복귀를, 그리고 다시 거기서 시작하는 것을 전제로 한다는 점에서 동일한 시각들로 볼 수 있다.

그러나 레베카의 진정한 힘은 데블린을 그리고 관객을 역사 속으로 끌어들여 그 속에 우리가 연루되어 있음을 보게 하는 데에 있는 것이 아니다. 오히려 들뢰즈의 소수연극의 인물처럼, 레베카는 그녀의 이야기로, 소수화된 언어라고 할 수 있는 '핀터특유의' 언어로, 역사를 소수화하여 사건으로 만들며, '역사에 대항하는 되기들'을, 즉 스스로 치욕스러워짐으로써 현명해지는 유태인여성-되기, 소수-되기를 경험하며, 우리를 그러한 되기의 블록 속으로 끌어들임으로써 진정 강한 힘을 발휘하고 있는 것이다 ("One Less Manifesto" 243). 여기서 레베카의 되기는 사실 어떤 주체, 즉 희생자 또는 가해자의 되기가 아니라, 타자를 향한 되기이며, 그 자체가 아닌 타자가 되는 시도를 하는 '만남' 또는 '사건'인 것이다. 그리고 그녀가 이러한 되기를 경험하는 곳, 우리를 유도하는 되기의 블록은 '중간지대'인 것이다. 레베카의 이야기하기의 위력은 재현의 무대를 점차 어둡게 만드는 동시에 점차 '무대를 밝히지는 않지만 매우 밝은' 빛을 지닌 비재현의 무대로 변형시킬 수 있다(1). 들뢰즈의 용어를 빌리면, '중간지대'를 만드는 것이다("One Less Manifesto" 242). 다시 말해, 레베카의 여성-되기를 통한 소수-되기란 재현의 체제에서 빠져나오는 창조와 생성의 선을 그리는 것이며, 데블린의 논지가 시사하는 다수의 척도로 삭제될 수 없는 지대, 즉 중간을 만들어내는 것을 의미한다. 들뢰즈에 의하면, 중간이란 중도(means)가 아니라 오히려 잉여이며, 되기, 운동, 속도를 경험하며, 생성이 일어나는 곳이다. 제로에서 다시 시작하기를 갈망하고, 끝에 다다르는 것을 두려워하며, 미래 또는 과거의 관점, 즉 역사적 관점에서 생각하는 데블린과 달리, 레베카는 끊임없이 다시 끝에 이르는 '되기'의 관점에서 생각한다.

레베카: 난 우리가 다시 시작할 수 있을 것이라고 생각하지 않아. 우리는 시작했어... 오래전에. 우리는 시작했어. 다시 시작할 수는 없어. 우리는 다시 끝낼 수는 있지.

데블린: 그러나 우리는 결코 끝낼 수 없었지.

레베카: 아, 우리는 끝냈어. 다시 그리고 다시 그리고 다시. 그리고 우리는 다시 끝낼 수 있어. 그리고 다시 그리고 다시. 그리고 다시.

데블린: 당신은 '끝'이라는 말을 잘못 사용하고 있는 것 아냐? 끝은 끝을 의미해. '다시' 끝낼 수는 없는 거야. 오로지 한 번 끝낼 수 있지.

레베카: 아니, 한 번 끝낼 수 있고 그러고 나서 다시 끝낼 수 있어.

침묵.

(부드럽게 노래하며) '재에서 재로'—
데블린: '그리고 먼지에서 먼지로'—(67-69)

중간지대에서 중요한 것은 과거 그리고 미래라는 역사가 아니다. 우리는 종종 제로에서 시작 또는 다시 시작하는 것을 꿈꾸며, 종착점에 도착하는 것을 두려워한다. 그것은 오로지 한 번만 끝낼 수 있다고 생각하기 때문이다. 그러나 여기서 중요한 것은 되기 그 자체이지, 되기의 미래나 과거가 아니다. 중간은 결코 어느 특정 시대, 역사적인 것에 속하는 것이 아니라 서로 다른 시대들이 서로 소통하는 지대인 것이다. 홀로코스트, 독일 병기공장에서의 유태인 집단 노동, 발칸반도와 르완다의 대학살 등과 레베카의 안락한 현실생활 등, 서로 다른 시대와 다른 공간이 소통할 수 있는 곳, 되기의 장소인 것이다. 여기서 레베카는 홀로코스트의 희생자만이 아니라 '모든 억압받는 자들을 위한 용기' 또는 '모든 곳에 있는 희생자들의 매체' 역할을 맡아 데블린과의 갈등을 재현하고 있는 것이 아니다 ("Storytelling in Pinter" 273). 여기서 그녀는 다수의 언어가 아닌 소수언어로 자신의 이야기를 함으로써, 능동적이며 공격적인 연속적 변주를 통해, 소수의 의식을, 새로운 의식의 되기를 시도하고 있는 것이다. 이러한 소수-되기가 보편적 목표라고 들뢰즈는 말한다. 왜냐하면, 다수의 억압적인 권력 체제에 함몰되기보다는 우리 모두 지배문화로부터 벗어나 긍정적인 새로운 삶을 생성하도록 유도되어야 하기 때문이다. 따라서 앞에서도 인용했지만, 소수-되기는 '보편적-되기'이다("One Less Manifesto" 256). 데블린의 다수언어와 제스처의 영향권으로부터 탈주선을 따라 연속적 변주를 거쳐 소수화된 언어로, 치욕을 창조하고 이를 통해 그녀는 자신을 구원하고 소수가 되며, 이러한 소수-되기는, 메아리의 존재가 반증해주듯이, 그 무대를 보편적-되기의 공간으로 생성하게 된다.

『재에서 재로』는 레베카의 "어떤 아기에 대해서도 나는 아는 게 없어."(85)라는 아기의 존재 자체에 대한 부정과 이어지는 긴 침묵과 암전, 그리고 환하게 빛나는 램프 불빛으로 끝난다. 대부분의 비평가들은 이 마지막 장면에서의 레베카의 부정을 '이상한 부정'(Prinz 102) 또는 '무감각한 부정'(Merritt 81)으로 보고 있다. 에슬린이 지적했듯이, 『재에서 재로』는 '두 연인 사이의 가피학적 의식', 또는 '단순히 우리 시대의 잔혹성에 대한 일련의 이미지들의 제시', 즉 대체로 성정치성의 극화 또는 정치극으로 구분되어 분석되는 경향을 보인다(Esslin 27). 어떤 관점으로 보든, 이러한 구분된 시각은 끝 부분에서 레베카의 부정을 예측하지 못한 돌연한 부정으로 볼 수밖에 없다. 밀느가 지적한 대로, 이 극이 정치성과 성정치성 사이의 구조적 간극을 확인시켜줄 뿐, 다른 관점의 가능성을 시사하지 못하고 있다면, 이 극의 결말은 돌연한 결말로 이해될 수밖에 없을 것이다(209). 그러나 이 극이 구조적 간극뿐 아니라, 나아가 그 간극이 극복되어야 할 것이 아니고 새로운 의식의 되기 공간임을 확인시켜주고 있다면, 이 극의 결말은 결코 이상한 결말이 아니다. 그 결말은 오이디푸스가 부과한 죄의식 자체의 부정, '끝'과 함께 또 '다시' 새로운 되기를 지향하는 레베카의 모습을 보여주며, 핀터의 진정한, 즉 핀터특유의 정치극-되기를 지향하고 있는 정치극의 결말인 것이다.

참고문헌

황훈성. 「해롤드 핀터 후기극의 정치성: 『파티시간』, 『달빛』, 『재에서 재로』」. 『영어영문학』 47.1(2001): 291-308.

Aragay, Mireia. "Pinter, Politics and Postmodernism (2)." Raby. 246-59.

Aragay, Mireia, and Ramon Simo. "Writing, Politics and *Ashes to Ashes*." *Pinter in the Theatre*. Com. and Intro. Ian Smith. London: Nick Hern Books, 2005. 90-106.

Armstrong, Raymond. *Kafka and Pinter Shadow-Boxing: The Struggle between Father and Son*. New York: St. Martin's Press, 1999.

Billington, Michael. *The Life and Work of Harold Pinter*. London: Faber and Faber, 1996.

Buchanan, Ian, and Claire Colebrook, eds. *Deleuze and Feminist Theory*. Edinburgh: Edinburgh UP, 2000.

Burkman, Katherine H. "Harold Pinter and the Case of the Guilty Pen." *The Pinter Review: Collected Essays 1999 and 2000* (2000): 11-22.

_______. "Deborah's Homecoming in *A Kind of Alaska*: An Afterword," *Pinter at Sixty*. Ed. Burkman, Katherine H. and John L. Kundert-Gibbs. Bloomington and Minneapolis: Indiana UP, 1993, 193-200.

_______. "Displacement in Time and Space: Harold Pinter's *Other Places*." Lois Gordon. 109-18.

Chung, Moonyoung. "Pinter's Cinematic Transliteration: Deterritorialized Space of *The French Lieutenant's Woman*." *The Journal of English Language & Literature* 47.4 (2003): 1129-45.

Chung, Moonyoung. "Pinter's Cinematic Politics: *The Trial*." *The Journal of English Language & Literature* 50.4 (2004): 925-42.

Colebrook, Claire. "Introduction." Buchanan and Colebrook. 1-17.

Conley, Verna Andermatt. "Becoming-Woman Now." Buchanan and Colebrook. 18-37.

Deleuze, Gilles. *Cinema 1: The Movement-Image*. Trans. Hugh Tomlinson and Barbara Habberjam. London: The Athlone Press, 1986.

_______. *Cinema 2: The Time-Image*. Trans. Hugh Tomlinson and Robert

Galeta. London: The Athlone Press, 1989.

_______. "One Less Manifesto." *Mimesis, Masochism, and Mime: The Politics of Theatricality in Contemporary French Thought*. ed. Timothy Murray. Ann Arbor: Michigan State UP. 239-56.

Deleuze, Gilles, and Claire Parnet. *Dialogues*. Trans. Hugh Tomlinson and Barbara Habberjam. New York: Columbia UP, 1977.

Deleuze, Gilles, and Félix Guattari. *Kafka: Toward a Minor Literature*. Trans. D. Polan. Minneapolis: U of Minnesota P, 1986.

_______. *A Thousand Plateaus: Capitalism and Schizophrenia*. Trans. Brian Massumi. Minneapolis: U of Minnesota P, 1987.

Esslin, Martin. "Harold Pinter: from *Moonlight* to *Celebration*." *The Pinter Review: Collected Essays 1999 and 2000* (2000): 23-30.

Flieger, Jerry Aline. "Becoming-Woman: Deleuze, Schreber and Molecular Identification." Buchanan and Colebrook. 38-63.

Gale, Steven H. ed. *The Films of Harold Pinter*. Albany: State U of New York P, 2001.

_______. *Sharp Cut: Harold Pinter's Screenplays and the Artistic Process*. Lexington: The UP of Kentucky, 2003.

Gordon, Lois, ed. *Pinter at 70: A Casebook*. New York and London: Routledge, 2001.

Grosz, Elizabeth. "Deleuze's Bergson: Duration, the Virtual and a Politics of the Future." Buchanan and Colebrook. 214-34.

Gussow, Mel. *Conversations with Pinter*. New York: Grove P, 1994.

Hall, Ann C. *"A Kind of Alaska": Women in the Plays of O'Neill, Pinter, and Shepard*, Carbondale: Southern Illinois UP, 1993.

_______. ""'You're Speaking to Someone and You Suddenly Become Another Person": Storytelling in Pinter's *Moonlight* and *Ashes to Ashes*." Gordon. 263-78.

Klein, Joanne. *Making Pictures: The Pinter Screenplays*. Columbus: Ohio State UP, 1985.

Knowles, Ronald. "Harold Pinter, Citizen." *The Pinter Review* 3 (1989): 24-33.

Merritt, Susan Hollis. *Pinter in Play: Critical Strategies and the Plays of*

Harold Pinter. Durham & London: Duke UP, 1990.

_______. "Harold Pinter's *Ashes to Ashes*: Political/Personal Echoes of the Holocaust." *The Pinter Review: Collected Essays 1999 and 2000* (2000): 73-84.

Milne, Drew. "Pinter's Sexual Politics." Raby. 195-211

Nightingale, Benedict. "Harold Pinter/Politics.": *Around Absurd: Essays on Modern and Postmodern Drama.* ed. Ruby Cohn. Ann Arbor: Michigan UP, 1990. 129-54.

Peacock, D. Keith. *Harold Pinter and the New British Theatre.* London: Greenwood, 1997.

Pinter, Harold. *Moonlight.* London & Boston: Faber and Faber, 1993.

_______. *Ashes to Ashes.* London & Boston: Faber and Faber, 1996.

_______. "A Politics and Its Politics: A Conversation between Harold Pinter and Nicholas Hern." *One for the Road.* New York: Grove P, 1986, 5-23.

Prinz, Jessica. ""'You Brought It Upon Yourself": Subjectivity and Culpability in *Ashes to Ashes.*" *The Pinter Review: Collected Essays 2001-2002* (2002): 97-105.

Quigley, Austin E. "Pinter, Politics and Postmodernism (1)." Raby. 7-27.

Raby, Peter, ed. *The Cambridge Companion to Harold Pinter.* Cambridge: Cambridge UP, 2001.

Sakellaridou, Elizabeth. *Pinter's Female Portraits: A Study of Female Characters in the Plays of Harold Pinter.* London: Macmillan, 1988.

Shukin, Nicole. "Deleuze and Feminisms: Involuntary Regulators and Affective Inhibitors." Buchanan and Colebrook. 144-55.

Silverman, Marc. ""'Talking about Some Kind of Atrocity": *Ashes to Ashes* in Barcelona." *The Pinter Review: Collected Essays 1997 and 1998.* (1997): 74-85.

Žižek, Slavoj. *Looking Awry: An Introduction to Jacques Lacan through Popular Culture.* Cambridge: The MIT Press, 1992.

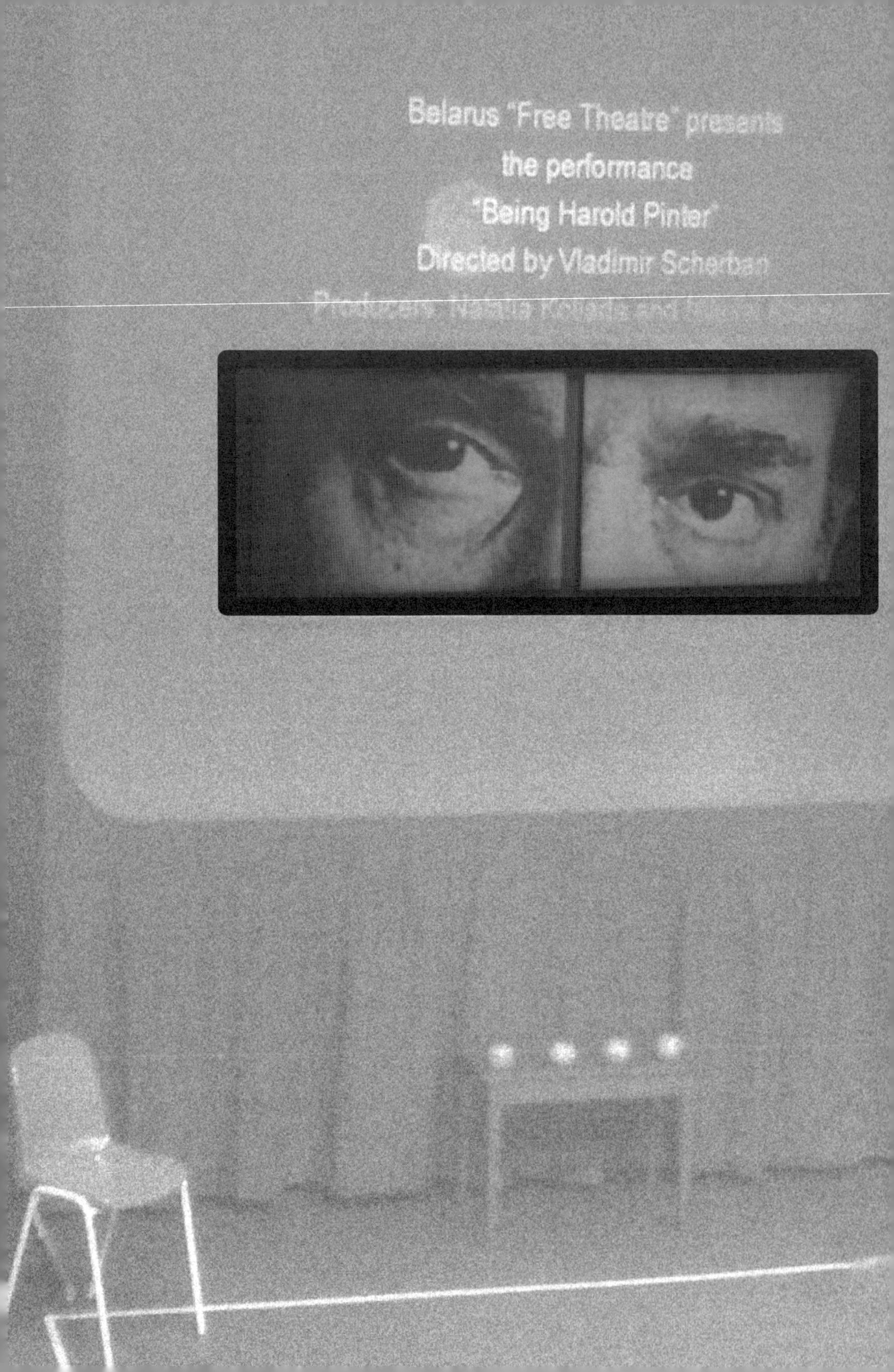
Belarus "Free Theatre" presents
the performance
"Being Harold Pinter"
Directed by Vladimir Scherban

제 6 부

'파국'의 정치성과 성정치성

제6부에서는 파국의 시대를 맞아 핀터의 '파국'의 정치성과 성정치성에 대한 논의를 그의 마지막 극작품 『축하파티』를 통해 전개한다. 10장은 더 이상 극작을 하지 않겠다는 핀터의 극과 현실의 파국 선언과 이에 대한 파국적 전략의 관점에서 『축하파티』를 소급하여 읽는다. 이러한 읽기를 통해 이 장은 모든 가능성이 다 소진된 파국의 폐허 속에서 극과 현실의 새로운 잠재성을 현실화시킬 수 있는 핀터의 '미래의 정치성'으로 '파국'의 정치성과 성정치성을 제시한다. 『축하파티』는 파티가 모두 끝난 뒤, 어둠 속에 남아 있는 젊은 웨이터의 '그 첫 마지막 시선'으로 끝난다. 그의 혼란스러운 시선은 바로 젊은 핀터의 '첫 마지막 시선'인 것이다.

핀터의 노벨상 연설과 극작품들(*The Homecoming*, *Ashes to Ashes*, *The New World Order*, *One for the Road*, *Mountain Language*)에서 발췌한 내용을 기초로 하여 만든 『해럴드 핀터임』(*Being Harold Pinter*)을 공연한 벨라루스 자유 극단(Belarus Free Theatre) 단원들과 핀터. 핀터는 이 공연 현장에 직접 참여하여 배우들이 처한 벨라루스의 정치적 현실과 그들의 활동에 대한 격려와 지지를 표현하는 예술가와 시민으로서의 모습을 관객들에게 보여주었다.

제10장

『축하파티』

1

핀터는 75세 생일을 맞아 노벨상이라는 큰 생일선물을 받았다.[1] 그러나 이에 앞서, 이미 무대 위에서 긴 '사이'(pause)와 '침묵'(silence)을 지켜온 그는 반전시인[2]과 시민으로서의 역할에 충실하기 위해 더 이상 극을 쓰지 않겠다는 공언을 했다.[3] 따라서 극작중단 선언에 즈음한 핀터의 노벨상

1 노벨상 수상 발표가 난 2005년 10월 13일 핀터는 런던의 자택 앞에서 멍이 들고 반창고를 붙인 얼굴로, 마치 분장을 한 배우의 모습으로 취재진 앞에 섰다. 그 상처는 핀터의 75세 생일파티로 기획된 '더블린 연극제'(Celebrations for Harold Pinter's 75th Birthday, Dublin Theatre Festival, Oct. 7-9, 2005)에 참가하고 돌아오는 길에 공항에서 넘어져 다친 것이다. 이런 사고로 인해 그날 아침 스카이 채널의 한 방송사에서 핀터가 죽었다라는 오보를 내보내는 방송사고가 있은 뒤 정정보고도 없이 곧 이어 노벨상을 받았다는 뉴스를 내보내는 해프닝이 있었다. 이러한 해프닝 뒤에 노벨상 수상자로 미디어에 나타난 핀터의 모습은 일종의 '생일파티'(죽음과 탄생의 의식)를 치른 스탠리를 연상시켰다. 이제 핀터는 예이츠(W. B. Yeats), 쇼(G. B. Shaw), 피란델로(Luigi Pirandello), 소잉카(Wole Soyinka), 포(Dario Fo), 사르트르(J-P. Sartre, 수상거부), 그리고 베케트(Samuel Beckett)와 함께 노벨문학상을 수상한 현대 드라마 작가의 반열에 오르게 되었다.

2 핀터는 반전시들을 모은 시집 『전쟁』(*War*, 2003)을 출판했고, 이 시집으로 Wilfred Owen 상을 받기도 했다.

3 핀터는 2005년 2월 28일 BBC 라디오 방송과의 대담에서, "나는 이제 극을 쓰는 것은 그만

수상은 그의 극작의 끝을 다시 보는, 즉 레베카가 말하듯이, 다시 끝에 이르는 소급적 읽기와 이를 통한 새로운 읽기의 계기를 마련해준다. 일련의 파티들과 같은 그의 극작은 『축하파티』(*Celebration*, 2000)[4]로 끝을 맺고 있다. 핀터의 마지막 『축하파티』에 대한 새로운 '끝내기' 읽기는 그의 노벨상 '축하파티', 즉 그의 노벨상 연설에 대한 읽기와 병행하면, 보다 의미 있는 '축하파티'가 될 것이다.[5] 2005년 극작중단선언과 노벨상 수상 후, 핀터는 '예술가와 시민'[6]으로서의 역할 수행을 통해 '새로운 세계질서'를 중심으로 전반적인 '영토화'(territorialization)를 시도하는 '다수'(major)의 정치적 전략에 맞서 싸우는 삶을 살았다. 그리고 다양한 정치적 연설과 시위

둔 것으로 생각한다. 그러나 시를 쓰는 것은 그만두지 않았다." "나는 29편의 극을 쓴 것으로 생각한다. 이제 나는 다른 형식을 찾고 있다."라고 밝혔다.

4 초기작 『생일파티』(*The Birthday Party*, 1957)를 비롯하여 『파티 시간』(*Party Time*, 1991), 그리고 『축하파티』 등 핀터의 작품들은 일련의 '파티'들로 간주될 수 있으며, 『축하파티』의 매트(Matt)의 말처럼, 그의 극 세계는 '축하할 것이 충분히 많은' 것으로 보인다(69). 그러나 그의 일련의 파티들은 오히려 축하할 것이 아무것도 없음을, '무'(nothingness) 그 자체를 축하하고 있다.

5 해럴드 핀터 학회(Harold Pinter Society)가 핀터의 60세 생일을 축하하기 위해 마련한 첫 국제핀터페스티벌(A Pinter Festival: An International Meeting, The Ohio State University, April 19-21, 1991)에 핀터는 참석하는 대신 초연도 안 된 『파티 시간』(*Party Time*)이라는 새 작품과 『새로운 세계질서』(*The New World Order: A Sketch*)의 육성낭독녹음테이프를 보내온 적이 있다. 이번 노벨상축하파티에는 「예술, 진실 그리고 정치성」("Art, Truth & Politics")이라는 45분의 연설을 담은 영상물을 대신 보내왔다.

6 핀터가 생전에 마지막으로 참가했던 2007년 핀터국제학술대회 주제는 바로 "예술가와 시민"이다. 최근 영국 리즈대(University of Leeds)에서 "Artist and Citizen: 50 Years of Performing Pinter"라는 제목으로 학술발표회가 4개의 공연과 더불어 열렸다(2007년 4월 12-14일). 특히, 톰 스토파드가 요청하여 핀터의 노벨상 연설과 극작품들(*The Homecoming, Ashes to Ashes, The New World Order, One for the Road, Mountain Language*)에서 발췌한 내용을 기초로 하여 만든 『해럴드 핀터임』(*Being Harold Pinter*)을 공연한 벨라루스 자유 극단(Belarus Free Theatre)의 공연 현장에 핀터는 직접 참여하여 배우들이 처한 벨라루스의 정치적 현실과 그들의 활동에 대한 격려와 지지를 표현하는 예술가와 시민으로서의 그의 모습을 관객들에게 보여주었다. 민스크의 정치적 현실을 시사하는 그들의 연극의 정치성을 위해 핀터의 정치성을 전용하고 있는 벨라루스 자유극단의 창작극인 『해럴드 핀터임』의 공연이 구현하고 있는 핀터의 핀터'임'(being)은 예술가와 시민'임'으로서의 핀터 입지의 복합적인 문제들을 내포하고 있다.

참가[7]에 주력하며, 한 시민으로서의 역할에 보다 열중하다가, 2008년 12월 24일 그의 삶의 무대에서 퇴장하였다. 따라서 이제 그의 극뿐 아니라 그의 삶의 무대의 끝에 이르러, 그에 대한 추모와 함께 새로운 탄생의 되기를 위한 '축하파티'를 해야 할 때를 맞이한 것이다.

80년대 중반 핀터는 기억극(memory play)쓰기 중단 선언과 함께(Gussow 82), 영화작업에 열중하다가 다시 연극으로 돌아와 영화의 연극적 진용을 통해 '핀터특유의' 후기 정치극을 창조했다. 2005년 그의 극작중단 선언 역시, 시라는 매체의 경험과 그의 본격적인 운동가적 시민의 경험과 함께 새로운 핀터 극의 생성으로 이어졌을 것을 기대할 수 있었다. 끝에 도달하기를 두려워하는 『재에서 재로』의 데블린과 달리 레베카가 다시 끝을 시작할 수 있다고 말했듯이, 핀터 역시 과감하게 끝을 선언하면서 다시 끝을 반복했을 것이다. 다시 말해, 핀터의 극작중단 선언은 오히려 다시 그 역할의 정점에 이르는 끝의 반복을 의미한다는 것이다. 사실 핀터가 이제 자신의 기존 극의 한계를, '거울을 깨뜨릴' 때가 되었다고 선언한 것은 극작가로서 탐구해온 진실 추구의 열정이 기존 극의 틀을 벗어나 있는, 거울 이면에 있는 진실을 추구할 정도로 그 정점에 이르렀다는 것을 의미한다. 간단히 말해, 핀터의 극작중단은 그의 기존 극의 영토화를 탈영토화하려는 탈주의 시도인 것이다. 그 과제를 우리에게 남겨두고 그가 떠난 지금, 그의 끝에서 새로운 되기를 통해 미래의 정치성을 구현할 수 있는 탈주의 선을 발견할 수 있기를 바라며, 우리는 그의 끝을 다시 반복하는 작업을 해야 할 것이다.

핀터가 더 이상 사회적·정치적 관심과 무관한 오이디푸스적 기억을 다루는 기억극을 쓰지 않겠다고 공언했지만, 기억은 핀터 극 세계의 일관된 주제이다. 사실 더 이상 기억극을 쓰지 않겠다는 그의 선언은 오히려

7 말기암환자인 핀터는 2007년 추운 겨울날 이스탄불에서 피살당한 아르마니아계 터키 언론인 딩크(Hrant Dink)의 추모철야시위에 참가하기도 했다.

오이디푸스적 기억을 넘어서 기억의 주제를 보다 확대, 심화하여 다루는 결과를 낳았다. 따라서 그가 『달빛』을 발표했을 때, 많은 비평가들이 다시 그가 기억극으로 돌아갔다고 평하기도 했다. 그러나 『달빛』을 비롯하여 『재에서 재로』에서 다루고 있는 기억은 오이디푸스적 기억이 아닌 차이를 생성하는 기억, 즉 앙띠-오이디푸스적 기억으로서의 '반기억'인 것이다(*A Thousand Plateaus* 294). 들뢰즈(Gilles Deleuze)의 기억에 대한 논의는 베르그송(Henri Bergson)의 기억에 대한 논의에 기초한다. 즉 들뢰즈는 기억의 잠재태(virtuality)와 그 현실화(acutalization)를 분석하면서 기억의 회로, 응축, 확대, 과거와 현재의 공존의 개념들의 상호연관성을 개진하고 있는 베르그송을 토대로 그의 기억과 시간에 대한 논의를 전개한다(104). 이를 기초로 그가 영화이론을 구축하면서 사용한 '시간-이미지'는 결정화된 시간으로 긴밀한 회로 속에 식별불가능한 상태로 있는 시간의 두 측면인 경과하는 현재의 현실적 이미지와 보존되는 과거의 잠재적 이미지로 이루어져 있다(*Cinema 2* 81). 핀터가 영화작업에서 얻은 중요한 경험은 바로 이러한 시간-이미지의 결정화 과정이며, 여기서 시간 속에 보존된 잠재태들(virtualities)을 현실화할 수 있는 정치성에 대한 인식이라고 말할 수 있다. 따라서 영화대본 『심판』(*The Trial*, 1991) 이후 쓴 일련의 정치극들, 『달빛』(*Moonlight*, 1993), 『재에서 재로』(*Ashes to Ashes*, 1996) 그리고 『축하파티』는 반성적 지각을 위해 다시 보존된 과거의 잠재적 이미지들을 발견하고자 기억을 다루고 있다고 말할 수 있다. 이러한 맥락에서 볼 때, 핀터의 극작중단 선언은 그의 기억극 중단 선언과 마찬가지로 다시 끝을 과감하게 반복함으로써 새로운 되기를 시도하는 탈주의 선언을 의미한다.

극작중단을 통한 핀터의 탈주 선언은 '핀터특유의' 표현과는 달리 단정적인 표현 방법을 취하고 있다. '핀터특유의'라는 형용사가 크게 두 가지, '듣지 않음'(deafness)과 '말하지 않음'(silence)을 연상시키듯이(Atwood 5), '핀터특유의' 극은 이 두 가지 전략을 활용하여 관객의 진실 추구의 열정을 불러일으키고 있다. 다시 말해, 핀터 극은 우회적인 전략으로, 즉 묵살을 통해 오히려 귀를 기울이도록 그리고 기대했던 대답을 끝까지 말하지 않음으로써 관객으로 하여금 끊임없이 진실을 찾도록 유도하는 전략을 사용해왔다. 그러나 핀터는 이제 그러한 우회적인 전략의 극으로서는 더 이상 진실을 포착할 수 없는 정치적 현실을 우리가 맞이했다고 주장하기에 이르렀다. 즉 그는 그의 극과 정치적 현실이 모두 '파국' (catastrophe)에 직면하고 있다는 것을 깨닫게 된 것이다. 그러나 바로 이러한 극과 정치적 현실의 파국에 대한 핀터의 적극적인 인식에서, 모든 가능성이 다 소진된 파국의 폐허 속에서 극과 현실의 새로운 잠재성을 현실화시킬 수 있는 순수 강도의 열정이 생겨날 수 있는 것이다. 핀터의 노벨상연설은 바로 이러한 정치적 현실과 극의 파국에 대한 적극적인 수용을 강조하고 있다. 이제 우리를 파국의 폐허 속에 두고 떠난 핀터를 기억하기 위해, 즉 그의 보존된 과거의 잠재적 이미지들을 발견하여 현실화하기 위해, 그가 70세 생일파티에서 낭독했던 『축하파티』를[8] 그의 파국의 파티 그리고 그의 새로운 되기, 선한 유령-되기의 '생일파티'로 읽어보고자 한다.

2

핀터는 노벨상 연설을 비롯한 일련의 정치적 연설에서 우리가 직면해야 하는 파국의 실재적 진실과 정치적 비전에 대해 피력해왔다. 이러한 핀터 주장의 논지는 최근 세계화를 비롯하여 사회 · 정치적 · 환경적 파국을 철학적 · 이론적 관점에서 논의되고 있는 다양한 파국 담론들과 그 맥을 같

8 2000년 국제핀터학회(The International Conference of Pinter in London. June 15-18, 2000)에서 그의 70세 생일파티의 주인공으로 핀터는 그의 새 작품 『축하파티』를 낭독했다.

이하고 있다고 볼 수 있다. 따라서 다른 파국담론과의 상호읽기를 한다면, 핀터의 논지에 대한 이해를 심화시킬 수 있고 또한 그 한계와 가능성을 검토할 수 있을 것이다. 특히 지젝(Slavoj Žižek)의 파국담론과의 상호읽기는 핀터가 주장하고 있는 극과 현실의 파국에 대한 대응전략의 이해와 분석에 상당한 도움을 줄 수 있다. 따라서 『축하파티』의 읽기에 앞서 지젝이 2003년 한국에서 발표한 일련의 글들, 「실재의 열망, 가상의 열망」("Passions of the Real, Passions of Semblance", 2002), 「파국과 함께 살아가기」("How to Live with Catastrophes?", 2003)와 「소프트 혁명의 시대」("The Ongoing 'Soft Revolution'", 2003) 등을 비롯하여 최근의 여러 글 속에서 펼쳐 온 우리 세계의 파국의 실상과 대처 방안에 대한 논의와 핀터의 노벨상 연설의 상호읽기를 시도하고자 한다.

노벨상 수상식에 보내온 핀터의 연설 영상물은, 마치 베케트(Samuel Beckett)의 『엔드게임』(*Endgame*, 1957)의 햄(Hamm)처럼, 텅 빈 무대 한가운데 휠체어에 앉아 카메라를 응시하고 있는 그의 긴 독백으로 구성되어 있다. 인권탄압, 암, 그리고 부조리한 전쟁과의 전쟁으로 '소진된'(exhausted) 핀터의 모습에서, 이제 우리는 『생일파티』의 피티(Petey)의 당부대로 어느 누구의 명령에도, 어떤 위협에도 굴하지 않게 되어 돌아온 새로운 스탠리(Stanley)를 볼 수 있다. 그는 더 이상 우회적이고 역설적인 어법이 아니라, "진실에의 추구는 결코 멈출 수가 없습니다. 그것은 중단될 수도, 연기될 수도 없습니다."라고 전 세계 관객을 향해 단호하게 말하고 있다(*Harold Pinter* 432). 이러한 소신에서 핀터는 자신의 극 세계를 소급하여, 정치성이 내재한 일련의 정치극들, 초기작 『생일파티』, 본격적인 정치극 『산악언어』 그리고 그의 후기 정치극 『재에서 재로』 등에 대한 반성적 언급을 피력한다. 그리고 과거 극들의 한계를 넘어서는 진실 추구에의 강렬한 열정으로 기존 극의 틀인 '거울을 깨뜨리고', 그 이면의 진실을 직면하려는 담담한 시선으로 카메라를 응시하고 있다(442). 간단히 말해, 핀터는 이제

'스스로 할 말을 하도록 허락된 등장인물'(433)로 돌아와 파국의 극과 현실을 직시하며 새로운 되기의 과정을 겪는 정치극의 등장인물 역할을 수행하고 있다고 볼 수 있다.

햄과 스탠리를 연상시키는 정치극의 한 등장인물로 핀터가 우리로 하여금 반성적 지각을 통해 보도록 유도한 것은 무엇보다도 현실 세계를 보는 우리 시각의 한계이다. 즉 그는 진실추구가 아니라 오로지 권력유지에만 관심이 있는 정치가들의 '정치적 언어'가 만들어낸 '거짓말의 광대한 태피스트리'와 그것에 둘러싸여 보지 못하고 있는 현실로 우리의 시선을 유도하고 있는 것이다(*Harold Pinter* 433). 그리고 그는 그러한 거짓말의 태피스트리를 광범위하게 펼치고 있는 장본인이 바로 미국이며, 그 태피스트리가 감추고 있는 파국의 현실은 바로 미국의 외교정책과 관련된 것임을 직언한다.[9] 다시 말해, 9·11 사태를 비롯한 일련의 사태들 이후의 현 시점에서 소급해볼 때, 현실의 파국은 전 세계라는 무대에서 미국 스스로가 부과한 역할 배정과 공연이 초래한 파국, 즉 전 세계에 대한 군사적·정치적 통제를 강화하려는 미국의 외교정책의 은밀한 의도가 초래한 파국임을 알 수 있다는 것이다. 그리고 그는 태피스트리를 뚫고 보면 볼 수 있는 미국의 외교정책의 전략들이 가져온 파국의 현실세계가 존재하고 있는 엄정한 방식에 대해 담담하게 증언한다. 그러나 사실상 정치적 언어가 만들어낸 거짓의 태피스트리가 우리의 생각을 마비시키고 있다는 것이 가장 궁극적인 파국이라고 그는 역설한다.

---

9 핀터는 미국이 외교정책을 위해 사용해온 전략을 '저강도 충돌'(low intensity conflict)과 '전범위 지배'(full spectrum dominance)로 나누어 설명한다. 전자는 다른 나라에 대한 직접적인 침공이 아니라 그 나라의 심장부를 오염시켜 상처를 만들고, 그 상처를 악화시켜 부패된 상처가 온 나라를 휩쓸어 천천히 죽게 만드는 수법을 의미하고, 후자는 육지, 바다, 대기권 그리고 우주공간 그리고 모든 부수적인 자원들에 대한 지배 전략을 뜻한다(*Harold Pinter* 434).

> 우리의 도덕적 감수성은 도대체 어떻게 되었습니까? 그 어떤 것을 우리가 가져보기는 했습니까? 이 말이 우리에게 무엇을 의미합니까? 요즘 거의 쓰이지 않는 용어-양심이라는 단어를 가리키는 것입니까? 양심이란 우리 자신의 행동뿐만 아니라, 다른 사람의 행동에 대한 우리 몫의 책임과도 관련 있는 것이 아닙니까? 이 모든 것이 다 죽었습니까?(*Harold Pinter* 437)

핀터의 질문은 '생각을 위한 사이(Pause)'로 관객을 유도한다. 이제 거짓의 태피스트리에 싸여 파국을 파국으로 인식하지 못하고 있는 관객으로 하여금 더 이상 기존의 극이 만들어낸 극적 진실 게임으로는 진실을 추구하게 만들 수가 없다는 것이다. 다시 말해, 이러한 파국의 현실에 처한 작가는 더 이상 모호한 의미들을 생산하는 기존의 거울 비추기에 머무를 수 없다는 것이다.

> 작가의 삶이란 아주 취약한, 거의 무방비의 행동입니다. 우리는 그렇다고 슬퍼할 필요는 없습니다. 작가는 선택을 한 것이고 그것과 떨어질 수 없습니다. 하지만 온갖 풍상을 겪는 것은 사실이고, 그중에는 정말로 냉담한 것도 있습니다. 작가는 혼자만의 힘으로, 몹시 위태로운 입장에 서 있습니다. 숨을 곳도, 보호도 찾을 수 없습니다—만약 당신이 거짓말을 하지 않는다면—물론 거짓말을 할 경우에 당신은 자신을 보호해낼 수 있고, 그리고 주장컨대, 정치가가 될 것입니다.(*Harold Pinter* 441)

파국의 시대에서 작가의 선택, 즉 진정한 '작가-되기'는 끝없는 범주의 영상들을 보게 만드는 거울 비추기가 아니라 그러한 영상들을 보여주는 거울 깨뜨리기의 결단인 것이다. 다시 말해, 진정한 작가-되기의 과정은, 거울을 깨뜨리고 거울 비추기의 역할을 거부함으로써, 거짓의 태피스트리를 벗어나 '실재의 사막'(the Desert of the Real)으로 들어가기로 선택한 진정한 '시민-되기'의 과정임을 핀터는 시사한다.

> 현존하고 있는 무지막지한 곤경에도 불구하고, 시민으로서, 우리의 삶과 사회의 '진정한' 진실을 규명하고자 하는 굽힐 줄 모르며, 확고하고도 맹렬한 지적 결단이야말로 우리 모두에게 맡겨진 주된 의무라고 저는 믿고 있습니다. 사실 그것은 강제적인 것입니다. 만약 그러한 결단이 우리의 정치적 비전 안에서 구현되지 않는다면, 우리가 지금 거의 놓쳐 버린 것—인간의 존엄성—을 회복할 수 있는 희망은 없는 것입니다.(*Harold Pinter* 442)

이제 핀터는 세계시민 관객을 파국의 '실재적 진실'을 직면할 수 있는 '강력하고도 지적인 결단'의 '정치적 비전'을 가진 진정한 '시민-되기' 과정으로 유도하면서 긴 독백을 끝낸다. 이와 같이, 긴 독백으로 진행된 핀터의 노벨상 축하파티는 우리로 하여금 극의 파국에 대한 인식과 거울 깨뜨리기의 불가피성 그리고 현실의 파국에 대한 인식과 거짓의 태피스트리 벗기기의 불가피성을 보도록 유도한다. 그리고 이제 새로운 극의 생성과 새로운 미래의 세계를 볼 수 있는 '실재의 사막'으로 우리를 초대하면서 끝을 맺는다. 이러한 엔딩은 세 개의 후기 정치극의 공통된 엔딩인 마지막 독백들을 연상시킨다. 『달빛』, 『재에서 재로』 그리고 『축하파티』의 마지막 장면은 각각 브리짓(Bridget)의 결코 열리지 않았던 파티, 레베카의 잃어버린 아기에 대한 회한, 그리고 젊은 웨이터(Waiter)의 아쉽게도 하지 못한 개입에 대한 '우울한 독백'이다. 특히 젊은 핀터를 연상시키는 젊은 웨이터가 아쉬워했던 개입에 대한 소망이 노벨상 연설을 통해 구현되고 있다고 볼 수 있다(Esslin 30).

3

핀터가 주장하는 극과 현실의 파국을 인식하고 이를 적극 수용하여 새로운 잠재성을 현실화하려는 전략은 지젝이 뒤피(Jean-Pierre Dupuy)의 용어를 빌려 주장하는 '파국적 전략'(catastrophist strategy)과 상통한다고 볼 수 있다. 지젝이 말하는 '파국적 전략'이란 파국을 모면하기보다는 오히려 그것을 단정하고 우리의 현실 세계에 받아들이는 과격한 방식으로 파국에 대처하는 전략이다. 극작가 핀터의 극단적인 극작 중단과 파국의 현실 직면의 주장은 바로 이러한 '파국적 전략', 즉 정치극작가와 시민으로서 파국에 대한 강력한 대처 전략인 것이다. 지젝은 「파국과 함께 살아가기」에서 우리가 직면한 파국의 현실을 아도르노(Theodor Adorno)와 호르크하이머(Max Horkheimer)가 파악한 '계몽주의의 최후의 파국적 결과'로서의 '관리되는 세계'의 도래로 설명한다(지젝 312). 즉 지젝은 파국의 현실을 계몽주의가 진보하여 종착하게 된 일종의 부정적 결과로, 후기자본주의적 사회가 도달하게 된 '관리되는 세계'의 현실로 설명한다. 우리 사회는 전쟁이나 테러에서부터 생태적 돌발사태의 재난에 이르기까지 수많은 파국들에 의해 끊임없이 위협받고 있다. 언제 일어날지도 모르는 이러한 재난들은 우리가 최선을 다해서 대처해야 할 파국들임에는 틀림없다. 그러나 지젝은 우리가 직면해야 할 "궁극적인 파국은 '관리되는 세계'가 아무런 '존재론적 파국'도 없이 '정상적인' 운영을 하고 있다"는 사실 자체라고 역설한다(지젝 313). 지젝에 의하면, 이러한 '관리되는 세계'는 진보된 문명사회가 아니라, 오히려 야만주의 문명으로 돌아간 사회이고, 이러한 야만적인 문명세계의 체제가 유지되는 방법은 일어날 수 있는 파국들을 끊임없이 경고하는 것이다. 핀터가 말한 정치적 언어가 만들어낸 '거짓의 태피스트리'에 둘러싸인 현실의 세계가 바로 이러한 '관리되는 세계'이며, 야만적인 세계인 것이다.

지젝이 주장하는 '파국적 전략'이란 '궁극적 파국'에 대한 대처 방식이다. 그 전략은 미래를 대처할 수 있는 다양한 가능성들 가운데 선택할 수 있는 것이 결코 아니다. 사실, 파국이란 또 다른 하나의 가능성으로 '순화'될 수 없는 것이고, 따라서 우리가 할 수 있는 유일한 선택은 그것을 실제적인 것으로 단정하고 받아들이는 것뿐이다. 다시 말해, 우리의 유일한 선택은 그 파국을 보다 더 과격한 방식으로 미래 속에 새겨 넣어 피할 수 없는 것으로 상정하는 것뿐이다. 이러한 지젝의 주장은 핀터의 거울 깨뜨리기와 같은 논지이다. 양자 모두 오늘날의 세계화된 세계를 아무런 존재론적인 파국도 없이 정상적으로 돌아가는 '관리되는 세계'로, 예컨대, 미국의 테러와의 전쟁에 대한 정치적 언어가 만들어내는 테러와의 전쟁의 파국들에 대한 경고들로 그 체제가 유지되는 세계로 파악하고 있다. 후기자본주의적, 포스트모던적 세계인 '관리되는 세계' 속에 살고 있는 우리는 여전히 파국의 위협 속에, 그 위협이 끊임없이 연기되고 있는 상황 속, 더 끔찍한 파국이 발생할지도 모른다는 경고와 위협 속에 처해 있는 것이다. 그러나 아마도 우리는 '관리되는 세계', '거짓말의 태피스트리'에 둘러싸인 세계 속에 머물러 있기를 선호하고 있을지도 모른다. 라캉이 지적했듯이, '알고자 하는 충동'이 인간에게는 깊이 내재되어 있다는 통념과는 반대로, 인간은 '너무나 많이 아는 것에 대한 기본적인 저항'을 가지고 있는지도 모른다(61). 사실 지금까지 안다는 것에 있어서 진보하기 위해, 인간은 이러한 기본적인 성향에 저항하는 고통스러운 투쟁을 겪어야만 했다고 볼 수 있다. 핀터가 정치극을 통해 진실을 외면하려고 하는 관객에게 진실을 보도록 유도하고자 시도해온 것 그리고 마침내 거울 깨뜨리기의 결단에 이른 것과 지젝의 '파국적 전략' 제안은 바로 이러한 고통스러운 투쟁을 전제로 하는 것이다.

그러나 우리는 고통스러운 투쟁에도 불구하고 알고 싶지 않은, 직면하고 싶지 않은 파국의 현실을 직면해야만 한다. 그 이유는 우리의 삶이 '파국의 영구적인 위협의 그림자 아래에 들어와 있는 삶'으로, 이미 파국 자체이기 때문이다(지젝 328). 이러한 파국으로서의 현실인식과 전통적 마르크스주의적인 방식과는 다른 후기자본주의적 파국의 현실에 대한 지젝의 대응은 바로 극작가 핀터의 파국에 대한 인식 및 대처 방안과 상통한다고 볼 수 있다. 마르크스주의는 공산주의라는 필연을 이끌어내는 역사적 과정에 우리로 하여금 행위자로 행위하도록 요구하는 반면, 호르크하이머와 아도르노를 인용한 지젝은 우리로 하여금 진정한 파국을 직시하고 거기서 대처 방안을 찾도록 유도한다. 즉, 지젝은 우리를 후기자본주의사회의 궁극적 파국의 결과, 즉 '관리되는 세계'와 대면시켜, 거기서 정치적 비전을 갖도록 유도하고 있다. 지젝의 이러한 파국 대응은 바로 핀터가 주장하는 파국 대응과 같은 논지로 이해될 수 있다.

지젝은 파국 대응에서 '보기'와 '행위하기'에 대한 기존 관념을 전복시키고 있다. 그의 이러한 전복적 인식은 핀터의 정치극을 통해서 볼 수 있는 기존 극에 대한 전복적 접근과도 밀접한 관계를 가진다. 최근 논의되고 있는 파국담론의 주도적인 시각, 특히 실존주의적 시각은 파국에 대처함에 있어서 행위자로서의 우리의 실존적 선택을 강조한다. 우리가 행위자로서 개입해온 역사적 과거는 가능성들로 충만하고, 그 가능성들 가운데서 파국 대처가 가능한 미래로의 선택을 할 수 있다는 것이 주요 논지가 된다. 반면에, 우리가 행위자로서가 아니라 과거의 과정을 소급하여 보는 자의 관점에서 볼 때, 역사적 과정은 완전히 결정되고 필연적인 것으로 어떤 대안에도 열려있지 않은 것으로 보인다. 그러나 지젝은 이러한 논지를 전복시킨다. 즉 참여하는 행위자로서 우리는 주어진 운명에 붙잡혀 어떤 가능성도 선택할 수 없으며, 그 반면에 소급하여 보는 자, 즉 사후 예측의 관점에서 볼 때, 과거의 대안들을, 다시 말해, 현실의 사태들이 다른 경로를 취했을 법한 가능성들을 식별해낼 수 있다는 것을 지젝은 주장한다.

행위하는 자보다 보는 자에 우위를 둔 파국 대응에 대한 지젝의 논지는 뒤피의 새로운 시간 개념을 빌려서 보강된다. 선형적인 역사적 시간 개념에서는 회고적 또는 사후적 보기를 할 수 있는 시각이 개입될 수 없다. 이러한 시각 설정을 위해, 뒤피는 '예측의 시간'(321)이라고 명명한 일종의 과거와 미래 간의 폐쇄회로의 시간을 상정한다. 이 회로에서는, 선형적 시간 개념에서와 마찬가지로 미래는 과거에 행한 우리 행위에 의해 인과적으로 산출되는 것이지만, 우리의 행위는 미래에 대한 우리의 예측과 이러한 예측에 대한 우리의 대응에 의해 결정될 수 있다는 것이다. 그러나 이러한 '예측의 시간' 설정은 파국에 대한 적절한 대처라기보다는, 오히려 '관리되는 세계'의 정상적 운영을 위해 이용되어, 진정한 파국을 초래하는 데 일조할 여지가 다분하다. 예컨대, 스필버그(Steven Spielberg)의 영화 『소수의 보고서』(*Minority Report*, 2002)는 완전한 예측을 통한 범죄 예방의 전적인 조작이 가능하다고 믿는 '관리되는 세계'의 '정상적' 운영의 문제를 다루고 있다. 그러나 이 영화는 소수, 즉 '몇몇 예측할 수 없는 요인 e'(imprevisible factor e), '실재의 여분'이, 라캉의 '오브제 쁘띠 아'(*objet petit a*)가 그러하듯이, 그러한 회로의 완전한 종결을 방해하는 '절단'(cut)으로 작용하고 있는 것을 보여준다(지젝 324). 사실, 그 폐쇄 회로는 결코 완전히 닫혀 있지 않다. 그리고 바로 그 예측할 수 없는 요인(e)이야말로 진정한 파국을 효과적으로 대처할 수 있는 역설적인 입지를 지닌 존재라는 것이 지젝 주장의 요지이다.

우리와 우리가 살고 있는 세계의 운명과 미래가 우리 개별자들의 행위의 인과적 결과에 의존한다는 것은 사실이다. 그러나 또 한편으로, 그 운명과 미래는 개별자들의 행위로부터 독립된 익명의 힘에 의해 좌우된다는 것도 인정해야 할 것임을 지젝은 지적한다. 이러한 인식을 위해, 지젝은 "나의 능동적 역할로부터 시선을 돌려 역사적 과정을 나의 계획과는 독립적으로 자신의 길을 따르는 '객관적인' 과정으로 인식하는 최소한의 '객관화"를 가능하게 하는 최소한의 '소외'가 필요하다고 주장한다(지젝 325). 그리고 그 최소한의 소외가 바로 상징계 또는 사회의 장 구조 자체의 조건이 된다고 그는 설명한다. 따라서 그는 이러한 소외를 지양하는 마르크스적 비판보다는 이러한 소외를 인정하는 뒤피의 주장을 옳다고 생각한다. 여기서 말하는 소외와 객관화란 거리두기를 의미하는 것으로, 이는 보기를 실천하는 장을 이루는 데 필수조건이 된다. 핀터의 정치극은 바로 이러한 보기 실천의 장으로 관객을 유도하고 있다. 최소한의 소외와 객관화로 보기 실천의 효과를 보다 극대화할 수 있는 예술 형식이 바로 영화인데, 핀터 역시 영화적 구조를 극에 전용하여 그 효과를 활용하고 있다. 예컨대, 주관적 개념들을 부과하지 않은 채 객관적 거리를 두고 볼 수 있는 능력을 가진 카메라의 운동을 극 구조에 도입하여 핀터는 관객으로 하여금 극의 진행을 고정된 시점에서 보지 않고 그 시점을 움직이며 볼 수 있도록 만든다. 『축하파티』의 경우, 핀터는 카메라의 운동기법을 이용하여 관객의 시선을 두 테이블을 가로질러 움직이도록 유도하고 있다. 이러한 시선 유도를 통해, 질서가 잘 잡힌 관리되는 세계로부터 적절한 거리두기로 우리를 물러나게 하여, 그 세계의 닫힌 회로를 '절단'하는 '실재의 여분'을 보도록 유도하고, 그 절단을 통해 파국을 직면하도록 만드는 것이 핀터의 의도인 것이다.

지젝의 '파국적 전략'은 결코 순화될 수 없는 파국을 보다 과격한 방식으로 미래에 새겨 넣어 '피할 수 없는' 것으로 직면하도록 요구하지만, 사실 직면하는 것 자체도 어려운 요구이지만, 그 다음에 어떻게 해야 할 것인가가 더 심각한 문제이다. 지젝 역시 구체적인 답을 제시하지 못하고, 다만 " '초월적인' 방향 전환"의 필요성만 강조할 뿐이다(지젝 328). 지젝과 핀터의 파국담론이 내포하고 있는 공통된 논지는 우리가 처한 체제, 관리되는 세계에서는 미래에 대한 어떤 희망도 가질 수 없다는 것이다. 따라서 그 체제에 내포된 미래의 다양한 가능성들 가운데에서 최선의 선택을 하는 것이 아니라, 과격한 방식으로 파국을 미래로 새겨 넣음으로써, 오히려 더 이상 가능성이 없음을, 무(nothing)를 보여준다는 것이다. 그러나 이러한 부정적인 주장은 역설적이지만, 새로운 미래에 대한 강력한 열정을 내포하고 있다고 볼 수 있다. 들뢰즈의 용어로 말한다면, 새로운 미래란, 그 체제에 내포될 수 있는 '가능한 것'(the possible)의 한계를 초월하는 '잠재적인 것'(the virtual)으로의 도약을 거쳐, 아직 현실화(actualization)되지 않은 잠재적 미래의 현실화를 통해 실현될 수 있는 것이다. 지젝의 '초월적인 방향 전환'이 내포하고 있는 것이 바로 이러한 잠재적 미래의 실현을 위한 도약인 것이다. 간단히 말해, 지젝과 핀터는 그들의 파국 담론에서 더 이상 과거의 반복으로서의 현재가 아닌 미래의 잠재성을 현실화하는 미래의 정치성을 구현하고 있다. 이들의 파국담론은 '다수'(majority)의 정치적 언어에 의해 만들어진 '가능한' 미래들 가운데 최선의 선택을 하도록 유도하는 대신, 이러한 다수의 담론에 이의를 제기하는 일종의 '소수의 보고서'라고 말할 수 있다.

4

핀터의 『축하파티』는 작가 자신의 연출로 공연된 2000년 3월 런던 알메이다(Almeida)의 초연에서부터 그의 첫 작품인 『방』(*The Room*, 1957)과 짝지어 늘 공연되고 있다. 43년의 시간 간격을 두고 쓴 그의 첫 그리고 마지막 작품의 동시 공연은 핀터 극 세계 자체를 보여주는 무대를 만들어준다. 각각 50년대 그리고 21세기가 시작되는 시점의 런던을 배경으로 한 두 작품은, 핀터 자신도 지적했듯이, '폭력'을 다루고 있다.[10] 따라서 병치

10 핀터는 사켈라리두(Elizabeth Sakellaridou)와의 인터뷰에서 『방』과 『축하파티』의 공통된 주제로서의 '폭력'에 대한 지적과 함께 『축하파티』의 정치적 해석 가능성을 설명하고 있다(93).

된 두 작품의 공연을 통해 폭력이라는 주제의 발전된 전개 양상과 각기 다른 접근방식의 사용을 비교할 수 있다. 『방』이 위협희극이라는 핀터특유의 우회적인 방법으로 폭력의 주제를 다루고 있다면, 『축하파티』는 직설적인 풍자의 방식으로 그 주제를 다루고 있다. 많은 비평가들은 『방』의 우회적인 접근을 더 선호하며, 지나치게 노골적인 『축하파티』에 대해서는 너무 웃기고 그리고 너무 쉽게 이해되는 것에 유감을 표하며(Raby 57), 너무 사소한 것에 치중하여 진지성이 결여되었다고 평가한다.[11] 그러나 사실, 『축하파티』는 진지성의 결여 그 자체를 직설적으로 다루며 우리로 하여금 그것을 직면하도록 요구하는 작품이다. 『축하파티』에 대한 거부적인 반응은 이 극의 등장인물인 웨이터의 레스토랑에 머무는 것에 대한 선호—"이곳은 내게 자궁 같습니다. 전 자궁 속에 머무는 것이 더 좋습니다. 저는 태어나는 것보다 그것을 열렬히 선호합니다"(33)—를 연상시킨다. 아마도 '관리되는 세계' 속에 머물러 있기를 원하는, 거울 이면의 진실을 직면하고 싶지 않은 우리의 저항이 후기극의 직접적인 전략보다 위협희극으로서의 초기극의 우회적인 전략을 선호하도록 만드는 것일지도 모른다.

고든(Robert Gordon)은 『축하파티』를 『방』 이래로 모든 핀터 극의 특성을 적절하게 규정하는 '환경드라마'(drama of environment)로 분류한다(66).

---

11 핀터의 『축하파티』는 핀터특유의 '위협희극'(comedy of menace)보다는 '풍습희극'(comedy of manners) 전통에 더 가까운 극이다. 풍습희극 전통을 잇는 와일드(Oscar Wilde)는 1894년 런던의 웨스트엔드에서 "진지한 사람들을 위한 사소한 희극"("A Trivial Comedy for Serious People")이라는 부제가 달린 『진지함의 중요성』(*The Importance of Being Earnest*)을 초연했다. 『진지함의 중요성』은 그 당시 영국의 중산층과 빈곤층과는 아주 별개의 사회를 이루고 있는 속물적인 지배적 귀족사회의 풍습을 풍자하는 풍습희극으로 분류될 수 있다. 이 작품이 진지한 척하는 속물적인 빅토리아조시대 귀족들을 등장시키는 반면, 일종의 '불량풍습희극'(comedy of bad manners)으로 불릴 수 있는 『축하파티』는 진지성이 결여된 것을 적나라하게 드러내 보이는 포스트모던 시대의 상류계층 사람들을 등장시키고 있다(Gordon 68). 불량한 말투와 행동의 졸부들이 등장하는 『축하파티』가 진지성이 결여된 것처럼 보일 수 있지만, 진지성 자체가 결여된 사회의 문제점을 다루는 이 작품은 핀터의 『방』 또는 다른 어떤 작품만큼이나 진지한 작품이다.

고든에 의하면, 핀터 극은 방 또는 레스토랑처럼 사적 또는 공적 공간과 그 속의 인물들과의 관계들을 다룸으로써 그 공간의 환경을 드러내 보이는 데 주력하는 환경드라마로 보면, 그 특성이 잘 파악될 수 있다. 첫 작품 『방』에서 핀터는 일종의 '마테를링크적 정적극'[12]의 형식을 이루어 냈고, 이를 통해 실제적인 플롯이 없는 상황에서 인물들과 배경을 다루어 위협과 신비의 분위기의 환경드라마를 창조함으로써 그의 독창성을 발휘했다고 고든은 평가한다(69). 그러나 그의 마지막 작품 『축하파티』에서 정적극 형식을 반복하고 있는 핀터의 의도는 초기극의 위협과 신비의 분위기 창조로 다시 돌아가기 위함이 결코 아니다. 그의 의도는 정적극 형식을 이용하여 그가 주력해온 '환경드라마의 심화된 가능성들을 고갈시키려는 것'이라고 볼 수 있다(66). 이를 위해 그는 정적극 형식에 영화 형식을 전용하는 방식으로 정적극 형식의 한계를 확대하고 있다. 다시 말해, 핀터는 일련의 필름 클립처럼, '말하는 그림들'을 배열하는 방식을 사용하여, 등장인물들과 배경의 권력관계를 간접적으로 시사하는 위협과 신비의 분위기를 창조하는 대신, 그러한 추상적인 분위기 이면에 있는 권력구조의 야만적인 실체인 '암흑의 핵심'으로 관객을 점차 유도하고 있다(69).

『달빛』을 비롯하여 핀터의 후기극을 기억극으로 읽고자 하는 비평가들은 『축하파티』 역시 오이디푸스적 기억극의 관점에서 읽고 있으며, 에슬린(Martin Esslin)과 버크만(Katherine Burkman)의 경우가 대표적인 예들이다. 핀터 극의 정치성보다는 부조리성을 선호하는 에슬린은 핀터가 자신의 모습을 투영하고 있다고 볼 수 있을 정도로 아주 드물게 공감을 표하는 등

12 노벨상 수상작가이기도 한 마테를링크(Comte Maurice Maeterlinck, 1862-1947)의 정적극은 내면세계의 비합리적이고 신비적인 진실을 직관으로 포착하여 상징을 통해 간접적으로 표현하려는 의도에서 성격묘사를 최소화하고, 분위기를 강조하며, 극적 해결책을 제시하는 것보다는 추상성과 난해성을 바탕으로 보편성과 영원성을 추구하고자 하는 미학적 관점에서 창조된 것이다.

장인물인 젊은 웨이터에 초점을 두고 『축하파티』를 읽는다. 그의 조부에 대한 향수어린 기억과 그의 개입을 잃어버린 오이디푸스적 가치들에 대한 지지(물론 냉소적인 면도 있지만)로 또한 핀터의 지지로 읽어낸다(Esslin 29). 『축하파티』를 오이디푸스적 '죄의식을 다루는 극'(21)으로 읽는 버크만은 그녀의 여성극단(Women at Play)의 『축하파티』 공연(2002)에서 중심인물을 램버트(Lambert)로 보고, 그가 그의 과거에 대한 기억에 힘입어 '괴물에서 인간'으로 변화하는 중대한 순간을 '생일'로 축하하는 것으로 읽어낸다(Hall 208). 즉 그녀는 램버트가 변한 것으로, 그리고 이러한 변화의 순간을 절망 가운데 희망과 축하할 무엇인가를 가지고자 하는 핀터의 낙관적인 순간으로 포착하고 있다고 홀(Ann Hall)은 지적한다(208). 이러한 읽기들은 우리 모두가 행위자로서 개입해온 역사적 과거는 가능성들로 충만하며, 그러한 과거의 기억에 의존한 실존적인 선택으로 현실을 대처하고 미래를 열 수 있는 새로운 가능성을 찾을 수 있음을 전제로 하고 있다.

그러나 『축하파티』를 비롯하여 핀터의 후기극들을 정치극으로 읽어내는 관점에서 볼 때, 이 작품들이 제시하는 정치적 비전은 실존적 선택 이상을 요구하고 있음을 알 수 있다. 사실 『축하파티』의 정치성을 읽어내는 것은 쉬운 일이 아니다. 이 작품이 다루는 포스트모던 시대의 정치성은 탈중심화와 편재성을 특징으로 하고 있으며, 따라서 탈정치성의 오이디푸스적 기억극으로 오인될 수 있는 여지도 다분하다. 이러한 오해를 염두에 둔 핀터는 직접 그 작품의 정치적 차원을 지적하기도 한다. 그는 '전략고문'(60)으로 자신들을 소개하는 매트(Matt)와 램버트 형제들을 총을 가지고 다니지 않고, 그럴 필요도 없는 '평화스러운 전략고문'으로, 세계적인 지배권을 행사하는 권력의 일부이거나 무기상임이 틀림없다고 설명한다. 그러나 그들이 유지하는 평화는 '주먹을 쥔 평화'이며, 따라서 그들은 '폭력적인 평화적 사람들'로, 평화애호를 주장하는 폭력행사에 개입하고 있다고 부연하면서, 핀터는 『축하파티』의 정치적 차원을 명확하게 밝힌다

(Sakellaridou 93). 고든도 『축하파티』의 일련의 '말하는 그림들'에서, 버크만의 해석과는 달리, 어떤 등장인물의 정서적 변화도 목격할 수 없고, 카타르시스도 경험할 수 없으며, 단지 세상은 이런 식으로 존재한다는 잔인한 사실만을 볼 뿐이라고 강조한다(Gordon 69). 그러나 모든 가능성이 다 소진된 환경 속에서 무(nothingness)를 직시함으로써만이 관객은 새로운 잠재성의 현실화를 결단할 수 있는 정치적 비전에 이를 수 있는 것이다.

『축하파티』는 런던의 최고급 레스토랑[아이비(The Ivy)라는 실제 레스토랑을 모델로 했다고 함]의 두 테이블을 중심으로, 각각의 테이블에서 벌어지는 축하파티 그리고 마침내 두 테이블의 고객들이 함께 합석한 축하파티로 진행된다. 테이블 1에서는 매트와 프루(Prue) 부부와 함께 자리한 램버트와 줄리(Julie) 부부의 결혼기념 축하파티가, 러셀(Russell)과 수키(Suki) 부부가 자리한 테이블 2에서는 러셀의 승진 축하파티가, 최고급 식사와 시중으로 접대를 받으며 진행되고 있다. 레스토랑 고객들 외에 레스토랑 종업원들, 즉 지배인 리처드(Richard)와 소냐(Sonia), 그리고 웨이터와 한 마디 대사도 없는 웨이트리스 1, 2가 등장한다. 비록 오늘날의 우리 세계가 정치적 언어로 평등주의를 위장하고 있지만, 세 그룹으로 나눌 수 있는 등장인물들 사이에는 엄격한 위계질서가 존재하고 있다. 간단히 말해, 이 고급레스토랑에서 벌어지는 파티는 '돈의 위력으로 계급 특권의 봉건제도를 대체한 것'을 축하하는 의식에 비유될 수 있다(Gordon 68). 제1그룹인 고객들은 전형적인 포스트모던 인간들이다. 그들은 자신의 적나라한 불안과 공격성을 완화시키기 위해 고안된 욕구충족물들인 섹스와 음식 등으로 감각적인 쾌락과 사치스러운 특권의 위안을 추구하는, 즉 자신의 사소한 욕구들을 만족시켜줌으로써 그들이 처한 현실의 모순들과 파국적 상황을 은폐하는 포스트모던 인간들이다. 이러한 속물적이고 불량한 포스트모던 인간들을 위해 최고급 포스트모던 레스토랑은 그들의 포스트모던 소비문화의 물질주의적인 삶의 조야한 표면을 닦고 윤을 내기 위한 파티 의식을 제공한다.

그러나 일종의 '불량풍습희극'으로서의 핀터의 『축하파티』는, 그의 일련의 다른 '파티'들에서처럼, 그러한 의식을 전용하여 표면의 윤을 내는 대신 그 표면을 깨뜨려, 그 이면에 숨어있는 폭력적이며 야만적인 파국의 현실을 드러내 보인다.

에슬린은 『축하파티』를 '핀터특유의 특징적인 언어적 풍자의 진정한 향연'(29)으로 간결하게 정의한다. 등장인물들이 나누는 우연스럽게 보이는 대화는, 사실 핀터의 모든 글쓰기가 그러하듯이, 고도로 양식화된 것이다. 그들이 나누는 유년시절과 부모, 섹스와 사랑, 부와 불안정에 대한 대화의 향연은 실패할 수밖에 없는 권력에 의지하여 성공적인 삶을 살고 있는 등장인물들의 '성공적인 실패의 패러독스'(Knowles 186)를 보여준다. 달리 말해, '관리되는 세계' 속의 포스트모던 인간들은 파국적 현실의 환경 속에 붙들려 있는 수치스러운 수동성을 경험할 수밖에 없고, 결코 거기서 벗어날 수 없는 처지에 처해있다는 것이다. 비록 러셀은, 『파티 시간』의 파시스트 프레드(Fred)와 더글러스(Douglas)의 움켜쥔 주먹을 연상시키는 위협적인 주먹을 추켜올리며, '책임을 다하며', '주도권을 잡고', '평화를 강요하는' 램버트와 같은 인물을 열렬히 지지하지만(61), 이러한 웅변은 핀터특유의 언어처럼, 드러내 보이는 것보다는 가리는 것이 더 많다는 것을, 그리고 공적인 확신 뒤에는 사적인 불확실성과 두려움이 있다는 것을 말해준다. 램버트와 매트는 『마지막 한 잔』(*One for the Road*, 1984)의 니콜라스(Nicolas)를 연상시키기도 한다. 이들을 지지하는 파시스트적 웅변이 바로 '거짓의 태피스트리'를 만들어내는 정치적 언어의 담론인 것이다.

환경드라마로서 『축하파티』의 레스토랑은 등장인물들에게 중요한 의미를 갖는 공간이다. 젊은 웨이터에게는 이 레스토랑이 자궁과 같은 곳이며, 고객들, 특히 '정신병자'(39) 같은 러셀에게는 '평정과 조화의 의식'(39)을 행하는 '치유센터'가 된다("Celebrating Pinter" 287). 또한 고든에 의하면, 레스토랑은 "그것의 스타일과 '격조'를 통해, 당대의 문화의 상스러운 물질주의를 안정시키기 위해 존재하는 일종의 신전"(67), 즉 포스트모던 문화의 야비한 물질주의의 존속을 위한 신전이 되기도 한다. 또한 레스토랑의 환경은 불온하게도 유곽의 환경과 섞여있다고 지적된다(Gordon 70). 램버트, 매트, 그리고 프루와 줄리까지도 종업원들을 그리고 지배인들까지도 구매한 종 또는 성적인 상품으로 취급하고 있다. 사실 음식과 섹스는 욕망을 불러일으키는 것이며 또한 돈으로 구매할 수 있는 것이다. 또한 레스토랑은 고급소비자들을 위한 '일종의 21세기 고해실, 성공과 쾌락의 도시 기념물'로 간주되기도 한다(Raby 61). 이 레스토랑은 그 나름의 방식대로 외국인들도 받아들일 수 있는 곳이다. 영어를 몰라도 섹스와 음식을 즐길 수 있는 구매력을 갖춘 외국인 고객들에 대한 여지배인 소냐의 태도에서 볼 수 있듯이, 국제적으로 유명한 이 레스토랑은 실제 관계 맺기가 아닌, 즉 '타자성이 결여된 타자와의 경험으로서 오늘날의 관대한 자유주의적 다문화주의'를 표방하고 있는 것이다(Žižek 11). 간단히 말해, 레스토랑은 탐욕과 형편없이 추락한 수준의 교육과 지성이 지배하는 사회로 전락해버린 '대처집권 이후 영국의 소우주'를 보여주고 있다(Esslin 29).

자궁, 은신처, 신전, 고해실, 다문화주의적 공간 등 다양한 분위기를 만들어내는 레스토랑은 모든 사람들에게 한정된 공간 속에서 각자 주어진 역할을 연기하면서 자의식적인 공연을 할 수 있는 극장과 같은 장소로 해석될 수 있다("An Experience of Pinter" 50). 이러한 극장으로서의 레스토랑에 대한 해석은 연극과 정치성을 함께 다루고 있는 주네(Jean Genet)의 『발코니』(*The Balcony*, 1956)의 유곽을 연상시킨다. 사실, 핀터의 레스토랑은 주네의 유곽과 상당히 유사하다. '환영의 집'(house of illusions)이라고 불리는 최고급 유곽은 고객들의 욕망에 따라 장면 또는 역할극을 공연하는 무대를 고객에게 제공한다. 핀터의 레스토랑 역시 고객의 욕망에 따른 파티 공연을 제공해준다. 주네의 유곽이 마담(Madam Irma)의 엄격한 통제로 관리되고, 핀터의 레스토랑 역시 지배인 리처드의 엄격한 통제로 관리되고 있다. 램버트가 지적하듯이, 레스토랑은 리처드가 고집하는 '진짜 초일류의 그 우라질 수준'(24)에 따라 운영되고 있다. 아마도 종업원은 고객의 대화에 절대로 개입해서는 안 된다는 것이 최상의 수준을 지키기 위해 엄격하게 준수해야 할 원칙들 중 하나일 것이다.[13] 그러므로 젊은 웨이터의 개입은, 창녀 샹탈(Chantal)의 개입처럼, 극장으로서의 레스토랑의 통제된, 관리된 체제에 저항하는 도전이 된다. 이러한 도전을 감행하는 창녀와 웨이터는 앞서 언급한 회로의 완전한 종결을 방해하는 '절단'으로 작용하는 '오브제 쁘띠 아'로 볼 수 있다. 따라서 젊은 웨이터의 끈질긴 개입은 관객으로 하여금 레스토랑의 통제의 완벽성과 그 통제의 전복성을 동시에 볼 수 있도록 만든다.

유럽 전역에서 고객만족도가 가장 높은 최고 수준의 레스토랑/극장을 운영하는 지배인 리처드는 고객들의 축하파티에 철저하게 적절한 거리를 유지하며, 냉담한 '보는 자'의 입지를 유지하고 있다면, 젊은 웨이터는 '부적절한' 개입의 욕망을 가지고 있다고 볼 수 있다. 그는 할아버지에 대한 기억으로 세 번의 개입을 감행하고, 한 번 더 하지 못한 것에 대해 아쉬워한다. 러셀과 수키의 테이블에서 와인을 따르다, 불쑥 "제가 끼어들어도 괜찮겠습니까?"(30)라며 과감하게 끼어든 첫 번째 개입은 그의 할아버지가 시인 엘리엇(T. S. Eliot)뿐 아니라, 파운드(Ezra Pound), 오든(W. H. Auden) 등, 그리고 로런스(D. H. Lawrence)의 술친구로, '노망든 토마스 하디'까지 수많은 영국문학의 거장들을 알았고, 정치에도 관심이 있었고, 미국문학의 대가들, 헤밍웨이(Earnest Hemingway), 포크너(William Faulkner)와도 친분이 있었다는 것, 그래서 10년대, 20년대, 30년대의 지성과 문학적 삶의 한

---

13 구소(Mel Gussow)와의 링컨 센터 인터뷰에서, 핀터는 청년시절 런던에 있는 한 클럽(The National Liberal Club)에서 웨이터로 일한 적이 있었는데, 고객들이 카프카의 『심판』 영어판 출판일자에 대하여 토론하는 데 끼어들었다가 즉시 해고당했던 경험이 『축하파티』를 쓰게 했다고도 볼 수 있다고 말했다("An Experience of Pinter" 42).

가운데 굳건하게 서있었고, 조이스(James Joyce)의 '대모'였다는 엉뚱한 주장에까지 이른다(31-32). 두 번째 개입은 램버트와 매트 부부들이 식사하는 테이블에서, 그의 할아버지가 할리우드 스타들과 친분이 있었다며, 당시 할리우드 스타들과 마피아와 갱단과의 유착관계에 대해 회상하는 것으로 이루어진다(48-50). 세 번째 개입은 두 테이블이 합석한 뒤, 지배인 리처드가 당황하며 제지함에도 불구하고, 그의 할아버지가 오스트리아헝가리제국과 관계를 맺었고 처칠(Winston Churchill), 무솔리니(Benito Mussolini)와 친했다는 장광설로 시작하여 예이츠(W. B. Yeats)와 브레히트(Bertholt Brecht) 등 거물급 인사들을 마구 거론하면서 클라이맥스에 오른다. 그러나 갑자기 벌떡 일어서며 화제를 바꾸는 램버트에 의해 그의 개입은 중단되고 만다(65-66).

젊은 웨이터의 할아버지에 대한 기억은 축하파티를 하고 있는 고객들의 세계가 잃어버린 모든 것을 대변한다고 볼 수 있다. 그의 세 번의 긴 장광설은 황당하게 들리지만 모두 주도면밀하게 상대를 겨냥하고 있으며 적절하게 배치된 것이다("Celebrating Pinter" 288). 첫 번째 개입은 엘리엇과 같은 은행가 러셀을 겨냥하여, 오늘날 상업주의와 문학 사이의 간극을 강조하기 위한 것이고, 두 번째 개입은 갱단두목 같은 램버트와 매트에게, 대중문화 영화배우들과 갱들 사이의 유착관계를 드러내 보이는 것이고, 세 번째 연설은 할아버지를 예수와 같은 이타적인 성인으로 묘사하며, 기독교적 자비의 실천에는 전혀 관심이 없는 두 테이블의 모든 고객들을 겨냥하고 있는 것이다. 그리고 오스트리아헝가리제국 출신 이민자의 손자인 핀터는 예이츠, 오든, 카프카, 조이스 같은 모든 위대한 인물들을 존경했고 할리우드 영화의 열광적 팬이었던 청년시절의 자신을 겨냥하고 있는지도 모른다. 핀터는 젊은 웨이터의 이러한 일련의 개입을 통해 잃어버린 과거의 가치들에 대해 이중적인 태도, 즉 지지와 냉소적 태도를 동시에 보이고 있다. 이처럼 자조적으로 핀터가 젊은 자신의 모습을 투영하고 있는 젊은 웨이터는 조부시대의 모더니즘 문화와 현시대의 포스트모더니즘 문화라는 '전적으로 대립되는 두 원칙들 사이에서 문화적 정체성의 불안정성'을 보여주는 인물이라고 볼 수 있다(Gordon 71).

『축하파티』는 분명 기억에 대한 극이다. 축하파티가 벌어지고 있는 레스토랑은 일종의 '기억의 방'(a memory chamber)으로 젊은 웨이터뿐 아니라 거기에 있는 모든 사람들은 회상이라는 행위에 참가하고 있다("Celebrating Pinter" 283). 사실, 기억이란 탈시간화하여 저장된 이미지들의 창고를 의미한다고 볼 수 있으며, 레스토랑은 바로 그러한 창고가 될 수 있다. 기억은 핀터의 일관된 주요 주제로, 점차적으로 발전된 단계에서 그 주제가 다루어지고 있음을 살펴볼 수 있다. 특히, 『재에서 재로』에 이르면, 기억은 레베카(Rebecca)의 기억을 통해 '능동적인 힘과 역사적 감정이입을 할 수 있는 여성적인 재능의 상징'으로 사용됨으로써 보다 새로운 국면에서 다루어지고 있다("Celebrating Pinter" 282). 이후 『축하파티』에서도 기억의 주제는 또 다른 국면에서 전개되고 있다. 예컨대, 부재한 아이들에 대한 프루와 줄리의 기억과 매트의 기억은 여성적 재능으로서의 기억이 어떻게 전개되고 있는가를 잘 보여준다. 줄리와 프루는 아이들의 유년시절에 대해 그들과의 밀착된 관계와 사랑을 회상하는 반면(43), 매트는 기억이 없는 아이들, 부모도 기억하지 못하고 단지 벽에 난 구멍 정도로만 아는, 그래서 자신의 삶도 기억하지 않는 아이들에 대해 분노한다(44). 여기서, 줄리와 프루는 앙띠-오이디푸스적 관점에서 기억을 사유한다면, 매트는 오이디푸스적 관점에서 기억을 사유하는 것을 알 수 있다. 아이들이 어머니를 향한 욕망을 억압하고 자신의 아버지처럼 된다는 생각에 줄리와 프루는 거부감을 가지고 있는 반면, 매트는 아이들이 오이디푸스적 기억을 상실하고 있음에 화를 내고 있는 것이다. 오이디푸스적 기원으로서의 부모를 거부하고 집을 떠나는 아이들의 기억에 대한 이들의 대조적인 수용은 남성의 오이디푸스적 기억과 이에 저항하는 여자들의 '반기억'의 대조를 보여준다고 말할 수 있다(*A Thousand Plateaus* 294).

줄리와 프루는 어머니와 아들 사이의 근친상간에 대한 어머니의 욕망에 관심을 보인다. 이들의 어머니의 욕망에 대한 언급은 레스토랑이 대변하고 있는 세계가 근친상간을 금지함으로써 어머니를 억압해야 하는 대상으로 만들고 아버지를 남성적 권력자로 만들고 있는 오이디푸스적 구조 체제임을 시사한다. 이러한 체제 속에서 불안과 좌절을 느끼는 남자들은 만회를 위하여 다시 시작하기를, 기원으로 돌아가 다시 반복하기를, 즉 오이디푸스적 체제의 재확립을 원한다. 그러나 "다시' 시작할 수 있다고는 생각하지 않아요."(67)라고 말하는 레베카처럼 줄리도, "다시 살고 싶지는 않아요, 안 그래요? 한 번이면 충분해요."(56)라고 단정한다. 그러나 램버트는 "나는 다시 살고 싶어. 나는 다시 사는 것을 내 일로 삼을 거야."(56)라고 자신의 오이디푸스적 욕망을 표현한다. 그러나 이에 줄리는 단호하게 "불가능해요."(57)라는 한 마디로 일축해버린다. 이러한 줄리와 램버트의 대화는 레베카와 데블린의 시작과 끝에 관한 대화를 연상시킨다. 램버트는 데블린처럼 끝에 도달하는 것을 두려워한다. 즉 그 체제를 넘어설 수밖에 없는 한계에 도달하기를 두려워하는 것이다. 반면에 줄리와 프루는 끝을 당당히 직면하겠다는 의지를 보인다.

인간의 기억은 자신의 시간과 과거만을 기억하는 것이 아니라 자신의 현실적(actual) 지각들을 넘어서 있는 시간 전체를 지각할 수 있는 역능을 가진다. 들뢰즈에 의하면, 인간의 이러한 역능의 기억은 인간의 주관적 기억이 아니라 비인격적인 기억이며, 빌링턴(Michael Billington)의 말을 빌리면, '역사적 감정이입'을 할 수 있는 기억의 역능을 의미한다("Celebrating Pinter" 282). 그러나 램버트의 시작에의 욕망은 이러한 기억의 역능에 의한 것이 아니다. 핀터가 '물에 빠지고 있는 여자'에 비유하는 『재에서 재로』의 레베카는 직접 경험하지 않은 홀로코스트의 기억을 통해 다른 사람들의 운명이 자신과 무관하지 않음을 '능동적으로' 감정이입하여 체험함으로써 깨닫는다(*Harold Pinter* 433). 반면에 램버트는 그러한 파국의 죄의식과 수치로부터 벗어나고자 하는 욕망에서 다시 기원으로 돌아가고자 하는 것이다. 그러나 줄리가 단언하듯, 그것은 불가능한 것이다. 우선 램버트를 비롯하여, '거짓의 태피스트리'에 싸여있는 레스토랑의 모든 포스트모던 인간들이 경험해야 하는 것이 바로 이러한 불가능성, 즉 그들 모두가 그 관리되는 세계 속에 붙들려 있다는 사실이다. 마치 가부장제 속에서 투쟁하는 여성들이 '자신의 수동성을 행위의 실패'로 인정해야 하는 것이 가부장제에 대한 페미니스트들의 투쟁의 첫 단계인 것처럼, 그들 역시 우선 능동성을 상실하고 수동적인 상태에 처해있음을 인식해야 하는 것이다(지젝 232). 이러한 인식이 선행되어야, 이미 그 세계 속에 들어와 있는 우리의 파국을 직면할 수 있다는 것이다. 그리고 모든 가능성이 소진된 불가능성 속에서 과격한 '초월적 방향 전환'을 단행하여 새로운 잠재성을 현실화하는 미래로 나갈 수 있다는 것이 바로 지젝이 말하는 '소프트 혁명'이며, 핀터의 정치적 비전이 구현하는 변화의 방향인 것이다.

『재에서 재로』에서 기억의 역능을 여성적 재능으로 다루면서 성정치성의 문제를 보다 본격적으로 다루고 있다면, 『축하파티』에서는 그것이 세대와 전통의 차원에서 다루어지고 있다고 볼 수 있다. 젊은 웨이터의 할아버지에 대한 기억은 고객들의 기억이 결여하고 있는, 그래서 가지려고 애쓰지만 절망스럽게도 갖지 못하는, '전통과 격조'(12)에 대한 기억으로 대조적인 효과를 보인다. 전통과 격조라는 말은, 램버트와 매트가 '전통민요'라고 우기며 어설프게 부르는 천박한 노래로 오용하고 있듯이, 기괴한 단어일 뿐이다. 매트는 아이들이 기억이 없다고 비난하지만, 그들 자신이 결여한 전통과 격조에 대한 심오한 기억이 아이러니하게도 젊은 웨이터에 의해 발언된다. 그러나 핀터는 포스트모던 인간들의 기억에 개입하는 젊은 웨이터의 모더니즘적 전통의 가치에 대한 향수적 기억을 통해, 모더니즘적 전통으로의 복귀를 시사하고 있는 것은 결코 아니다. 다시 말해, 핀터는 모더니즘의 전통을 포스트모던 시대의 야만성과 파국을 극복할 수 있는 대안으로 제시하고 있는 것은 아니다.

그러나 모든 것을 목격해왔지만 냉담한 거리를 유지하는 지배인들과는 달리 '부적절한' 개입을 감행해온 젊은 웨이터의 마지막 독백은 극의 중요한 의미를 전달한다. 세계를 볼 수 있는 망원경을 사준 모더니스트 전통의 할아버지가 인도한 삶의 한가운데서 아직 출구를 찾을 수 없어 혼란 속에 빠진 그의 모습을 통해 핀터가 보여주는 것은 끝을 직시할 수 있는 소프트 혁명의 첫 단계로의 진입이라고 말할 수 있다.

> 나의 할아버지는 나를 인생의 신비로 인도했었고 난 아직 그 한가운데에 있다. 나는 나가는 문을 찾을 수가 없다. 나의 할아버지는 그곳으로부터 나갔다. 그는 아주 나가버렸다. 그는 그것을 뒤로한 채 떠났고 그리고 뒤를 돌아보지 않았다. 그는 아주 잘하셨다. 내가 한 번 더 끼어들었으면 좋았을 텐데.(72)

빌링턴은 이 독백을 젊은 웨이터의 '감금, 봉쇄, 억류의 의식'(289)을 의미하는 것으로 설명한다. 물론 그가 지적하듯이, 이러한 의식은 성장과정에서 겪게 되는 심리적 상태에 대한 것으로 볼 수 있다. 그러나 그 감금의 의식은 그가 목격한 '관리되는 세계'에 그 역시 붙들려 있다는 수동성과 좌절감의 경험에 의한 것으로 이해될 수 있다. 떠들썩한 웃음과 소란으로 고객들의 불량풍습희극의 공연이 끝난 뒤, 마지막 개입을 할 수 없었던 것에 대한 아쉬움의 표현으로 끝맺는 그의 긴 독백의 타블로는 탈출구가 없어 보이는 거짓의 태피스트리로 둘러싸인 '관리되는 세계'의 구속력을 강력히 시사하고 있다. 이러한 강력한 구속력을 의식하는 데에서 핀터가 강조하는 정치적 비전이 생성되는 것이다. 이러한 시점에 서 있는 혼란스러운 젊은 웨이터의 모습에서 마침내 현실의 파국을 피할 수 없는 것으로 단정하고, 초월적 방향 전환을 위해 과격하게 '거울을 깨뜨릴' 때를 기다리며 서 있는 젊은 핀터의 모습을 엿볼 수 있다.

5

더 이상 극작을 하지 않겠다는 극의 파국 선언과 현실의 파국과 이에 대한 파국적 전략의 시각에서 다시 소급하여 읽은 『축하파티』는 혼란스러운 젊은 핀터의 모습을 담고 있는 마지막 타블로로 끝난다. 정치극작가로서 핀터는 다수의 권위적인 문화적 또는 정치적 질서에 의해 관리되는 세계의 구속력과 그 세계로부터의 탈출의 불가능성을 우리가 당면하고 있는 절실한 문제로 다루어 왔다. 따라서 그는 이러한 불가능성의 문제를 본격적으로 다루고 극의 새로운 잠재성을 현실화하기 위한 새로운 정치극의 생성을 시도했으며, 나아가 진정한 탈주의 글쓰기를 위해 과격하게 극작 중단을 선언하기에 이른 것이다.

젊은 웨이터가 못내 아쉬워한 '한 번 더'의 개입의 시도로 볼 수 있는 핀터의 노벨상 연설과 함께, 『축하파티』에 대한 읽기를 통해 그의 극 세계에 대한 기억을 이용하여 그 세계를 다시 소급해 볼 수 있는 '예측의 시간'을 가져보았다. 핀터 극에 대한 우리의 기억을 이용하여 다시 본다는 것은, 핀터의 기억에 대한 작품들이 드러내보이듯이, 오이디푸스적 기억이 아니라 이에 저항하는 앙띠-오이디푸스적 기억 또는 '반기억'의 역능을 이용해 본다는 것을 의미한다. 이러한 역능을 통해, 우리는 파국을 직면한 핀터 극의 새로운 미래를 그리고 여전히 거짓의 태피스트리에 싸여 있는 우리 현실의 진정한 파국을 탈주하는 '초월적인 방향 전환'을 전망할 수 있을 것이다. 이러한 탈주의 미래를 전망하면서, 우리는 소진한 핀터가 또 다시 '한 번 더' 개입을 시도하기 위해 무대로 돌아올 것을 기다렸지만, 그는 젊은 웨이터의 조부처럼 혼란스러운 우리를 남겨두고 떠났다. 이제 우리가 그 젊은 웨이터의 입지에 서서 떠난 조부를 기억하며, 우리의 파국의 현실을 직면하여 출구 찾기를 시도해야 할 차례이다. 그러나 막 '사장된 땅'(No Man's Land)에 들어간 핀터는 '선한 유령'이 되어 늘 현존하는 과거의 존재로 우리의 출구 찾기를 유도하는 미래의 정치성의 동인이 될 것이다.

참고문헌

지젝, 슬라보예. 김상환 외 옮김. 『탈이데올로기 시대의 이데올로기: 20세기에 대한 철학적 평가』. 서울: 철학과현실사, 2005.

Atwood, Margaret. "Pinteresque." *The Pinter Review: Collected Essays 1999 and 2000* (2000): 5.

Bergson, Henri. *Matter and Memory.* Trans. N. M. Paul and W. S. Palmer. New York: Zone Books, 1988.

Billington, Michael. "An Experience of Pinter: Address to the International Conference on Harold Pinter." *The Pinter Review: Collected Essays 1999 and 2000* (2000): 41-51.

_______. "Celebrating Pinter". *Pinter at 70: A Casebook.* Ed. Lois Gordon. New York and London: Routledge, 2001. 279-90.

_______. *Harold Pinter.* London: Faber and Faber, 2007.

Burkman, Katherine H. "Harold Pinter and the Case of the Guilty Pen." *The Pinter Review: Collected Essays 1999 and* 2000 (2000): 11-22.

Deleuze, Gilles, and Guattari, Félix. *A Thousand Plateaus: Capitalism and Schizophrenia.* Trans. Brian Massumi. Minneapolis: U of Minnesota P, 1987.

Delueze, Gilles. *Cinema 2: Time-Image.* Trans. Hugh Tomlinson and Robert Galeta. London: The Athlone Press, 1989.

Esslin, Martin. "Harold Pinter: from *Moonlight to Celebration.*" *The Pinter Review: Collected Essays 1999 and 2000* (2000): 23-30.

Genet, Jean. *The Balcony.* Trans. Bernard Frechtman. New York: Grove P, 1958.

Gordon, Robert. "Celebration in Performance: the Drama of Environment." *The Pinter Review: Collected Essays 1999 and 2000* (2000): 66-72.

Gussow, Mel. "Pinter on Pinter: The Lincoln Center Interview." *The Pinter Review: Collected Essays 2001 and 2002* (2002): 14-37.

Hall, Ann C. "Making Spaces: Women at Play's Production of Harold Pinter's *The Room and Celebration.*" *The Pinter Review: Collected Essays 2003 and 2004* (2004): 207-209.

Knolwes, Ronald. "Harold Pinter 1998-2000." *The Pinter Review: Collected*

Essays 1999 and 2000 (2000): 169-90.

Pinter, Harold. *Complete Works: One*. New York: Green, 1977.

_______. *Ashes to Ashes*. London: Faber and Faber, 1996.

_______. *Celebration & The Room*. London: Faber and Faber, 2000.

_______. "Art, Truth & Politics: The Nobel Lecture." *Harold Pinter*. Michael Billington. London: Faber and Faber, 2007. 431-42.

Raby, Peter. "Tales of the City: Some Places and Voices in Pinter's Plays." *Cambridge Companion to Harold Pinter*. Ed. Peter Raby. Cambridge: Cambridge UP, 2001. 57-72.

Sakellaridou, Elizabeth. "An Interview with Harold Pinter." *The Pinter Review: Collected Essays 1999 and 2000* (2000): 92-102.

Žižek, Slavoj. *Welcome to the Desert of the Real!: Five Essays on September 11 and Related Dates*. London & New York: Verso, 2002.

통합참고문헌

김석수. 「'사회'의 의미와 위상에 대한 반성적 고찰: 시민사회를 중심으로」. 『현대 문화와 철학의 새지평』. 서울: 철학과현실사, 2005. 71-106.

정문영. 「『일종의 알래스카』와 『도라의 초상』: 핀터와 식수스의 정신분석시각」. 『영미희곡연구: 중세극에서 현대극까지』. 서울: 민음사, 1994. 244-264.

______. 『현대 비평이론과 연극: 정신분석, 페미니즘, 현대 연극』. 서울: 도서출판 동인, 2005.

조은, 조주현, 김은실. 『성 해방과 성 정치』. 서울: 서울대학교출판부, 2002.

지젝, 슬라보예. 김상환 외 옮김. 『탈이데올로기 시대의 이데올로기: 20세기에 대한 철학적 평가』. 서울: 철학과현실사, 2005.

황훈성. 「해롤드 핀터 후기극의 정치성: 『파티시간』, 『달빛』, 『재에서 재로』」. 『영어영문학』 47.1(2001): 291-308.

Adler, Thomas P. "Notes toward the Archetypal Pinter Woman." *Theatre Journal* 33 (1981): 377-85.

Almansi, Guido and Simon Henderson. *Contemporary Writers: Harold Pinter.* London and New York: Methuen, 1983.

Aragay, Mireia. "Pinter, Politics and Postmodernism (2)." Raby. 246-59.

Aragay, Mireia and Ramon Simo. "Writing, Politics and *Ashes to Ashes*." *Pinter in the Theatre*. Com. and Intro. Ian Smith. London: Nick Hern Books, 2005. 90-106.

Arendt, Hannah. *Eichmann in Jerusalem: A Report on the Banality of Evil.* New York: Viking, 1968.

Aristotle. *Politica I.* Ed. J. A. Smith and W. D. Ross. *The Works of Aristotle,* Vol. X, Oxford: Clarendon Press, 1966.

Armstrong, Raymond. *Kafka and Pinter Shadow-Boxing: The Struggle between Father and Son.* New York: St. Martin's Press, 1999.

Artaud, Antonin. *The Theater and Its Double.* Trans. Mary Caroline Richards. New York: Grove P, 1958.

Atwood, Margaret. "Pinteresque." *The Pinter Review: Collected Essays 1999 and 2000* (2000): 5.

Austin, Gayle. *Feminist Theories for Dramatic Criticism.* Ann Arbor: The U of Michigan P, 1993.

Beckett, Samuel. *Three Novels by Samuel Beckett: Molloy, Malone Dies, The Unnamable.* New York: Grove P, 1955.

Ben-Zvi, Linda. *Women in Beckett: Performance and Critical Perspectives.* Urbana and Chicago: U of Ilinois P, 1990.

______. "Samuel Beckett's Media Plays," *Modern Drama* 28.1 (March 1985): 22-37.

Bergson, Henri. *Matter and Memory.* Trans. N. M. Paul and W. S. Palmer. New York: Zone Books, 1988.

Bhabha, Homi. *The Location of Culture.* London and New York: Routledge, 1994.

______. "Remembering Fanon: Self, Psyche and the Colonial Condition." *Colonial Discourse and Post-Colonial Theory.* Ed. Patrick Williams and Laura Chrisman. New York: Colombia UP, 1994. 112-123.

Billington, Michael. *Stoppard the Playwright.* London and New York: Methuen, 1987.

______. *The Life and Work of Harold Pinter.* London: Faber and Faber, 1996.

______. *Harold Pinter.* 1996. London: Faber and Faber, 2007.

______. "An Experience of Pinter: Address to the International Conference on Harold Pinter." *The Pinter Review: Collected Essays 1999 and 2000* (2000): 41-51.

______. "Celebrating Pinter." Gordon. 279-90.

______. "Obituary: Harold Pinter." *The Guardian.* December 27, 2008 〈http://www.guardian.co.uk/culture/2008/dec/27/harold-pinter-obituary-playwright-politics〉.

Bold, Alan, ed. *You Never Heard Such Silence*. London: Vision, 1984.

Brewer, Mária Minich. "Performing Theory." *Theatre Journal* 73.1 (March 1985): 13-30.

Bryden, Mary. *Women in Samuel Beckett's Prose and Drama: Her Own Other*. Basingstoke: Macmillan, 1993.

Buchanan, Ian, and Claire Colebrook, eds. *Deleuze and Feminist Theory*. Edinburgh: Edinburgh UP, 2000.

Bull, John. "Tom Stoppard and Politics." Kelly. 136-53.

Burkman, Katherine H. *The Dramatic World of Harold Pinter: Its Basis in Ritual*, Columbus: The Ohio State UP, 1971.

______. *The Arrival of Godot: Ritual Patterns in Modern Drama*. Rutherford: Fairleigh Dickinson UP, 1986.

______. "Deborah's Homecoming in *A kind of Alaska*: An Afterword." Burkman and Kundert-Gibbs. 193-200.

______. "Displacement in Time and Space: Harold Pinter's *Other Places*." *Harold Pinter: A Casebook*. Ed. Lois Gordon. New York: Garland, 1990, 109-18.

______. "Harold Pinter and the Case of the Guilty Pen." *The Pinter Review: Collected Essays 1999 and 2000* (2000): 11-22.

______. "Harold Pinter's 'Betrayal': Life Before Death-and After." *Theatre Journal* 34.4 (1982): 505-18.

______. "*Family Voices* and the Voice of the Family in Pinter's Plays." *Harold Pinter: Critical Approaches*. Ed. Steven H. Gale. Rutherford: Fairleigh Dickinson UP, 1986. 164-74.

Burkman, Katherine H. and John L. Kundert-Gibbs, eds. *Pinter at Sixty*. Bloomington and Minneapolis: Indiana UP, 1993.

Butler, Judith. *Gender Trouble: Feminism and the Subversion of Identity*. New York & London: Routledge, 1990.

Cahn, Victor L. *Gender and Power in the Plays of Harold Pinter*. New York: St. Martin's, 1993.

Carlson, Marvin. *Theories of the Theatre: A Historical and Critical Survey, from the Greeks to the Present.* Ithaca and London: Cornell UP, 1984.

Chung, Moonyoung. "The Mother/Daughter Relationship in Beckett: *Footfalls* and *Rockaby*." *Irish University Review: A Journal of Irish Studies* 29.2 (Autumn/Winter 1999): 281-93.

______. "Pinter's Cinematic Transliteration: Deterritorialized Space of *The French Lieutenant's Woman*." *The Journal of English Language & Literature* 47.4 (2003): 1129-45.

______. "Pinter's Cinematic Politics: *The Trial*." *The Journal of English Language & Literature* 50.4 (2004): 925-42.

Cixous, Hélène. "Castration or Decapitation?" Trans. A. Kuhn. *Signs* 7 (1981): 41-55.

______. "Aller à la Mer." Trans. Barbara Kerslake. *Modern Drama* 27 (1984): 546-48.

______. "From the Scene of the Unconscious to the Scene of History." *The Future of Literary Theory*. Ed. Ralph Cohen. New York: Routledge, 1989, 1-18.

Colebrook, Claire. "Introduction." Buchanan and Colebrook. 1-17.

Colleran, Jeanne. "Disjuncture as Theatrical and Postmodern Practice in Griselda Gambaro's *The Camp* and Harold Pinter's *Mountain Language*." Burkman and Kundert-Gibbs. 50-63.

Conley, Verna Andermatt. "Becoming-Woman Now." Buchanan and Colebrook. 18-37.

Coursen, H. R. "Stoppard's *Rosencrantz and Guildenstern are Dead*: The Film." *Shakespeare: Text and Theater.* Ed. Lois Potter and Arthur F. Kinney. Newark: U of Delaware P, 1991. 183-93.

Deleuze, Gilles. *Cinema 1: The Movement-Image*. Trans. Hugh Tomlinson and Barbara Habberjam. London: The Athlone Press, 1986.

______. *Cinema 2: The Time-Image*. Trans. Hugh Tomlinson and Robert Galeta. London: The Athlone Press, 1989.

______. *Difference and Repetition*. Trans. Paul Patton. New York: Columbia UP, 1993.

______. "One Less Manifesto." Murray. 239-56.

Deleuze, Gilles, and Claire Parnet. *Dialogues*. Trans. Hugh Tomlinson and Barbara Habberjam. New York: Columbia UP, 1977.

Deleuze, Gilles, and Félix Guattari. *Anti-Oedipus: Capitalism and Schizophrenia.* Trans. Robert Hurley, Mark Seem, and Helene R. Lane. London: The Athlone Press, 1984.

______. *Kafka: Toward a Minor Literature.* Trans. D. Polan. Minneapolis: U of Minnesota P, 1986.

______. *A Thousand Plateaus: Capitalism and Schizophrenia.* Trans. Brian Massumi. Minneapolis: U of Minnesota P, 1987.

Derrida, Jacques. *Writing and Difference*. Trans. Alan Bass. Chicago: U of Chicago P, 1978.

______. "Structure, Sign, and Play in the Discourse of the Human Sciences." *Writing and Difference*. Chicago: U of Chicago P, 1978. 278-94.

______. "The Purveyor of Truth." Muller and Richardson. 173-212.

Diamond, Elin. *Pinter's Comic Play*. Lewisburg: Bucknell UP, 1985.

Eagleton, Terry. *The Illusions of Postmodernism*. Oxford: Blackwell, 1996.

Esslin, Martin. *The Theatre of the Absurd*. New York: Doubleday, 1961.

______. *Pinter: The Playwright*. London: Methuen, 1982, 1984, 1992.

______. "Harold Pinter: from *Moonlight to Celebration*." *The Pinter Review: Collected Essays 1999 and 2000* (2000): 23-30.

______. "*The Homecoming*: An Interpretation." John and Anthea Lahr. 1-8.

Fehsenfeld, Martha. """That first last look..."" Burkman and Kundert-Gibbs. 125-28.

Flieger, Jerry Aline. "Becoming-Woman: Deleuze, Schreber and Molecular Identifications." Buchanan and Colebrook. 38-63.

Foucault, Michel. "Theatrum Philosophicum." Murray. 216-38.

Frazer, James George. *The Golden Bough.* New York: Macmillan, 1951.

Freed, Donald. "Body and Soul: Poetics and Politics in the Work of Harold Pinter." *The Pinter Review: Collected Essays 1999 and 2000* (2000): 6-10.

Gabbard, Lucina Paquet. *The Dream Structure of Pinter's Plays: A*

Psychoanalytic Approach. Cranbury & London: Associated UP, 1976.

Gaggi, Silvio. "Pinter's *Betrayal*: Problems of Language or Grand Metatheatre?" *Theatre Journal* 33.4 (1981): 502-16.

Gale, Steven H. "Harold Pinter's *Family Voices* and the Concept of Family." Bold. 146-65.

______. *Sharp Cut: Harold Pinter's Screenplays and the Artistic Process.* Lexington: The UP of Kentucky, 2003.

______, ed. *Harold Pinter: Critical Approaches.* Rutherford: Fairleigh Dickinson UP, 1986.

______, ed. *The Films of Harold Pinter.* Albany: State U of New York P, 2001.

Gallop, Jane. *Intersections: A Reading of Sade with Bataille, Blanchot, and Klossowski.* Lincoln: U of Nebraska P, 1981.

______. *The Daughter's Seduction: Feminism and Psychoanalysis.* Ithaca: Cornell UP, 1982.

______. "The American Other." Muller and Richardson. 268-82.

Ganz, Arthur. *Pinter: A Collection of Critical Essays.* Englewood Cliffs, NJ: Prentice-Hall, 1972.

Genet, Jean. *The Balcony.* Trans. Bernard Frechtman. New York: Grove P, 1958.

Gordon, Lois. *Stratagems to Uncover Nakedness: The Dramas of Harold Pinter.* Columbia: U of Missouri P, 1969.

______, ed. *Pinter at 70: A Casebook.* New York and London: Routledge, 2001.

Gordon, Robert. "Celebration in Performance: the Drama of Environment." *The Pinter Review: Collected Essays 1999 and 2000* (2000): 66-72.

Grimes, Charles. *Harold Pinter's Politics: A Silence beyond Echo.* Madison & Teaneck: Fairleigh Dickinson UP, 2005.

Grosz, Elizabeth. "Deleuze's Bergson: Duration, the Virtual and a Politics of the Future." Buchanan and Colebrook. 214-34.

Gussow, Mel. *Conversations with Pinter.* New York: Grove P, 1994.

______. "Pinter on Pinter: The Lincoln Center Interview." *The Pinter Review: Collected Essays 2001 and 2002* (2002): 14-37.

Hall, Ann C. """You're Speaking to Someone and You Suddenly Become Another Person": Storytelling in Pinter's *Moonlight* and *Ashes to Ashes*." Gordon. 263-78.

______. "Voices in the Dark: The Disembodied Voice in Harold Pinter's *Mountain Language*." *The Pinter Review: Collected Essays 1991* (1991): 17-22.

______. *"A Kind of Alaska": Women in the Plays of O'Neill, Pinter, and Shepard,* Carbondale: Southern Illinois UP, 1993.

______. "Making Spaces: Women At Play's Production of Harold Pinter's *The Room and Celebration*." *The Pinter Review: Collected Essays 2003 and 2004* (2004): 207-209.

______. "Book Review: *Harold Pinter's Politics: A Silence Beyond Echo*." *The Pinter Review: Nobel Prize/Europe Theatre Prize Volume: 2005-2008* (2009): 236-37.

Hall, Peter. "A Director's Approach: An Interview with Peter Hall." John and Anthea Lahr. 9-25.

______. "Directing Pinter." Bold. 19-28.

Ham, Moonyoung C. "Portrait of Deborah: *A Kind of Alaska*." Burkman and Kundert-Gibbs. 185-192.

Hinchliffe, Arnold P. *Harold Pinter*. Boston: Twayne, 1981.

Hotchkiss, Lia M. "The Cinematic Appropriation of Theater: Introjection and Incorporation in *Rosencrantz and Guildenstern Are Dead*." *Quarterly Review of Film & Video* 17.2 (2000): 161-86.

Irigaray, Luce. *Speculum of the Other Women*. Trans. Gillian C. Gill. Ithaca: Cornell UP, 1985.

______. *This Sex Which Is Not One*. Trans. Catherine Porter and Carolyn Burke. Ithaca: Cornell UP, 1985.

Kane, Leslie. *The Language of Silence: On the Unspoken and the Unspeakable in Modern Drama*. Rutherford: Fairleigh Dickinson UP, 1984.

Kelly, Katherine E., ed. *The Cambridge Companion to Tom Stoppard*. Cambridge: Cambridge UP, 2001.

King, Kimball. "Harold Pinter's Achievement and Modern Drama." *The Pinter*

Review: Collected Essays (1999 and 2000): 31-40.

Klein, Joanne. *Making Pictures: The Pinter Screenplays*. Columbus: Ohio State UP, 1985.

Knowles, Ronald. *Understanding Harold Pinter*. Columbia: U of South Carolina P, 1995.

______. "Harold Pinter, Citizen." *The Pinter Review* 3 (1989): 24-33.

______. "Harold Pinter 1998-2000." *The Pinter Review: Collected Essays 1999 and 2000* (2000): 169-190.

______. "Names and Naming in the Plays of Harold Pinter." Bold. 113-30.

Kundert-Gibbs, John L. ""I am powerful ... and I am only the lowest doorkeeper": Power Play in Kafka's The Trial and Pinter's Victoria Station." Burkman and Kundert-Gibbs. 149-160.

Lacan, Jacques. *Écrits,* Paris: Édition de Seuil, 1966.

______. *Le Séminaire livre XX: Éncore*. Paris: Seuil, 1975.

Lahr, John, and Anthea Lahr, eds. *A Casebook on Harold Pinter's The Homecoming*. London: Grove P, 1971.

Massumi, Brian. *A User's Guide to Capitalism and Achizophrenia: Deviations from Deleuze and Guattari*. London & Cambridge: The MIT P, 1999.

Merritt, Susan Hollis. *Pinter in Play: Critical Strategies and the Plays of Harold Pinter*. Durham & London: Duke UP, 1990.

______. "Harold Pinter's *Ashes to Ashes*: Political/Personal Echoes of the Holocaust." *The Pinter Review: Collected Essays 1999 and 2000* (2000): 73-84.

______. "Pinter and Politics." Gordon. 129-60.

Millett, Kate. *Sexual Politics*. New York: Doubleday, 1970.

Milne, Drew. "Pinter's Sexual Politics." Raby. 195-211

Muller, John P. and William J. Richardson, eds. *The Purloined Poe: Lacan, Derrida, and Psychoanalytic Reading*. Baltimore: The Johns Hopkins UP, 1988.

Timothy Murray, ed. *Mimesis, Masochism, and Mime: The Politics of Theatricality in Contemporary French Thought*. Ann Arbor: Michigan State UP, 1997.

Nichols, Peter. *Modernisms: A Literary Guide.* London: Macmillan, 1995.

Nightingale, Benedict. "Harold Pinter/Politics." *Around Absurd: Essays on Modern and Postmodern Drama.* ed. Ruby Cohn. Ann Arbor: Michigan UP, 1990. 129-54.

Peacock, D. Keith. *Harold Pinter and the New British Theatre*. London: Greenwood, 1997.

Pinter, Harold. *Plays. One with an introduction, "Writing for the Theatre."* London: Eyre Methuen, 1976.

______. *Plays: One*. New York: London: Methuen, 1976.

______. *Complete Works: One*. New York: Green, 1977.

______. *Plays: Two with an introduction, "Writing for Myself."* London: Eyre Methuen, 1977.

______. *Betrayal*. New York: Grove Weindefeld, 1978.

______. *Other Places: A Kind of Alaska, Victoria Station, Family Voices*. New York: Grove P, 1983.

______. *One for the Road*. London: Methuen, 1984.

______. *Plays: Four*. New York: London: Methuen, 1984.

______. *Mountain Language*. New York: Grove P, 1988.

______. *The Homecoming*. Faber and Faber, 1991.

______. *Moonlight*. London & Boston: Faber and Faber, 1993.

______. *Ashes to Ashes*. London & Boston: Faber and Faber, 1996.

______. *Various Voices: Prose, Poetry, Politics 1948-1998*. London: Faber and Faber, 1998.

______. *Celebration & The Room*. London: Faber and Faber, 2000.

______. "A Politics and Its Politics: A Conversation between Harold Pinter and Nicholas Hern." *One for the Road*. New York: Grove P, 1986. 5-23.

______. "Art, Truth & Politics: The Nobel Lecture." Appendix to *Harold Pinter*. Rev. ed. Michael Billington. London: Faber and Faber, 2007. 431-42.

______. "Art, Truth & Politics: The Nobel Lecture." *Harold Pinter*. Michael Billington. London: Faber and Faber, 2007. 431-42.

Prentice, Penelope. *The Pinter Ethic*. New York & London: Garland, 2000.

Prinz, Jessica. ""You Brought It Upon Yourself": Subjectivity and Culpability in *Ashes to Ashes*." *The Pinter Review: Collected Essays 2001-2002* (2002): 97-105.

Quigley, Austin E. *The Pinter Problem*. Princeton: Princeton UP, 1975

______. "Pinter, Politics and Postmodernism (1)." Raby. 7-27.

Raby, Peter. "Tales of the City: Some Places and Voices in Pinter's Plays." Raby. 57-72.

______, ed. *The Cambridge Companion to Harold Pinter*. Cambridge: Cambridge UP, 2001.

Rayner, Alice. "Harold Pinter: Narrative and Presence." *Theatre Journal* 40.4 (1988): 482-97.

Regal, Martin S. *Harold Pinter: A Questioning of Timing*. London: Macmillan, 1995.

Roof, Judith. "Pinter's Ruth, Duras' Vera." *Text and Presentation*. Ed. Karelisa Hartigan. Lanham: UP of America, 1988. 169-78.

______. "The Betrayal of Facts: Pinter and Duras beyond Adaptation." Burkman and Gundert-Gibbs. 79-89.

Sacks, Oliver. *Awakenings*. 1973. New York: Harper Collins, 1990.

Sakellaridou, Elizabeth. *Pinter's Female Portraits: A Study of Female Characters in the Plays of Harold Pinter*. London: Macmillan, 1988.

______. "An Interview with Harold Pinter." *The Pinter Review: Collected Essays 1999 and 2000* (2000): 92-102.

Sedgwick, Eve Kosofsky. *Between Men: English Literature and Male Homosocial Desire*. New York: Columbia UP, 1985.

Selden, Raman, et al. *A Reader's Guide to Contemporary Literary Theory*. 4th ed. London: Prentice Hall, 1997.

Shukin, Nicloe. "Deleuze and Feminisms: Involuntary Regulators and Affective Inhibitors." Buchanan and Colebrook. 144-55.

Silverman, Marc. ""Talking about Some Kind of Atrocity": *Ashes to Ashes* in Barcelona." *The Pinter Review: Collected Essays 1997 and 1998*. (1997): 74-85.

Silverstein, Marc. *Harold Pinter and the Language of Cultural Power*. London:

Associated UP, 1993.

Taylor, John Russell. "Pinter's Game of Happy Families." John and Anthea Lahr. 57-66.

Wardle, Irving. "The Territorial Struggle." John and Anthea Lahr. 37-44.

Williams, Raymond. *Drama from Ibsen to Brecht*. Harmonsworth and New York: Penguin Books, 1968.

Zeifman, Hersh. "The Comedy of Eros: Stoppard in Love." Kelly. 185-202.

Žižek, Slavoj. *For They Know Not What They Do: Enjoyment as a Political Factor*. London and New York: Verso, 1991.

______. *Looking Awry: An Introduction to Jacques Lacan through Popular Culture.* Cambridge: The MIT Press, 1992.

______. *Welcome to the Desert of the Real!: Five Essays on September 11 and Related Dates*. London & New York: Verso, 2002.

찾아보기

ㄱ

가기(Silvio Gaggi) 125, 136, 195
가면무도회 xi, 105, 106, 110, 112, 113, 115, 134, 135, 141, 142, 145
가바드(Lucina Paquet Gabbard) 73
『가벼운 통증』 132
가정로망스 100
『가족의 목소리들』 xi, xii, 64, 151, 152, 166, 173~177, 204
『가족의 재회』 100
가족주의 58, 101, 155, 156, 160, 166, 176, 177
가타리(Félix Guattari) 13, 18, 30, 32, 58, 63, 64, 74, 75, 153, 154, 156~161, 165~167, 176, 183, 186, 191, 202, 203, 206, 229, 235, 236
갤롭(Jane Gallop) 58, 59, 97, 103, 105, 107, 108, 111, 198
거소(Mel Gussow) 191, 207, 208
게일(Steven H. Gale) 16, 49, 176
계몽주의 83, 260
『고도를 기다리며』 4
고든(Lois Gordon) 6, 73
고든(Robert Gordon) 266, 267, 269, 270
공연성 98, 105, 115, 153
『관리인』 5, 30, 34, 48, 101
괴이 79, 195
구소(Mel Gussow) 127, 272
『귀향』 x, xi, 5, 11, 34, 43, 95~102, 104, 111, 113, 115~118, 127, 132, 133, 141, 155, 198, 230
그라임즈(Charles Grimes) 42, 43, 84, 91
그로츠(Elizabeth Grosz) 67, 185, 223
그리피스(Trevor Griffiths) 13
기관 없는 신체 158

기억극 iv
기억-이미지 184
길런(Francis Gillen) 239, 240

ㄴ

나이팅게일(Benedict Nightingale) 176, 240
『난쟁이들』 vi, 39, 48, 49, 77
노마드 64, 156, 157, 163, 164, 173, 177
노먼(Marc Norman) 10
놀즈(Ronald Knowles) 17, 114
니체(Friedrich Nietzsche) 159

ㄷ

다수 3, 19, 21, 67, 202, 224, 226, 242, 243, 252, 265
다수언어 203
다시(Margaretta D'Arcy) 12
다이아몬드(Elin Diamond) 100
『달빛』 xii, xiii, 14, 17, 41, 215, 218, 219, 221, 223, 224, 227~234, 237, 254, 259, 267
데리다(Jacques Derrida) 54, 60, 61, 65, 96, 222
「도난당한 편지」 vi, 48, 53, 54, 61
「도난당한 편지에 대한 세미나」 54
『도라의 초상』 162
되기 iv, ix, 64~66, 86, 183, 186, 188, 199, 217, 222, 242~244, 255
뒤피(Jean-Pierre Dupuy) 260, 263, 264
드 사드(Marquis de Sade) 105
들뢰즈(Gilles Deleuze) x, 13, 18, 27, 30, 32, 44, 58, 61~66, 74, 75, 153, 154, 156~161, 165~167, 176, 178, 182~186, 188, 190, 191, 200, 202, 203, 206, 208, 221~225, 229, 232, 233, 235, 236, 241, 242, 254, 265

ㄹ

라이히(Wilhelm Reich) 37
라캉(Jacques Lacan) 6, 12, 53, 54, 61, 97, 103, 105~107, 113, 135, 143, 222, 238
레베카 7
로런스(David Herbert Lawrence) 37, 178
『로즌크랜츠와 길든스턴은 죽었다』 16
루빈(Gayle Rubin) 193
루프(Judith Roof) 16, 193, 219

리비스(Frank Raymond Leavis) 3
리비에르(Joan Riviere) 105, 135
리좀(rhizome) 4

ㅁ

마르크스주의 37, 98, 262
마수미(Brian Massumi) 187
『마지막 한 잔』 xi, xii, 14, 40, 81, 82, 152, 181~183, 188, 189, 191, 192, 194, 195, 197~199, 201, 205, 207, 215, 270
마테를링크(Comte Maurice Maeterlinck) 267
매춘경제구조 103, 105~108, 111, 115
메리트(Susan Hollis Merritt) 8, 10, 11, 96, 216
메일러(Norman Mailer) 37
메타연극 124, 125, 130
메타영화 124, 128, 130, 135
멘데스(Sam Mendes) 76
모더니스트 42
모더니스트 정치성 ix, 41, 43, 83, 84, 89
모더니즘 83
몰적(molar) 65, 66, 208, 209, 223, 236
뮬러(John Muller) 54
미시정치 63, 116, 192, 219, 235, 237
미시정치성 43, 66, 195, 199
밀느(Drew Milne) 10, 43, 119, 182, 217, 244
밀러(Arthur Miller) 108
밀러(Henry Miller) 37
밀렛(Kate Millett) ix, 36, 38

ㅂ

『바로 그대로』 14, 152, 207
바르트(Roland Barthes) 96
바바(Homi Bhaba) 155
『발자국』 204
『발코니』 106, 271
『방』 vi, 30, 39, 48, 49, 50, 77, 99, 265~267
『배신』 v, x, xi, 5, 34, 75, 123~125, 127~129, 131, 132, 134~136, 138~140, 143, 145, 194, 195, 218, 227
배치 63, 234
버크만(Katherine Burkman) 11, 132, 133, 137, 138, 141, 155, 156, 165, 169, 171, 176, 219, 220, 238, 240, 267
버틀러(Judith Butler) 59, 97, 105, 110, 134

『벙어리 웨이터』 30, 34, 48
베네(Carmelo Bene) 62, 224
베르그송(Henri Bergson) 184, 254
베케트(Samuel Beckett) 3, 4, 7, 9, 10, 13, 15, 63, 89, 90, 127, 178, 204, 251, 256
벤-즈비(Linda Ben-Zvi) 9
보나파르트(Marie Bonaparte) 222
보편적-되기 243, 244
본드(Edward Bond) 12, 63
부조리극 4, 5, 7, 9, 31, 41, 59, 73, 152, 160, 178, 189, 200
부조리극작가 5, 7, 47, 55, 62, 78, 208
분열분석 64, 153, 156, 157, 161, 168
분자적 66, 235~237
불(John Bull) 13, 14
브라이든(Mary Bryden) 9, 10
브랜튼(Howard Brenton) 13, 63
브레히트(Bertolt Brecht) 4, 7, 76, 126
브리짓 7
블로(Herbert Blau) 96
비비안(Vivien Merchant) 51
비트겐슈타인(Ludwig Wittgenstein) 6
『빅토리아 역』 xi, 48, 151, 152, 157, 169~173
빌링턴(Michael Billington) 14, 29, 188, 193, 275, 277

ㅅ

사건 66, 191, 242
『사고』 126
『사랑에 빠진 셰익스피어』 10
『사랑의 발명』 10
사르트르(Jean-Paul Sartre) 251
사이 ix, x, xiii, xiv, 4, 5, 18, 20, 21, 27, 30~32, 34, 38, 40, 44, 47, 62~65, 89, 164, 182, 183, 205, 222
『사장된 땅』 48, 125
사켈라리두(Elizabeth Sakellaridou) 12, 17, 51, 85, 110, 229, 265
사회구성체 154
『산악 언어』 xi, xii, 14, 81, 152, 175, 181~183, 198~201, 203, 204~207, 256
상상계 53
상징계 53, 61, 79
『새로운 세계질서』 207, 252
색스(Oliver Sacks) 162~164
『생일파티』 vii, x, xiii, 5, 8, 27, 30, 31, 34, 48, 49, 62, 73~76, 78, 80, 82~86, 88~92, 96, 99, 101, 116, 189, 215, 230, 252, 256

서사극 4
성정치성 34~38
『세일즈맨의 죽음』 108
세지윅(Eve Kosofsky Sedgwick) 108, 193, 194
소격효과 126
소수 3, 13, 86, 156, 157, 202, 203, 224, 226, 265
소수-되기 xi~xiii, 20, 29, 31, 64, 66, 67, 86, 91, 108, 205, 209, 222, 226, 238, 241~244
소수문학 3, 32, 61, 63, 156, 157, 202, 203
소수문학작가 xiii, 13, 17, 29, 63, 74
소수언어 203, 225, 243
소수연극 61, 62, 224, 225, 226, 241
『소수의 보고서』 263
소수주의 62
소수화 xii, 3, 13, 33, 203, 224, 225, 241
소잉카(Wole Soyinka) 251
쇼(George Bernard Shaw) 251
슈킨(Nicole Shukin) 67
수행성 xii
스토파드(Tom Stoppard) 3, 4, 7, 9, 10, 13, 14, 15, 16, 131, 136
스필버그(Steven Spielberg) 263
슬로터다이크(Peter Sloterdijk) 89
시간-이미지 233, 234, 254
식별불가능-되기 86
식수스(Hélène Cixous) 55, 59, 60, 62, 99, 103, 162, 188
신성가족주의 59, 190, 192, 193, 195
신자유주의 84
실버만(Marc Silverman) 239, 240
실버스타인(Marc Silverstein) 116
실재계 53
『심판』 17, 18, 74, 207, 228, 230, 254
심프슨(Norman Frederick Simpson) 178

ㅇ

아다모프(Arthur Adamov) 7
아도르노(Theodor Adorno) 260, 262
아든(John Arden) 12, 63
아라게이(Mireia Aragay) 116, 117, 118, 119, 218
아렌트(Hannah Arendt) 87
『아르카디아』 10, 14
아르토(Antonin Artaud) 4, 55, 59, 61, 62, 158
아리스토텔레스 ix
아멘드(Victor Amendt) 76

아이히만 87
안토니아(Antonia Fraser) 51
암스트롱(Raymond Armstrong) 17, 227, 228
앙띠-오이디푸스 18 61, 63, 153, 156, 157, 167, 225, 235
애들러(Thomas P. Adler) 11
어떤-공간 13, 233, 237
에드거(David Edgar) 13
에슬린(Martin Esslin) 7, 8, 55, 73, 81, 84, 100, 102, 104, 135, 143, 197, 216, 267, 270
『엔드게임』 v, 256
엘리엇(George Eliot) 3
엘리엇(Thomas Stearns Eliot) 100
『영화』 15, 16
여성-글쓰기 188
여성-되기 xi, xii, 20, 66, 67, 86, 91, 108, 113, 119, 135, 187, 188, 199, 205, 222
여성혐오주의 vi, vii, x, xii, 9, 34, 39, 40, 56, 77~81, 84, 88, 91, 100, 108, 113, 184, 194, 195, 197, 216, 230
연극성 97, 98, 102, 106, 153
연속적 변주 63, 224, 225, 235, 243
영토화 18, 19, 58, 63, 64, 78, 82, 101, 151, 154, 156, 158, 164, 165, 168, 252, 253
예이츠(William Butler Yeats) 251
『옛 시절』 5, 34, 75, 124, 163, 218
오스틴(Gayle Austin) 108
오이디푸스 iv, vi, vii, x, xi, 11, 39, 61, 63, 64, 74~76, 78, 79, 82, 97, 118, 151~160, 163, 164, 167, 168, 170, 171, 176~178, 185, 190, 192, 197, 220, 224, 225, 230, 234, 235, 237, 238, 244
오이디푸스화 vi, 18, 59, 64, 82, 152, 156, 158, 169, 177
욕망하는 기계 158
우드(Peter Wood) 82, 85
운동-이미지 233
울프(Virginia Woolf) 12
워들(Irving Wardle) 101
위협희극 14, 30, 34, 39, 48, 73, 75, 77, 101, 178, 215, 217, 266
윌리엄즈(Raymond Williams) 4
유리피데스(Euripides) 206
이글턴(Terry Eagleton) 118
이류 창녀 105
이리거라이(Luce Irigaray) 12, 59, 97, 98, 103, 104, 105, 167
이야기하기 109, 110
이오네스코(Eugène Ionesco) 7, 178
일류-창녀 103, 104, 106, 107, 108, 111, 114, 198

『일종의 알래스카』 vii, xi, 11, 12, 40, 58, 64, 91, 151~153, 157, 161~167, 169, 171, 181
『잃어버린 시간을 찾아서』 166

ㅈ

자유주의 65, 221
자이프만(Hersh Zeifman) 10
『자장가』 204
잔혹극 59, 61
잠재태 67, 223, 254
『재에서 재로』 xii, xiii, 20, 52, 73, 80, 82, 86, 90, 116, 118, 182, 194, 215, 217, 218, 221, 223, 226, 227, 237, 239, 244, 253, 254, 259, 274~276
재영토화 156, 240, 241
재오이디푸스화 xi, 58, 61, 62, 63, 74, 75, 170, 171, 177
전복성 x, 79, 88, 91, 96, 97, 104~106, 108, 115, 119, 138, 145, 169, 172, 221
『전쟁』 251
정신분석 vii, x, 27, 37, 53, 54, 57~59, 61~65, 78~80, 96~98, 103, 107, 143, 152, 156, 158~162, 166, 176, 177, 186, 222, 238
정적극 267
정적주의 117
정치극 iv, xi~xiii, 4, 5, 7, 12~15, 20, 30, 31, 36, 41, 42, 63, 64, 73, 75, 76, 81, 82, 84, 88, 153, 154, 157, 181~185, 188, 190, 191, 194, 195, 197, 200, 202, 207, 208, 215~219, 221, 223~225, 229, 232, 237, 244, 253, 256, 257, 261, 264
정치극작가 63, 208
정치성 34, 35, 36, 38
제임스(Henry James) 3
제임슨(Fredric Jameson) 6
주네(Jean Genet) 7, 37, 106, 271
중간 242, 243
중간지대 242, 243
『중개인』 126
지라르(René Girard) 133, 193
지속 184
지젝(Slavoj Žižek) 9, 65, 256, 260, 261, 262, 263, 264
『지하실』 124
짐승-되기 vi

ㅊ

창녀-되기 vi, xi, xii, 111, 112, 113, 119

초도로우(Nancy Chodorow) 12
초코드화 183, 199, 205
『축하파티』 v, x, xiii, 19, 20, 27, 33, 62, 84, 216, 219, 252, 255, 256, 259, 264~270, 274, 276, 278
『침묵』 75, 125, 163, 218

ㅋ

카프카(Franz Kafka) 17, 18, 63, 74, 75, 178, 207, 224, 228, 229, 235, 236
칸(Victor L. Cahn) 81, 82, 182
칸트(Immanuel Kant) 156
칼슨(Marvin Carlson) 4
케인(Leslie Kane) 8
콘래드(J. Conrad) 3
콜러란(Jeanne Colleran) 200
콜브룩(Claire Colebrook) 186, 222
쿠르센(H. R. Coursen) 16
쿤데르-깁스(John L. Kundert-Gibbs) 172
퀴글리(Austin Quigley) 8, 38, 82, 116
『크랩의 마지막 테이프』 204
크리스털-이미지 233, 234
크리스테바(Julia Kristèva) 6
클라인(Joanne Klein) 16
킹(Kimball King) 5, 6, 8, 9

ㅌ

『타지들』 xi, 64, 151~157, 161, 162, 170, 173, 177, 178, 183, 220
탈식민주의 155
탈영토화 iv, vii, x, xi, 6, 9, 12, 13, 18, 31, 58, 63, 64, 74, 104, 107, 111, 113, 151, 153~157, 163~165, 167, 168, 170, 171, 173, 177, 178, 220, 222, 229, 234, 253
탈정치성 15, 30, 41, 118, 219, 268
탈주 iv, vi, x, xi, 13, 32, 66, 111, 119, 152, 153, 169, 171~173, 176, 178, 181, 183, 205, 207, 208, 209, 221, 223, 230, 238, 239, 254, 278
탈주선 18, 31, 76
탈코드화 205
톰슨(Francis Thompson) 33
『트로이의 여자들』 206

ㅍ

파시즘 37, 38, 191, 197, 202, 236

『파티 시간』 207, 218, 252, 270
『펌프킨 이터』 126
페미니스트 연극 55
페미니즘 x, 27, 54, 57~59, 61~63, 65~67, 78, 183, 185~188, 221~223
펠만(Shoshana Felman) 54
포(Dario Fo) 251
포(Edgar Allan Poe) 53, 48, 61
포스트모더니스트 15
포스트모더니스트 정치성 ix, 30, 41~43, 83, 84, 89, 116~119, 218, 219
포스트모더니즘 83, 118, 173
푸코(Michel Foucault) 6, 96, 185
『풍경』 75, 125, 163, 218
풍습희극 266, 270, 277
『프랑스 중위의 여자』 17, 229
프로이트(Sigmund Freud) 53, 97, 106, 162, 222
프루스트(Marcel Proust) 125, 126, 161, 166
『프루스트 영화대본』 126, 229
프리드(Donald Freed) 206
프린츠(Jessica Prinz) 218, 239, 240
플라스(Sylvia Plath) 37
플리거(Jerry Aline Flieger) 66, 222, 223
피란델로(Luigi Pirandello) 251
피콕(D. Keith Peacock) 14, 215
핀터특유의(Pinteresque) ix, xii~xv, 13, 34, 42, 47, 48, 76, 115, 151, 173, 178, 216, 217, 221, 241, 244, 253, 254, 266

ㅎ

하벨(Vaclav Havel) 14
할(Peter Hall) 101, 113, 114, 115
『핫하우스』 51
『해럴드 핀터임』 252
헌(Nicholas Hern) 188
헤어(David Hare) 13, 63
혁명적-되기 xii
호르크하이머(Max Horkheimer) 260, 262
홀(Ann C. Hall) 12, 43, 167, 204, 220, 240, 268
홀로코스트 v, x, xiii, 73, 75, 82, 87, 90, 215, 238, 243, 275
휴즈(P. Hewes) 111
『희작』 13
힌치리프(Arnold Hinchliffe) 10, 11

Abstract

Harold Pinter's Politics and Sexual Politics

Moonyoung Chung

This book includes a series of readings of Harold Pinter's plays from his first major play, *The Birthday Party* (1957) to his last play, *Celebration* (2000), in terms of his politics and sexual politics, re-viewing his 11 plays 'in retrospect,' after his death in 2008. The late Pinter, the most influential dramatist of his generation, is also remembered as a vigorous political activist and a cryptic feminist, although his ambivalent politics and sexual politics have always been sources of arguments. From the ending of his life, this book looks back on his dramatic world in order to arrive at its ending again, towards a new becoming, revealing virtualities in the past, by using the subversive power generated from the unstable gap "between" politics and sexual politics. That is, the retrospective readings attempt to move beyond the disruptive and indeterminate "between", toward a new politics and sexual politics of the future, by retrieving the purloined politics and sexual politics and by using the subversive power of the purloined, that is, repressed ones.

The readings demonstrate that Pinter's theatre has been structured by the two coexisting driving forces of Oedipus and anti-Oedipus, based on the interrelationship of politics and sexual politics. During the fifty years of his career as a playwright he had declared two endings in the production of his theater, respectively, the ending of Oedipal memory plays in the middle of the 80s and then the ending of his theater itself in 2005. This book argues that these declarations of endings reflect his radical desire of deterritorializing Oedipus and entering into the abysmal "between" by smashing the mirror, that is, his theater, in order to go beyond the mirror toward a new becoming. This book appropriates the interactions of psychoanalysis and feminism, and Gilles Deleuze and feminism, as effective methods to negotiate the interrelationship between politics and sexual politics.